* **Herausragende Reiseziele – möglichst besuchen!**

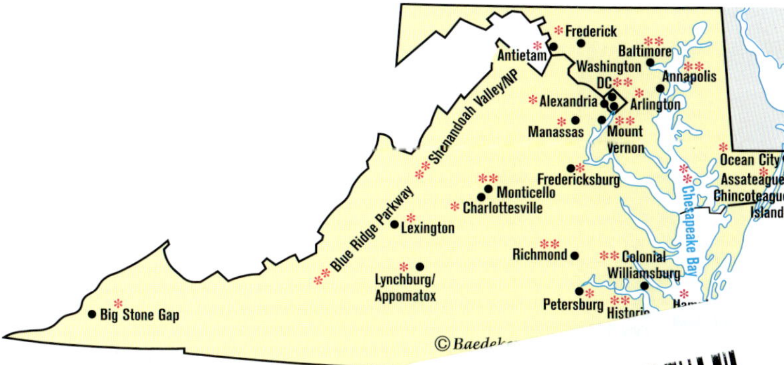

Alexandria 76
Antietam National Battlefield 125
Appomatox Court House National Park. 225
Arlington National Cementery 79
Assateague Island / Chincoteague Island. 127, 186
Big Stone Gap 169
Charlottesville 174
Frederick 146
Fredericksburg 188
Hampton Roads Area:
Hampton. 195
Newport News. 196
Norfolk. 196
Virginia Beach 100
Lexington 218
Lynchburg. 223
Manassas National Battlefield Park. . . . 226
Ocean City 150
Petersburg National Battlefield. 229

Museum in St. Michaels ▶ S. 156

Inhalt

Natur, Kultur, Geschichte

Seite 12 – 53

Bunter Obststand bei Sperryville ▶ S. 23

Zahlen und Fakten 12
Allgemeines 12
Naturraum und Klima 12
Pflanzen und Tiere 13
Bevölkerung und Verwaltung 15
Politisches System 20
Wirtschaft 22

Geschichte 25
Baedeker SPECIAL Ausflug in den Bürgerkrieg 36/37

Berühmte Persönlichkeiten 40

Kunst und Kultur 44
Architektur 44
Kunst · Film 47
Baedeker SPECIAL Jazzlegenden 48 – 50

Reiseziele von A bis Z

Seite 54 – 259

The Capitol ▶ S. 83

Routenvorschläge 56

Washington DC 66
Adams-Morgan 75
Alexandria 76
Anacostia 78
Arlington 79
Capitol Hill 82
Downtown 85
Dupont Circle 89
Foggy Bottom 91
Georgetown 92
Lafayette Square 95
National Mall 98
Shaw 99
Smithsonian Museums 101

Southwest 106
Upper Northwest 108
White House 110
Baedeker SPECIAL Die Frau an seiner Seite 112 – 114

Maryland **116**
Annapolis 121
Antietam National Battlefield 125
Assateague Island National Seashore 127
Baltimore 128
Cambridge 136
Chesapeake Beach 137
Chestertown 138
Crisfield 139
Cumberland 141
Deep Creek Lake 143
Eastern Shore 144
Easton 145
Frederick 146
Hagerstown 149
Ocean City 150
Oxford 153
St. Mary's City 154
St. Michaels 156
Solomons 158

Virginia **160**
Abingdon 167
Big Stone Gap 169
Blacksburg 170
Blue Ridge Parkway 172
Breaks Interstate Park 173
Charlottesville 174
Baedeker SPECIAL Ein Multitalent 176 | 177
Chesapeake Bay Bridge-Tunnel 180
Cumberland Gap National Historic Park 181

Der Weißkopfseeadler ▶ S. 137

Ein Multitalent: Thomas Jefferson ▶ S. 176

Virginia Beach ▶ S. 201

Eastern Shore 182
Fredericksburg 188
Great Dismal Swamp National Wildlife Refuge 193
Hampton Roads Area 193
Historic Triangle 204
Leesburg 216
Lexington 218
Luray 221
Lynchburg 223
Manassas National Battlefield Park 226
Middleburg 227
Mount Vernon 228
Petersburg 229
Richmond 234
Roanoke 245
Shenandoah National Park 249
Shenandoah Valley 252

Praktische Informationen von A bis Z

Seite 260 – 321

Alkohol 262
Anreise 262
Ärztliche Hilfe 263
Apotheken 263
Auskunft 263
Autohilfe 264
Bahnreisen 264
Bed and Breakfast 265
Behindertenhilfe 265
Busreisen 266
Camping 266
Diplomatische und konsularische Vertretungen 267
Elektrizität 268
Essen und Trinken 268
Baedeker SPECIAL Das blaue Wunder 270 / 271
Feiertage 272
Ferienwohnungen 273

Spezialität Marylands: Blue Crabs ▶ S. 270 / 271

Filmen und Fotografieren 273
Flugverkehr 273
Geld 274
Hotels 275
Jugendunterkünfte 284
Literaturempfehlungen 285
Maße · Gewichte · Temperaturen 286
Mietwagen 287
National Parks · State Parks 288
Notdienste 291
Öffnungszeiten 291
Post 292
Rauchen 292
Reisedokumente 292
Reisezeit 293
Restaurants 293
Shopping 300
Sport 301
Sprache 304
Straßenverkehr 310
Taxi 314
Telefon 314
Trinkgeld 315
Veranstaltungen 316
Zeit 320
Zeitungen und Zeitschriften 320
Zollbestimmungen 320

The Homestead, Luxusresort der Extraklasse ▶ S. 280

Register **322**
Verzeichnis der Karten und grafischen Darstellungen **326**
Bildnachweis **326**
Impressum **327**

Amerikas Gestern

Bürgerkriegsstätten

Erinnerung an den Konflikt zwischen Nord- und Südstaaten

Auf der ganzen Welt kennt man die Bilder des offiziellen Washington mit dem Kapitol und dem Weißen Haus. Beide Gebäude liegen im Herzen der amerikanischen Hauptstadt an der Mall, einem großzügigen, lang gestreckten Park, der von hervorragenden Museen, weißmarmornen Denkmälern und imposanten Regierungsbauten umgeben ist. Auch wenn man mit Washington in erster Linie Politik verbindet, darf man nicht vergessen, dass man in den Museen und Galerien – v.a. der Smithsonian Institution – wunderbare Kunstwerke und kulturelle Meilensteine bewundern kann. Doch neben dem meist monumentalen Washington und seiner unglaublichen Vielfalt an Sehenswürdigkeiten gibt es natürlich auch ein Alltagsleben in den recht unterschiedlichen Vierteln und Vororten: Das multikulturelle Adams-Morgan, die flippige Gegend um den Dupont Circle, das feinere Georgetown und der einstige Tabakhafen Alexandria setzten eigene Akzente.

Auffallend ist, dass neben der majestätisch wirkenden Hauptstadt weite, friedliche Landschaften und die liebenswürdig altmodische Atmosphäre vieler kleiner Städte und Dörfer das Bild der Capital Region prägen. Diese

Bedeutende Museen

in Washington DC und in der Capital Region

Küstenlandschaft

Yachthafen an der Chesapeake Bay

und Heute

Die Machtzentrale

Washington DC

hat Urlaubern auch allerhand zu bieten: Im Osten lädt die Chesapeake Bay zum Segeln und Angeln ein, im Westen kann man bei Wanderungen durch die sanften Blue Ridge Mountains wunderbare Aussichten genießen, und rundherum gibt es jede Menge historischer Stätten. Hier entdeckt man, wie klein die heutige Supermacht USA einst angefangen hat, als 1607 in Jamestown die erste britische Niederlassung in der Neuen Welt gegründet wurde. Überhaupt scheint man sich in der Capital Region in einem Freilichtmuseum der amerikanischen Geschichte zu bewegen: Viele Stätten erzählen von der Besiedlung durch die Europäer, dem Streben nach Unabhängigkeit oder dem Verlauf des Bürgerkriegs. Außerdem kann man auf den Spuren berühmter Präsidenten wandeln, beispielsweise in Mount Vernon und Monticello, den berühmten Anwesen von George Washington bzw. Thomas Jefferson.

Dass Washington das politische Zentrum der Nation mit immensem Einfluss auf die westliche Welt ist, bleibt unbestritten, und es gibt kaum eine Gegend in den USA, in der Geschichte und Gegenwart so spürbar sind wie in der Capital Region.

Berge und Täler

Herbststimmung im Shenandoah National Park

Geschichtsstunde

in Colonial Williamsburg

Natur, Kultur, Geschichte

Zahlen und Fakten

Allgemeines

Capital Region

Die Capital Region umfasst die Hauptstadt Washington mit dem District of Columbia sowie die Bundesstaaten Maryland und Virginia. Das Gebiet gehört zur atlantischen Küstenregion und liegt ungefähr ebenso weit entfernt vom nördlichsten US-Bundesstaat Maine und dem südlichsten am Atlantik, Florida. Das Gebiet der Hauptstadt beschränkt sich nicht allein auf das Stadtgebiet von Washington, sondern umfasst auch den District of Columbia. Dieser grenzt wiederum im Norden und Osten an den Bundesstaat Maryland sowie im Westen und Süden an Virginia. Die Capital Region liegt zwischen dem 40. und 35. nördlichen Breitengrad, also auf gleicher geografischer Höhe wie Sizilien. Zwischen der Atlantikküste entlang des 75. westlichen Längengrads und Virginias äußerstem Zipfel beim 85. Grad erstreckt sich eine abwechslungsreiche Landschaft. Zur Zeit des Bürgerkriegs lag das Gebiet an der Schnittstelle zwischen den Nord- und den Südstaaten. Die Region gehört zu den Gründungsstaaten der USA – hier stand die Wiege der Nation. Man kann die ersten Siedlungen besichtigen, ebenso zahlreiche Schauplätze des Unabhängigkeits- und Bürgerkriegs. Kein anderes Gebiet hat zudem so viele Präsidenten hervorgebracht.

CT = Connecticut ; DE = Delaware ; MA = Massachusetts ; MD = Maryland ; NH = New Hampshire ; NJ = New Jersey ; RI = Rhode Island ; VT = Vermont ; WV = West Virginia

◂ **Kürbisfarm im Norden Virginias**

Washington DC umfasst 177 km² und 572 000 Einwohner. Virginia hat eine Fläche von 102 558 km² und 7,1 Mio. Einwohner. Maryland besitzt 5,3 Mio. Einwohner auf 25 316 km². Damit kommt die gesamte Capital Region auf rund 143 000 km² mit 12,5 Mio. Einwohnern. Im Gegensatz zu eher schwach besiedelten ländlichen Gebieten im Hinterland und im Küstengebiet des Atlantik und der Chesapeake Bay stehen die Ballungsräume Baltimore und Washington: Baltimore belegt Platz 15 unter den größten Städten der USA, Washington Platz 21. Wer Kunst und Kultur sucht, Interesse an Geschichte und der Tagespolitik hat, aber auch wer Wert legt auf naturnahe Erholung in Bergen und Wäldern oder an Flüssen und Küsten, der ist in der Capital Region richtig aufgehoben.

Allgemeines (Fortsetzung)

Naturraum und Klima

Die geografischen Merkmale der Capital Region sind die Küsten des Atlantik und der Chesapeake Bay, sowie der Höhenzug der Appalachen, eine ca. 300 Mio. Jahre alte Gebirgsformation. In der Capital Region locken die Appalachen mit den Blue Ridge Mountains und dem Shenandoah National Park. Die Appalachen teilen die stark bevölkerte Region der Ostküste vom dünner besiedelten Hinterland und verlaufen parallel zur Küste von Maine im Norden bis Alabama im Süden. Die Berge sind zugleich Wasser- und Wetterscheide, Heimat für viele Tier- und Pflanzenarten, Wanderparadies und Naherholungsgebiet für die Menschen aus Baltimore und Washington DC. Mit zahlreichen Wasserfällen, beeindruckenden Höhlen und Kalkfelsen lockt die Natur Besucher an.

Shenandoah National Park

Im Norden der Blue Ridge Mountains liegt der Shenandoah National Park mit einer Fläche von fast 800 Quadratkilometern. Die Täler rund um den Shenadoah River sahen vor 100 Jahren jedoch keineswegs so romantisch aus wie heute. Auf Grund der intensiven Holzwirtschaft der Siedler waren um 1900 weite Teile der dichten Wälder abgeholzt und zahlreiche Tierarten vom Aussterben bedroht. Nachdem das Territorium 1936 zum Nationalpark erklärt wurde, erholten sich Flora und Fauna. Weite Teile können heute wieder als naturbelassen gelten.

Blue Ridge Parkway

Zwischen dem Shenandoah National Park im Norden und den Great Smoky Mountains in West-Virginia verläuft der Blue Ridge Parkway. Er erschließt auf 750 km Länge die schönsten Flecken der vielseitigen Bergwelt und bietet zahlreiche, gut ausgewiesene Aussichtspunkte und Wanderwege. Im Frühling, vor allem aber im “Indian Summer”, locken die Berge mit großer Farbenpracht.

Flüsse

Die Flüsse bilden die natürliche Infrastruktur der Region, haben aber seit der Zeit der ersten Siedler stark an Bedeutung verloren. Über die Chesapeake Bay mit dem Atlantik verbunden, erschlossen die großen Flüsse (Potomac, Rappahannock, Susquehanna, York und James River) – soweit sie schiffbar waren – das Hinterland. Die Flüsse, die von den Höhen der Appalachen fließen, dienten vor allem dem Abtransport des Holzes aus den Wäldern.
Kanäle sollten die Wasserwege vernetzen und noch besser nutzbar machen – der Bau von Eisenbahnlinien machte solche Projekte

Wunderbare Aussicht am Skyline Drive

Flüsse (Fortsetzung)

bald jedoch überflüssig. Heute sind die Flüsse vor allem für Fischer und für die Freizeitsportler wichtig.

Küste

Obwohl die Bundesstaaten Maryland und Virginia zur Ostküste der USA gehören, besitzen beide nur einen relativ schmalen Küstenstreifen entlang des Atlantiks. Im Süden Virginias sind die Strände um Virginia Beach mit zahlreichen noblen Hotels bei Touristen beliebt. Südlich von Philadelphia zieht sich die Delmarva-Halbinsel bis kurz vor die Vier-Städte-Region bei Norfolk und schneidet die Chesapeake Bay vom offenen Meer ab. Der Delmarva-Halbinsel sind in einer Entfernung von bis zu 50 km zahlreiche kleinere Inseln vorgelagert, welche die Strände schützen.

Chesapeake Bay

Um die Chesapeake Bay großräumig zu umfahren, muss man etwa 725 km zurücklegen. Unzählige Buchten und Halbinseln verlängern die tatsächliche Küstenlänge der Chesapeake Bay jedoch auf mehrere Tausend Kilometer. Allein die Mündungsgebiete der beiden größten Flüsse Potomac und Susquehanna sind ungefähr 60 km breit. Süßwasser aus 48 Zuflüssen und Salzwasser des Atlantik vereinigen sich in dieser ca. 8 300 km² großen Bucht. Zwar kommt die Bay auf eine Gesamtlänge von 312 km und eine Breite von bis zu 35 km, erreicht jedoch durchschnittlich nur 6 m Tiefe. Dies führt auch dazu, dass sich die eingeleiteten Schadstoffe fast vollständig auf dem Grund der Bay ablagern und nur ein verschwindend geringer Teil durch die Gezeiten in den Atlantik gespült wird. Doch das Umweltbewusstsein nimmt zu: Die Heimat von zahlreichen Wassertieren, unter denen Austern und Krebse die bekanntesten sind, wird zunehmend geschützt.

Klima

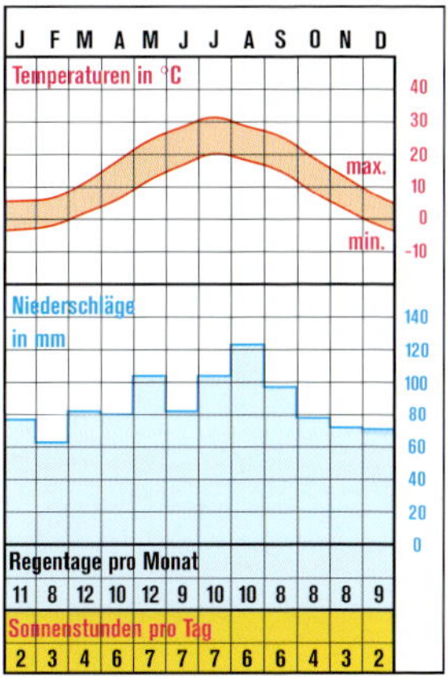

Washington DC

Temperaturen und Niederschläge

Schon die ersten Siedler litten unter den schwülheißen Sommern und den kalten Wintern in Jamestown und Umgebung. Auch die ersten Abgeordneten flohen vor der drückenden Sommerhitze aus der neu erbauten Hauptstadt – und so halten es ihre Nachfolger bis heute.

Von Juni bis August liegen die Durchschnittstemperaturen über 30 ° C, bei hoher Luftfeuchtigkeit. Angenehmer ist das Klima im Frühjahr und Herbst. Im April erreichen die durchschnittlichen Temperaturen schon 20 ° C, ebenso warm ist es noch im Oktober. Die tiefsten Temperaturen werden zwischen Dezember und Februar erreicht, doch sinkt das Thermometer selten unter den Gefrierpunkt. Dennoch kommt es zu Schneefällen: Die Region versinkt dann unter großen Schneemassen (▶ Praktische Informationen, Reisezeit).

Pflanzen und Tiere

Wälder

Die Artenvielfalt der Wälder kann man besonders gut in den Blue Ridge Mountains und im Shenandoah National Park kennen lernen. Unter den ungefähr 100 Baumarten sind unterschiedliche Eichen- und Kiefernarten besonders stark vertreten. Daneben gibt es Hickorynuss-Bäume, die mit der hiesigen Walnuss verwandt sind, Gelbbirken, Zuckerahorn, Rotfichten, Balsamtannen und bis zu 300-jährige Schierlingstannen. In tiefer gelegenen Gebieten ist die Magnolie weit verbreitet, die im Frühling besonders schön blüht. Dann locken auch blühende Sträucher wie die Pink-Azalee oder der Blumenhartriegel sowie zahllose Wildblumen, z.B. Orchideen, Marienfrauenschuh oder wilde Geranien. In einem anderen Teil der Appalachen, auf der Hochfläche der Dolly Sods Wilderness Area verursacht das subarktische Mikroklima den extremen Krüppelwuchs vieler Pflanzen, die dadurch an Bonsaigewächse erinnern.

Gärten und Parks

Das relativ milde Klima der Region ließ hier zahlreiche Pflanzenarten heimisch werden, die von den ersten Siedlern ins Land gebracht worden sind. Gezüchtet wurden diese Pflanzen zunächst in privaten, später dann auch in öffentlichen Parks und Gärten. Ein Beispiel sind die botanischen Gärten in Washington mit ihren Palmen, Kakteen und Orchideen. Das National Arboretum im Norden der Stadt ist Naturmuseum und Baumschule in einem und vor allem während der Blüte von unzähligen Azaleen, Rhododendren und Magnolien Publikumsmagnet. Berühmt ist die Kirschblüte in Washington DC: Als Freundschaftsgeschenk schickte 1912 Tokios Bürgermeister 3000 japanische Kirschbäume nach Washington, die rund um das Tilda-Bassin und das Jefferson Memorial auf der Mall gepflanzt wurden. Weitere 3800 Bäume kamen 1965 auf Initiative der Präsidentengattin Lady Bird Johnson hinzu. Neben der Mall – als grüne Erholungsfläche für alle, die im Herzen der Metropole arbeiten – hat die Hauptstadt mit dem Rock Creek Park noch eine

Gärten und Parks (Fortsetzung)

weitere ungewöhnliche Grünanlage. Diese "grüne Lunge" zieht sich vom Kennedy-Center 15 km entlang des kleinen Baches Rock Creck und umfasst etwa 700 ha. Seit seiner Gründung 1890 wurde das Gebiet weitgehend unberührt gelassen, so konnte sich eine artenreiche Pflanzen- und Tierwelt erhalten. Rund um die altehrwürdigen Herrenhäuser sind ebenfalls Gärten mit seltenen Pflanzen zu finden. Nicht nur Thomas Jefferson (▶ Baedeker Special S. 176/177) war ein begeisterter Pflanzenliebhaber: Auch zahlreiche seiner Zeitgenossen importierten und züchteten neue Arten, um so zur Artenvielfalt der Region beizutragen.

Farmen

Weite Teile der Capital Region sind landwirtschaftliche Nutzflächen. Neben Weideland prägen vor allem Anbauflächen für verschiedene Getreidearten, Mais, Tabak sowie Baumwolle das Landschaftsbild. Auf Obst- und Gemüseplantagen werden nahezu ausschließlich ertragsstarke Sorten angebaut, während ältere Kulturpflanzen nur selten anzutreffen sind.

Fauna

Schwarzbären und Blauhäher

Die größte Vielfalt an Landtieren findet man in den Blue Ridge Mountains und im Shenandoah National Park. Nach mehreren Jahrzehnten erfolgreichen Naturschutzes sieht man gelegentlich sogar wieder Schwarzbären und Waschbären, oder man kann Weißwedelhirsche aus unmittelbarer Nähe beobachten. Bei einer Fahrt durch die Naturparks sollte man sich vor Grauhörnchen in Acht nehmen, die plötzlich die Straße überqueren. Vorsicht auch vor Streifenskunks, die ein stinkendes Sekret verspritzen, sobald sie sich bedroht fühlen. Nachts werden Graufüchse und die einzige Beuteltierart der USA, das Amerikanische Opossum (Nordpossum) aktiv, das dank seines Greifschwanzes ein ungeheuer gewandter Kletterer ist. Die Wälder sind Heimat von etwa 200 Vogelarten, wie Truthahn, Drossel oder Kolkrabe. Durch besonders farbenprächtiges Gefieder beeindrucken die Indigofinken und die Scharlachtangaren. Neben seinem leuchtenden Gefieder macht der Blauhäher durch laute Rufe auf sich aufmerksam, ähnlich wie der rotkopfige Helmspecht durch sein Hämmern. Unter den Greifvögeln sind die Truthahngeier, die Rotschulterbussarde und die Streifenkäuze besonders beeindruckend. Große Waldschäden verursachen die Schwammspinner, die seit nunmehr zwanzig Jahren regelmäßig die Laubbäume der Appalachen kahlfressen.

Junger Schwarzbär

Krebse und Krabben

Berühmt für Austern, Krabben und Krebse sowie ihren immensen Fischreichtum ist die Chesapeake Bay. Schon die Indianer nannten sie "die große Bucht der Fische mit den harten Schalen". Bis heute werden an keinem Ort der Welt mehr Austern "geerntet". Das Nationalgericht der Menschen in Maryland und Grundlage berühmter Gerichte ist die Blue Crab, eine in der Bay beheimatete Krabbenart mit grünblauem Panzer. Die Chesapeake Bay ist darüber hinaus auch Laichgebiet für Alsen, Flussheringe, Forellen und vor allem für Streifenbarsche. Sie bietet Nahrung für See- und Fischadler sowie Silber- und Blaureiher. Auch seltene, in ihrem Bestand bedrohte Wildgänse und Wildenten finden hier Lebensraum. Während sich die Einwohnerzahlen der Bay-Anrainer-Gemeinden verdoppelten, sanken die Fischbestände in wenigen Jahren um 95%. Durch strenge Fangquoten und verstärkte Umweltschutzmaßnahmen wurde versucht, dieser dramatischen Entwicklung entgegenzusteuern. Zwar zeigen sich erste Erfolge, doch sind die Zeiten der unerschöpflich scheinenden Proteinfabrik vorbei. Heute wird die Tierwelt der Chesapeake Bay nicht mehr rücksichtslos ausgebeutet. Die Natur ist zu einem Wirtschaftsfaktor geworden – sie muss geschützt und gepflegt werden, wenn sie auch weiterhin die begehrten Leckerbissen liefern soll.

Krebse und Krabben (Fortsetzung)

Bevölkerung und Verwaltung

Erstes Siedlungsland

Am Anfang lebten hier die Indianer. Im Laufe des 16. Jahrhunderts landeten die ersten Europäer in Nordamerika, ihre Siedlungsversuche scheiterten jedoch. Erst 1606 gründeten Engländer mit Jamestown eine Siedlung, die Bestand hatte und heute als älteste britische Niederlassung in den Vereinigten Staaten gilt. Wie schon auf Haiti oder Kuba, wie schon in Mittel- und Südamerika wurde das traditionelle Leben der Indianer nahezu zerstört: Die Kolonisten vertrieben sie aus ihren angestammten Gebieten, entzogen ihnen die Lebensgrundlage und schleppten bislang unbekannte Krankheiten ein, die zahllose Todesopfer forderten. Im Territorium um die spätere Hauptstadt des Weltreiches USA lagen die Stammesgebiete der Mattaponi, Rappahanock und Pamunkey. Heute gibt es geschützte Reservate für die wenigen Nachfahren der Ureinwohner – sie sind nicht nur räumlich, sonders auch im Bewusstsein der Bevölkerung an den Rand gerückt. Das historische Interesse der meisten Bewohner und Besucher der Capital Region richtet sich auf die Kolonial- und Bürgerkriegsgeschichte, auf die Wurzeln der USA.

Schwarze und Weiße

Die neuen Kolonien lockten weiße Siedler an, die zwar zuerst ihre eigene Versorgung sicherstellen mussten, darüber hinaus aber die Erwirtschaftung großer Profite im Auge behielten. Nachdem überall erfolgreich Farmen entstanden waren, bauten die Siedler Tabak an, der mit erheblichem Gewinn nach Europa exportiert wurde. Die Nachfrage stieg ebenso wie die Preise, und damit die Aussicht auf das große Geld. Ausgedehnte Plantagen entstanden, zu deren Bewirtschaftung Sklaven aus Afrika ins Land geholt wurden. Die Schwarzen arbeiteten unter meist schlechten Bedingungen in Unfreiheit für den Wohlstand ihrer Herren, entwickelten aber zunehmend Selbstbewusstsein und ihre eigene Kultur. Die Zweiteilung der Neuen Welt in Weiß und Schwarz, in Arm und Reich, in Frei und Unfrei ist bis heute spürbar, trotz Sklavenbefreiung und nomineller Gleichberechtigung, trotz Martin Luther King jr. und Colin Powell, dem ersten schwarzen Außenminister der USA.

Weiße und Schwarze (Fortsetzung)

Im Schnittpunkt zwischen Südstaaten und Nordstaaten, im Zentrum der Macht, ist der Kontrast besonders stark zu spüren. 13 % der US-Bewohner sind Schwarze, in der Capital Region liegt ihr Anteil an der Gesamtbevölkerung bei ungefähr einem Drittel, doch in Washington DC gibt es eine deutliche schwarze Bevölkerungsmehrheit. Der Besucher der Regierungsbauten, der Mall und der Museen, von Georgetown und Arlington merkt davon aber wenig. Die Regierungsangestellten, die Lobbyisten und Journalisten sind überwiegend weiß, doch nicht weit entfernt vom Zentrum der Weltmacht sind die Stadtviertel fest in schwarzer Hand.

Lange war die Hauptstadt sogar als Stadt mit der höchsten Kriminalitätsrate der USA berüchtigt. Sogar der langjährige schwarze Bürgermeister Barry saß wegen einer Drogenaffäre hinter Gittern, wurde nach seiner Haftentlassung aber wieder gewählt. Heruntergekommene Viertel, Ghettos und Gesellschaftsprobleme prägen die schwarzen Stadtteile, doch teilweise konnten Sozialprogramme positive Zeichen gegen die Hoffnungslosigkeit setzen.

Mobilität

Die Capital Region ist wahrscheinlich die Region mit der mobilsten Bevölkerung. Nicht nur Diplomaten wechseln alle paar Jahre ihren Standort, auch für zahllose Mitarbeiter, Lobbyisten und Regierungsangestellte sind Legislaturperioden und Amtszeiten die Zeiträume, nach denen sie ihr Leben ausrichten.

Nicht nur der Koch, die Schneiderin der First Lady oder der persönliche Vertraute verlässt mit dem Präsidenten das Weiße Haus, sondern auch viele Abgeordnete. Da diese stark von ihren Wahlkreisen abhängig sind, bleiben sie eng mit ihren Heimatstaaten verbunden

Eine von Jeffersons Schöpfungen: Der dritte Präsident der Vereinigten Staaten plante und gründete die University of Virginia in Charlottesville.

und kehren dorthin zurück – Politik ist in den USA nicht unbedingt eine Lebensaufgabe. Aber Washington ist nach wie vor ein Karrieresprungbrett und bietet mit seinen Institutionen (politischen wie kulturellen) eine Vielzahl von Arbeits- und Kontaktmöglichkeiten.

Mobilität (Fortsetzung)

Einkommen

Die Bundesstaaten Maryland und Virginia gehören zu den bevölkerungsreichen Bundesstaaten mit über 200 Einwohnern pro km^2 im Großraum Baltimore und Washington, mindestens 100 Einwohnern pro km^2 in den Küstenregionen und noch 50 Einwohnern pro km^2 in den entlegeneren Waldregionen der Appalachen. Auch das durchschnittliche Pro-Kopf-Einkommen liegt in der Capital Region höher als in den meisten anderen Regionen. Im Vergleich zu allen Staaten belegt Maryland Platz 16 dieser Statistik, Virginia liegt auf Platz 13.

Bildung und Wissenschaft

Die Diskrepanz zwischen der reichen weißen und der armen schwarzen Bevölkerung in Washington DC führt auch im Bildungsbereich zu einem elitären System. Wer es sich leisten kann, schickt sein Kind auf eine der Eliteschulen oder auf eine Privatschule. Dadurch wurden die öffentlichen Schulen zwangsweise zum Auffangbecken für die weniger Privilegierten.
Die College- und Universitätslandschaft ist in der Capital Region besonders vielfältig: Mit der drittältesten Universität der USA in Williamsburg und der Jefferson-Gründung in Charlottesville sowie der renommierten Johns Hopkins University in Baltimore seien nur wenige der angesehenen Bildungsinstitutionen genannt. Als Kaderschmiede gilt auch das Virginia Military Institute in Lexington, in dem jährlich 1300 Kadetten ausgebildet werden. Professor "Stonewall" Jackson (► Berühmte Persönlichkeiten), der legendäre Bürgerkriegsheld, wird hier ebenso mit einem Museum geehrt, wie der Absolvent G.C. Marshall. Er war Erfinder und Namengeber für den "Marshallplan", der das kriegsgeschädigte Europa beim Wiederaufbau unterstützen sollte.
Von großer nationaler Bedeutung sind die in Washington angesiedelten Einrichtungen der Smithsonian Institution, die u.a. zahlreiche Museen unterhält. International bekannt sind die gelben Hefte der "National Geographic Society", die Themen aus den Bereichen Natur, Umwelt, Geografie, Länder- und Völkerkunde allgemein verständlich darstellen. Neben der Zeitschrift sind auch die anderen Publikationen, Filme und CD-Roms des Instituts zum Inbegriff für gut gemachte Dokumentationen geworden.
Einmalig ist die Sammlung der Library of Congress, der größten Bibliothek der Welt. Ursprünglich als Handbibliothek für den Kongress gedacht, sammelt sie heute Druckwerke, Fotografien, Bilder, Noten und andere Dokumente aus der ganzen Welt. Ein Heer von Bibliothekaren und Dokumentaren ist täglich damit beschäftigt, allein die Neueingänge zu sichten und zu erfassen. Ihre Arbeit bildet die Grundlage für eine der umfassendsten Bibliografien der Welt. Seit einigen Jahren wird mit Hochdruck an der weltweiten Zugänglichkeit über das Internet gearbeitet. Der Auskunftsdienst der Library of Congress steht aber weiterhin nur den Kongressabgeordneten zur Verfügung: Sie können Fragen zu jedem beliebigen Thema stellen und bekommen dann so schnell wie möglich ein Informationspaket geliefert.

Bundesregierung

Senat und Repräsentantenhaus, Oberster Gerichtshof, Ministerien wie das Pentagon und nicht zuletzt das weltberühmte Weiße Haus – alle diese Gebäude und Institutionen stehen stellvertretend für den Hauptarbeitgeber der Region. Ohne die Bundesregierung würde sich die Bevölkerung Washingtons und der umliegenden Gemeinden anders zusammensetzen, es wären andere Berufe gefragt, kurz: Die Gegend würde anders aussehen. Doch nicht nur die Menschen, die direkt bei der Regierung oder in einer der zuarbeitenden Institutionen beschäftigt sind, hängen von der "großen Firma" ab, auch viele kleinere Unternehmen: Hostessen und Sicherheitsdienste, Laden- und Restaurantbesitzer, Spediteure und Friseure, Kuriere und Portiers, Journalisten und Polizisten, Repräsentanten und Spekulanten – die Liste ließe sich beliebig fortsetzen. Die Bundesregierung zählt nicht allein zu den Hauptarbeitgebern, sondern auch die Verwaltungen der Bundesstaaten Maryland und Virginia. Die Hauptstädte Annapolis und Richmond sind Sitze der jeweiligen Institutionen. In Maryland arbeiten z.B. 18 % der Bevölkerung für die öffentliche Hand: In den lokalen Verwaltungen sind ca. 210 000 Menschen beschäftigt, für den Bundesstaat arbeiten 90 000 und für die Bundesverwaltung in Washington DC sind 130 000 tätig.

Politisches System

Politische Gliederung

Die Vereinigten Staaten von Amerika umfassen 50 Bundesstaaten, den Bundesdistrik District of Columbia um die Hauptstadt Washington sowie vier assoziierte Sondergebiete, die nicht den Status eines Bundesstaats besitzen: Puerto Rico, US Virgin Islands, Guam und American Samoa.

Verfassung und Staatsform

Die Form der amerikanischen Demokratie ist vor allem von der Gewaltenteilung ("separation of powers") sowie einem System von Kontrollen und Gegengewichten ("checks and balances") geprägt. In den USA hat jeder der drei Zweige der Staatsgewalt – Exekutive (der Präsident und seine Minister), Legislative (Kongress), und Judikative (richterliche Gewalt) – bestimmte Kontrollfunktionen gegenüber den jeweils anderen beiden. Besonders Kongress und Präsident sind in der politischen Realität in gegenseitiger Abhängigkeit zur Zusammenarbeit gezwungen. Die Verfassung von 1787 räumt den Bundesstaaten alle Rechte ein, die nicht ausdrücklich der Zuständigkeit des Bundes unterliegen ("states rights"). Sie wurde 1791 durch einen Grundrechtekatalog, die "Bill of Rights" ergänzt. Weitere Zusätze folgten 1865 wie die Abschaffung der Sklaverei.

Präsident und Regierung

Der Präsident der Vereinigten Staaten wird alle vier Jahre durch das Volk indirekt gewählt. Die vierjährige Amtsperiode beginnt und endet am 20. Januar des auf das Wahljahr folgenden Jahres. Ein Präsident kann nur einmal wiedergewählt werden; bei seinem vorzeitigen Tod bzw. Abtritt folgt ihm automatisch der Vizepräsident bis zum Ende der laufenden Amtszeit nach. Der Präsident wird in einem zweistufigen Verfahren gewählt. Die einzelnen Staaten veranstalten Vorwahlen ("primaries"). In der Hauptwahlphase wählen die Bürger formal das Wahlmännergremium für jeden Staat, was de facto auf die Direktwahl des Präsidenten hinausläuft. Der Kandidat, der die Mehrheit der Stimmen in einem Staat gewinnt, gewinnt damit alle Wahlmänner des jeweiligen Staates. Neben den 16 Ministern ("secretaries") steht eine erkleckliche Zahl von Gremien und Beratern dem Präsidenten zur Seite, zu deren wichtigsten und einflussreichsten der Nationale Sicherheitsrat und der Stab des Weißen Hauses gehören.

Präsident und Regierung (Fortsetzung)

Kongress

Der traditionelle Widerpart des Präsidenten ist der Kongress ("congress"). Er besteht aus zwei Häusern, dem Senat und dem Repräsentantenhaus. In den Senat ("senate") entsendet jeder Bundesstaat zwei Vertreter, deren Amtsperiode sechs Jahre dauert. Da alle zwei Jahre ein Drittel der Senatoren neu gewählt wird, überlappen sich die Amtszeiten. Die Anzahl der Abgeordneten des Repräsentantenhauses ("house of representatives") ist auf insgesamt 435 festgelegt. Abgeordnete werden für zwei Jahre gewählt. Zum System der "checks and balances" gehört, dass beide Häuser in der Gesetzgebung zusammenarbeiten müssen und dass der Präsident die Gesetze unterzeichnen oder sein Veto einlegen kann. Der Kongress ist für die Vergabe von Haushaltsmitteln zuständig und kann das Verfahren zur Amtsenthebung ("impeachment") von Abgeordneten bis hin zum Präsidenten einleiten. Der Senat hat vor allem in Fragen der Außenpolitik eine Schlüsselstellung.

Justiz

Neben dem gesetzgebenden Kongress und dem Präsidenten ist das Justizwesen ("judiciary") der dritte Träger des amerikanischen Staatsgefüges. Die höchste Justizinstanz ist der "United States Supreme Court" (Oberster Bundesgerichtshof) mit Sitz in Washington DC, zu dessen wichtigsten Aufgaben die verfassungsrechtliche Normenkontrolle gehört. Neue Richter am Supreme Court werden vom Präsidenten auf Lebenszeit ernannt. So kann die Ernennung eines Richters längerfristige politische Folgen haben, als alle anderen Entscheidungen des Präsidenten. Die föderalistische Grundordnung hat zur Folge, dass zwei Gerichtssysteme – Bundesgerichte und Gerichte der Einzelstaaten – nebeneinander stehen. Im Gegensatz zu den Bundesrichtern, die ernannt werden, sind die Richter in den einzelnen Bundesstaaten gewählt und damit häufig nicht politisch unabhängig.

Bundesstaaten

An der Spitze jedes Bundesstaates steht ein Gouverneur ("governor"). Ähnlich wie auf Bundesebene gibt es einen Kongress ("legislature"), bestehend aus Senat und Abgeordnetenhaus. Die Stellung des Gouverneurs innerhalb eines Staates entspricht der des US-Präsidenten.

Sonderstatus von DC

Der District of Columbia hat einen Sonderstatus und zählt nicht zu den 50 Bundesstaaten der Vereinigten Staaten. Zwar wurde einem Vertreter der District-Verwaltung das Recht als Beobachter und Berater bei der Bundesregierung eingeräumt, die Hauptstadt stellt aber keinen Kongressabgeordneten und hat kein direktes Mitsprache- und Mitbestimmungsrecht. Das führt zu der von den Einwohnern Washingtons oft beklagten Situation, dass über zahllose Belange, die sich direkt auf die Stadt und ihre Bewohner auswirken, über die Köpfe der Bürger hinweg entschieden wird.

Parteien

Seit dem Sezessionskrieg und der Wahl des Republikaners Abraham Lincolns im Jahr 1860 sind Republikaner und Demokraten die dominanten Parteien in den USA. Auch wenn Unterschiede zwischen der republikanischen und der demokratischen Partei manch-

Das politische System (Fortsetzung)

mal schwer auszumachen sind, lässt sich feststellen, dass in der heutigen politischen Landschaft die Republikaner eher konservativ eingestellt sind und vorwiegend Wirtschaftsinteressen repräsentieren. Die Demokraten gelten als reformfreudiger und finden mehr Anklang bei Minderheiten, Frauen und Arbeitnehmern.

Wirtschaft

Indianerland

Die ersten Europäer fanden in Jamestown und Umgebung Indianer und Sümpfe vor – mit beidem hatten sie lange Zeit zu kämpfen. Einerseits bot die relativ sichere Lage der verzweigten Chesapeake Bay strategische Vorteile. Auch wurde entlang der großen Flussläufe wie James River oder Potomac das Hinterland erkundet. Aber das sumpfige Gelände und das ungewohnte Klima sowie Krankheiten und Kämpfe mit der Urbevölkerung machten den Zuwanderern aus Europa das Leben schwer. Im Laufe der Jahre verdrängten sie jedoch die Indianerstämme wie die Cherokee, Irokesen und Mattaponi aus deren Lebensraum. Wald und Meer, die großen Baumbestände und reichen Fischgründe der Region bildeten die erste wirtschaftliche Grundlage der Kolonisatoren, die unter schweren Rückschlägen versuchten, eine florierende Landwirtschaft aufzubauen.

Tabak

Neben der Holzwirtschaft, für die weite Teile der Wälder bis hin zu den Höhenzügen der Appalachen abgeholzt wurden, bestimmte in den folgenden Jahrhunderten vor allem der Tabak die landwirtschaftliche Entwicklung. Die Kunst des Tabakanbaus war den Kolonisatoren schon von ihren früheren Eroberungen, z.B. aus Kuba, bekannt. Die Bewohner von Jamestown handelten den Indianern der Umgebung ihren Tabak ab, der bald zum Exportschlager werden sollte. Ab 1727 galten Tabakzertifikate sogar als Währungsersatz. In der Alten Welt erfreuten sich die Tabaksorten aus Virginia eines ausgezeichneten Rufes und bis heute gilt der Virginia-Tabak als der beste Zigarettentabak der Welt. Obwohl der Rohstoff, der z.B. im Werk von Philipp Morris in Richmond weiterverarbeitet wird, auf nur 10 % der gesamten landwirtschaftlichen Nutzfläche wächst, hängen in Virginia ungefähr 10 000 Arbeitsplätze unmittelbar von der Tabakindustrie ab. Die immer stärker werdende Anti-Raucher-Lobby, die die USA weitgehend in eine “rauchfreie Zone” verwandeln möchte, setzte den Tabakbauern in den letzten Jahren jedoch zu: Viele haben ihre Produktion stark verringert, andere mussten ihre Farmen ganz aufgeben.

Landwirtschaft und Fischerei

Herrenhäuser, umgeben von großen Ländereien, prägen das Bild der Landwirtschaft im Süden der USA. Die Plantagenwirtschaft und die Arbeitskraft von unzähligen Sklaven brachten den Grundbesitzern großen Reichtum ein. Der intensive Anbau von Tabak, Baumwolle, Obst und Gemüse sowie Viehhaltung bildeten über Jahrhunderte die Wirtschaftsgrundlage der Region. Heute steht die Landwirtschaft mit den Haupterzeugnissen Getreide, Milchprodukte, Fleisch, Geflügel, Äpfel und Erdnüsse im Schatten von Industrie und Dienstleistungssektor. Doch die Staaten Maryland und Vir-

Bunter Obststand in Sperryville vor den Toren des Shenandoah National Parks in Virginia ▸

SPERRYVILLE
APPLES
HONEY
APPLE SYRUP
APPLE CANDY
APPLE SYRUP
APPLE BUTTER
APPLE
ICE COLD CIDER 35¢ PER CUP
APPLES
HONEY
SPERRYVILLE VIRGINIA
Red Delicious
Golden Delicious
STAYMAN

Landwirtschaft und Fischerei (Fortsetzung)

ginia erwirtschaften mit der Erzeugung von Nahrungsmitteln mehr als mit jedem anderen Industriezweig, nicht zuletzt durch die Fischerei. Zwar bedroht Umweltverschmutzung die reichen Fischereigründe des Atlantik und der Chesapeake Bay, doch auch hier zeichnet sich ein Bewusstseinswandel ab. Die berühmten Austern und Krebse der Bay sind nicht nur bei den Einheimischen beliebt, sondern ebenso ein Verkaufsschlager. Maryland wird wohl auch in den nächsten Jahrzehnten mit einem Krebs als Maskottchen für sich werben können.

Industrie und Bodenschätze

Maryland und Virginia sind im Vergleich zu anderen Bundesstaaten der USA nicht besonders reich an Bodenschätzen. Im Westen Virginias liegen jedoch bedeutende Steinkohlevorkommen. Westlich des Appalachen-Hauptzuges liegen sowohl in Maryland als auch in Virginia kleinere Erdgasressourcen, während in Baltimore und nördlich von Newport News Erdölraffinerien angesiedelt sind. Metalle wie Eisen, Kupfer, Blei und Zinn werden im Süden Virginias gewonnen. Auf Grund der guten verkehrstechnischen Anbindungen – Häfen, Eisenbahnlinien, Highways sowie Erdölleitungen, die die Region durchziehen – konnten sich bedeutende Industrien ansiedeln. Neben der Metallverhüttung haben vor allem die metallverarbeitende und die chemische Industrie hier ihre Standorte gewählt. Die Häfen von Baltimore, Newport News und Norfolk avancierten zu Zentren des nordamerikanischen Schiffsbaus, während andernorts die Maschinenbauindustrie wichtiger Arbeitgeber ist.

Hightech

Die größeren Städte in Virginia und Maryland sind klassische Standorte der Elektronikindustrie, die nach der Nahrungsmittel- und der chemischen Industrie die höchsten Gewinne innerhalb der Region erwirtschaftet. Die Branche wurde zu einem der größten Nutznießer der rasanten Entwicklung auf dem Informationssektor. Heute finden sich in der Computer- und Elektronikindustrie die meisten Arbeitsplätze – und das mit steigender Tendenz. So befindet sich z.B. die Firmenzentrale des weltweit größten Internet-Providers AOL in Dulles im Bundesstaat Virginia. Längst hat der Hightech-Sektor mit Unternehmen der Telekommunikation, Biotechnologie und der Luft- und Raumfahrtindustrie traditionellen Industriezweigen wie der Holzverarbeitung oder Textilindustrie den Rang abgelaufen.

Behörden und Dienstleistungssektor

In Washington spricht man von der "Regierungsindustrie" und tatsächlich ist die Bundesregierung der Hauptarbeitgeber weit über die Hauptstadt hinaus. Die verschiedenen Bundesbehörden, unzähligen Institutionen, diversen Botschaften, Repräsentanten, Lobbyisten und Medien beschäftigen ein Heer von Mitarbeitern. Der Dienstleistungssektor blüht – nicht zuletzt auch in Baltimore und Richmond, den Hauptstädten der Bundesstaaten. In der Region ebenso stark vertreten sind die Branchen Transport, Biotechnologie und Forschung. Mehrere Universitäten und hoch angesehene Forschungsinstitute haben Anteil an der rasanten Entwicklung auf zahlreichen Sektoren der Wissenschaft.
Als Medienstandort präsentiert sich die Capital Region vor allem mit zahlreichen Druckereien und Verlagen sowie den unzähligen Fernsehstudios und Produktionsfirmen. Die Medien suchen die Nähe zum Brennpunkt der Weltpolitik.

Geschichte

Die voreuropäische Zeit

Wer die Capital Region bereist, den begleitet die amerikanische Geschichte auf Schritt und Tritt. Schlachtfelder aus drei Kriegen, Heldendenkmäler und -friedhöfe, George Washington, Thomas Jefferson und andere: Hier nahmen die USA ihren Anfang. Von den ersten Amerikanern ist dagegen nichts zu sehen. Zumindest der durchreisende Besucher wird sie nicht wahrnehmen. Kein Wunder, denn ihr Anteil an der Bevölkerung Virginias beträgt gerade 0,2 %! Nur in den zahlreichen Museumsdörfern kann er "Indianern" begegnen, die, in weiches Leder gehüllt und die bleiche Haut von der Sonne gebräunt, die Rekonstruktionen traditioneller Behausungen schmücken, Kanus bauen und Mais stampfen. Man ahnt: Dies hat nichts mit dem Alltag der Ureinwohner vor 500 Jahren zu tun.

Die ersten Amerikaner

Die voreuropäische Geschichte Nordamerikas beginnt mit der Beringstraße. Auch genetische Vergleiche zwischen Amerikas Ureinwohnern und den nordostasiatischen Völkern bestätigen inzwischen: Die ersten Amerikaner stammten aus Asien und erreichten auf einer während der letzten Eiszeit Sibirien mit Alaska verbindenden Landbrücke über die Beringstraße Nordamerika. Der Zeitpunkt ist ungewiss. Ur- und Frühgeschichtler sprechen von mehreren Einwanderungswellen zwischen 30 000 und 10 000 v. Chr.
Die ältesten in Nordamerika gefundenen Werkzeuge datieren um 16 000 v. Chr. und wurden im Yukon gefunden. Von der Nordwestecke Nordamerikas breiteten sich die Nachfahren dieser Steinzeitjäger in den nächsten Jahrtausenden über den gesamten Kontinent aus. 5000 Jahre später war Virginia erreicht: im Süden des Bundesstaats gefundene Schaber, Pfeilspitzen und Tierknochen datieren um 11 000 v. Chr. Während dieser Periode durchstreifte der Mensch die Wälder als Jäger und Sammler. Fleisch und Fell von Mammut und Bison, Beeren, Nüsse und Wurzeln als Grundnahrungsmittel garantierten das Überleben seiner Gruppe. Um 1000 v. Chr. hatte er eine halbsesshafte Lebensweise angenommen und mit kunstvoll verzierten Gefäßen aus Speckstein einfache Alltags- und Kultgegenstände hervorgebracht. Wissenschaftler nennen diese Periode eine Zeit des Umbruchs: Gartenbau und Vorratshaltung ergänzten zunehmend das Jagen und Sammeln, immer größere Gruppen fanden in dauerhafteren Siedlungen zusammen und begründeten immer weiter reichende Allianzen und Handelsbeziehungen.
Als die ersten Europäer auf der Bildfläche erscheinen, leben im Bereich der heutigen Capital Region zahlreiche, zu zwei großen Sprachfamilien gehörende Stämme. Das Küstengebiet und das Land rund um die Chesapeake Bay bewohnen Algonquin sprechende Gruppen. Sie leben in befestigten Dörfern aus Langhäusern und be-

Die voreuropäische Zeit (Fortsetzung)

treiben Gartenbau, Jagd und Fischfang. Weiter landeinwärts leben die Iroqois sprechenden Stämme. Von kriegerischem Charakter und militärisch straff organisiert, werden sie bis etwa 1700 die einzigen Ureinwohner sein, die den vordringenden Europäern zumindest kurzfristig widerstehen. Am Ende steht jedoch auch ihre einstmals mächtige Liga der Six Nations vor der Vernichtung durch den Weißen Mann. Die Rede des einflussreichen Oneida-Häuptlings Scondoa vor dem Rat der Liga beschreibt stellvertretend für viele andere das traurige Los aller Ostküsten-Indianer:

Erinnert sich niemand mehr an die Zeit, als der Ruf "Die Irokesen kommen" selbst dem mutigsten Krieger das Blut in den Adern gefrieren ließ? Weiß niemand mehr, dass dieses Land einst uns gehörte und dass man uns vom Land des Winters im Norden bis zum Land des Sommers im Süden mehr fürchtete als die Blattern? Dann kamen die Männer in den Schiffen und brachten uns Geschenke. Sie baten uns um ein bisschen Land, und wir gaben es ihnen. Dann baten sie uns um mehr Land, und als wir es ihnen nicht geben wollten, sagten sie, sie würden es kaufen. Und weil sie Dinge besaßen, die neu für uns waren und Kraft besaßen, verkauften wir ihnen, was sie wollten. Aber dann wollten sie noch mehr Land. Als wir es ihnen weder schenken noch verkaufen wollten, nahmen sie es einfach, und wir verhandelten und verhandelten, und am Ende waren es immer wir, die nachgaben, Verträge unterzeichneten und wertlose Geschenke, die nicht einmal einen Tag Bestand hatten, annahmen. Das Land jedoch hielt für immer. Meine Kinder, hebt Euer Haupt! Öffnet Eure Augen und Ohren! Seht Ihr nicht, dass es keinen Unterschied macht, ob diese Weißen Engländer oder Franzosen sind? Sie alle bedrohen unsere Existenz. Als sie zu uns kamen, besaßen sie nichts. Heute haben sie sich ausgebreitet wie eine schlimme Entzündung. Von der Küste bis zwölf Tagesmärsche landeinwärts sind Indianer nun unwillkommen. Dabei war dies alles einst unser Land. Wie konnte das geschehen? Nun dringen die Engländer und Franzosen nach Westen vor und zwingen uns, Partei zu ergreifen. Bei diesem Spiel können wir nicht gewinnen.

Erste Kontakte

Schon hundert Jahre bevor englische Siedler hier die ersten dauerhaften Niederlassungen gründeten, war die Ostküste Amerikas europäischen Seefahrernationen wohl bekannt. Vor allem die Chesapeake Bay fand sich auf spanischen, portugiesischen und englischen Seekarten. Jede Nation beanspruchte das neue Land. Die britische Krone führte die Reise John Cabots ins Feld: 1498 war der Genuese in englischen Diensten auf der Suche nach der Nordwestpassage hier vorbeigesegelt. Zu einer ernsthaften Kolonisierung wie in Mittel- und Südamerika konnte sich jedoch keine der Mächte entschließen. Erst Ende des 16. Jahrhunderts streckten die Engländer die Fühler aus. Ihr erster Siedlungsversuch endete jedoch kläglich: Die von dem königlichen Freibeuter Sir Walter Raleigh 1585 gegründete Kolonie Roanoke an der Küste des heutigen North Carolina fiel Indianerüberfällen zum Opfer und existierte kaum ein Jahr. Als Namensgeber war der Abenteurer erfolgreich: Zu Ehren der unverheirateten Queen Elizabeth II. nannte er diesen Küstenabschnitt "Virginia".

Virginia und Maryland: Erste Gehversuche

Andere Siedlungen zu Beginn des 17. Jahrhunderts hatten mehr Erfolg. Zu diesem Zeitpunkt war in Europa das koloniale Wettrennen

Der Holzstich "Der erste Tag in Jamestown" von Augustus L. Mason (um 1880) zeigt die Gründung der Keimzelle Virginias am James River durch John Smith am 13. Mai 1607.

Virginia und Maryland (Fortsetzung)

in vollem Gange. Großbritannien, Frankreich, Holland, Schweden, sie alle träumten von einer nicht versiegenden Goldader, wie Spanien sie in Mittel- und Südamerika gefunden hatte. Der Merkantilismus diktierte die internationale Politik: Durch Förderung des Außenhandels suchte jeder Herrscher seine Macht zu vergrößern. Konkret gesprochen: Kolonien wurden primär aus wirtschaftlichem Interesse gegründet. Als Rohstofflieferanten und Absatzmärkte war ihr einziger Daseinszweck die Stabilisierung und Bereicherung des jeweiligen Herrscherhauses, das sich diese profitable "Geschäftsbeziehung" mit zahlreichen Knebelgesetzen absicherte. So durften die Kolonisten u.a. nicht mit anderen Nationen Handel treiben und nur Schiffe aus dem Mutterland empfangen. Zugleich durften sie bestimmte Güter nicht selbst herstellen, sondern mussten sie über das Mutterland beziehen. Zwar spielten auch andere Triebkräfte, wie die Missionierung der Indianer und, wie im benachbarten Maryland, der Wunsch nach Glaubensfreiheit bei der Gründung von Kolonien eine Rolle. Profitdenken gab jedoch stets den Ausschlag.

Aus diesem Grund entsteht auch Virginia. Im Frühjahr 1606 erteilt König James I. der Virginia Company das Recht, in Nordamerika englische Kolonien zu gründen. Hinter der Virginia Company stehen mächtige Londoner Kaufleute, und die offizielle Version der auf drei kleinen Schiffen Anfang 1607 in See stechenden 104 Kolonisten, dem Vordringen Spaniens und des Katholizismus in der Neuen Welt Einhalt gebieten zu wollen, ist nur vordergründig. Die Virginia Company hofft auf Profite, die meisten Kolonisten, von de-

Virginia und Maryland (Fortsetzung)

nen ein Drittel zum niederen Adel gehört, ebenso. Nicht anders sind die enormen Startschwierigkeiten der Kolonie zu erklären. Das am 14. Mai 1607 am Unterlauf des James River gegründete Jamestown, Nordamerikas erste dauerhafte Siedlung, gerät durch Missmanagement und Unerfahrenheit, vor allem jedoch durch die Einstellung der Kolonisten, die nicht Landwirtschaft betreiben, sondern schnell reich werden wollen, mehrere Male an den Rand einer Katastrophe.

Anstatt Vorräte anzulegen, erkunden sie die Flüsse, der Nordwestpassage, El Dorado und anderen Luftschlössern nachjagend. Mehrere Winter führt dies zu schlimmen Hungersnöten. Zugleich verschlechtern sich die zunächst guten Beziehungen zu den indianischen Nachbarn unter Chief Powhatan. Ein dem Abenteurer John Smith zugeschriebener Satz erhellt die Grundeinstellung in der jungen Kolonie: “He who does not work does not eat”. Damit formuliert der im September 1608 zum Kommandanten ernannte Smith eine Selbstverständlichkeit. Vermutlich richteten sich diese Worte jedoch an jene Kolonisten, die als Leibeigene ihren adligen Herren gefolgt waren. Denn auch Smith, selbst ein Teilhaber der Virginia Company, war soeben von einer Goldsuche zurückgekehrt, die dank der Gefangennahme durch Powhatan und der Rettung durch die Häuptlingstochter Pocahontas (▶ Berühmte Persönlichkeiten) wohl eine bis heute beliebte Legende, aber sonst keine fassbaren Ergebnisse gebracht hatte.

Missmanagement und Indianerüberfälle

Virginia wankt, aber es fällt nicht. 1609 erweitert die Virginia Company die Grenzen ihrer Kolonie um jeweils hundert Meilen nach Norden, Süden und Westen. 1624 wird Virginia Kronkolonie. Man entdeckt, dass Tabakpflanzen aus der Karibik auch in Virginia hervorragend gedeihen. Im Handumdrehen schießen an den Ufern der Chesapeake Bay und ihrer Zuflüsse Tabakplantagen aus dem Boden. Der Anbau ist land- und arbeitsintensiv, selbst der Siedlernachschub von den Inseln kann die Nachfrage nach Arbeitskräften nicht befriedigen. Bereits 1619 werden deshalb neben englischen Leibeigenen die ersten afrikanischen Sklaven eingeführt. Seit 1640 legalisiert, wird die Sklaverei zum Rückgrat der Plantagenwirtschaft Virginias und des Südens. Während der nächsten hundert Jahre bringen Sklavenschiffe Zehntausende von Menschen aus Westafrika nach Virginia.

Um 1800 besteht die Bevölkerung Virginias fast zur Hälfte aus Sklaven: Rund 350 000 rechtlose, verschleppte oder bereits in die Sklaverei geborene Menschen leben auf Plantagen und in Haushalten von Weißen. Zu diesem Zeitpunkt klaffen der agrarische Süden und der unternehmerisch geprägte Norden bereits weit auseinander: Schon um 1660 hat sich rund um die Chesapeake Bay eine von Aristokraten aus England verstärkte, prunkliebende Großgrundbesitzer-Mentalität durchgesetzt, die im krassen Gegensatz zur puritanischen Strenge der Kaufleute Neuenglands steht. Auch die Hälfte der Einwohner Marylands, etwa 100 000 Menschen, ist um 1800 schwarz und rechtlos. In der im Jahre 1634 von Leonard Calvert, einem Bruder des Lord Baltimore, als Zuflucht religiös und politisch verfolgter Puritaner, Quäker, Katholiken und Juden gegründeten Kolonie nördlich des Potomac River ist das jedoch kein Widerspruch. Schließlich müssen auch die Tabakplantagen Marylands bewirtschaftet werden.

Der Weg zur Unabhängigkeit

Bereits in den 1660er-Jahren erreichen die Siedler die Blue Ridge Mountains. Indianerüberfälle sind an der Tagesordnung, von der Kolonialregierung in Jamestown erbetene militärische Hilfe wird abgelehnt. Noch unbeliebter bei den Kolonisten machen sich die Krone und Gouverneur William Berkely, ihr Statthalter, mit der großzügigen Verteilung von Land an Günstlinge des Königs. Die Proteste gegen Begünstigung, ungerechte Steuern und Korruption münden 1676 in die sog. "Bacon Rebellion": Aufgebrachte Siedler besetzen unter der Führung von Nathaniel Bacon die Volksversammlung und brennen Jamestown nieder. Bacons "Declaration in the Name of the People", in welcher er Berkely des Machtmissbrauchs beschuldigt und zur Abdankung auffordert, gilt vielen Historikern als Vorläufer der Unabhängigkeitserklärung. Bacon stirbt jedoch, bevor der Aufstand seine Ziele erreicht hat. Die immensen Profite aus dem Tabakhandel schaffen eine politisch und kulturell an England orientierte, aristokratische Elite, welche die vom Mutterland reglementierte Selbstregierung der Kolonien kritiklos unterstützt.

Doch die Zeit arbeitet gegen London. Die Tabakspflanze laugt die Böden aus, die Monokulturen der Plantagen brauchen immer mehr Land, um profitabel zu bleiben. Zugleich fallen die Tabakpreise, beschränkt London Pflanzern wie Siedlern mit Knebelsteuern und Handelsbeschränkungen den Handlungsspielraum. Viele kleine und mittlere Farmen bauen nun nach dem Vorbild der seit 1700 im Shenandoah Valley siedelnden deutschen und irischen Pioniere Obst und Gemüse an. Virginia und Maryland florieren, allen Schwierigkeiten zum Trotz. Bis 1764 verdrängen vier auch in Nordamerika ausgetragene Kriege gegen Frankreich die schleichende Entfremdung vom Mutterland. Im so genannten "French and Indian War", der jenseits des Atlantiks als Siebenjähriger Krieg Europa verwüstet, kämpfen Kolonisten und königliche Rotröcke Seite an Seite gegen den alten Rivalen Frankreich, das von Kanada aus die Westausdehnung Virginias und der übrigen Kolonien mit der Besetzung des Ohio-Tals zu blockieren versucht. So mancher später prominente Virginian verdient sich auf den Schlachtfeldern in den dichten Wäldern der Appalachen seine ersten Lorbeeren, darunter der junge George Washington (1732–1799, ▶ Berühmte Persönlichkeiten). 1763 obsiegt Großbritannien, aber dieser Krieg hat die Saat für die Unabhängigkeit der inzwischen 13 Kolonien gestreut. Die Kolonisten haben die als unbesiegbar geltenden Rotröcke auch verlieren gesehen, zugleich errangen die eigenen Milizen Siege gegen reguläre französische Truppen. Die Behandlung der Kolonisten als ungebildete Bauern dämpfte deren im Krieg wiederbelebten Patriotismus ebenso wie die nach Kriegsende von London zur Finanzierung des Krieges erhobenen Steuern.

Während der nächsten Jahre verschlechtert sich das Verhältnis zwischen London und den Kolonien rapide. Der 1765 eingeführte "Stamp Act" besteuert fortan jegli-

George Washington vor seiner Vereidigung zum Präsidenten (Miniatur von John Ramage, 1789)

Geschichte

Der Weg zur Unabhängigkeit (Fortsetzung)

chen Briefverkehr in den Kolonien. Die Volksvertreter Virginias, unter ihnen der prominente Redner Patrick Henry, protestieren. Die "Boston Tea Party" 1773 findet Nachahmer in Maryland: Aus Protest gegen die Tee-Steuer versenken aufgebrachte Einwohner Marylands in Annapolis und Chestertown Teeladungen britischer Schiffe. Virginia entwickelt sich zum Sammelbecken unzufriedener Kolonisten. Offen wird die Loslösung vom Mutterland diskutiert. In der Hauptstadt Williamsburg löst der Gouverneur 1774 die meuternde Volksvertretung Virginias, das "House of Burgesses", auf. Die Repräsentanten treffen sich darauf in "Raleigh's Tavern", verstärkt von Vertretern der übrigen Kolonien, zur ersten "revolutionary convention". Im gleichen Jahr initiiert Virginia den ersten Kontinentalkongress in Philadelphia, an dem George Washington, Patrick Henry und weitere prominente Virginians teilnehmen und die Aufstellung einer eigenen Armee beschließen. Auf einem Treffen in Richmond Anfang 1775 fordert Patrick Henry in seiner vielzitierten "Give me Liberty or give me Death"-Rede Virginias Kolonisten auf, sich zu bewaffnen. Danach überstürzen sich die Ereignisse.

Der Unabhängigkeitskrieg

Am 19. April 1775 fallen in Lexington (Mass.) die ersten Schüsse des amerikanischen Unabhängigkeitskrieges. Im Mai 1775 flieht Virginias letzter Gouverneur, John Dunmore, aus Williamsburg. Der demokratisch gewählte Patrick Henry übernimmt dessen Amt. Die nächsten drei Jahre finden die Kämpfe überwiegend in Neuengland und in der Gegend um Philadelphia statt. Virginia und Maryland stellen Soldaten, Führer, Waffen und Vorräte und fungieren als Aufmarschgebiet der amerikanischen Truppen.
George Washington wird zum Kommandeur der Kontinentalarmee gewählt. Col. "Light Horse" Harry Lee, der Vater Robert E. Lees, und auch andere Einwohner Virginias machen sich unter Washington auf dem Schlachtfeld einen Namen. Maßgeblich an der erfolgreichen Belagerung der Stadt Boston ist die Maryland-Miliz beteiligt und verdient sich hier den später auf den Bundesstaat übergehenden Spitznamen "Old Line".
Im Jahre 1776 entwirft George Mason die "Virginia Declaration of Rights". Der berühmte Satz, der allen Menschen Gleichheit

Die Delegierten des in Philadelphia tagenden Kongresses unterzeichnen am 4. Juli 1776 die von Thomas Jefferson entworfene Unabhängigkeitserklärung der USA (Gemälde von John Trumbull).

Der Unabhängigkeitskrieg (Fortsetzung)

und ein Recht auf Glück bescheinigt, wird etwas später von Thomas Jefferson (▶ Baedeker Special S. 176/177) in die "Declaration of Independence" (Unabhängigkeitserklärung) übertragen. Diese wird am 4. Juli 1776 auf dem zweiten Kontinentalkongress in Philadelphia angenommen: Die Geburtsstunde der USA!

Als Thomas Jefferson 1779 den Gouverneurposten von Patrick Henry übernimmt, steht Virginia am Rand des Bankrotts. Die Amerikaner haben, trotz glänzender Siege bei Saratoga (New York) 1777, einen hohen Blutzoll entrichtet. Washingtons katastrophale Niederlage bei Brandywine in Pennsylvania im gleichen Jahr und die Brandschatzung der Küsten durch britische Schiffe demoralisieren die Bevölkerung. Die dringend benötigte Unterstützung kommt aus Frankreich. Anfang 1778 erkennt Paris die Unabhängigkeit der USA an und hilft dem jungen Staat nunmehr offen mit Waffen und Truppen. Die Briten räumen Philadelphia und ziehen sich nach New York zurück. Erst 1779 erreicht der Krieg Virginia. Britische Kriegsschiffe passieren die Meerenge der Hampton Roads und bedrohen Williamsburg. Jefferson lässt die Hauptstadt nach Richmond verlegen, entgeht aber auch dort ein Jahr später nur knapp der Gefangennahme. Die britischen Angriffe konzentrieren sich nun auf die Carolinas im Süden. Die Amerikaner müssen Charleston räumen.

1781 brennen die nun nordwärts marschierenden Briten unter General Charles Cornwallis Richmond nieder und graben sich in Yorktown ein. Das Schlusskapitel diktieren jedoch George Washington und die französischen Alliierten unter den Generälen de Grasse und Lafayette. Zunächst kappt eine im August 1781 in der Chesapeake Bay auftauchende französische Flotte die Nachschublinien der Briten. Kurz darauf schließen 10 000 Amerikaner und 8000 Franzosen einen dichten Belagerungsring um Yorktown. Cornwallis sitzt in der Falle. Nach dreimonatiger Belagerung lässt er die weiße Flagge hissen, am 19. Oktober beendet seine Kapitulation die Kampfhandlungen. Im Frieden von Paris 1783 erkennt das ehemalige Mutterland schließlich die Unabhängigkeit der Vereinigten Staaten an. 1787 wurde die Verfassung angenommen, 1788 treten Maryland als siebter und Virginia als zehnter Staat der Union bei.

George Washington, der nach seinem Rücktritt von allen militärischen Ämtern auf einen ruhigen Lebensabend in Mount Vernon gehofft hatte, wird 1789 zum ersten Präsidenten der Vereinigten Staaten (bis 1797) gewählt. 1790 stellen Virginia und Maryland für die zu errichtende Bundeshauptstadt Washington ein Stück Land am Potomac River zur Verfügung: Der District of Columbia.

Zwischen den Kriegen

Aufbau und Konsolidierung

Virginia stellt vier der fünf ersten Präsidenten und ist damit maßgeblich an den ersten Schritten der jungen Nation beteiligt. Thomas Jefferson (1801 – 1808) verdoppelt das Staatsgebiet: Im so genannten "Louisiana Purchase" kauft er Napoleon das Land zwischen Mississippi und Rocky Mountains für 15 Mio. Dollar ab und bringt die berühmte Lewis-und-Clark-Expedition zur Erforschung des Westens auf den Weg. Unter James Madison (1809 – 1817) wehren die USA im Krieg von 1812 (bis 1815) britische Invasionsversuche ab. Unter James Monroe (1817 – 1825) macht das junge Land sein erstes außenpolitisches Statement: Mit dem Motto "Amerika den Ameri-

kanern" legt die Monroe-Doktrin den Grundstein für die amerikanische Vorherrschaft auf dem Kontinent.
Mit charismatischen Einwohnern Virginias an der Spitze entwickelt sich die junge Nation rasch. Auch wirtschaftlich geht es in der Capital Region voran. In Maryland helfen die Baltimore & Ohio Railroad sowie die Kanäle Chesapeake & Ohio und Chesapeake & Delaware die inländischen Märkte zu erschließen, während Baltimore zum bedeutendsten Hafen der Ostküste aufsteigt. In Virginia blüht die Tabak und Weizen produzierende Plantagenwirtschaft. Historiker bezeichnen diese Phase als "Antebellum"-Zeit.
Zugleich treibt das ungelöste Problem der Sklaverei den Keil immer tiefer zwischen den Norden und den Süden. Virginia, konservativ und dominiert von wenigen Pflanzer-Familien, vernachlässigt die Modernisierung seiner öffentlichen Einrichtungen sowie die Industrialisierung. Ein blutiger, mühsam niedergeschlagener Sklavenaufstand in Southhampton County macht 1831 die dortigen Gegner der Sklaverei mundtot. In Maryland sind die Abolitionisten stärker. Viele gewähren Sklaven auf der Flucht nach Norden Unterschlupf, ihre Haushalte sind Teil der so genannten Underground Railroad, eines geheimen Fluchthelfer-Netzwerks zwischen Louisiana und Kanada. Harriet Tubman (1820–1913), als Sklavin geboren und bis 1865 eine der erfolgreichsten Fluchthelferinnen, operiert von Maryland aus. John Brown, einer der entschiedensten Gegner der Sklaverei, plant den Überfall auf die Waffenfabrik in Harpers Ferry in Maryland. Der Coup, der die Sklaven bewaffnen und eine landesweite Sklavenrevolte auslösen soll, endet im Feuer der aus Washington angerückten Marines unter dem Kommando von Robert E. Lee.
Möglicherweise ist die Rolle der Union als Garant der öffentlichen Sicherheit, der Grund, der Virginia noch Anfang 1861 gegen die Sezession stimmen lässt. Als die übrigen Südstaaten die Union verlassen, zögern Virginia und Maryland noch Monate.

Bürgerkrieg (1861–1865)

1861 entladen sich die aufgestauten Gegensätze in einem vierjährigen Bürgerkrieg. Ihm fallen 700 000 Amerikaner zum Opfer – mehr als in beiden Weltkriegen zusammen. Die These, dass es den Kontrahenden vor allem um die Abschaffung bzw. Erhaltung der Sklaverei gegangen sei, wird heute vielfach bestritten. Letztlich, so glauben viele Historiker, waren wirtschaftliche Gründe ausschlaggebend: So seien beispielsweise Fabrikbesitzer in Neuengland einfach deshalb gegen die Sklaverei gewesen, weil sie nicht mit der billigen Sklavenarbeit konkurrieren konnten.
Im Jahre 1860 setzt die Wahl Abraham Lincolns, der die Verhinderung der Sklaverei in den neuen Territorien im Westen zum Wahlkampfthema gemacht hatte, das Karussell in Bewegung. Ende 1860 tritt South Carolina als erster Staat aus der Union aus. Florida, Georgia, Mississippi, Texas, Alabama und Louisiana folgen wenig später und rufen die Konföderierten Staaten von Amerika aus. Das zögernde Virginia folgt erst im Frühjahr 1861, nachdem Präsident Lincoln 75 000 Freiwillige mobilisiert hat, um die für die Beschießung Fort Sumters in South Carolina verantwortlichen "Störenfriede" zur Rechenschaft zu ziehen. Mit Virginia erhalten die Südstaaten

ihre Hauptstadt: Richmond. Gerade 160 km von Washington entfernt, wird die Stadt am James River der begehrteste Preis des Bürgerkriegs. Ganz Virginia gerät zum Schlachtfeld: Der nördlichste der Südstaaten führt in den nächsten vier Jahren die mit Abstand meisten Schlachten des Krieges. Maryland bleibt bei der Union: Lincoln verhängt vorsorglich den Ausnahmezustand über den Bundesstaat, um den District of Columbia zu schützen. **Bürgerkrieg (Fortsetzung)**

Der industrialisierte Norden gegen den ländlichen Süden: Die Gewichte scheinen ungleich verteilt. Tatsächlich verfügen die Nordstaaten über größere Geldreserven, große Munitions- und Waffenfabriken und mehr Menschen. Der Kriegsverlauf zeigt jedoch, dass die Südstaaten diesen Nachteil lange erfolgreich ausgleichen. Solide Ortskenntnisse und eine schwer zu kontrollierende Küste, über die der Nachschub ins Land gelangt, spielen ihnen in die Hände. Ihre brillanten Militärstrategen Robert E. Lee und Thomas "Stonewall" Jackson (▶ Berühmte Persönlichkeiten) fügen der Union, deren Generalität zunächst konfus und unkoordiniert agiert, einige schmerzhafte Niederlagen zu. **1861**

Nach einer Reihe kleinerer Gefechte und Scharmützel kommt es am 21. Juli 1861 bei Manassas unweit Washington zur ersten großen Schlacht des Bürgerkriegs. 67000 Soldaten stehen sich gegenüber, viele in fantasievoller Aufmachung und beklatscht von Schaulustigen, die aus Washington herbeigeeilt sind, um das Spektakel zu genießen. Die allgemeine Erwartung, die Rebellen mit ein paar Kanonenschüssen in die Flucht jagen zu können, erfüllt sich jedoch nicht. Nach zehn Stunden heftiger Kämpfe lösen sich die Unionstruppen auf. Die Konföderierten ihrerseits sind zu schwach, um den fliehenden Yankees nachzusetzen. Washington richtet sich nun auf einen längeren Krieg ein. Die bis Anfang 1862 herrschende Pattsituation nutzt der neue Oberbefehlshaber der Unionstruppen, General George McClellan, zur Umgestaltung des Offizierskorps und Ausbildung der Rekruten.

Im Frühjahr startet McClellan die so genannte "Peninsula Campaign". Ende Juni steht seine Armee vor der Südstaaten-Hauptstadt Richmond, zu deren Verteidigung General Robert E. Lee herbeigeeilt ist. Aus der folgenden, "Seven Day Battle" genannten Schlacht gehen die Südstaatler siegreich hervor. Hilfestellung leistet Lees rechte Hand, Generalmajor Thomas "Stonewall" Jackson: Im Shenandoah Valley bindet der gewiefte Taktiker mit schnellen Vorstößen und Überraschungsangriffen die zur Verstärkung McClellans vorgesehenen Entsatztruppen. Richmond bleibt vorerst verschont. **1862**

Zwei Monate später stehen sich Nord- und Südstaatler zum zweiten Mal in Manassas gegenüber. Die vom 28. bis zum 30. August tobende Schlacht endet für die Union in einem Desaster: Fehleinschätzungen und taktische Fehler von General John Pope nutzen Lee und Jackson zu einem überwältigenden Sieg für die Südstaaten.

Der bisherige Kriegsverlauf stärkt das Selbstvertrauen der Konföderierten. Nun selbst in der Offensive, schaut Lee auf Washington. Er ordert seine Truppen nach Norden. McClellan bekommt jedoch rechtzeitig von Lees Plänen Wind, dank einer Kopie konföderierter Aufzeichnungen, die in seine Hände fällt. Bei Antietam in Nordost-Maryland verstellt McClellan Lee den Weg. Am 17. September 1862 erlebt das idyllische Hügelland eine der blutigsten Schlachten der amerikanischen Geschichte: Danach sind 12410 Unions- und 10700 konföderierte Soldaten tot. Lees Vormarsch ist jedoch aufgehalten. Die Südstaatler ziehen sich nach Süden zurück, McClellan verzichtet auf die Verfolgung.

Präsident Abraham Lincoln, General McClellan und sein Stab in Antietam 1862

In Washington münzt Lincoln den Sieg von Antietam in politisches Kapital um. Am 23. September erlässt der Präsident, der die Befreiung der Sklaven bislang hinausgezögert hat, den "Emancipation Act", der alle Sklaven in der Konföderation vom 1. Januar 1863 an zu freien Bürgern erklärt. Zuvor hatte der Präsident die Entscheidung verschleppt, um die zwar zur Union gehörenden, aber Sklaven haltenden Frontstaaten Maryland, Delaware, Missouri und Kentucky nicht zu verlieren. Der Kampf gegen die "barbarische Institution" der Sklaverei wird zum Leitmotiv der Union. Politisch korrekt versichert sich Abraham Lincoln damit auch der diplomatischen Unterstützung Europas. Zugleich öffnet er den Schwarzen den Weg ins Militär: Fast 200000 Afroamerikaner schließen sich den Unionstruppen an.
Robert E. Lee hat seine glanzvollsten Siege jedoch noch vor sich. Bis Jahresende schlagen er und Jackson mehrere Angriffe der Union zurück. Am 13. Dezember 1862 erlebt Fredericksburg ein regelrechtes Gemetzel: Unionstruppen unter General Ambrose Burnside werden beim Überqueren den Rappahanock River von Lees gut verschanzten Truppen vernichtend geschlagen.

1863

Die Kriegsbegeisterung auf beiden Seiten ist längst der Ernüchterung gewichen. Washington muss zwangsrekrutieren, Richmond tut dies schon seit dem Vorjahr. Ende April erlebt Lee bei Chancellorville seinen größten Triumph. Nach einem riskanten Flankenmanöver Jacksons schaffen es die Konfödierten, eine 160 000 Mann starke Unionsarmee unter General Joseph Hooker zurückzuschlagen. Die Freude der Konföderierten ist jedoch getrübt: Am 2. Mai wird "Stonewall" Jackson bei einem Erkundungsritt von einem seiner eigenen Soldaten irrtümlich getötet.

Der Bürgerkrieg (Fortsetzung)

Die Umstände zwingen Lee zum raschen Handeln: Unionstruppen besetzen Tennessee und bedrohen die Nachschubwege der Konföderierten im tiefen Süden. Lee entschließt sich zu einem erneuten Vorstoß nach Norden. Anfang Juli überqueren seine Truppen die Grenze nach Pennsylvania. Die dreitägige Schlacht von Gettysburg endet mit über 50 000 Toten auf beiden Seiten: Allein bei einem von Südstaaten-General George Picket befohlenen Sturmangriff kommen 4000 von 11 000 Südstaatlern ums Leben. Am Ende mündet das Gemetzel in eine entscheidende Niederlage für den Süden. Lee muss sich nach Virginia zurückziehen und alle Hoffnungen auf die Einnahme Washingtons aufgeben. Washington kann erstmals seit 1861 durchatmen. Die Union kontrolliert nun das gesamte Gebiet zwischen den Appalachen und dem Ohio. Die westlichen Counties Virginias, die sich vor dem Krieg für den Verbleib bei der Union ausgesprochen hatten, werden von Virginia abgekoppelt und treten als neuer Bundesstaat West-Virginia der Union bei. Innenpolitisch stärkt der Sieg bei Gettysburg die vorübergehend geschwächte Position Lincolns im Kongress.

1864

Der Bürgerkrieg wird zusehends zum Abnutzungskrieg. Im Süden schwindet die Hoffnung auf einen Sieg. Die Seeblockade der Union zeigt Wirkung. Die landwirschaftlich ausgerichtete Wirtschaft des Südens liegt am Boden, die Konföderation stürzt in eine Wirtschaftskrise. In Richmond kommt es wegen der Nahrungsmittelknappheit zu Ausschreitungen. Die Regierung um Jefferson Davies hofft vergeblich auf eine Wahlniederlage Lincolns und dadurch auf bessere Bedingungen bei Friedensverhandlungen. Während konföderierte Soldaten scharenweise desertieren, stellt Ulysses S. Grant, soeben zum Oberkommandeur aller Unionsarmeen ernannt, neue Truppen unter General George Meade zur Verfolgung der Armeen Robert E. Lees ab. In zahlreichen Gefechten und zwei großen Schlachten (5.–6. Mai: Wilderness, 8.–21. Mai: Spotsylvania Court House) fallen in diesem Frühjahr insgesamt 77 000 Unionssoldaten – mehr als Lee Soldaten hat. Grant ändert seine Strategie und beschließt die Belagerung der Vorratskammer Richmonds, Petersburg. Wieder ist Lee schneller. Bevor Grant im Sommer den Belagerungsring schließen kann, haben sich Lees Truppen zur Verteidigung eingegraben. Während sich die Armeen im Stellungskrieg verschleißen, kappen die Unionsgeneräle William Sherman (in Georgia) und Philip Sheridan (im Shenandoah Valley) mit der brutalen Taktik der "verbrannten Erde" endgültig alle Nachschublinien der Konföderierten.

1865

Die Zeit spielt für die Union. Im Februar versucht Lee vergeblich den Ring um Petersburg zu sprengen. Am 2. April fällt die Stadt. Richmond folgt einen Tag später. Südstaaten-Präsident Jefferson Davies flieht mit seiner Regierung nach Danville, die Bewohner Richmonds brennen ihre Stadt nieder. Am 4. April besucht Lincoln

Ausflug in den Bürgerkrieg

Der Amerikanische Bürgerkrieg (1861 – 1865) war der bedeutendste Krieg auf dem Territorium der Vereinigten Staaten. Er forderte mehr amerikanische Opfer als alle anderen Kriege, an denen die USA beteiligt war. Der Bürgerkrieg überwand die Trennung zwischen Nord und Süd, doch er ist ein Trauma geblieben, das das Nationalbewusstsein bis heute prägt.

Zwischen Nord und Süd

Maryland gehörte zu den Nordstaaten, in Virginia jedoch verlief die "Grenze" zwischen Nord und Süd mitten durch das Land. In beiden Staaten erwirtschafteten große Plantagen mit der Arbeitskraft der Sklaven beachtliche Gewinne, wodurch einer der Hauptgründe für die Auseinandersetzung, die Sklavenfrage, hier besondere Brisanz hatte. Außerdem fokussierten sich in der Hauptstadt Washington die politischen Interessen der Kriegsparteien. Kein Wunder also, dass in der Region während des Bürgerkriegs erbitterte und blutige Kämpfe ausgetragen wurden. Jede der alteingesessenen Familien hat mindestens ein Bürgerkriegsopfer unter den Vorfahren, oder einen Helden, der unter General Lee oder "Stonewall" Jackson gekämpft hat und von dem gerne erzählt wird. Doch die Historie gibt den heutigen Geschichtenerzählern Recht: In der Capital Region existieren weite Landstriche, in denen Tausende Menschen ihr Leben verloren, in denen jeder Baum und jedes Haus eine Gedenkstätte sein könnte.

Rostige Kanonen

Wer in Virginia und Maryland unterwegs ist, der kommt um die Schlachtfelder des Bürgerkriegs nicht herum: Überall verfolgen ihn Schilder, Wegweiser und Hinweistafeln zu National Battlefields oder Historic Landmarks. Verschiedene Organisationen wie die National Battlefields Parks oder Virginia Civil War Trails haben sich der großen Gedenkstätten angenommen, pflegen sie und publizieren Informationsmaterial. Regionale Vereine organisieren Führungen und kümmern sich um die kleineren Schlachtfelder des Bürgerkriegs. Doch was wird den Tausenden geboten, die jährlich der Geschichte am Originalschauplatz nachspüren? Manch ein Europäer wundert sich: Lange ist er Wegweisern und Schautafeln gefolgt, erst mit dem Auto, dann zu Fuß, und endlich am Ziel angelangt, wird er möglicherweise enttäuscht. Denn der lange Weg führt ihn zu einem unscheinbaren neoklassizistischen Tempelchen im Grünen wie z.B. in Antietam, oder zu einer rostigen Kanone, wie sie in Deutschland auf jeder Burg zu finden ist. Überhaupt ist nur noch wenig zu sehen – Hügel, Bäume, Felder, mal ein Zaun, mal ein Uniformierter als Denkmal – da braucht man schon viel Begeisterung oder Fantasie, um sich die damaligen Ereignisse vorstellen zu können. Doch die trockenen Zahlen machen den Wahnsinn dieses Krieges deutlich: In Maryland starben allein in Antietam 23 000 Menschen, in Virginia wurden in Manassas 28 700 Opfer verzeichnet, bei der Sieben-Tage-Schlacht in der Nähe von Richmond starben 37 000 und in Fredericksburg 18 000 Menschen. Vielleicht ist ja gerade das Unspektakuläre die angemessene Form des Gedenkens?

Freiluft-Event

Ganz anderer Ansicht sind da jedoch die Teilnehmer der beliebten Bürgerkriegs-Events: In Scharen reisen sie zu mehrtägigen Bürgerkriegs-Spielen an, haben teilweise in liebevoller Feinarbeit originalgetreue Uniformen genäht und bringen auch ansonsten jede Menge möglichst authentische Utensilien mit. Auf dem Parkplatz lassen sie mit ihrem Auto das 21. Jahrhundert hinter sich und tauchen in die Ära des Bürgerkriegs ein. Sie schlagen ihre Zelte auf und machen es sich am Lagerfeuer gemütlich, doch am nächsten Morgen wird es Ernst: Eingeteilt in Blauröcke für die Truppen des Nordens und Grauröcke für die des Südens werden Landkarten studiert und Schlachtpläne diskutiert. Anschließend werden die Stellungen bezogen, und das Spektakel kann beginnen. Die Freizeit-Soldaten stürzen sich in den Kampf, robben durch den Staub, attackieren den Gegner, schießen mit Platzpatronen und bringen im Schweiße ihres Angesichts Kanonen in Position...
Am Abend spüren die Kämpfer ihre Knochen und fallen todmüde auf's harte Lager. Doch was treibt immer mehr Amerikaner dazu, freiwillig Statist in einem solchen Freilufttheater zu spielen, warum erfreut sich der Bürgerkriegs Erlebnis-Urlaub steigender Beliebtheit? Am Ende eines anstrengenden Wochenendes bringt es ein begeisterter "Kämpfer" auf den Punkt: *"Ich bin Amerikaner, mich interessiert die Geschichte Amerikas. Ich will wissen, was unsere Vorfahren für uns getan haben. Ich will wissen, wie es war, bei Hitze und Kälte, in Staub und Schlamm, mit Schweiß und Dreck für seine Sache zu kämpfen. Ich will wissen, wie es wirklich war."* Nächstes Jahr plant er wiederzukommen, zu seiner Geschichtsstunde der besonderen Art. Ob ihm wohl die Realität des Bürgerkriegs, seine Schrecken und Opfer tatsächlich näher gerückt sind?

Geschützstellung der 5. Batterie der Konföderierten im Petersburg National Battlefield Park

Der Bürgerkrieg (Fortsetzung)

das in Trümmer liegende Richmond. Lee entkommt mit dem Rest seiner erschöpften Truppen nach Süden. Bei Sailor's Creek schlagen sie gegen Grants Einheiten ihre letzte Schlacht und verlieren noch einmal 7000 Mann. Lee gibt auf. Am 9. April treffen sich die beiden berühmtesten Generäle des Bürgerkriegs in Appomatox Court House. Dort unterzeichnet Lee die Kapitulation. Der Krieg ist zu Ende. Die Ende Mai in Washington abgehaltene Siegesparade erlebt Lincoln nicht mehr: Am Abend 14. April wird der Präsident, der die Nation zusammengehalten hat, im Ford's Theatre von dem aus Maryland stammenden Südstaaten-Sympathisanten John Wilkes Booth erschossen. Dessen Flucht quer durch Maryland endet in Bowling Green (Virginia), wo er seinen Schusswunden erliegt.

Nach dem Bürgerkrieg

Nach dem Krieg ist im Süden nichts mehr so wie früher. Die Städte liegen in Trümmern, die Wirtschaft ist am Boden und es gibt ein Heer von Sklaven, die nicht länger auf Befehle hören: Auch in Virginia und Maryland muss man sich von der althergebrachten Lebensweise verabschieden. Die nächsten Jahrzehnte stehen im Zeichen des Wiederaufbaus. Maryland hingegen hat es leichter. Während in Virginia die großflächige Umstellung von der Plantagenwirtschaft auf eine kleinräumige, Produkte wie Kunstdünger nutzende Landwirtschaft erst um 1900 zu greifen beginnt und mit dem Bergbau im Südwesten und der verarbeitenden Industrie nur allmählich neue Industriezweige hinzukommen, entwickelt sich Baltimore schon bald nach Kriegsende zum Wirtschaftsmotor des Bundesstaats. Rasch erringt Marylands wichtigste Hafenstadt wieder ihren alten Platz unter den größten Städten der Ostküste. Eisenbahnen bringen Handelsgüter aus dem Westen. Baltimore boomt als Umschlagplatz, eine wachsende verarbeitende Industrie schaufelt ihre Produkte direkt auf die für den Export nach Übersee bestimmten Schiffe. Mehrere Einwandererwellen bleiben hier hängen, Italiener, Polen und Deutsche bilden jene Arbeiterklasse, die bis heute das raue Image der Stadt prägt. Die beiden Weltkriege machen die Werften Baltimores und Virginias Häfen in den Hampton Roads und in Norfolk zu Großverdienern und stoßen die bis heute andauernde Hochkonjunktur an.

Ein altes Problem holt Virginia und Maryland und den gesamten Süden jedoch wieder ein: Die Integration der Afroamerikaner. Zwar ist die Sklaverei nun abgeschafft, aber frei sind Amerikas Schwarze deshalb noch lange nicht. Selbst Baltimore assimiliert seine (weißen) Einwanderer leichter als die aus dem Süden in die Stadt strömenden Schwarzen. Bis in die frühen 60er-Jahre des 20. Jahrhunderts stellen sich die Behörden mit ihrer Behandlung der Schwarzen ein Armutszeugnis aus. Mit einer Reihe restriktiver Verfügungen, den berüchtigten "Jim Crow"-Gesetzen, werden die Schwarzen zu Bürgern zweiter Klasse, ohne Bedeutung im öffentlichen Leben, gemacht. 1896 bestätigt die Entscheidung des Supreme Court, Schwarze seien gleich, sollten aber getrennt von Weißen leben, die ohnehin praktizierte Rassentrennung. Gewaltakte gegen Schwarze sind im Norden des alten Südens seltener als in Alabama oder Mississippi. Dennoch erlebt auch Virginia so viele Aufmärsche des Ku-Klux-Klan, dass Gouverneur Harry F. Byrd Sr. in den 1920er-

Jahren neben der Förderung von Bildung, Gesundheit und Verkehrswesen auch die strengere Bestrafung von Lynchmorden an Schwarzen in sein Programm aufnehmen muss. 1954 erklärt der Supreme Court die Rassentrennung für verfassungswidrig. Virginia dreht daraufhin den gemischtrassigen Schulen den Geldhahn zu. Viele müssen schließen. 1960 haben im gesamten Süden nur 700 von 6700 Schulen die Rassentrennung aufgehoben. Erst die Bürgerrechtsbewegung unter Martin Luther King jr., öffentlicher Protest und Druck aus Washington können die Integration herbeizwingen. 1965 setzen der "Civil Rights Voting Act" und das 24. Amendment zur Verfassung die schwarzen Amerikaner den weißen endgültig gleich. 1977 wählen die Bürger Richmonds erstmals einen schwarzen Bürgermeister, 1989 erhält Virginia einen schwarzen Gouverneur. Die Capital Region, das ist ein wirtschaftlich prosperierender und gesellschaftlich progressiver Teil der USA. Dass sie heute beim durchschnittlichen Pro-Kopf-Einkommen landesweit ganz vorne steht, verdankt sie auch dem konsequenten Abschied von diesem Teil ihrer Vergangenheit.

Nach dem Bürgerkrieg (Fortsetzung)

Angaben zur jüngeren Geschichte von Washington DC, Maryland und Virginia sind unter den einzelnen Hauptkapiteln zu finden.

Hinweis

Berühmte Persönlichkeiten

Frederick Douglass
(um 1818 – 1895)
Abolitionist

Das Leben Frederick Douglass spiegelt die Widersprüche der USA im 19. Jahrhundert wider und steht für die Konflikte zwischen Weiß und Schwarz, die bis heute die amerikanische Gesellschaft prägen.
Sein Geburtsdatum ist nicht gesichert, doch wurde er als Sklave Frederick Baily in der Nähe von Easton in Maryland um 1818 geboren. Trotz Verbot lernte er in Baltimore Lesen und Schreiben, plante mit achtzehn die Flucht, die ihm mit seiner Frau Anna Murray 1838 schließlich gelang. Er ging zuerst nach New York, dann nach Massachusetts und nahm den Namen Frederick Douglass an. Douglass war in der Öffentlichkeitsarbeit für die Anti-Sklaverei-Bewegung (Abolitionismus) tätig und veröffentlichte 1845 seine Autobiografie, in der er die Missstände der Sklaverei anprangerte. Mit seinem Buch ging er zwei Jahre lang in England auf Vortragsreise und konnte in dieser Zeit genügend Geld sammeln, um sich aus der Sklaverei freizukaufen und so die Rückkehr nach Amerika zu sichern. Seit 1847 publizierte er den "North Star", die Wochenzeitung der Sklavenbefreiung, und unterstützte die Frauenrechtsbewegung. 1863 verhandelte er mit Präsident Lincoln über die Teilnahme der schwarzen Bevölkerung am Bürgerkrieg und beriet in den folgenden Jahren alle Präsidenten in Fragen der Sklavenbefreiung. So hatte er wesentlichen Anteil an der Verfassungsänderung von 1870 und dem Wahlrecht für Schwarze. 7 Jahre später wurde Douglass zum US Marshal ernannt und erwarb ein stattliches Anwesen im Washingtoner Stadtteil Anacostia.
Im Alter von 70 Jahren wurde ihm der Posten des amerikanischen Generalkonsuls in Haiti angeboten, den er ehrenhalber annahm. Doch schon zwei Jahre später, 1891, kehrte er nach Washington zurück, wo er 1895 starb. Seine Schriften haben auch heute noch große historische Bedeutung. Sein Haus in Washington mitsamt der Originaleinrichtung und zahlreichen Dokumenten gibt eindrücklich Auskunft über Leben und Werk dieses außergewöhnlichen Mannes.

Duke Ellington, Billie Holiday ▶ Baedeker Special S. 48 – 50

Thomas "Stonewall" Jackson (1824–1863) Südstaaten-General

Es war im Sommer 1861, als Thomas Jackson zur Legende wurde und sich seinen Beinamen verdiente: Die erste große Schlacht des Bürgerkriegs wurde bei Manassas südwestlich von Washington ausgetragen. Die bis dahin siegreichen Verbände der Nordstaaten stießen auf den Südstaaten-General Thomas Jackson, der mit seiner Einheit den Angriffen wie eine Steinwand widerstand. Ein Jahr später sollte sein Ruhm am selben Ort endgültig besiegelt werden, als er gemeinsam mit dem legendären General Lee die Nordstaatler aus seiner Heimat Virginia vertrieb.
Thomas Jackson wurde 1824 in Clarksburg (heute West-Virginia) geboren und an der berühmten Militärakademie von West Point ausgebildet. Seine ersten militärischen Verdienste erwarb er sich während des Mexikanischen Krieges 1846–1848. An der neu gegründeten Militärakademie von Lexington in Virginia unterrichtete Jackson von 1851 bis zum Ausbruch des Bürgerkriegs 1861. Seinen Ehrennamen "Stonewall" erhielt er nach der Schlacht, die heute "First Manassas" genannt wird, als es über seinen Willen zur Verteidigung hieß: "Here stands Jackson like a stone wall". Auf den Schlachtfeldern Virginias erkämpfte er mehrere Siege für die Südstaaten, so u. a. 1862 in Fredericksburg und Chancellorsville 1863. Diese Schlacht wurde ihm jedoch zum Verhängnis: Aus Versehen traf ihn die Kugel eines Mannes der eigenen Truppen. Er starb am 10. Mai 1863 an den Folgen dieser Verwundung.
Stonewall Jackson steht in Virginia als kühner Feldherr auf vielen Denkmalsockeln. Eine Statur des ehemaligen Professors für Artillerie und Physik weist den heutigen Studenten der Militärakademie in Lexington den Weg zu ihren Unterkünften. Dort bewahren auch ein Museum, sein Wohnhaus sowie sein Grab das Andenken an diesen Haudegen der amerikanischen Geschichte.

Thomas Jefferson ▶ Baedeker Special S. 176 / 177

Pocahontas (um 1595–1617) indianische Prinzessin

Sie muss schon etwas besonderes gewesen sein, denn sonst wäre die Häuptlingstochter Pocahontas nicht zur Berühmtheit geworden, geschweige denn zum Hollywood-Mythos. Als Lieblingstochter des mächtigen Powhatan, des Königs der großen Stammesverbände rund um die Chesapeake Bay, wurde sie um 1595 geboren. Als die Engländer 1607 in Jamestown ihre erste Siedlung gründeten, war Pocahontas erst zwölf, der Bedeutung ihres Namens nach aufmüpfig und selbstbewusst. Neugierig lernte sie Werkzeuge, Arbeitstechniken, Leben und die Sitten der Fremden kenne. Dabei wurde John Smith, einer der führenden Köpfe unter den Siedlern, auf sie aufmerksam. Als es zwischen den Siedlern und den Indianern zu Konflikten kam, wurde Smith gefangen genommen. Pocahontas soll ihn vor dem Tod bewahrt haben; für eine Liebesgeschichte, wie im Film, gibt es jedoch keine Belege. Vielleicht wäre es dazu aber noch gekommen, wenn Pocahontas nicht mit dem Häuptling des benachbarten Potomac-Stammes verheiratet worden, und Smith nicht 1609 auf Grund einer schweren Verletzung nach England zurückgekehrt wäre.

Die Kolonisatoren nahmen Pocahontas 1613 gefangen und benutzten sie als Faustpfand gegen ihren Hauptgegner Powhatan. Das hübsche Na-

Pocahontas (Fortsetzung)

turkind wurde 1614 auf den Namen Rebecca getauft – ein Meilenstein der amerikanischen Geschichte, dem sogar ein Gemälde der Rotunde des Capitol gewidmet ist. Sie wurde nach englischem Vorbild umerzogen und sollte in England als Werbemittel für die Kolonien eingesetzt werden. Da kam es dann aber doch noch zu der ergreifenden Liebesgeschichte zwischen dem englischen Siedler John Rolfe und der Indianerin. Trotz großer gesellschaftlicher Widerstände heirateten sie und bekamen einen Sohn. Pocahontas musste trotzdem zu Propagandazwecken herhalten und kam mit Familie und Gefolge 1616 nach England. Dort wurde sie sieben Monate lang herumgereicht, bestaunt und kam vor lauter Terminen kaum zur Ruhe. Sie litt sehr unter dem Klima, wurde krank und starb bevor sie sich auf den Rückweg in die Heimat machen konnte. Das Filmmärchen von Natur, Schönheit und der großen Liebe hat mit der historischen Wahrheit wenig zu tun, leider.

Edgar Allan Poe (1809–1849) Schriftsteller

Abgründe des menschlichen Geistes, Grusel, Perversion, Selbstzerstörung und Wahnsinn das sind die Zutaten für die Werke Edgar Allan Poes. Auch der Autor dieser genial-abgründigen Erzählungen verlor im Laufe seines kurzen Lebens den Boden unter den Füßen:

Opium, Alkohol, Halluzinationen, Depressionen und Bewusstseinsverluste sind die Kehrseiten seiner düsteren Kreativität.
Der Tod seiner Mutter machte 1811 Edgar Allan Poe im Alter von zwei Jahren zum Waisen. Glück im Unglück, dass er bei der Kaufmannsfamilie Allan als Pflegesohn Aufnahme fand. 1815 zog er mit seiner Pflegefamilie von Baltimore nach London, wo er die Schule besuchte. Die Familie Allan kehrte 1820 in die USA zurück und siedelte sich in Philadelphia an. Schon mit 15 Jahren nahm Edgar Allan Poe in Charlottesville an der Universität von Virginia sein Studium auf. Hier entstand sein erstes Buch, hier ist heute noch sein Studentenzimmer zu besichtigen. Als es 1827, ein Jahr nach Studienbeginn, zum Bruch mit dem Pflegevater kam, ging Poe nach Boston und trat dem Militär bei. Geldnot, Krankheiten und Einsamkeit bestimmten sein Leben, als ihn 1829 mit dem Tod der geliebten Pflegemutter Frances Allan ein weiterer Schicksalsschlag traf. Nach Ende seiner Militärzeit begab sich Poe nach Baltimore, wo er Kontakt zu seiner Tante Maria Clemm aufnahm, die für ihn zu einer Art Erstatzmutter avancierte.
Anfang der 30er-Jahre des 19. Jahrhunderts gewann Poe allmählich literarische Anerkennung. Seine Werke wurden publiziert und er trat eine Stelle als Zeitungsredakteur in Richmond an. Im Jahre 1836 heiratete er seine Cousine Virginia, die pflegebedürftige Tochter Maria Clemms. In den folgenden Jahren ging es Poe relativ gut, er verfasste die meisten seiner Werke und arbeitete als Redakteur

bei bedeutenden Zeitungen. Doch der Gesundheitszustand seiner Frau verschlechterte sich 1841, auch er selber war labil und seine Projekte scheiterten. 1843 schien die Krise überwunden: Erzählungen wie "Der Goldkäfer" und Gedichte wie "Der Rabe" wurden große Erfolge, er zog nach New York und wurde Herausgeber des Broadway Journal. 1847 warf ihn der Tod seiner Frau Virginia aus der Bahn: Hochs und Tiefs wechselten immer schneller, die Krisen gipfelten im Jahr darauf in einem Selbstmordversuch. Sein Geisteszustand verschlechtert sich zunehmend – bis er schließlich 1849 orientierungslos in Baltimore aufgefunden wird, wo er am 7. Oktober verstirbt.

Edgar Allan Poe (Fortsetzung)

George Washington (1732 – 1799) Staatsmann, 1. amerikanischer Präsident (Abb. S. 29)

Washington ist überall in den USA präsent. Er ist Namensgeber für Straßen, Plätze, Schulen, Universitäten, einem Bundesstaat im nördlichsten Westen und natürlich der Hauptstadt. Der spätere erste Präsident wurde 1732 als Kind einer Farmerfamilie in Wakefield (Virginia) geboren. Er erhielt eine klassische Ausbildung und wurde Landvermesser. Durch die Heirat mit Martha Dandridge, einer wohlhabenden Grundbesitzertochter konnte er sein Hab und Gut wesentlich vergrößern. In Mount Vernon, südlich der Hauptstadt gelegen, baute sich Washington seinen Landsitz im klassizistischen Stil aus und verwaltete bis zum Ausbruch der Amerikanischen Revolution seine Plantage.

Im Jahre 1759 wurde er ins Parlament von Virginia gewählt und 1775 Oberbefehlshaber der revolutionären Truppen. Auch nach dem Sieg gegen die Engländer blieb Washington politisch aktiv und vertrat Virginia bei der verfassungsgebenden Versammlung. 1789 wurde er zum ersten Präsidenten der Vereinigten Staaten von Amerika gewählt, ein Amt, das er nach seiner Wiederwahl 1792 bis 1796 inne hatte. In dieser Zeit wählte er den Ort der zukünftigen Hauptstadt am Oberlauf des Potomac in unmittelbarer Nähe zu seinen Ländereien und legte 1793 den Grundstein für das Capitol. Mit dem Architekten L'Enfant plante er die Anlage der Stadt und den Bau der wichtigsten Gebäude. So entschied er auch über den Standort des Präsidentensitzes, des Weißen Hauses. Nach acht Jahren Präsidentschaft, in der Washington zahlreiche grundlegende Entscheidungen für die Zukunft der USA traf, zog er sich nach Mount Vernon zurück und widmete sich der Verwaltung seiner Ländereien. Doch nur drei Jahre konnte er das Leben führen, nach dem er sich während seiner politischen Arbeit gesehnt hatte. Am 14.12.1799 starb George Washington an den Folgen einer Halsentzündung und wurde auf seiner Plantage begraben.

Kunst und Kultur

Architektur

Kolonialzeit

Die amerikanische Architektur entwickelt sich zunächst ohne professionelle Architekten: Allgemeine Armut, die Topografie und der Mangel an Spezialisten und Handwerkern prägen das Aussehen der zunächst auf Schutz und Wärme ausgerichteten Häuser. Man braucht zuallererst ein Dach über dem Kopf, für Stilfragen ist keine Zeit. Wichtigster Baustoff ist Holz. Es wird für Häuser, Scheunen und Palisaden verwendet. In Museumdörfern wie Jamestown, der ersten festen Siedlung auf dem nordamerikanischen Kontinent, kann der Besucher zwischen den strohgedeckten Häusern die vom harten Siedleralltag bestimmten Besonderheiten leicht nachvollziehen. Das Land prägt die Menschen und ihre Häuser: Gegen Ende des 17. Jahrhunderts haben sich in der Capital Region die ersten Besiedlungsunterschiede herausgebildet. Im Norden Marylands gibt es viele kleine Dörfer mit gedrungen wirkenden Holzhäusern, die über gemauerte Schornsteine und Kamine verfügen und sich um einen zentralen Platz vor der Kirche gruppieren. Die kleinen Fenster sind mit Butzenscheiben verglast, die Räume dunkel und niedrig genug, um sich den Kopf zu stoßen. Die schlichte Bauweise der Kolonisten wird später "Colonial Style" genannt. Südlich des Potomac dominiert dagegen die Pflanzer-Aristokratie das gesellschaftliche Leben. Weitläufige Plantagen beherrschen das Bild. Hier liegt eine meist aus Stein gebaute Residenz, deren Größe die gesellschaftliche Stellung ihres Besitzers reflektiert, inmitten riesiger Tabak- und Weizenfelder. In Stilfragen schaut der manchmal über Hunderte von Sklaven verfügende Pflanzer nach England, dessen Vorlieben in den Kolonien rezipiert werden. Um 1700 ist der elegante "Georgian Style" in Mode, den eine Vorliebe für Symmetrie und Elemente der Antike auszeichnen. Sehr schön zu studieren ist die Architektur dieser Zeit in Colonial Williamsburg.

In kaum einem Werk zur georgianischen Architektur in den USA fehlt eine Abbildung des Hammond-Harwood-House in Annapolis.

Im Laufe des 18. Jahrhunderts verbessert sich die wirtschaftliche Lage der Kolonien. Zwar gibt es noch immer keine hauptberuflichen Architekten – Architektur ist ein Steckenpferd gelehrter Laien – doch höhere Budgets und leichter erhältliche Fachbücher aus England verwandeln die Baustellen in Spielwiesen experimentierfreudiger Bauherren, die hemmungslos Vorbilder von der Insel kopieren oder variieren. So hält auch der noch näher an antiken Vorbildern orientierte Neoklassizismus in der Capital Region Einzug.

Kolonialzeit (Fortsetzung)

Vom 19. Jahrhundert bis heute

Am Vorabend des amerikanischen Unabhängigkeitskriegs übernehmen reisende Handwerker und Baumeister die Neoklassik und vereinfachen sie zu einem Stil, der nach der Unabhängigkeit als amerikanischer "Federal Style" bekannt wird. Flache Dächer, schlichte Fassaden und harmonische Proportionen kennzeichnen ihn. Während die junge Nation die ersten zaghaften Schritte macht, erfährt Europa immer mehr über die materielle und Geisteskultur der alten Römer und Griechen, ein Vorgang, der vor allem die Politiker der ersten Stunde inspiriert: So prägt die Klassik der Antike für George Washington (▶ Berühmte Persönlichkeiten) und Thomas Jefferson (▶ Baedeker Special S. 176/177) genau jenes demokratische Wertesystem, auf dem die USA beruhen. Vor allem das Multitalent Jefferson setzt die klassischen Ideale von Schönheit und Proportion in Stein um: Sein Sitz Monticello (1789–1809), das Virginia State Capitol (1785–96) in Richmond und die University of Virginia (1817–1826) in Charlottesville gelten als Symbole der neuen Nation und begeistern den Besucher noch heute. Die ersten Berufsarchitekten zeigen ihre Visitenkarten: George Bulfinch, der sich bereits seine Lorbeeren in Boston verdient hat, und Benjamin Latrobe geben dem Capitol in Washington jenen letzten Schliff, der es zum Vorbild aller anderen Kapitole im Land macht. Bis 1860 wird Architektur endgültig zur Domäne von Spezialisten. Ihre Handbücher kommen indes noch immer aus Europa und helfen die Formensprache der Neoklassizismus von den Städten aufs Land zu tragen. Vor allem die Plantagenbesitzer sind für Portiken, Säulen und Veranden empfänglich: Selbst die im Vergleich zu den Plantagen im tiefen Süden bescheidenen James River Plantations lassen auch 200 Jahre später kultivierte Eleganz erahnen.

Nach dem Bürgerkrieg bricht mit der rapide fortschreitenden Urbanisierung wie überall im Land auch über die Capital Region eine ungeahnte Stilvielfalt herein. Architekten versuchen sich an Banken, Börsen, Märkten, Geschäfts- und andere öffentlichen Gebäuden. Sie kopieren die alten Griechen und Römer, greifen die Gotik und die Renaissance auf, und schaffen – ohne regelnde Bauvorschriften! – homogene Stadtviertel wie in Baltimore, Richmond und Charlottesville. Im 20. Jahrhundert trennen sich die Wege. Washington wächst, einmalig in den USA, nicht über die Wipfelhöhe hinaus, während landesweit ein neues Wort die Runde macht: "Skyline". Stahlgerüste und andere bautechnische Innovationen machen auch in Baltimore und Richmond um 1910 die ersten Wolkenkratzer möglich. Danach erleben Washington, Richmond und alle übrigen Großstädte der Capital Region den ganz Nordamerika bestimmenden Stilekanon: Das Bauhaus treibt der amerikanischen Architektur bis in die 1950er-Jahre die Ornamentik aus, die nüchterne Moderne setzt sich endgültig durch.

Erst die Postmoderne erinnert sich, unter Verwendung neuer Materialien und Farben, wieder der klassischen Formen. Als Hauptstadt der mächtigsten Nation der Geschichte wird das lange neoklassizi-

Vom 19. Jh. bis heute (Fts.)

stisch auftretende Washington zunehmend zu einem Schaufenster unterschiedlichster zeitgenössischer Stile und Geschmacksrichtungen.

Sonderfall Washington DC

Die Hauptstadt der USA ist architektonisch gesehen ein Sonderfall: Der Himmel über Washington wird nicht von Wolkenkratzern zerrissen, die Peripherie nicht von hässlichen Fabrikschloten entstellt. Diese Zurückhaltung ist gesetzlich verankert. Bereits Washington und Jefferson verfügten eine Maximalhöhe für öffentliche und Privatgebäude. Dabei blieb es, trotz diverser Schlupflöcher, die findige Unternehmer im Laufe der Jahrhunderte entdeckten. Demnach darf bis heute kein Gebäude höher als 10 Stockwerke sein – das Kapitol, Regierungssymbol und mit dem Weißen Haus wohl eines der bekanntesten Gebäude der Welt – muss weithin sichtbar bleiben. Folgerichtig geht Washington in die Breite – und machmal auch in die Tiefe.
Auch dass Washington in Neoklassizismus schwelgt, ist den Gründervätern zu verdanken. Für Washington, Jefferson & Co. war damals das Beste gerade gut genug für die neue Nation. Und um 1800 war das die Klassik der romantisch verklärten Antike: das demokratische Athen und das republikanische Rom. Die nächsten 200 Jahre erhält die Hauptstadt Gebäude in allen neoklassizistischen Spielarten. Die hervorragenden Bauwerke der sog. "Federal Period" bis etwa 1820 sind das Weiße Haus, 1800 vom 2. US-Präsidenten John Adams bezogen, und das Kapitol. Der Originalentwurf des Weißen Hauses stammt von James Hoban, der sich vom Sitz des Duke of Leinster in Dublin inspirieren ließ. Thomas Jefferson, der zweite Hausherr, hatte eigene Ideen und gab bei Benjamin Latrobe die eleganten Nord- und Südportiken in Auftrag. Bis heute ist das Weiße Haus "work in progress": Monatlich kommen neue Büros und Sicherheitsanlagen hinzu. Auch am Kapitol wird ständig gebaut. Mit seinen korinthischen Säulen unter der gewaltigen Kuppel erhält der 1793 begonnene Sitz des Kongresses ständig neue, oft unterirdische Büros. Dann kommt der so genannte Greek Revival Style in Mode. Griechische Tempel dienen als Vorlagen für öffentliche Gebäude wie das 1831 begonnene und erst 1871 fertig gestellte US Treasury Building mit seiner Kolonnade aus imposanten ionischen Säulen und seinen geschmückten Architraven. Washington liebt Säulen. Selbst das Washington Monument, einem ägyptischen Obelisken nachempfunden, hätte fast eine Kolonnade bekommen.
Der nach dem Bürgerkrieg ausbrechende allgemeine Eklektizismus tobt sich auch in Washington aus. Neben Säulen und Portiken sind nun schnörkeliges Second Empire, strenge Neoromanik und altehrwürdige Neogotik zu sehen sowie verspielter Queen Ann Style und diverse, italienisch inspirierte Palazzo-Stile. Ein gutes Beispiel für letztere ist das dem römischen Palazzo Farnese entlehnte, friesgeschmückte und mit Atrium und korinthischen Säulen versehene National Building Museum von 1882. Für solide Neoromanik – runde Bögen, gewölbte Decken – steht das Old Post Office, für verschwenderisches Second Empire das Old Executive Building. Die größte Stilvielfalt kann der Besucher in den Wohnvierteln Dupont Circle und Kalorama genießen. Nach den monumentalen National Archives war der Einfluss des Neoklassizismus keineswegs am Ende: Das aus Glas und Stahl bestehende Ronald Reagan Building zitiert mit seiner Rotunde auch 1998 munter klassische Stilelemente.

Im Hof des Ronald Reagan Building

Washington DC (Fortsetzung)

Vor den atemberaubenden bis hässlichen Bauten der Modernisten, die nach 1945 auch in Washington Station machten, blieb die Stadt weitgehend verschont. Zu den Ausnahmen gehören das 1972 fertig gestellte J. Edgar Hoover FBI Building, ein plumper, rücksichtslos in die Stadtlandschaft gesetzter Zementklotz und der schlichtweg langweilige Sitz der World Bank International Finance Corporation (2121 Pennsylvania Ave., NW). Genial wirken dagegen das von Stararchitekt I.M. Pei entworfene, die Topografie seiner Umgebung zitierende East Building der National Gallery of Art und der von Eero Saarinen 1962 entworfene Washington-Dulles International Airport mit seinem an Vogelschwingen erinnernden Dach. Das Ende des Jahrtausends stand im Zeichen historisierender Stadtsanierung: Altes bewahren, Neues an Altes anpassen. Vielfach wurden alte Fassaden in neue Strukturen integriert, nicht immer erfolgreich. Die Postmoderne vermochte Akzente zu setzen. Zu Beginn des dritten Jahrtausends herrscht auf den ersten Blick kein Stil vor.

Kunst · Film

Einzigartige Museen und Sammlungen

Tausende Kunstliebhaber pilgern jährlich nach Washington DC, Baltimore und in die anderen Städte der Capital Region. Anziehungspunkte sind die einzigartigen Sammlungen und Museen der Hauptstadt, doch die Museumslandschaft der Region ist ausgesprochen vielfältig und bekam durch spektakuläre Neubauten in den letzten Jahren frische Impulse. Im seltsamen Widerspruch dazu steht, dass sich weder in Washington, noch in Maryland oder Virginia ein nennenswertes Zentrum bildender Künstler etabliert hat

Jazzlegenden

Wer kennt sie nicht, die beiden großen Jazzsängerinnen Billie Holiday und Ella Fitzgerald oder den legendären Jazzpianisten Duke Ellington? Der Zauber klassischer Jazzstücke wie "Take the 'A' Train", "Sophisticated Lady", "Strange Fruit" oder "God Bless the Child" ist auch heute ungebrochen: Unweigerlich verbreiten die Songs die Atmosphäre der 1940er- und 1950er-Jahre: Musiker vor unförmigen Mikrofonen in verrauchten Clubs...

In die Welt hinaus

Es führte kein Weg vorbei an den New Yorker Clubs, hier haben alle späteren Jazzgrößen ihre erste Chance bekommen, sind für kleinste Gagen aufgetreten und haben sich langsam nach oben gearbeitet. Ihre Wurzeln liegen aber meist woanders, z.B. in Baltimore, Newport News oder Washington. **Ella Fitzgerald** wurde 1918 in Newport News in Virginia geboren, zog aber schon bald nach New York, wo sie im Alter von 16 Jahren erstmals als Sängerin auftrat. Drei Jahre älter als Ella Fitzgerald war **Billie Holiday**, die zweite legendäre Jazzsängerin. Geboren und aufgewachsen ist sie in Baltimore, doch sie hatte ihr Leben lang eher schlechte Erinnerungen an ihren Heimatstaat Maryland: Von ihren negativen Kindheitserlebnissen konnte sie sich nie ganz befreien, auch nicht als Weltstar. Positive Erlebnisse verband **Duke Ellington** mit Washington. Als Sohn der Hauptstadt kehrte er später zu vielen glamourösen Auftritten zurück. Alle drei, Ellington, Holiday und Fitzgerald, zogen in die Welt hinaus und wurden dank ihrer Musik unsterblich.

Black, Brown and Beige

Als echter Washingtoner kam Edward Kennedy Ellington 1899 auf die Welt und wurde schon als Kind wegen seines vornehmen Auftretens "Duke" genannt. Als "Herzog des Jazz" machte er weltweit Karriere, erhielt zahlreiche Ehrendoktorwürden und höchste Auszeichnungen. Präsident Nixon richtete für ihn zum 70. Geburtstag ein großes Geburtstagsfest im Weißen Haus aus, wo er früher schon als Repräsentant der US-Kultur vor internationalen Gästen aufgetreten war.
Die ersten Klavierstunden des jungen Ellington verliefen jedoch nicht sehr viel versprechend, damals hatte er eher Baseball im Sinn. Dennoch hatte er offenbar Talent, denn im Alter von 20 Jahren gründete er seine erste Band und versuchte später mit den "Washingtonians" die New Yorker Clubs zu erobern. **Duke Ellington** gelang es am Broadway, bedeutende Musiker für sein Orchester zu gewinnen und den "Jungle Style" zu entwickeln. Der "Herzog des Jazz" war immer der geniale Kopf seiner Formation und komponierte pausenlos neue Stücke, die er, wenn nichts anderes zur Verfügung stand, auf Fahrplänen, Speisekarten, Quittungen, u.ä. festhielt.
Ellingtons Ideen ließen den Musikern Raum zur eigenen Entfaltung, viele Stücke schrieb er ihnen geradezu auf den Leib.
Es gelang ihm, die besten Musiker – unabhängig von ihrer Hautfarbe – zu engagieren. Seine Band war wie einer seiner Songs "Black, Brown and Beige", sehr ungewöhnlich zu dieser Zeit.

Der amerikanische Jazz-Musiker und Pianist Duke Ellington bei einem Gastauftritt auf dem Münchener "Bal Pare" 1967

Botschafter

Radioübertragungen und Plattenaufnahmen – damals neue Massenmedien – vergrößerten seine Bekanntheit ebenso wie ausgedehnte Tourneen und Konzerte in Clubs oder in großen Konzerthallen.
Durch seine berühmten Auftritte in der Carnegie Hall machte er 1943 schwarze Musik endgültig "gesellschaftsfähig". Er löste sich kompositorisch von der Songform und ging zu längeren Tondichtungen über, später schrieb er Filmmusiken, sogar Suiten, Kirchenmusik und Opern. Beim legendären Newport Jazz Festival brachte die Ellington-Band mit "Diminuendo and Crescendo in Blue" das Publikum zum Kochen, die folgende Platte wurde einer seiner größten kommerziellen Erfolge. Ellingtons Tourneen führten sein Orchester durch alle Kontinente und inspirierten seine Kompositionen. Er wurde zum Repräsentanten amerikanischer Kultur und sein Orchester reiste oftmals im Auftrag der US-Regierung um die Welt. In dieser Rolle erhielt er auch mehrere Einladungen zu offiziellen Anlässen, die ihn immer wieder in seine Geburtsstadt Washington führten.
Noch mit 74 Jahren komponierte er unermüdlich und tourte durch Europa, Afrika und Asien. Im Jahre 1974 wurde Duke Ellington erschöpft und krank in ein New Yorker Krankenhaus eingeliefert. Doch auch hier komponierte er weiter und gab selbst im Krankenzimmer vier Stunden vor seinem Tod am 24. Mai 1974 noch ein Privatkonzert für Freunde und das Krankenhauspersonal.

Lady Sings The Blues

Wie keine andere hatte **Billie Holiday** den Blues in der Stimme, konnte zwischen Jazz und Swing lavieren, legte alle Höhen und Tiefen ihres Lebens in ihre Lieder. Als Eleonora Fagan kam sie 1915 in Baltimore zur Welt, verband aber zeitlebens negative Erinnerungen mit ihrer Heimatstadt: Da ihre Eltern, selber noch Jugendliche, nicht für das Kind sorgen konnten, durchlebte Billie eine harte Kindheit: Zwischen Verwandten und Kinderheim hin- und hergeschoben, im Alter von zehn Jahren sexuell missbraucht, begann sie schon früh zu arbeiten, erst als Hausmädchen, dann als Callgirl. Mit fünfzehn zog sie zu ihrer Mutter nach New York und bekam ein Engagement als Sängerin in einem Nachtclub. Sie trat mit den Größen des Jazz wie Duke Ellington und Count Bassie auf und war zeitweise mit Lester Young liiert. Obwohl sie keine Noten lesen konnte, verfasste sie so berühmte Jazzsongs wie "God Bless the Child", "Strange Fruit" oder "Lady Sings the Blues", die sie für sich arrangieren ließ. Ab 1935 verhalfen ihr Plattenaufnahmen mit Teddy Wilson zum Durchbruch. Sie galt als die "Lady" unter den Sängerinnen, legte viel Wert auf schicke Kleider und trug als Markenzeichen stets Gardenien im Haar.

Licht und Schatten

Billie Holiday war jedoch auch als Weltstar noch anfällig für falsche Freunde und geriet immer wieder in die Abhängigkeit von Männern, die ihr das Geld aus der Tasche zogen. Außerdem litt sie unter der Diskriminierung der Schwarzen. Während ihre weißen Bandmusiker in den Clubs und Hotels gern gesehene Gäste waren, musste sie sich nach den Auftritten alleine auf ihr Zimmer oder in den Tourbus zurückziehen. Die Schattenseiten ihres Erfolgs: wiederkehrende Geldschwierigkeiten, Depressionen sowie der übermäßige Konsum von Alkohol und Drogen. Seit Mitte der 1940er-Jahre unterzog sie sich mehreren Entziehungskuren, wurde wegen ihrer Sucht inhaftiert und stand seitdem unter ständiger Polizeikontrolle. Obwohl sie erfolgreich große Konzerthallen füllte und 1954 auf Europa-Tournee ging, gestalteten sich ihre Auftritte immer schwieriger. Ihr Gesundheitszustand verschlechterte sich, und die ständige Polizeipräsenz setzte ihr psychisch stark zu. 1959 starb sie mit nur 44 Jahren in einem New Yorker Krankenhaus.

Lady Day – Porträt Billie Holidays vom 12. Mai 1947

New York ist und bleibt für Künstler und Galeristen die Kunstmetropole der USA.

Einzigartige Museen (Fts.)

Bird und Leutze

Im 19. Jahrhundert waren zwei berühmte Künstler eng mit Washington verbunden. Charles Bird King (1785–1862), siedelte sich zuerst 1814 in Baltimore, dann 1818 in Washington an. Bekannt wurde er besonders durch Stillleben und Genreszenen, sowie eindrückliche Indianerportraits, die er im Auftrag des Kriegsministeriums in den Jahren 1822 bis 1842 malte. Die Galerie, die er 1850 in seinem Privathaus eröffnete, bot auch anderen Künstlern ein Forum. Die berühmte "Indianergalerie" ging später in den Besitz des Smithsonian-Instituts über.
Der deutschstämmige Emanuel Gottlieb Leutze kam als Kind nach Amerika und zog von 1837 bis 1839 als wandernder Portraitmaler durch Maryland und Virginia. 1841 ermöglichten ihm reiche Förderer ein Studium an der Akademie in Düsseldorf, wo er bis 1859 blieb. Eines der bekanntesten Historienbilder der USA "Washington überquert den Delaware" entstand am Rhein. Als renommierter Historienmaler war er an der Ausschmückung des Capitols beteiligt. Ihm gelang es über die Darstellung der historischen Ereignisse hinaus, Ausdruck des amerikanischen Selbstbewusstsein in seine Gemälde zu legen.

20. Jahrhundert

Im 20. Jahrhundert bestand nur selten eine Verbindung bildender Künstler zur Capital Region. So hat z.B. die bekannteste amerikanische Künstlerin Georgia O'Keeffe 1912–1914 in Charlottesville studiert. Der auch in Europa bekannte Cy Twombly wurde 1929 in Lexington (Virginia) geboren und verbrachte dort seine Schulzeit. Zum Studium ging er nach Boston und New York, seit 1957 lebt er in Rom. Morris Louis wurde 1912 in Balitmore geboren und pendelte Zeit seines Lebens zwischen seiner Heimatstadt, New York und Washington DC. Er war Vorreiter der Farbfeldmalerei, indem er schmale Farbrinnsale über die Leinwand fließen ließ, wodurch abstrakte Formen entstanden. Im Alter von nur 50 Jahren starb Louis in Washington an Lungenkrebs und fand erst posthum Anerkennung.

Film

Washington DC als Filmkulisse

Keine andere Stadt der Welt wird täglich so oft gefilmt wie Washington DC, doch nicht nur über die Fernsehschirme flimmern Bilder von Capitol und Weißem Haus, auch im Kino ist der Schauplatz Washington präsent. Politiker-Biographien, Polit-Thriller, Zukunfts- und Horrorszenarien wurden von den Filmemachern in der Capital Region gedreht.
Wer war nicht schon alles Präsident: Da verliebte sich Michael Douglas in "Hallo, Mr. President" (1995), zuvor versuchten Robert de Niro und Dustin Hoffman in "Wag the Dog" (1997) Skandale zu vertuschen, die sehr an die Lewinsky-Affäre erinnerten. Peter Sellers stand als Präsident in Kubricks "Dr. Seltsam oder Wie ich lernte die Bombe zu lieben" (1963) vor der schwierigen Aufgabe, einen Krieg trotz atomarer Bedrohung zu verhindern. Und James Stewart verkörperte einen ehrlichen und provinziellen Abgeordneten in "Mr. Smith geht nach Washington" (1939), der in der Hauptstadt nicht

Film (Fortsetzung)

nur erfolgreich gegen Korruption und Intrigen kämpft, sondern auch die große Liebe findet.
Andere Filmhelden bewahrten Washington und das Land vor großem Übel: Clint Eastwood schützt in "In the Line of Fire" (1993) den Präsidenten vor einem Attentat, Jack Nicholson und Tom Cruise sind, wie der Filmtitel schon sagt, "A Few Good Men" (dt. "Eine Frage der Ehre, 1992), und Kevin Costner erfuhr im Film "John F. Kennedy–Tatort Dallas" (1991) in Washington, warum seine Ermittlungen im Fall Kennedy erfolglos bleiben mussten. Costner drehte auch für den Politthriller "No Way Out–Es gibt kein zurück" (1987) an Originalschauplätzen. In "Die Unbestechlichen" (1976) decken Robert Redford und Dustin Hoffman als unerschrockene Journalisten den Watergate-Skandal auf. Die Wirklichkeit der Terroranschläge im September 2001 holen leider die Horrorszenarien von "Independance Day" (1996) und "Air Force One" (1997) ein.
Tom Hanks Weg durch die USA als "Forrest Gump" (1994) führte ihn mehrmals in die Hauptstadt und dank technischer Tricks konnte er gleich mehreren Präsidenten die Hände schütteln. Nach seiner Auszeichnung als Vietnamkämpfer gelangt er aus dem Weißen Haus direkt in die große Friedensdemonstration vor dem Lincoln Memorial – eine Szene, die auch die Schlusssequenz des Musical-Films "Hair" bildet.

Als während des amerikanischen Unabhängigkeitskriegs sein Heim und seine Familie bedroht sind, führt Benjamin Martin eine Rebellenmiliz in den Kampf gegen die übermächtige englische Armee ("Der Patriot").

Ländliche Idylle in Virginia und Maryland

Im Gegensatz zur Stadt Washington suchten die Filmemacher in Virginia und Maryland oft die ländliche Idylle: Millionen von Fernsehzuschauern sind Jim-Boy, John-Boy und alle anderen "Waltons" noch gut in Erinnerung. Der Regisseur von "Independence Day", der Deutsche Roland Emmerich, drehte mit "Der Patriot" (2000) ein echt-amerikanisches Epos aus der Zeit der Unabhängigkeitskriege mit Mel Gibson in der Hauptrolle. Eine triste Kleinstadt in Maryland ist der Schauplatz für Johnny Depp im John Waters-Film "Cry Baby" (1990) und das ländliche Virginia bildet die Bürgerkriegskulisse für Richard Gere und Jodie Forster in "Sommersby" (1993). Mit Anthony Hopkins stand Jodie Forster für den mehrfach Oscar-gekrönten Horrorfilm "Das Schweigen der Lämmer" (1990) ebenfalls in Virginia vor der Kamera. Berlin in Maryland bot als typische Ostküsten-Kleinstadt die Kulisse für die Komödie "Die Braut, die sich nicht traut" (2000) mit Julia Roberts und Richard Gere.

Reiseziele von A bis Z

Routenvorschläge

Die folgenden Routenvorschläge führen zu einigen der schönsten Ecken der Capital Region. Einen Überblick über deren Verlauf gibt die nachstehende Übersichtskarte. Die genauere Streckenführung kann der zum Buch gehörenden Reisekarte (Koordinaten mit Großbuchstaben gehören zum Stadtplan, mit Kleinbuchstaben jedoch zur umseitigen Regionalkarte!) entnommen werden. Städte, Landschaften und bedeutende Schlachtfelder im Bürgerkrieg (bzw. Stadtviertel und Gegenden bei der Stadtbesichtigung von Washington DC) erscheinen innerhalb der Routen in **halbfetter Schrift.** Andere innerhalb der Routen erwähnte Orte, Regionen und Sehenswürdigkeiten können über das Register gefunden werden.

1. Präsidenten und Bürgerkriegsstätten (ca. 7 Tage)

Auf der – von Washington DC aus gesehen – anderen Seite des Potomac liegt der Bundesstaat Virginia, der für Amerikaner historisch bedeutend ist: Zum einen trifft man hier auf mehr Schauplätze des Bürgerkriegs als in irgendeinem anderen Bundesstaat, zum anderen hat Virginia acht der bisherigen Präsidenten hervorgebracht.

Erster Tag

Bereits in ****Washington DC** kann man Gedenkstätten verschiedener Präsidenten ansehen sowie das African-American Civil War Memorial. Über die Arlington Memorial Bridge geht es zu dem 2½ km² großen Arlington National Cementery, wo die meisten Besucher die

Routenvorschläge für Reisen rund um Washington DC

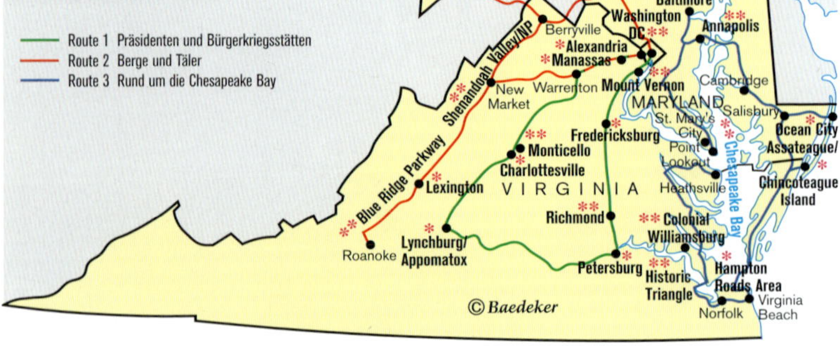

◀ **Wohn- und Regierungssitz des Präsidenten der USA: The White House**

Gräber des ehemaligen Präsidenten John F. Kennedy, seiner Frau Jacqueline und seines Bruders Robert besuchen. Beeindruckend ist auch die bronzene Iwo-Jima-Statue, die der Marinesoldaten gedenkt, die seit 1775 in mehreren Kriegen ihr Leben ließen. In ***Arlington** befinden sich das Pentagon, die Zentrale des amerikanischen Außenministeriums, und das Medienmuseum Newseum. Von hier aus geht es auf der Interstate (I) 66 zum ***Manassas National Battlefield Park**, auf dessen Gelände zwei der großen Bürgerkriegsschlachten stattfanden. Die Routes 15 bzw. 29 führen Richtung Süden nach Charlottesville.

Route 1 (Fortsetzung)

Zweiter Tag

In und um ****Charlottesville** stoßt man immer wieder auf Thomas Jefferson, den dritten Präsidenten der Vereinigten Staaten und Verfasser der Unabhängigkeitserklärung (▶ Baedeker Special S. 176 / 177). Ein Muss ist die Besichtigung der beeindruckenden University of Virginia, die von ihm gegründet wurde, und seines berühmten Anwesens **Monticello. Nicht weit von hier liegt auch das elegante Herrenhaus Ash Lawn-Highland, das Jefferson für seinen Freund Präsident James Monroe aussuchte.

Dritter Tag

Weiter geht es auf der Rte. 29 in Richtung Süden. Wer ein Fan der Fernsehserie "Die Waltons" ist oder war, sollte in Richtung Schuyler abbiegen und das Waltons Mountain Museum besuchen. Der Hauptstrecke folgend gelangt man nach ***Lynchburg**, wo ein zweites Haus Thomas Jeffersons, Poplar Forest, und das Pest House Medical Museum aus der Bürgerkriegszeit stehen. Weiter östlich auf der Rte. 460 kommt man zum *Appomatox Court House National Park, dessen Name eng mit dem Ende des Bürgerkriegs verknüpft ist. General Lee kapitulierte hier am 9. April 1865 vor den Truppen von General Ulysses S. Grant. Entgegengesetzt zum tatsächlichen Weg, den Lees Soldaten bei ihrem Rückzug genommen hatten, geht es entlang der Rte. 460 nach ***Petersburg** zum Petersburg National Battlefield, dessen zehnmonatige Belagerung schließlich zur Kapitulation führte. Von hier aus sind es auf der I-95 nur 30 Minuten nach Richmond, der Hauptstadt Virginias.

Die Washington Statue in Richmond

Vierter Tag

****Richmond** wurde während des Bürgerkriegs zwar weitgehend zerstört, hat aber dem heutigen Besucher dennoch allerhand zu bieten. Sehr interessant ist das Museum and White House of the Confederacy, das von Jefferson entworfene Virginia State Capitol und die St. John's Church, wo der Patriot Patrick Henry 1775 seine bewegende Rede "Liberty or Death" hielt. Weitere Sehenswürdigkeiten sind u.a. die elegante Monument Avenue und das Virginia Museum of Fine Arts. Doch Richmond ist nicht nur für seine historischen Sehenswürdigkeiten bekannt, son-

Fünfter Tag

dern auch für die nette Atmosphäre der unterschiedlichen Stadt-Stadtteile wie beispielsweise Shockoe Bottom, wo sich in alten Lagerhäusern Restaurants und Geschäfte angesiedelt haben.

Von Richmond aus kann man mit dem Ausflugsdampfer "Annabel Lee" den Fluss herunterfahren. Doch mehr von den schönen *James River Plantations sieht man, wenn man die Rte. 5 (River Road) entlangfährt. Zwei davon, Berkeley und Sherwood Forest, standen in Verbindung mit den Präsidenten William Henry Harrison bzw. John Tyler. Übernachten kann man in Richmond oder in Williamsburg (s. Route 3, 9. Tag).

Sechster Tag

Weiter geht es nach Norden auf der I-95 in Richtung ***Fredericksburg**. Wenn man mit Kindern unterwegs ist, wird man vermutlich südlich von Doswell den Paramount's Kings Dominion Freizeitpark besuchen (▶ Baedeker Tipp S. 245). In Fredericksburg wuchs George Washington auf – hier findet man das Haus seiner Mutter (Mary Washington House) und das seiner Schwester (Kenmore Plantation and Gardens). Der Ort selbst und die westlich gelegenen Schlachtfelder sind bedeutende Stätten, an denen 1861–1865 im Bürgerkrieg gekämpft wurde. Hier kamen 65000 Unionssoldaten und 40000 Soldaten der Konföderierten, u.a. General Thomas "Stonewall" Jackson, ums Leben. Auf der Rte. 3 West gelangt man zu dem 35 km^2 großen Fredericksburg and Spotsylvania National Military Park mit vier bedeutenden Schlachtfeldern: Fredericksburg, Chancellorsville, the Wilderness und Spotsylvania Court House.

Siebenter Tag

Die Weiterfahrt nach Norden auf der I-95 führt an Dale City mit seiner Potomac Mills Value/Outlet Mall vorbei, wo man die Fahrt unterbrechen und in einigen der 220 Läden stöbern kann. Dann geht es auf dem George Washington Parkway ostwärts nach ****Mount Vernon**, dem Wohnsitz des Präsidenten am Ufer des Potomac, wo interessante Touren angeboten werden. Dem Potomac entlang nach Norden gelangt man in die nette Kolonialstadt ***Alexandria**, wo sich Washington und seine Freunde gerne trafen und in der Robert E. Lee aufwuchs. Nicht verpassen sollte man hier das örtliche Geschichtsmuseum Lyceum, Gadsby's Tavern und die Galerien rund um das Torpedo Art Center (▶ Baedeker Tipp S. 76). Wer nicht unmittelbar zurück nach Washington oder zum Flughafen muss, kann den Abend in einem der hiesigen Restaurants verbringen und übernachten.

2. Berge und Täler (ca. 7 Tage)

Westlich von Washington DC und Baltimore fährt man in eine schöne, ruhige Landschaft mit historischen Kleinstädten – das erste Pioniergebiet Amerikas. Die Tour folgt dem ersten National Highway in die Appalachian Mountains West-Marylands, führt dann hinunter in Virginias berühmtes ****Shenandoah Valley**, wo sich viele europäische Siedler niederließen, und steigt anschließend wieder auf zu den Höhen des ****Blue Ridge Parkway**.

Erster Tag

Wenn man Baltimore auf der I-70 West in Richtung Frederick verlässt, kann man kleine Abstecher zu dem malerischen Städtchen

Ellicott City und zu den Weingütern Mount Airys unternehmen oder aber Halt in New Market mit seinen "Antiquitäten"-Läden machen. In ***Frederick** angekommen, empfiehlt es sich, eine Kutschfahrt durch den Historic District zu machen. Nicht vergessen sollte man auch den Besuch im National Museum of Civil War Medicine oder im Barbara Fritchie House & Museum.

Route 2 (Fortsetzung)

Wurde schon von Winston Churchill besucht: das Barbara Fritchie House in Frederick

Ein schöner Umweg auf dem Weg nach Hagerstown führt südwestlich auf der Rte. 340 zum Potomac River und nach Harpers Ferry, wo der radikale Sklavenbefreier John Brown, dem das bekannte Lied "John Brown's Body Lies Amouldring In The Grave" gewidmet wurde, seinen berühmten Überfall inszenierte. Wer möchte, kann hier seine Reise für ein paar Tage unterbrechen und auf dem Appalachian Trail wandern. Wer die Fahrt jedoch gleich fortsetzen möchte, muss der Rte. 65, die über den Fluss führt, zum ***Antietam National Battlefield** folgen, dem Schauplatz einer der blutigsten Bürgerkriegsschlachten. Weiter auf der Rte. 70 geht es schließlich nach **Hagerstown**, wo man gut einkaufen bzw. ein Theater oder ein Konzert besuchen kann. Bekannt sind hier das Washington County Museum of Fine Arts und das Jonathan Hager House, das der Gründer Hagerstown 1739 errichtete.

Zweiter Tag

Ruhe und die Schönheit der Natur erwarten die Besucher im weiter westlich gelegenen **Cumberland**, das man über die I-70/I-68 erreicht. Hier kann man einfach ausruhen oder neben anderen Sehenswürdigkeiten George Washingtons Hauptquartier besuchen. Wer in Cumberland nicht bleiben möchte, hat die Wahl zwischen einem Ausflug mit der Western Maryland Scenic Railway nach Frostburg oder mit dem Auto (I-68) zum **Deep Creek Lake**, dem größten Süßwassersee Marylands.

Dritter Tag

Von Cumberland geht es auf der Rte. 28 durch die Berge West-Virginias auf die Rte. 50 nach Winchester, dem Geburtsort der Countrysängerin Patsy Cline, wo sich auch das Stonewall Jackson's Headquarters Museum befindet. Richtung Süden fährt man auf der I-81 weiter durch das ****Shenandoah Valley,** vorbei an Middletown und Strasburg, nach New Market. Die Häuser und Gräber der Konföderierten-Führer Robert E. Lee und "Stonewall" Jackson stehen in dem hübschen Ort ***Lexington**.

Vierter Tag

Ein ausgesprochen schöner Ausflug führt auf der Rte. 39 zu den Allegheny Mountains. Über den landschaftlich beeindruckenden Goshen Pass geht es nach Warm Springs mit der alten Kornmühle und dem Badehaus, wo sich der Besucher in heißen Schwefelbädern entspannen kann. Auf der Rte. 220 gelangt man nach Hot Springs und dem majestätischen Luxusresort The Homestead.
Wieder zurück in Lexington weist die I-81 den Weg zur Natural Bridge, einer großen Felsbrücke, die sich über das kleine Flusstal spannt, und dann nach **Roanoke**, der größten Stadt im Tal.

Fünfter Tag

Hier sollte man in aller Ruhe den Tag beginnen, ein wenig über den Markt schlendern oder das Virginia Transportation Museum bzw. den Virginia Explore Park besuchen. Wer sich für Countrymusic interessiert, kann sich in der Touristeninformation nach Veranstaltungen in der Umgebung erkundigen. Wen es aber weiterzieht, der erreicht auf der Rte. 24 in östlicher Richtung den ****Blue Ridge Parkway**, der einen zu landschaftlich schön gelegenen Orten wie Peaks of Otter bringt.

Sechster Tag

In westlicher Richtung verlässt man die Berge auf der I-64 nach *Staunton, dem Geburtsort des früheren Präsidenten Woodrow Wilson. Einblicke in das harte Leben der Pioniere erhalten die Besuchern im nahe gelegenen Frontier Culture Museum. Um zu den *Luray Caverns, den größten Höhlen im Osten der USA, zu gelangen, geht es zurück auf die I-81, wo man bei New Market auf die Rte. 211 East wechselt.

Siebter Tag

Mitten ins Herz der Jagd- und Weinregion Virginias führt die Rte. 211. Die Rts. 17/ 626 bringen die Reisenden weiter in das hübsche Städtchen **Middleburg** mit netten Läden und dem alten Red Fox Inn (1728), wo man gut essen und übernachten kann. Oder aber man fährt nach **Leesburg** (Rte. 50 East und Rte. 15 North), dem idealen Ausgangspunkt für eine Tour zu den Weingütern. Der Weg führt an den eleganten Wohnsitzen Morven Park und Oatlands vorbei. Von beiden Städten ist es nicht weit zum Washington Dulles International Airport.

3. Rund um die Chesapeake Bay (ca. 11 Tage)

Viele Touristen fühlen sich von der Landschaft und den netten Orten um die Chesapeake Bay angezogen und besuchen auch gerne die größeren Städte wie Baltimore, Annapolis oder Ocean City.

Erster Tag

Die Tour sollte man mit einer Besichtigung der hübschen Hauptstadt Marylands ****Annapolis** beginnen, wobei insbesondere das Maryland State House, das Banneker-Douglass-Museum, William Paca House & Gardens oder das Hammond-Harwood-House wirklich sehenswert sind. Viele Besucher zieht es mittags zur Kadettenpara-

de auf dem Gelände der US Naval Academy, danach wäre eine Ausflugsfahrt auf dem Wasser sehr entspannend.
Dem Treiben am Hafen kann man beim Alex Haley Memorial in aller Ruhe zusehen. Eine Plakette erinnert an Kunta Kinte, der hier erstmals amerikanischen Boden betrat, nachdem er mit dem Sklavenschiff aus Afrika gekommen war. Die Geschichte seines Vorfahren und weiterer Familienmitglieder inspirierte Alex Haley zu dem weltweiten Bestseller "Roots". Doch eins sollte man in Annapolis auf jeden Fall noch tun: Probieren Sie zum Mittag- oder Abendessen die Spezialität der Chesapeake Bay: Blue Crabs!

Das Alex Haley Memorial zeigt den Autoren, wie er Kindern an Hand seiner eigenen Familiengeschichte von der Sklavenzeit erzählt.

Zweiter und dritter Tag

Für die Fahrt nach ***Baltimore** und den Aufenthalt in der aufstrebenden Hafenstadt sollte man wenigstens zwei Tage einplanen. Sehr schön ist der Inner Harbour, wo sich allein schon einige Zeit verbringen lässt – und nicht nur in den interessanten Museen. Einen Überblick über die Stadt bekommt man beim Besuch des Top of the World, der Aussichtsplattform des World Trade Centers. Die schönen Geschäfte laden zum Bummeln ein, in den Restaurants kann man allerlei leckere Gerichte genießen oder aber man unternimmt eine Hafenrundfahrt. Die Stadt hat so viel zu bieten, dass man auch am zweiten Tag in Baltimore Interessantes entdecken kann.

Vierter Tag

Zurück nach Annapolis geht es über die **Chesapeake Bay Bridge** auf die Eastern Shore. Ein kurzer Abstecher führt den Besucher nach Queenstown mit zahlreichen Antiquitätenläden und Outlets. In südlicher Richtung auf der Rte. 50 geht es nach **Easton** mit seinen historischen Gebäuden. Nach Westen erreicht man dann über die Rte. 33 das malerische Küstenstädtchen ***St. Michaels**. Entlang der Hauptstraße wird man einige nette Geschäfte und Restaurants sehen, doch die Hauptattraktion des Ortes ist das Chesapeake Bay Maritime Museum. Die Rte. 33 und eine Brücke führen zur Fischereigemeinde von Tilgham Island, wo man ausgezeichnet zubereitete Meerestiere genießen oder aber ein Boot mieten kann. Danach bringt einen die Rte. 33 und eine 20-minütige Fahrt mit der Autofähre in die hübsche Kleinstadt **Oxford**. Entweder hier oder in St. Michaels sollte man eine Übernachtungsmöglichkeit suchen.

Fünfter Tag

Weiter auf der Rte. 50 Richtung Süden fallen in **Cambridge** (High Street) die hübschen alten Häuser auf. Über Salisbury mit seinem interessanten Ward Museum of Wildfowl Art (► Baedeker Tipp S. 62) erreicht man an der anderen Seite der Halbinsel schließlich Ocean City, eines der beliebtesten Ferienziele der Region. ***Ocean City** – das steht nicht nur für den 16 km langen Strand, sondern auch für Hotels, Restaurants und Vergnügungsparks ohne Ende.

Baedeker TIPP **Lockvögel als Kunstwerke?**

Auf den ersten Blick erscheint das Ward Museum of Wildfowl Art in Salisbury, ca. 45 km südöstlich von Cambridge, höchst skurril, doch dann wird man erkennen, dass die zur Jagd von Wildenten und Wildgänsen geschnitzten Attrappen (decoys) ihre eigene Geschichte haben. Interessant sind der Vergleich einfach gearbeiteter Exemplare der indianischen Ureinwohner und der ersten Siedler mit den preisgekrönten Kunstwerken der letzten Jahre sowie die rekonstruierte Werkstatt der Brüder Ward aus Crisfield. Das aufwändig gestaltete Museum liegt am 3416 Schumaker Pond (Beaglin Park Drive; geöffnet: Mo. – Sa. 10⁰⁰ – 17⁰⁰, So. 12⁰⁰ bis 17⁰⁰ Uhr.)

Route 3 (Fortsetzung)

Nur 3 km entfernt liegt ***Assateague Island National Seashore**, bekannt für seine wilden Ponyherden. Gleichgültig, ob man Ruhe oder Ferienspaß vorzieht, in dieser Gegend lässt es sich gut noch einen Tag aushalten.

Sechster Tag

Weiter südlich, mittlerweile auf dem Gebiet von Virginia, bringt die Rte. 175 East die Besucher über eine Brücke nach Chincoteague, das bekannt ist für seine jährlichen Round-Ups (▶ Baedeker Tipp S. 188) und Auktionen der wilden Ponies vom benachbarten Assateague. Weiter geht es zur Südspitze der Eastern Shore; danach ist die Strecke auf der **Chesapeake Bay Bridge** die Attraktion: Bei der Fahrt über die 17 mi/28 km lange Meerenge fährt man hoch über und taucht tief unter die Chesapeake Bay.
Schließlich ist man in der ***Hampton Roads Area** angelangt: Die Rte. 60 bringt Besucher dann entlang der Atlantikküste nach *Virginia Beach, dessen 28 mi/45 km langer Sandstrand zu den längsten der Welt gehört. Die Stadt hat von allem etwas zu bieten: viele Sportangebote, Delfin- und Walbeobachtungen in der Saison, State Parks, einen Leuchtturm sowie den Landeplatz der ersten englischen Kolonisten (Cape Henry). Wenn das Wetter nicht mitspielt, kann man sich das beliebte Virginia Marine Science Museum ansehen.

Siebter Tag

Zurück geht es in Richtung Westen auf der Rte. 50 nach *Norfolk. In der Nähe des Waterside Festival Marketplace oberhalb des Elizabeth River legen Ausflugsboote oder die Fähre nach Portsmouth an. Dort findet man die weltgrößte Reparaturwerft für Schiffe, das Virginia Children's Museum und den Olde Towne Historic District. Zurück in Norfolk sind eine Besichtigungstour durch die Innenstadt und ein Besuch des Nauticus bzw. des Chrysler Museum of Art empfehlenswert. Zum Einkaufen geht man am besten ins MacArthur Center.

Achter Tag

Auf der I-64 fährt man über die Brücke nach *Hampton, das 1610 von den Engländern besiedelt wurde und als die älteste englische Stadt in den USA gilt. Besonders sehenswert sind hier die St. John's Episcopal Church, die außergewöhnliche Sammlung Native American and African Art im Hampton University Museum und das Virginia Air & Space Museum mit der Raumkapsel von Apollo 12. Weiter nach Newport News geht es auf der Rte. 17; einen Besuch im Mariner's Museum sollte man hier auf keinen Fall verpassen. Anschließend führen die Rte. 60 oder die I-64 nach *Jamestown, der ersten (1607) ständigen britischen Kolonie in den USA, die zum berühmten **Historic Triangle** gehört. Sehr interessant ist die Einführung im Besucherzentrum sowie ein Besuch des rekonstruierten Palisadenforts, der drei Segelschiffe aus dem 17. Jahrhundert und einer Indianersiedlung.

Route 3 (Fortsetzung)

Neunter Tag

Um auf der Tour durch die ehemalige Kolonialhauptstadt Williamsburg (**Colonial Williamsburg) bereits einen Überblick zu erlangen, sollte man sich zuerst den Film im Visitor Center ansehen. Ob Capitol, Governor's Palace, Tavernen und Geschäfte – überall erwarten die Besucher "Kolonisten" in der Kleidung der damaligen Zeit, die von "ihrem" Leben erzählen. Besonders sehenswert ist auch das Abby Aldrich Rockefeller Folk Art Center. Doch die Stadt ist weit mehr als ein immens großes Museumsdorf: hier gibt es hervorragende Golfplätze und Malls sowie den spannenden Freizeitpark Busch Gardens.

Zehnter Tag

Von Williamsburg geht es auf dem Colonial Parkway nach *Yorktown, wo die Kolonisten die Briten letztendlich schlugen. Heute erinnern ein Museum, ein nachempfundenes Militärlager mit kostümierten Darstellern und ein dramatischer Film an die damaligen Ereignisse. Schließlich überquert man den York River auf auf den Rts. 17/3 in Richtung Irvington. Weiter nach Norden geht es auf der Rte. 200 nach Reedville, wo Fähren nach Tangier und Smith Island abgehen. Wenn man nun auf der Rte. 360 und anderen kleinen Straßen am Potomac River entlangfährt, kann man im Westmoreland County die Geburtsorte von George Washington und Robert E. Lee besichtigen: George Washington's Birthplace und Stratford Hall Plantation. Bei Dahlgren geht es über den Fluss wieder ins südliche Maryland und auf den Rts. 234/235 in südöstlicher Richtung nach Historic St. Mary's City.

Elfter Tag

***St. Mary's City** ist ein Living Museum an dem Ort, wo im 17. Jahrhundert Marylands Hauptstadt lag. Besonders interessant ist das State House, das rekonstruierte Segelschiff und die Tabakplantage. Wenn man weiter nach Süden fährt, kommt man zum Point Lookout an der Spitze der Halbinsel, wo einen Strände und Parks erwarten. Zudem gibt es hier eine Überfahrtsmöglichkeit nach Smith Island. Wendet man sich aber nach Norden, so geht es auf der Rte. 235 nach **Solomons** auf der anderen Seite des Patuxent River (über Rts. 2 und 4). Dort werden eigene Kreuzfahrten über die Chesapeake Bay angeboten. Zudem kann man das interessante Calvert Marine Museum besuchen. Vorbei an den Lusby Cliffs geht es östlich auf der Rte. 260 nach **Chesapeake Beach**, wo sich gut eine Pause einlegen lässt. Hier kann man nicht nur schwimmen und angeln, sondern auch eine ehemalige Eisenbahnstation besuchen, die in ein Museum mit Wasserpark verwandelt wurde.
Auf der Rte. 2 geht es zurück nach Annapolis. Unterwegs besteht noch die Möglichkeit, bei London Town House and Gardens zu halten und sich die alten Gebäude, Gärten und archäologischen Ausgrabungen anzusehen.

4. Washington DC in drei Tagen

Siehe Stadtplan S. 72 / 73

Washington DC kann man sehr gut zu Fuß erkunden. Die Hauptstadt wurde von dem Franzosen Pierre L'Enfant großzügig angelegt und die meisten Sehenswürdigkeiten befinden sich entlang der parkähnlichen Mall. Zudem kann man nie die Orientierung verlieren, da kein Wolkenkratzer den Blick auf das Capitol oder das Lincoln Memorial, welche die Mall begrenzen, verdeckt. In der weiteren Umgebung dienen der Turm der Washington Cathedral oder der Potomac River als Anhaltspunkte.

Baedeker TIPP **Tourmobiles and Trolleys**

Der einfachste Weg, eine Stadt kennen zu lernen, ist vermutlich die Teilnahme an Touren, die die Hauptsehenswürdigkeiten streifen; die Fahrer geben dabei einen kurzen Überblick, erzählen interessante Geschichten und amüsante Anekdoten. Bei den in Washington DC angebotenen Fahrten – mit Tourmobiles (Abb.) oder Trolleys – kann man an festen Stationen aus- und wieder zusteigen. Genauere Informationen erhält man in allen Hotels und bei der Tourist Information.

Erster Tag

Den Anfang der Tour bildet der Besuch eines der markantesten Wahrzeichen der Stadt: das Capitol mit seiner majestätischen Kuppel am ****Capitol Hill**. Weiter geht es dann zur Library of Congress, der mit 26 Mio. Büchern weltgrößten Bibliothek, und dem US Supreme Court. Einen Besuch wert ist auch die wenige Blocks nordwestlich gelegene, sorgfältig renovierte Union Station mit zahlreichen Restaurants, Läden und einem Kino. Über die F Street gelangt man zum National Building Museum mit seinen mächtigen Kolonnaden, wo interessante Ausstellungen zu sehen sind. In der umliegenden Gegend findet sich etwas für jeden Geschmack: viele Geschäfte und Stores für Shoppingfans, die MCI Sports Gallery für Sportinteressierte sowie Galerien und Kunstläden an der 7th Avenue für Kunstliebhaber.

Wen anschließend der Hunger plagt, der sollte sich in Chinatown das Passende aussuchen – hier gibt es nicht nur chinesische Gerichte, sondern auch irische Pubs, spanische Tapas-Bars, amerikanische Steakhouses und vieles mehr.

Zweiter Tag

Wer das ****White House**, den Wohnsitz des amerikanischen Präsidenten besichtigen möchte, muss sich schon frühmorgens (ab 7[30] Uhr) am White House Visitor Center (Ecke 15th und E Street) anstellen. Vom Turm des Old Post Office oder von der Spitze des Washington Monument kann man die Sicht über die Hauptstadt genießen. Einen Überblick über die 14 ****Smithsonian Museums** erhält man im Visitor Center am Jefferson Drive, was die Entscheidung erleichtert. Fans der amerikanischen Geschichte werden vermutlich beim Natural Museum of American History beginnen. Für Besucher mit älteren Kindern ist meist das National Air & Space Museum und das Hirshhorn Museum & Sculpture Garden interessant. Ganz in der Nähe liegt das beeindruckende United States Holocaust Memorial Museum (nur eine der Ausstellungen ist für Kinder unter 8 Jahren zugelassen). Von hier aus gelangt man über die ****National Mall** zu den Vietnam und Korean Memorials und zum Lincoln Memorial, mit der berühmten Statue des einstigen Präsidenten. Wer nach wie vor an Gedenkstätten interessiert ist, dem seien das Jefferson Memorial in einer Rotunde am Tidal Bassin und die Bronzestatuen Franklin D. Roosevelts und seiner Frau Eleanor empfohlen. Ein angemessener Abschluss des Tages wäre der Besuch eines Konzerts oder eines der schönen Restaurants.

Route 4 (Fortsetzung)

Dritter Tag

Fast schon wie ein Ausflug aus der Stadt wirkt der Besuch ****Georgetowns**, das bereits 1751 (lange vor der Gründung Washingtons) als eigenständige Kommune entstand und noch heute mit seinen alten Stadthäusern über einen eigenen Charakter verfügt. Sehr hübsch ist ein Spaziergang am C & O Canal oder eine Fahrt mit den von Mulis gezogenen Kähnen. Auch die Läden in diesem Viertel laden zum Bummeln ein, doch wer mehr im Grünen wandeln möchte, sollte den Park von Dumbarton Oaks besuchen.
Zurück im Nordwesten Washington DCs sollte man sich das bunte Leben mit Kunstgalerien und Szeneläden rund um den ***Dupont Circle** ansehen. Einen Besuch ist die Phillips Collection mit Auguste Renoirs berühmtem Werk "Frühstück der Ruderer" wert! Danach kann man mit dem Bus oder der Metro weiter zum National Zoo oder der National Cathedral fahren. Wer nun gut essen und noch ein wenig das Nachtleben genießen möchte, für den ist die multikulturelle Atmosphäre in ***Adams-Morgan** sicherlich das Richtige.

Blick vom Lincoln Memorial auf die Mall

Washington DC

Fläche: 177 km²
Einwohner: 572 000
(Greater Washington: 4,6 Mio.)
Beiname: Equality State

****Hauptstadt der Vereinigten Staaten von Amerika**

Welcher Fernsehzuschauer kennt ihn nicht, den Reporter vor dem Weißen Haus? Natürlich berichtet er aus Washington, der Hauptstadt der USA, und natürlich geht es um Weltpolitik. Keine andere Stadt der Erde beschwört so unwillkürlich ein bestimmtes Bild wie Washington. Seit dem Ende des Zweiten Weltkrieges ist Washington die Schaltzentrale der Supermacht Amerika, seit dem Ende des Kalten Krieges ist es das weltweit wichtigste Machtzentrum.
Weltpolitisch geht nichts ohne Washington. Zwangsläufig scheiden sich die Geister an dieser Stadt, selbst in den USA. Amerikanische Patrioten halten ihre Hauptstadt als Hort der amerikanischen Demokratie in Ehren. Ultrakonservative Landsleute sehen in ihr nicht erst seit der Lewinsky-Affäre einen Sündenpfuhl. Zyniker denken an machthungrige Opportunisten und allmächtige Lobbies. Und dank Hollywood denkt die ganze Welt bei Washington an Verschwörungstheorien, gekaufte Spitzenpolitiker und Schreibtischtäter, die eigenmächtig in Lateinamerika Krieg führen. Das "White House" ist international ein Begriff. Auch mit einigen anderen Begriffen kann heute jedes Kind etwas anfangen. Watergate, Supreme Court, Pentagon und CIA, sie alle stehen für Amerikas Macht und Ohnmacht, für ein politisches System und den viel zitierten "american way of life". Washington, "the heart of the nation", wurde auf Repräsentation angelegt und erfüllt diesen Zweck perfekt. Stilecht heißt es seine jährlich rund 20 Mio. Besucher mit jeder Menge Marmor, das sich in ausgedehnten Wasserflächen spiegelt, und weitläufigen Parkanlagen willkommen. Die sonst in den USA üblichen Wolkenkratzer und Bürotürme fehlen hier: Washington gibt sich formell, traditionsverbunden und zitiert auch 200 Jahre nach der Gründung den Neoklassizismus. Dass die Bundeshauptstadt weder ein Staat noch Teil eines Staates ist und eine machtlose, direkt vom Kongress abhängige Stadtverwaltung hat, ist ebenso ein Erbe der komplizierten politischen Kultur der USA wie das unverständliche Wahlverfahren. Nur so sind jene administrativen Versäumnisse erklärbar, denen die Stadt peinlicherweise jahrzehntelang die höchste Verbrechensrate an der Ostküste verdankte. Auch zu Beginn des dritten Jahrtausends raten selbst die offiziellen Broschüren dringend vom Besuch bestimmter Stadtviertel ab.

◂ Blick auf Washington aus der Luft mit dem Jefferson Memorial (im Vordergrund) und dem Washington Memorial

Baedeker TIPP

Washington im Internet

Lokalpolitik, Trends, Klatsch, Gerüchte: Zahlreiche Webseiten leuchten Washington auch im Cyberspace aus. Über das Wer, Was, Wo in den verschiedenen Stadtvierteln informiert www.dcpages.com. Lokalpolitik, Zahlen und Statistiken präsentiert www.ci.washington.dc.us. Wie ein Veranstaltungskalender funktioniert www.dcregistry.com/art.html. Washington, die USA und den Rest der Welt liefert www.washingtonpost.com frei Haus, die Webseite der Tageszeitung Washington Post.

Fußgänger haben dennoch reichlich Gelegenheit, sich zu bewegen. Wer erst einmal das Pflichtprogramm Capitol Hill und Mall abgehakt und in einem der Restaurants "on the hill" den Regierungsbeamten beim Arbeitslunch zugeschaut hat, wird sich gern den Neighbourhoods der Hauptstadt widmen wollen. Nach all dem formellen Prunk und Pathos des "offiziellen" Washington wirken das gemütliche Georgetown und die Viertel Dupont Circle und Adams-Morgan wohltuend normal. An Stelle dunkler Anzüge und Kostüme tragen die Hauptstädter hier bequeme Freizeitkleidung, sitzen in Straßencafés und genießen das Treiben auf der Straße. Allerdings braucht man schon ein paar Tage, um die unterschiedlichen Gesichter Washingtons gebührend würdigen zu können.

Geschichte

Wie viele auf dem Reißbrett entstandene Hauptstädte wurde auch Washington lange mit Häme überschüttet: Diese Stadt habe keine Atmosphäre, hieß es lange. Besucher, ja selbst US-Präsidenten zeigten sich wenig beeindruckt. 1842 bemängelte Charles Dickens die öden Boulevards, die im Nichts begannen und im Nirgendwo endeten, und noch 120 Jahre später bescheinigte John F. Kennedy seinem Arbeitsplatz den Charme des Nordens und die Leistungskraft des Südens.

Gründung der Stadt

Tatsächlichbrauchte Washington einen Anlauf von fast 200 Jahren, um dorthin zu gelangen, wo es sich heute befindet. Bereits die Gründung ist ein Kompromiss: Der Kongress, seit dem gewonnenen Unabhängigkeitskrieg auf Wanderschaft, braucht einen festen Wohnsitz. Nach sieben Jahren Tauziehen zwischen den schon damals auseinander driftenden Nord- und Südstaaten einigen sich die Politiker 1790 auf ein einhundert Quadratmeilen großes Gelände am Potomac River. Sie gliedern es aus den Staatsgebieten Marylands und Virginias aus und erklären es zum neutralen District of Columbia. Ob Präsident George Washington, dessen Landsitz Mount Vernon gegenüber in Virginia lag, dabei die Hand im Spiel gehabt hat? Jedenfalls beauftragt er einen alten Bekannten aus Kriegstagen mit der Planung der neuen Hauptstadt, Pierre Charles L'Enfant. Der in Paris geborene Architekt denkt anders als die an ein streng geometrisches Straßenraster gewohnten Amerikaner: Er lässt Diagonalen durch rechtwinklig verlaufende Straßen schneiden und breite Avenuen von runden Plätzen ausstrahlen und plant im Übrigen so grandios, dass Washington noch lange eine Prachtleiche bleibt.

Anfänge der weltberühmten Smithsonian Institution

Die Arbeiten ziehen sich hin. 1800 nimmt der Kongress seine Arbeit in unfertigen Gebäuden auf. Das Weiße Haus und das Capitol sind gerade fertig, da legen es britische Truppen im Krieg von 1812 in Schutt und Asche. Beide werden nach dem Krieg wieder aufgebaut, doch mit der Stadt geht es bis zum Bürgerkrieg nur langsam voran. Das bedeutendste Ereignis in dieser Zeit ist eine unerwartete Liebesgabe: 1829 stiftet James Smithson – ein im englischen Oxford lehrender Chemiker, der die USA nie gesehen hat – dem überraschten Kongress sein gesamtes Vermögen mit der Maßgabe, eine Bildungsanstalt zu gründen. 1846 hebt der Kongress das später weltberühmte Smithsonian Institute aus der Taufe.

Geschichte (Fortsetzung)

Neben Kultur und Bildung blüht in der Hauptstadt des "Land of the Free" leider auch die Sklaverei. Bis der Kongress 1850 den Menschenhandel im District of Columbia abschafft, versorgen die Sklavenmärkte der Hauptstadt die Plantagen Virginias und Marylands mit Arbeitskräften. Zwischen den Weißen und ihren Sklaven leben zudem schwarze Arbeiter, die sich zwar freigekauft haben, aber stets fürchten müssen, von Sklavenhändlern gekidnappt oder wegen geringster Verstöße gegen die berüchtigten, vom Kongress erlassenen "black codes" verhaftet und zur Abarbeitung der durch ihre Inhaftierung entstandenen Kosten zurück in die Sklaverei geschickt zu werden. 1840 leben ebenso viele Schwarze wie Weiße in Washington. Erst 1862 wird die Sklaverei innerhalb der Stadtgrenzen abgeschafft. Die Gleichberechtigung der schwarzen Bevölkerung Washingtons sollte jedoch noch hundert Jahre auf sich warten lassen.

1865: Attentat auf Präsident Abraham Lincoln

Während des Bürgerkriegs bleibt Washington von Kampfhandlungen verschont. Die einzigen Schüsse fallen fünf Tage nach Kriegsende: Am 14. April 1865 wird Präsident Lincoln im Ford's Theatre das Opfer eines Attentats. Ansonsten kurbelt dieser Krieg – wie übrigens alle nachfolgenden Kriege Amerikas – Washingtons Infrastruktur mächtig an. Die Einwohnerzahl steigt quasi über Nacht von 40 000 auf über 130 000, die ebenso untergebracht werden wollen wie der expandierende Regierungsapparat. Nach 1900 beginnt die Hauptstadt allmählich der ehrgeizigen Vision L'Enfants zu ähneln: Im Rahmen des so genannten McMillan-Plans ersetzt der Landschaftsarchitekt Frederick Law Olmsted jr. die Eisenbahn auf der Mall durch weitläufige Grünanlagen. Zahlreiche öffentliche Gebäude im Beaux-Arts-Stil und Wahrzeichen wie das Lincoln und das Jefferson Memorial kommen hinzu. Der Erste Weltkrieg und Washingtons verstärktes Auftreten auf der internationalen Bühne lassen die Einwohnerzahl um 100 000 weitere Beamten und ihre Familien auf eine halbe Million steigen. Während der frühen 1930er-Jahre treibt die Depression Zehntausende mittelloser Schwarzer in die afroamerikanischen Viertel. Schwarze Künstler wie Eubie Blake, Ella Fitzgerald und Duke Ellington (▶ Baedeker Special S. 48 – 50) spielen auf, allerdings nur in "schwarzen" Theatern. Washington bleibt eine rassisch getrennte Stadt, erlebt 1919 die ersten Rassenkrawalle und 1925 den Aufmarsch von 25 000 vermummten Mitgliedern des Ku-Klux-Klans.

Präsident Roosevelts Politik des "New Deal" und der Zweite Weltkrieg versetzen Washington in Hochstimmung. Überall schießen "tempos" (temporary buildings) für Regierungsbüros und Verwaltungen aus dem Boden. Das Pentagon, Amerikas Verteidigungsministerium, wird errichtet und Washingtons erster Flughafen, der National Airport, gebaut. In die Rassenfrage kommt Bewegung: Während das Pentagon seine Toiletten noch für "Gentlemen", "Ladies" und "Coloured" einrichtet, empfängt Präsident Roosevelt erstmals schwarze Bürgerrechtler und Künstler im Weißen Haus.

Gegen Ende des Krieges zählt Washington 900 000 Einwohner und wächst, allen Warnungen vor einer Nachkriegsdepression zum

Geschichte (Fortsetzung)

Trotz, weiter. 1954 erklärt der Supreme Court die Rassentrennung für gesetzeswidrig. Tausende schwarzer Familien ziehen zu, zugleich verlassen Teile der weißen Bevölkerung die Stadt oder wandern in die Suburbs ab ("white flight"). Die US-Hauptstadt wird eine mehrheitlich schwarze Stadt, allerdings, dank einer machtlosen Stadtregierung, mit der bedauerlicherweise höchsten Armuts- und Verbrechensrate an der Ostküste.

Brennpunkt der Bürgerrechtsbewegungin den 1960er-Jahren

Während der frühen 1960er-Jahre entwickelt sich Washington zum Brennpunkt der Bürgerrechtsbewegung. Auf ihrem Höhepunkt hält Martin Luther King jr. vor dem Lincoln Memorial vor 200 000 Menschen seine legendäre "I have a dream"-Rede. Seine Ermordung löst 1968 schwere Rassenkrawalle aus. Bis 1975 erlebt die Stadt zudem zahlreiche Anti-Vietnam-Demonstrationen.Zugleich erzielen die Washingtoner in ihrem als "Home Rule Struggle" bekannt gewordenen Kampf um politische Gleichstellung mit dem Rest der USA wichtige Erfolge: 1961 erhalten sie das Wahlrecht bei Präsidentschaftswahlen und 1973 das Recht, ihren bislang vom US-Präsidenten eingesetzten Bürgermeister selbst zu wählen – wobei sich die Bundesregierung jedoch bis heute ein Vetorecht vorbehält. 1975 setzt die Stadt mit der Wahl ihres ersten schwarzen Bürgermeisters einen weiteren Meilenstein.

Die strukturelle Talfahrt der Stadt kann jedoch auch er nicht aufhalten. Washingtons Downtown verödet, Resultat diverser Rassenkrawalle und der anhaltenden Flucht weißer Familien in die Vororte. In den 1970er-Jahren sinkt die Einwohnerzahl auf unter 600 000, während die Suburbs mit über 3 Mio. Menschen aus allen Nähten platzen. Während der Westen unter der Führung des Weißen Hauses den Kalten Krieg gewinnt, hat Washington selbst bis in die 1990er-Jahre eine schlechte Presse. Von Präsident Nixon, der die Stadt als "crime capital" bezeichnet und mit der Watergate-Affäre selbst zu ihrem schlechten Image beiträgt, bis hin zu den Affären des schwarzen Bürgermeisters Marion Barry, den FBI-Agenten 1990 Kokain schnupfend in einem Hotel erwischen: Skandale made in Washington tragen zur Politikverdrossenheit der Amerikaner bei. Erst seit der 1999 erfolgten Wahl des nüchternen, ebenfalls schwarzen Anthony Williams zum Bürgermeister bewegen sich Washingtons Horror-Statistiken langsam in die andere Richtung: Weniger Raubüberfälle, weniger Morde und weniger Arbeitslose einerseits, Haushaltsüberschüsse sowie mehr Hotelübernachtungen andererseits weisen den Weg in die Zukunft.

Zu Beginn des dritten Jahrtausends scheint ein weiterer Aufschwung absehbar – bis zum 11. September 2001, dem Tag des bislang schwersten Terroraktes aller Zeiten. Flugzeuge steuern in die Türme des World Trade Centers in New York und in den Südwestflügel des Pentagon in Washington DC, als Symbol der militärischen Stärke des Landes die vermeintlich sicherste Stelle der USA. Ein weiteres stürzt südöstlich von Pittsburgh ab. Mehr als 6000 Menschen werden Opfer dieser Anschläge.

Bevölkerung, Wirtschaft

Bei allen Erfolgen der Bürgerrechtsbewegung bleibt Washington eine entlang ethnischer und wirtschaftlicher Grenzen geteilte Stadt. 65 % der Einwohner von DC sind schwarz, ein Viertel ist weiß. Zwei Drittel, die meisten davon schwarz, verdienen weniger als 32 000 US-Dollar pro Jahr und leben in Stadtvierteln mit nahezu ausschließlich schwarzer Bevölkerung. Wer mehr verdient, ist meist weiß und lebt in weißen Vierteln. Der Austausch zwischen beiden beschränkt sich in der Regel auf berufliche Kontakte: Gesellschaftlich gehen Schwarze und Weiße meist getrennte Wege. Ethnische Spannungen gibt es, wenngleich subtiler, auch in der Politik. Bereits Präsident Nixons im Hinblick auf Washington geäußerter Ruf nach mehr "law and order" war im schwarzen Washington als Aufruf für ein härteres Vorgehen speziell gegen Schwarze verstanden worden. Wenn heute der fast ausschließlich weiße Kongress mit seinem Veto regelmäßig Entscheidungen der primär schwarzen Stadtverwaltung blockiert, löst das häufig einen Drahtseilakt zwischen politischer "correctness" und tagespolitischem Handlungsbedarf aus.

Am 28. August 1968 demonstrierten 200 000 meist farbige US-Bürger für ein Amerika ohne Rassismus. Auf der Abschlusskundgebung hielt Martin Luther King seine historische Rede "I have a dream".

Washingtons größter Arbeitgeber ist, trotz dramatischer Haushaltskürzungen in den 1990er-Jahren, noch immer die Regierung. Dies bedeutet, dass viele der hoch qualifizierten Arbeitskräfte nur vorübergehend – z.B. für die Länge einer Legislaturperiode – in der Stadt bleiben und dann weiterziehen. Zugleich hat der Dienstleistungssektor der Stadt während dieser Zeit einen beispiellosen Aufschwung erlebt: Vor allem Hightech-und Biotech-Branchen, darunter AOL und MicroStrategy, haben von der Nähe zu den Entscheidern in den Ministerien profitiert. Im Jahr 2000 deckte der Dienst-

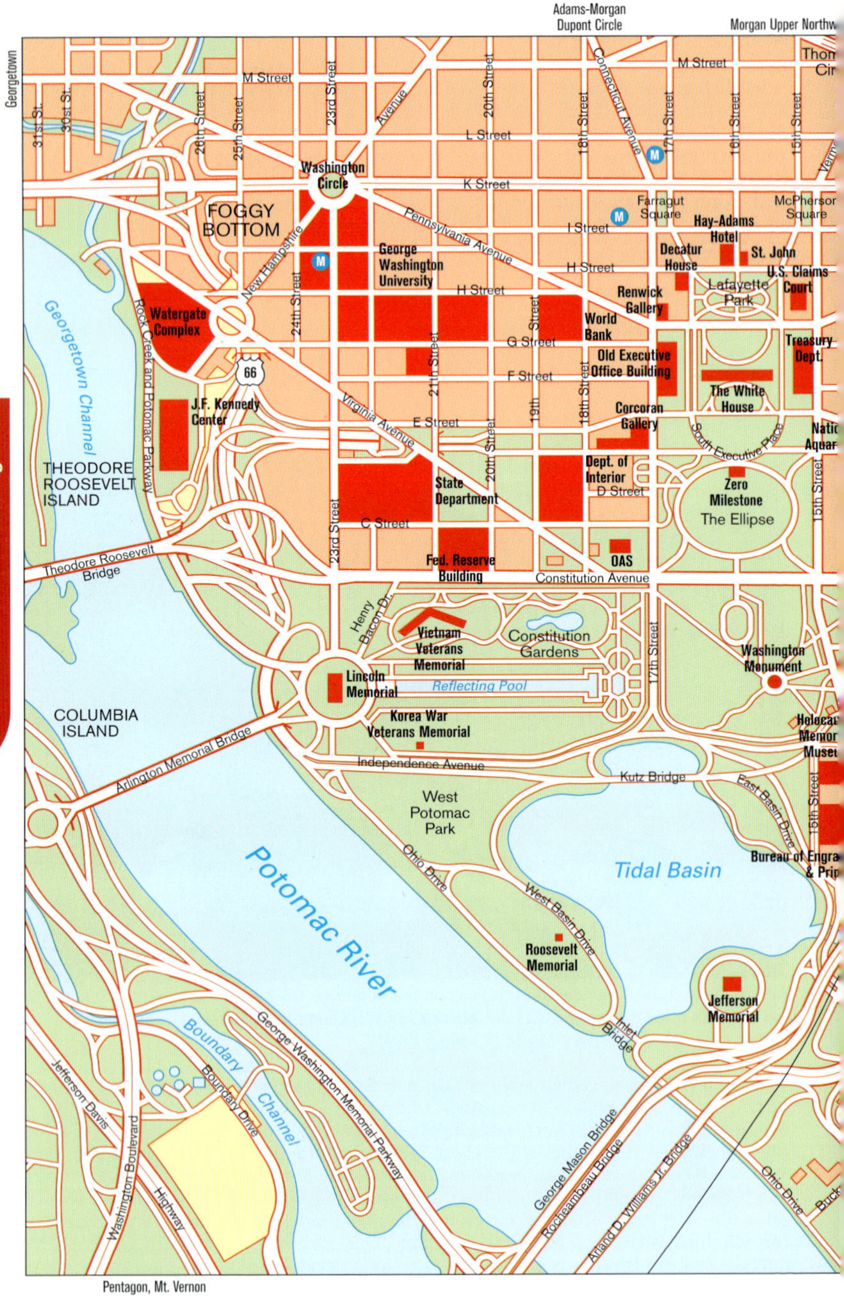
Adams-Morgan
Dupont Circle
Morgan Upper Northw
Georgetown
M Street
31st St.
30st St.
26th Street
25th Street
23rd Street
Avenue
20th Street
L Street
18th Street
Connecticut Avenue
17th Street
16th Street
15th Street
Washington Circle
K Street
FOGGY BOTTOM
Pennsylvania Avenue
Farragut Square
McPherson Square
I Street
Hay-Adams Hotel
St. John
Decatur House
U.S. Claims Court
H Street
George Washington University
New Hampshire
24th Street
Renwick Gallery
Lafayette Park
Watergate Complex
Street
World Bank
G Street
Old Executive Office Building
Treasury Dept.
21th Street
F Street
The White House
66
Georgetown Channel
Rock Creek and Potomac Parkway
J.F. Kennedy Center
Virginia Avenue
E Street
19th
Corcoran Gallery
South Executive Place
THEODORE ROOSEVELT ISLAND
Dept. of Interior
D Street
Zero Milestone
The Ellipse
State Department
C Street
Theodore Roosevelt Bridge
Fed. Reserve Building
OAS
Constitution Avenue
Henry Bacon Dr.
Vietnam Veterans Memorial
Constitution Gardens
Washington Monument
Lincoln Memorial
Reflecting Pool
COLUMBIA ISLAND
Korea War Veterans Memorial
Arlington Memorial Bridge
Independence Avenue
Kutz Bridge
East Basin Drive
West Potomac Park
Potomac River
Ohio Drive
Tidal Basin
Bureau of Engra
West Basin Drive
Roosevelt Memorial
Jefferson Memorial
Inlet Bridge
Boundary
Channel
Boundary Drive
George Washington Memorial Parkway
Jefferson Davis
Highway
Washington Boulevard
George Mason Bridge
Rochambeau Bridge
Arland D. Williams Jr. Bridge
Ohio Drive
Pentagon, Mt. Vernon

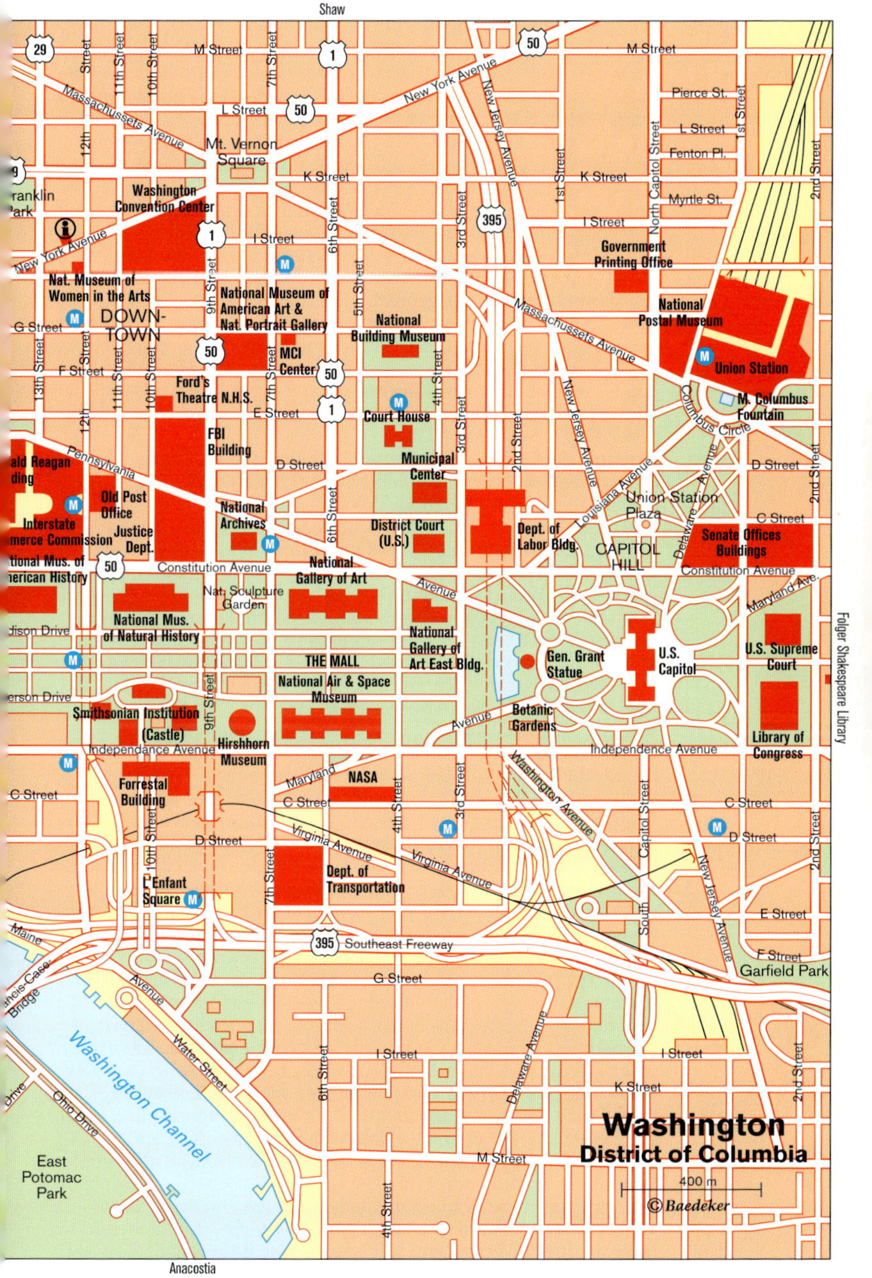
Shaw
Anacostia
Washington
District of Columbia
400 m
© Baedeker
Mt. Vernon Square
Washington Convention Center
Nat. Museum of Women in the Arts
DOWNTOWN
National Museum of American Art & Nat. Portrait Gallery
MCI Center
National Building Museum
Government Printing Office
National Postal Museum
Union Station
M. Columbus Fountain
Columbus Circle
Ford's Theatre N.H.S.
FBI Building
Court House
Municipal Center
Old Post Office
Interstate Commerce Commission
Justice Dept.
National Archives
District Court (U.S.)
Dept. of Labor Bldg.
Union Station Plaza
CAPITOL HILL
Senate Offices Buildings
National Gallery of Art
Nat. Sculpture Garden
National Mus. of Natural History
National Gallery of Art East Bldg.
THE MALL
National Air & Space Museum
Gen. Grant Statue
U.S. Capitol
U.S. Supreme Court
Library of Congress
Folger Shakespeare Library
Smithsonian Institution (Castle)
Hirshhorn Museum
Botanic Gardens
Forrestal Building
NASA
Dept. of Transportation
L'Enfant Square
Southeast Freeway
Garfield Park
Washington Channel
East Potomac Park
Water Street
Ohio Drive
Massachussets Avenue
New York Avenue
New Jersey Avenue
Pennsylvania Avenue
Louisiana Avenue
Delaware Avenue
Maryland Ave.
Constitution Avenue
Independance Avenue
Virginia Avenue
Washington Avenue
Columbus Circle
M Street
L Street
K Street
I Street
G Street
F Street
E Street
D Street
C Street
Pierce St.
Fenton Pl.
Myrtle St.
North Capitol Street
South Capitol Street
1st Street
2nd Street
3rd Street
4th Street
5th Street
6th Street
7th Street
9th Street
10th Street
11th Street
12th Street
13th Street

Bevölkerung und Wirtschaft (Fortsetzung)

leistungssektor bereits über 40 % des Haushalts ab. Der allgemeine wirtschaftliche Aufschwung unter der Clinton-Administration kam auch der Stadt zugute: Baukräne, neue Restaurants und Textilgeschäfte zeugen von Optimismus zu Beginn des dritten Jahrtausends. Doch wie tiefgreifend die wirtschaftlichen Auswirkungen der Terroranschläge vom 11. September 2001 auf Washington DC und die Vereinigten Staaten sein werden, wird die Zukunft zeigen.

Orientierung

Noch vor 25 Jahren trennte der Washington umgebende, als "Beltway" bekannte I-495 die Hauptstadt von ihrem ländlich gebliebenen Hinterland. Heute führt der Beltway durch krebsartig wuchernde Suburbs und leidet unter chronischen Verkehrsstaus. Wer ihn einmal hinter sich gebracht hat, hat jedoch das Schlimmste überstanden. Alle Sehenswürdigkeiten der Stadt sind zu Fuß oder per Metro erreichbar. Die Orientierung ist leicht, wenngleich sie dank Monsieur L'Enfant vom Besucher eine gewisse Umstellung verlangt. Wer sich am ersten Tag erst einmal einen Überblick verschaffen möchte, dem seien die Tourmobile- bzw. Trolley-Touren (▶ Baedeker Tipp S. 64) empfohlen.

Das Gros der Sehenswürdigkeiten befindet sich im Capitol District und entlang der angrenzenden National Mall. Da Washington sich jedoch als "City of Neighbourhoods" definiert, konzentriert sich der Tourismus auf insgesamt neun Stadtviertel. Besichtigungstouren beginnen in der Regel am Kapitol im Capitol Hill District. Der Sitz der Regierung ist der geografische und symbolische Mittelpunkt des District of Columbia. Der ihn umschließende Bezirk steht mit seiner unkonventionellen Mischung aus monumentalen Regierungsgebäuden (u. a. Supreme Court, James Madison Memorial Building, Library of Congress), Bars und Restaurants sowie sorgfältig restaurierten alten Mietshäusern für angenehmes Bummeln und einen netten Nachmittagskaffee. Auf der Ostseite des Kapitol schließt die von Denkmälern und Museen gesäumte Mall an.

Unter Downtown verstehen die Washingtonians das Geschäftsviertel nördlich der Mall. Vom heruntergekommenen Sorgenkind der Stadt hat sich der vom Weißen Haus und Union Station begrenzte Stadtteil in den letzten Jahren zu einem rundum erneuerten Viertel mit Läden, Galerien und aufstrebender Clubszene entwickelt. Nationalitäten-Restaurants, Galerien, repräsentative viktorianische Architektur und die exklusiven Boutiquen im Watergate-Komplex machen auch das westlich vom Weißen Haus anschließende Viertel Foggy Bottom zu einem interessanten Zwischenstopp, bevor es von hier aus in das etwas nördlich gelegene Georgetown geht.

Das ursprünglich zu Maryland gehörende Georgetown war eine blühende Hafenstadt am Potomac River, als noch niemand an Washington dachte. Heute ist es mit seinem historischen Distrikt, der Georgetown University, Restaurants und Kneipen ein kleinstädtischer Kontrapunkt zum "offiziellen" Washington. Östlich von Georgetown liegt der unbestritten beste Ort zum "people watching": Dupont Circle, ein Kreisverkehr mit Park und Springbrunnen, ist an Wochenenden Tummelplatz von Yuppies, Schwulen, Lesben und Obdachlosen. Das gleichnamige Viertel beherbergt die größte Schwulengemeinde der Stadt, die meisten Botschaften sowie zahllose gute Restaurants und Kunstläden. Die Boheme frönt nachts im viktorianischen Ambiente des etwas nördlich liegenden Adams-Morgan ihrem Vergnügen. Mit seinen Geschäften zwischen 18th

Street und Columbia Road, seiner ethnisch gemischten Bevölkerung und seinen Reggae- und Salsaklubs und Straßencafés erinnert Adams-Morgan an Greenwich Village in New York. Nur ein paar Blocks weiter östlich liegt Shaw. Das traditionell schwarze Viertel, während der Rassentrennung eine Bastion afroamerikanischer Geschäftsleute, Künstler und Bürgerrechtler, erlebte in den 60er-Jahren schwere Rassenkrawalle. In den 1990er-Jahren setzte mit der Eröffnung der Metrostation Cardozo eine allmähliche, bis heute andauernde Renaissance ein. Der Stadtteil Southwest am Ufer des Potomac dagegen wurde mit Millionenaufwand wiederbelebt. Die armen, meist schwarzen Wohnviertel wichen Bürogebäuden und teuren Wohnanlagen. Mit seinen Museen und Memorials bietet Southwest dennoch Sehenswertes genug. Anacostia und Southeast werden aus gutem Grund zuletzt genannt: Dies sind die ärmsten Stadtviertel Washingtons. Von Besuchen auf eigene Faust ist dringend abzuraten.

Orientierung
(Fortsetzung)

Adams-Morgan

F 1/2

***Buntes Viertel mit angesagter Bar- und Restaurantszene**

Die ganze Welt in einem Umkreis von vier Blocks: So versteht sich das hügelige Adams-Morgan, Washingtons multikulturelles Amüsierviertel. Tagsüber eine eher dröge Gegend, verwandelt sich das vom Kreuzungsbereich 18th Street und Columbia Road, NW, ausstrahlende Viertel nördlich vom Dupont Circle nachts in ein Tollhaus aus Restaurants verschiedener Nationalitäten sowie Nachtclubs, wo man bequem von Bar zu Bar schlendern kann. Allerdings: So lebendig war das Viertel nicht immer. Bis Anfang der 1950er-Jahre war dies ein wohlhabendes, überwiegend weißes Viertel namens Lanier Heights. 1955 setzten liberale Bürger die Zusammenlegung zweier vormals segregierter Schulen durch. Die friedliche Integration der weißen Adams- und der schwarzen Morgan-School inspirierte die Namensänderung des Viertels. In den 1960er-Jahren erlebte Adams-Morgan einen Zustrom von Einwanderern aus Lateinamerika, der Karibik und Afrika.

Die beste Art, diesen Exoten unter Washingtons Stadtvierteln näher kennen zu lernen, ist natürlich eine nächtliche Tour durch die Bar- und Restaurantszene. 18th Street zwischen den Columbia und California Roads bietet neben amerikanischen Restaurants und Diners äthiopische, französische, mexikanische, thailändische, und vietnamesische Küche. Familiäre Essstuben findet man in den abzweigenden Seitenstraßen. Tagsüber bietet sich ein Spaziergang durch die attraktiven Wohnviertel westlich der 18th Street an. Rund um den Kalorama Parl liegen schöne viktorianische Reihenhäuser mit liebevoll gepflegten Vorgärten (Metro: Dupont Circle).

Bemalte Häuserwand in Adams-Morgan

Alexandria, VI

***Ein Hauch von Geschichte in Old Town Alexandria**

Ähnlich wie ► Arlington empfindet man Alexandria fast als Teil Washingtons. Ein schöner Ausflug führt von der Kapitale in die liebevoll restaurierte Altstadt Alexandrias. Sie bietet mit ihren Pubs, Kopfsteinpflastern und historischen Lagerhäusern am Flussufer etwas vom Charme des alten Südens, den das neuere Washington vermissen lässt. Die Anreise per Metro ist problemlos: Alle Sehenswürdigkeiten liegen in Fußgängerentfernung zwischen der Metro-Station King Street und dem Potomac River.

***George Washington Masonic National Memorial**

Unmittelbar westlich der Metro erhebt sich unübersehbar Alexandrias höchste Sehenswürdigkeit. Mit 110 m Höhe bietet der Turm des 1932 von allen Freimaurer-Logen der USA gemeinsam errichteten Memorials für den ersten US-Präsidenten einen herrlichen Rundblick über den Potomac River nach Washington und bis nach ► Mount Vernon (geöffnet: tgl. 9^{00} – 16^{00} Uhr).

Baedeker TIPP Torpedo Factory

Wo während des Ersten Weltkrieges Torpedos und im Zweiten Munition produziert wurde, befindet sich seit 1974 das größte und kommerziell erfolgreichste “visual arts center” des Landes. Über 200 Künstler aus der Umgebung arbeiten in den ehemaligen Fabrikhallen mit Blick auf die Marina; insgesamt sind hier 84 Studios und sechs weitläufige Galerien untergebracht (105 N Union St.; geöffnet: tgl. 10^{00} – 17^{00} Uhr).

***Christ Church (Abb. hintere Umschlagseite)**

In der 1773 aus roten Ziegeln erbauten Christ Church (Ecke Washington/Cameron Sts.) erwarb George Washington (► Berühmte Persönlichkeiten), der in Alexandria ein Stadthaus besaß, eine Kirchenbank. Einige Soldaten der Konföderierten sind auf dem Friedhof begraben (geöffnet: Mo. bis Sa. 9^{00} – 16^{00}, So. 14^{00} – 16^{00} Uhr).

Fort Ward Museum & Historic Site

Bei Ausbruch des Bürgerkriegs 1861 besetzte die Union Teile Virginias und legte einen befestigten Verteidigungsring mit 160 Forts und Festungen rund um die Bundeshauptstadt an. Das sternförmige Fort Ward war eines der größten und ist heute nach umfangreichen Restaurierungsarbeiten zu 95 % wiederhergestellt. Unmittelbar nach der Niederlage der Union bei ► Manassas im Juli 1861 begonnen, wurde Fort Ward keiner wirklichen Prüfung unterzogen und bei Kriegsende wieder aufgegeben. Heute vermittelt das Museum und ein Bummel über die mit Original-Kanonen bestückten Erdwälle einen bleibenden Eindruck der damaligen Situation (4301 W Braddock Rd.; geöffnet: Di. – Sa. 9^{00} – 17^{00}, So. 12^{00} – 17^{00} Uhr).

***Gadsby's Tavern Museum**

Ein zwei- sowie ein dreigeschossiges Stadthaus aus rotem Ziegel unmittelbar neben dem Museum waren Alexandrias sozialer Mittelpunkt, als die Stadt im 18. Jahrhundert zum Tabak- und Getreidezentrum aufstieg. In Gadsby's Tavern trafen sich Kaufleute, Rechtsanwälte und Politiker, zogen reisende “Doktoren” faule Zähne und legten Blutegel an. Das kleinere Gebäude stammt aus dem Jahr

Gadsby's Tavern Museum (Fortsetzung)

1752, das größere wurde 1792 bezogen. Beide betrieb der Gastwirt John Gadsby, der u.a. George Washington und Thomas Jefferson hier bewirtete. Historiker haben die Räumlichkeiten in die Zeit um 1800 zurückversetzt, kostümierte Angestellte leiten kenntnisreich und humorvoll durch die Räume (134 N Royal St.; geöffnet: April bis Sept. Di.–So. 10^{00}–17^{00}, sonst Di.–Sa. 11^{00}–16^{00}, So. 13^{00}–16^{00}).

Prince Street/ Cameron Street

Ein Hauch Neuengland weht durch das untere Ende der Prince Street. Zwei Blocks vor dem Potomac River säumen schöne, farbenfroh gestrichene Kapitänshäuser im georgianischen Stil die kopfsteingepflasterte Straße. Zwei Straßen weiter nördlich verläuft parallel dazu die Cameron Street, Alexandrias beste Einkaufsstraße mit Boutiquen, Kunsthandwerksläden und Spezialgeschäften.

Lyceum

In dem sandfarbenen Gebäude mit den etwas zu groß wirkenden Säulen ist Alexandrias Stadtmuseum untergebracht. Keramik, Silberwaren und historische Fotos sowie zahlreiche Erinnerungsstücke aus dem Bürgerkrieg dokumentieren den Weg der Stadt durch

Historische Apotheke

die Jahrhunderte (201 S Washington St.; geöffnet: Mo.–Sa. 10⁰⁰–17⁰⁰, So. 13⁰⁰–17⁰⁰ Uhr).

Stabler-Leadbeater Apothecary Museum
Im Jahre 1792 eröffnete ein junger Apotheker namens Edward Stabler die bis 1933 durchgehend betriebene Apotheke. In jenem Jahr, dem Höhepunkt der Weltwirtschaftskriese, schloss der letzte Apotheker die Tür einfach hinter sich und ließ Einrichtung und Bestand zurück.
Zur Freude von Historikern und Touristen: Wo bereits George Washington und Robert E. Lee Pülverchen gegen ihre Krankheiten erstanden, streift man heute durch ein wahres Panoptikum von Mörsern, Stößeln, Aderlasszangen und Wunderheilmitteln aus zerriebenem Krötenhirn und dergleichen. Schön anzuschauen sind auch die rund 900 mundgeblasenen Medizinfläschchen in den Regalen (105-07 S Fairfax St.; geöffnet: Mo.–Sa. 10⁰⁰–16⁰⁰, So. 13⁰⁰–17⁰⁰ Uhr).

Anacostia L/M 7/8

Allgemeines

Nur reiseerfahrene Besucher mit eigenem Fahrzeug sollten diesen Stadtteil besuchen. Begrenzt vom Anacostia River im Westen und Fort Stanton Park im Osten, nahm das nach einem Indianerstamm benannte Viertel vor dem Bürgerkrieg als Fluchtpunkt befreiter Sklaven aus dem Süden seinen Anfang. Bis zu Beginn der 1960er-Jahre lebten hier schwarze und weiße Familien der Mittelklasse Seite an Seite – und dann geriet das Viertel durch die Rassenunruhen, vor allem die Ausschreitungen 1968, ins Abseits, wovon es sich bis heute, trotz einzelner Wiederbelebungsversuche, nicht erholt hat. Heute hat Anacostia einen Ruf als eine der verrufensten Ecken der Hauptstadt. Washington, nur einen Steinwurf entfernt, scheint auf einem anderen Planeten zu liegen, die Chancen, dass ein Hauptstädter aus Georgetown jemals den Anacostia River überquert hat, sind gering. Wer jedoch auf den Hauptstraßen bleibt, ist vor bösen Überraschungen sicher. Zwei Punkte sollte man in diesem "anderen" Washington ansteuern. Beide widmen sich der wechselvollen Geschichte der afroamerikanischen Hauptstädter, ihrer Kultur und ihrem Kampf um Gleichberechtigung.

***Frederick Douglass National Historic Site**

Das auf einem gepflegten Rasen auf Cedar Hill stehende viktorianische Holzhaus gehörte dem wohl bedeutendsten Anti-Sklaverei-Aktivisten des 19. Jahrhunderts. Frederick Douglass (▶ Berühmte Persönlichkeiten) wurde um 1818 als Sklave auf einer Plantage in Maryland geboren. 1838 gelang ihm die Flucht. Seine rhetorische Begabung und sein Organisationstalent machten ihn bald zu einem der führenden Abolitionisten seiner Zeit. 1847 gründete er in Rochester im Staat New York eine gegen die Sklaverei gerichtete Zeitung und war im Fluchthelfernetz der "Underground Railroad", die Sklaven aus dem Süden auf geheimen Wegen in den Norden schleuste, aktiv. Nach dem Bürgerkrieg übertrug ihm die Bundesregierung mehrere leitende Posten, darunter den eines US-Marshalls und Botschafters in Haiti und der Dominikanischen Republik. 1872 ließ er sich in Anacostia nieder und kämpfte von hier aus unermüdlich für die Bildung und Integration der Schwarzen. Zwei Jahre vor seinem Tod 1895 hielt er seine letzte große Rede, eine Philippika gegen die im Süden verbreitete Lynchjustiz gegenüber Schwarzen. Sein als Museum gestaltetes Wohnhaus bewahrt nahezu alle persönlichen Gegenstände dieses bemerkenswerten Mannes auf, der selbst oft genug geschmäht und gefoltert wurde (1411 West St., SE; Metro: Anacostia, dann Taxi oder Bus B2 od. B4; geöffnet: tgl. 9[00] – 16[00] Uhr).

Frederick Douglass National Historic Site (Fortsetzung)

Dieses vom Smithsonian Institute betriebene Museum widmet sich der Kultur und Geschichte der Afroamerikaner Washingtons und der Capitol Region. Von der Bedeutung spiritueller Traditionen, der Kirche bis hin zur Bekämpfung sozialer Probleme wie Obdachlosigkeit, Analphabetismus und Aids zeigen interessante, teilweise hervorragend konzipierte Ausstellungen umfassend und ohne Schönfärberei das Leben in der afroamerikanischen Gemeinschaft (1901 Fort Place, SE; Metro: Anacostia, Bus W1 od. W2).

Anacostia Museum

Arlington, VI

B – E 4 – 9

Allgemeines

Vom Gefühl her eher ein Teil Washingtons, spürt man in Arlington und ▶ Alexandria so gut wie nichts vom Nachbarn Virginia. Tatsächlich gehörten die beiden Städtchen am Westufer des Potomac River von 1800 bis 1845 zum District of Columbia, dann forderten

Herbstliche Stimmung auf dem Friedhof von Arlington

Allgemeines (Fortsetzung)

sie die Rückgabe an Virginia: offiziell wegen Vernachlässigung durch die Bundeshauptstadt, inoffiziell jedoch aus der Sorge, Washington könnte die Sklaverei abschaffen. Bis lange nach dem Ende des Bürgerkriegs blieb der Potomac River die Trennlinie zwischen dem überwiegend liberalen, fortschrittlichen Norden und dem ländlichen, konservativen Süden. Über die Grenzen von DC hinauswuchernde Suburbs mit Shopping Malls und Entertainment-Zentren haben diese Unterschiede jedoch längst verwischt. Heute liegt DC im Mittelpunkt eines dicht besiedelten Ballungsgebiets, das weit in die Nachbarstaaten Maryland und Virginia hinein reicht. Selbst über die I-495, als "Beltway" lange so etwas wie eine Washington umgebende Ringstraße, sind die Suburbs längst hinausgewachsen. In diesem "Siedlungsbrei" gibt es jedoch ein paar Sehenswürdigkeiten, die den Weg aus Washington lohnen. In Arlington, leicht mit der Metro zu erreichen, liegt der Arlington National Cemetery, der Heldenfriedhof der Nation, und gleich daneben das Pentagon, das Verteidigungsministerium der USA. Rings um die Metrostation Clarendon ist seit den 1970er-Jahren ein internationaler Mikrokosmos mit preiswerten asiatischen und lateinamerikanischen Restaurants entstanden.

*Arlington National Cemetery – eine der berühmtesten letzten Ruhestätten der Welt

Der glorreiche Ruhm, in dem Washingtons Monumente und Memorials schwelgen, hatte seinen Preis. Am Westufer des Potomac River liegt, auf Lincoln Memorial und Capitol blickend, Washingtons Heldenfriedhof Arlington National Cemetery. Rund 245 000 Soldaten aller Ränge liegen hier auf dem 240 ha großen Gelände begraben, stille Erinnerung an die Kriege, an denen die USA seit dem Bürgerkrieg beteiligt waren. Die Geschichte der Ruhestätte – nicht ohne tragische Symbolik – beginnt mit Arlington House, einer cremefarbenen, nach Washington ausgerichteten Residenz mit wuchtigem, neoklassischem Portikus. Erbaut 1802 bis 1816 von George Washington Parke Custis, George Washingtons Adoptivsohn, erlebte das Haus im Jahr 1831 die Hochzeit seiner Tochter Mary Custis mit dem jungen West-Point-Absolventen Robert E. Lee. Die Familie verbrachte die nächsten 30 Jahre auf dem Besitz, sechs von ihren sieben Kindern wurden hier geboren. Am 17. April 1861 erreichte Lee in Arlington House die Nachricht von der Sezession Virginias von den USA. Der General, ein Befürworter der von seinem Vater und seinen Onkel geschaffenen Union und ein Gegner der Sklaverei, entschied sich dennoch aus Loyalität zu seinem Heimatstaat Virginia für den Süden. Er erklärte Lincoln seinen Abschied und übernahm wenig später in Richmond das Kommando über die Armee Virginias. Nach Arlington kehrte er nie mehr zurück. Einen Monat später wurde die Residenz von der Union beschlagnahmt. Heute erinnert Arlington House als Robert E. Lee Memorial an den legendären Südstaaten-General.

Arlington Cemetery wurde aus Rache gegründet: Während des Bürgerkriegs ließ ein in Arlington House einquartierter Offizier gefallene Unionssoldaten im Garten des "Verräters" Lee begraben. 1864 wurde das Gelände ganz offiziell ein Militärfriedhof. Mit der Beisetzung des ermordeten John F. Kennedy erreichte Arlington Cemetery den Kultstatus als Walhalla amerikanischer Helden. Heute kennt jeder Kinogänger den Friedhof mit den endlosen Reihen weißer Kreuze und den feierlichen Militärbegräbnissen mit Fahnen-Appell und Salutschüssen aus Hollywood-Filmen. Viel besucht sind

die Gräber des Washington-Architekten Pierre L'Enfant, des Generals George C. Marshall, dem Vater des Marshall-Plans, des Kriegshelden und Filmschauspielers Audie Murphy und der Box-Legende Joe Louis. Das schlichte Grab John F. Kennedys, auf dem eine ewige Flamme flackert, ist Wallfahrtsziel Tausender von Menschen. Neben ihm wurden sein 1968 ermordeter Bruder Robert und seine Witwe Jacqueline Kennedy Onassis beigesetzt. Der Friedhof wird jährlich von rund 4 Mio. Menschen besucht. Zeit spart man mit dem regelmäßig vom Visitor Center abfahrenden "Tourmobile" (Metro: Arlington Cemetery; geöffnet: von April bis September 8[00]–19[00], von Oktober bis März 8[00]–17[00] Uhr).

Arlington National Cementery (Fortsetzung)

Arlington (Fortsetzung)
Pentagon

HINWEIS: Besichtigungstouren bis auf Weiteres eingestellt.

Das fünfgeschossige Pentagon beherbergt das Verteidigungsministerium der USA. Mit 26 000 uniformierten und zivilen Angestellten ist es eines der größten Bürogebäude der Welt. Mitte Juni 1941 in Auftrag gegeben, um die durch den Zweiten Weltkrieg explosionsartig anwachsende Militärverwaltung unterzubringen, war es bereits Mitte Januar 1943 bezugsfertig. 1000 Architekten sowie 14 000 Tag und Nacht arbeitende Bauarbeiter und Handwerker hatten das Wunder vollbracht. Der fünfeckige, für den Namen verantwortliche Grundriss des grauen Mammutgebäudes rührt von der Form des von fünf Straßen begrenzten Grundstücks her. Insgesamt 28 Korridor-Kilometer ziehen sich durch das Gebäude. Dennoch soll jeder Angestellte angeblich innerhalb von 7½ Minuten jeden beliebigen Punkt innerhalb des Gebäudes erreichen können.
Vor dem 11. September 2001, als bei Terroranschlägen ein Flugzeug in einen Flügel des Pentagon stürzte und etwa 190 Menschen starben, fanden werktags recht interessante Führungen statt. Diese wurden aus verständlichen Gründen ausgesetzt (Metro: Pentagon).

Newseum

Das postmoderne, kühle Eleganz und Nüchternheit ausstrahlende Gebäude ist die passende Hülle für das höchste Gut der so genannten freien Welt: Meinungs- und Pressefreiheit. Konzipiert und betrieben vom Freedom Forum, einer internationalen, überparteilichen Stiftung mit dem Ziel der Ernhaltung der Pressefreiheit, bietet es dem Besucher zahlreiche interaktive und mit Hightech veredelte Ausstellungen zum Thema Presse und Journalismus. Wie werden Nachrichten gemacht? Was kommt in den Titel? Welche ist eine Jahrhundert-Story? Zum Newseum gehört auch der Freedom Park. Dort kann man bei einem Bummel vorbei an Fragmenten der Berliner Mauer, der aus Pappmaché gefertigten Freiheitsgöttin vom Tiennamen-Platz in Peking und anderen Symbolen des Kampfes für Meinungsfreiheit über die hehren Ziele des Journalismus philosophieren (1101 Wilson Blvd.; Metro: Rosslyn; geöffnet: Di. – So. 10^{00} bis 17^{00} Uhr).

Capitol Hill — J 5

Capitol

****Symbol für Washington DC und Zentrum des politischen Lebens der Stadt**

HINWEIS: Zur Zeit der Drucklegung dieses Bandes wurden die Besichtigungstouren bis auf Weiteres ausgesetzt.

Strahlend weiß, machtvoll und elegant zugleich erhebt sich am Ostende der National Mall das United States Capitol. Die von unzähligen Eichhörnchen bevölkerten Parks der ▶ National Mall zugewandte, fotogene Westseite ist jedoch “nur” seine Rückseite. Die seltener fotografierte Vorderseite schaut über nicht minder repräsentative Regierungsgebäude hinweg auf Parks, Wohngebiete und Museen (1st St.; Metro: Capitol South; geöffnet: tgl. 9^{00} – 16^{30}, März bis August bis 18^{00} Uhr).
Mit dem Land wurde auch das Capitol während der ersten 100 Jahre immer größer. 1793 legte George Washington auf dem Hügel, den L'Enfant als Sockel, der auf ein Denkmal wartet, beschrieben hatte, den Grundstein für den Regierungssitz der jungen Nation. William Thornton, ein junger Architekt aus der Karibik, erhielt den Auftrag. Später stellte Thomas Jefferson (▶ Baedeker Special S. 176/177) ihm Benjamin Latrobe zur Seite. 1814 von den Briten niederge-

Allgemeines (Fortsetzung)

brannt, wurde das Capitol bis 1823 vom Bostoner Architekten Charles Bulfinch fertig gestellt. Aber schon 1857 – die USA hatten jetzt über 30 Staaten – war das Gebäude erneut zu klein. Senat und Repräsentantenhaus erhielten eigene Flügel, damit war das Capitol jetzt doppelt so groß wie zuvor. 1865 wurde die hölzerne durch eine gusseiserne, 4000 t schwere Kuppel ersetzt.
Das Capitol überwältigt. Hier und in den dazugehörenden sechs Legislative Buildings arbeiten rund 20 000 Menschen! Es gibt Restaurants, Apotheken, Fitnessklubs und Kindergärten, eine eigene, 1200 Mann starke Polizeitruppe und in ständiger Bereitschaft stehendes medizinisches Personal. Weite Teile des Capitols sind frei zugänglich. Fahrstühle führen hinauf in die Welt endloser, leerer Flure und Korridore, wo man niemanden nach dem Ausgang fragen kann. Die Politiker bekommt man am ehesten von den Galerien des Senats und des Repräsentantenhauses zu sehen. Mit dem "Pass", den ausländische Besucher gegen Vorlage ihres Reisepasses erhalten, dürfen sie den Delegierten bei der Arbeit zuschauen. Eine Fahne über den beiden Flügeln signalisiert, wenn eines der beiden Häuser "in session" ist.
Der Eingang befindet sich an der Ostseite. Hier beginnen alle 30 Minuten geführte Touren durch die gewaltige Rotunde und ausgewählte Räume. Mit 60 m Höhe, 29 m Durchmesser, acht gewaltigen Historien-Gemälden und der herrlichen, direkt über den Köpfen schwebenden "Apotheosis of Washington" des Malers Constantino Brumidi – Washington wird von 13 die Gründerstaaten verkörpernden Engeln im Paradies empfangen – ist der monumentale Rundbau der Besuchermagnet des Capitols. Der Exil-Italiener zeichnet auch für die schönen Brumidi Corridors verantwortlich: Jeden

Frühling am Capitol Hill

Capitol (Fortsetzung)

Quadratzentimeter der Wände und Decken bedecken hier Bilder nordamerikanischer Vögel und Pflanzen. Weitere Stationen der Führung sind die halbrunde Statuary Hall, wo sich bis 1857 das Repräsentantenhaus traf und heute jeder Bundesstaat zwei Statuen seiner bedeutendsten Persönlichkeiten ausstellt, und das Old Supreme Court Chamber, das bis zu seinem Umzug 1860 heiße Debatten u.a. zum Thema Sklaverei erlebte. Zum Schluss geht es auf einer Treppe in einen missverständlich Crypt genannten Raum. Wo zunächst George Washington beigesetzt werden sollte, informiert eine kleine Ausstellung über die Geschichte des Capitols.

Weitere Sehenswürdigkeiten

***Supreme Court**

Die letzte Instanz im Staat liegt nur einen Steinwurf entfernt. Gegenüber vom Capitol wacht der Supreme Court, Amerikas oberster Gerichtshof, über Recht und Ordnung. Anfang der 1930er-Jahre als neoklassizistischer Tempel mit korinthischen Säulen, Freitreppe und bedeutende Richter und Juristen darstellenden Basreliefs von Cass Gilbert entworfen, strahlt das fast ganz aus Marmor errichtete Gebäude Würde und Unfehlbarkeit aus – auch wenn man erst Ende der 1950er-Jahre die Rassentrennung für gesetzeswidrig erklärte. Die neun obersten Richter des Landes entscheiden im "Courtroom" über etwa 120 der über 6000 jährlich vorgebrachten Fälle. Während der Anhörungen (Oktober bis April, Mo.–Mi. 10^{00}–15^{00} Uhr) ist Publikum zugelassen. Welcher Fall wann verhandelt wird, ist dem "Supreme Court Calendar" in der Washington Post zu entnehmen. Urteile werden meist im Mai und Juni (v.a. Di. u. Mi.) verkündet. Die Sicherheitsmaßnahmen – man betritt die Eingangshalle durch flughafenähnliche Kontrollen – sind streng. Außerhalb der Tagungszeiten finden Führungen durch den Gerichtssaal statt (1st Street u. Maryland Ave., NW; Metro: Union Station; geöffnet: Mo. bis Fr. 9^{00}–16^{30} Uhr).

****Library of Congress**

Mit über 100 Millionen Büchern, Manuskripten und Mikrofilmen ist die Library of Congress die größte Bibliothek der Welt. In drei Gebäuden werden größere und kleinere Schätze in über 850 Regalkilometern aufbewahrt. Das Hauptgebäude ist das der Pariser Oper nachempfundene Jefferson Building. Vom Besucherzentrum, dessen Ausstellung einen Begriff von der Größe dieser 1800 gegründeten Bibliothek vermittelt, geht man per Führung oder auf eigene Faust zu den Highlights. Sehenswert sind die in Marmor sowie goldene und rote Paneele gefasste Great Hall und der achteckige, von einer schwerelos wirkenden, 52 m hohen Kuppel gekrönte "Main Reading Room". Von den neoklassizistischen, mit Büsten von Geistesgrößen aus zwei Jahrtausenden geschmückten Bogengängen ist vor allem die absolute Stille beeindruckend. Sehenswert ist auch die Ausstellung "American Treasures", die u.a. eine Kopie der berühmten "Gettysburg Adress" von Präsident Abraham Lincoln aufbewahrt. Die Fotosammlung im James Madison Building lohnt ebenfalls einen Besuch (Jefferson Bldg., 101 Independence Ave., SE; Metro: Union Station; geöffnet: Mo.–Sa. 10^{00}–17^{00} Uhr).

Folger Shakespeare Library

Der Dichterfürst wäre wohl zufrieden: Neun schöne Basreliefs in der marmornen Außenfassade zeigen Szenen aus seinem Werk, und der lustige Puck aus "A Midsummer Night's Dream" ziert einen schönen Springbrunnen an der Westkante des Gebäudes. Im Innern des Art-déco-Gebäudes wird die weltgrößte Sammlung der Werke William Shakespeares aufbewahrt. Glanzstück sind 1623 veröffentlichte Erstausgaben. Wie so viele bedeutende Sammlungen in den USA ist auch diese einem wohlhabenden Geschäftsmann zu verdanken. Shakespeare-Fan und Standard-Oil-Vorsitzender Henry Clay Folger trug die zudem aus über 25 000 relevanten Gemälden, Drucken und Musikinstrumenten bestehende Kollektion zusammen. Die Kehrseite der Medaille: Die Leseräume sind ausschließlich Experten zugänglich und werden nur einmal im Jahr, zum Geburtstag Shakespeares, für Besucher geöffnet. Diese können jedoch von der "Shakespeare Gallery" aus per Multimedia einen Blick ins Allerheiligste werfen und am Abend im Theater, einer intimen, elisabethanisch inspirierten Bühne, die Darbietungen des Ensembles genießen (201 E Capitol St.; Metro: Union Station; geöffnet: Mo.–Sa. 10^{00}–16^{00} Uhr).

Folger Shakespeare Library & Theatre (Fortsetzung)

Was für deutsche Ohren nicht unbedingt aufregend klingt, ist hier ein spannend inszenierter Querschnitt durch das amerikanische Postwesen von den Reitern des Pony Express bis heute. In weitläufigen Hallen wurden alte Postflugzeuge und Hundeschlitten untergebracht, mit denen einst in Alaska Briefe befördert wurden. Die bunte Palette der Exponate reicht vom Fliegeranzug der berühmten Pilotin Amelia Earhart über kreative, audiovisuelle Präsentationen bis hin zu einem Sprenggerät, mit dem drei Brüder 1923 einen Postzug anhielten und ausraubten (2 Massachusetts Ave., NE; geöffnet: tgl. 10^{00}–17^{30} Uhr).

National Postal Museum

Downtown

G 4

***Schillerndes Epizentrum Washingtons**

Die Gegend in dem von Constitution Ave., L Street, Weißem Haus und Union Station begrenzten Rechteck hat alle Höhen und Tiefen erlebt. Nach der Ermordung Martin Luther Kings im Jahre 1968 tobten blutige Rassenkrawalle auf der 14th Street und schwappten fast bis auf die Philadelphia Avenue hinüber. Danach evakuierte die weiße und schwarze Mittelschicht das Viertel und ließ ganze Häuserblocks leer zurück. Im 19. Jahrhundert hatte hier das Marktviertel der Stadt gelegen, und während des Bürgerkriegs verhalfen die Aktivitäten leichter Mädchen und schwerer Jungs dem Teil zwischen Philadelphia und Constitution Ave. zum Spitznamen "Murder Bay". Nach dem Ersten Weltkrieg kaufte die Bundesregierung ganze Straßenzüge rund um die heutige Metrostation "Federal Triangle" auf und zog von nun an blockweise Verwaltungsgebäude hoch.

Sicher und sehenswert zugleich wurde die oft "Old Downtown" (im Gegensatz zu Foggy Bottom, das gern als "New Downtown" tituliert wird) jedoch erst während der Hochkonjunktur der 1990er-Jahre. Wohlhabende Anwaltskanzleien richteten sich häuslich ein, das Nachtleben meldete sich zurück. Heute bietet Washingtons geschäftige Downtown ein Mix aus nüchternen Verwaltungsgebäuden, weitläufigen Plazas und Parks, wo Büroarbeiter mittags ihre Lunchpakete auspacken, den ältesten Nobelhotels der Stadt und hochinteressanten Museen und Galerien.

***Old Post Office Pavilion**

Das 1899 im neoromanischen Stil erbaute Gebäude war der erste von zahlreichen Versuchen, dieses zu den schlimmsten Slums zählende Viertel wieder attraktiver zu machen. Bereits zehn Jahre später wurde jedoch erstmals sein Abriss gefordert. 1914 zog die Post in ein größeres Gebäude um, 1934 verließ auch der Postmaster General das Gebäude. Als man es abreißen wollte, fehlte das Geld, und so blieb das wegen seines hohen Glockenturms "Old Tooth" genannte Gebäude stehen. Ein neuer Vorstoß des Kongresses in den 1970er-Jahren, das Old Post Office zu beseitigen, solidarisierte die Bewohner des Viertels. Es gelang, die Politiker vom Wert des historischen Gebäudes zu überzeugen und den National Park Service als Verwalter einzusetzen. Heute bietet "Old Tooth" neben 50 Läden, einem Food Court und einer Ausstellung, die über die Geschichte des Gebäudes informiert, mit dem 90 m hohen Aussichtsdeck im Glockenturm den besten Blick über die Bundeshauptstadt, der auch das Washington Monument einschließt (1100 Pennsylvania Ave., zw. 11th u. 12th Sts.; Metro: Federal Triangle; geöffnet: von April bis August tgl. 8 00 – 23 00, sonst tgl. 10 00 – 18 00 Uhr).

Restaurants im Old Post Office von 1899

Ronald Reagan Building and International Trade Center (Abb. S. 47)

Mit diesem monumentalen, 1998 eingeweihten Gebäude errichtete die US-Regierung nicht nur einen dem Welthandel und der Globalisierung geweihten Schrein, sondern auch ein der "Main Street of America" genannten Philadelphia Avenue würdiges Gebäude. Die monumentale Wucht dieses überwiegend aus Glas und Stahl bestehenden Welthandelszentrums hat natürlich auch seine Kritiker: Das mit 700 Mio. Dollar teuerste vom Bund errichtete Gebäude, sagen sie, sei nichts weiter als das Symbol eines aufgeblasenen Regierungsapparats. Jedoch ist das 40 m hohe Atrium mit seiner Sammlung moderner Kunst auf jeden Fall sehenswert. Ein Food Court im Untergeschoss sowie das Besucherzentrum des DC Chamber of Commerce sind weitere Anlaufpunkte (1300 Pennsylvania Ave., NW; Metro: Federal Triangle; geöffnet: tgl. 6^{00} – 14^{00} Uhr).

Ronald Reagan Building (Fortsetzung)

Baedeker TIPP **Drinks mit Aussicht**

Kühle Drinks und die Hauptstadt der USA zu Füßen: Was will man mehr an einem heißen Sommertag? Die Sky Terrace im obersten Stockwerk des Hotel Washington (515 15th St. und Pennsylvania St.; Metro: Center Metro) bietet einen herrlichen Rundblick auf die aus den Grünanlagen herausragenden Regierungsgebäude und National Monuments.

National Aquarium

1873 in Woods Hole (Mass.) gegründet und 1878 nach Washington verlegt, ist das heute im Keller des Commerce Department Building residierende National Aquarium das älteste des Landes. Damals hochmodern, wirken die spärlich dekorierten Aquarien heute überholt. Über 1000 Fischarten gibt es zu sehen, darunter verschiedene Haiarten und drei Alligatoren namens "Gitcha", "Getcha" und "Gotcha". Täglich um 14^{00} Uhr werden die Piranhas gefüttert – zwar kein blutrünstiges Spektakel, aber Anlass genug für eine Stippvisite (14th St. u. Constitution Ave. NW; Metro: Federal Triangle; geöffnet: tgl. 9^{00} – 17^{00} Uhr).

***National Archives**

Viele Millionen Regierungsdokumente, auf Pergament, Papier und Film, dazu Karten, Fotos und Drucke: Hier ruht die Geschichte der Nation, feinsäuberlich dokumentiert, einsortiert und archiviert, stilgemäß in einem neoklassizistischen, 1935 eröffneten Gebäude mit 72 mächtigen Säulen und einem Hauptportal, das staatstragende Bedeutung signalisiert. 13 m hoch und jeweils 6½ t schwer sind die beiden Bronzetüren, durch die man gleich geradeaus zur Rotunde geht. Dort werden in einem mehrfach gesicherten Glaskasten u.a. die Unabhängigkeitserklärung und eine handgeschrieben Kopie der Magna Carta von 1297 aufbewahrt. Nachts wird der Kasten knapp 7 m tief im Boden versenkt – mehr Sicherheit ist wohl kaum möglich. Achtung: Wegen Renovierungsarbeiten bleibt die Rotunde bis zum Sommer 2003 geschlossen (Constitution Ave., zw. 7th u. 9th Sts.; Metro: Archives-Navy Memorial; geöffnet: April – Labor Day tgl. 10^{00} – 21^{00}, sonst 10^{00} – 17^{30} Uhr).

***J. Edgar Hoover FBI Building**

Der hässliche Betonklotz zwischen 9th und 10th Street ist Sitz des berühmt-berüchtigten Federal Bureau of Investigation, oder kurz: FBI. 1908 vom Justice Department gegründet, entwickelte es sich unter seinem legendären Boss J. Edgar Hoover (1924 – 1972) von einer Schreibstube zu einer perfekt funktionierenden Maschine zur Verbrechensbekämpfung. Zu den Aufgabenbereichen des FBI gehören Schutz vor Spionage und Terrorismus. Vor Ort zu sehen ist eine Ausstellung zur Geschichte des FBI, "angereichert" mit den Bildern der zehn meistgesuchten Verbrecher der USA. Während der einstündigen geführten Tour werden u.a. konfiszierte Drogen und Waffen präsentiert. Zum Schluss kann man FBI-Agenten bei Schieß-

Baedeker TIPP Taste of DC

... heißt Washingtons leckerstes Festival. Es findet alljährlich am Columbus-Day-Wochenende auf der Pennsylvania Avenue zwischen 9th und 14th Street statt. Vierzig der besten Restaurants der Hauptstadt fahren ihre Spezialitäten auf, Künstler und Musiker liefern ein beschwingtes Rahmenprogramm.

übungen zuschauen. Mit einer halben Million Besuchern ist die Führung sehr populär, man sollte sich deshalb rechtzeitig für Tickets anstellen (935 Pennsylvania Ave., NW; Metro: Archives; geöffnet: Mo.–Fr. 8^{45}–16^{15}).

*Ford's Theatre & Lincoln Museum

Dieses schöne Theater aus rotem Backstein erlangte am Abend des 14. April 1865 traurige Berühmtheit: Während einer Aufführung erschoss der arbeitslose Schauspieler und Südstaaten-Sympathisant John Wilkes Booth US-Präsident Abraham Lincoln in seiner Loge. Lincoln erlag seinen Verletzungen am Morgen des 15. April im Petersen House gegenüber. Booth entkam seinen Häschern zunächst durch einen gewagten Sprung auf die Bühne. 12 Tage später wurde er jedoch gestellt und erschossen. Das Theater wurde 1866 von der Regierung gekauft und als Lagergebäude und Museum genutzt. Erst 1968 wurde es, komplett restauriert, wieder seiner alten Bestimmung übergeben. Lincolns Loge, bis heute feierlich geschmückt, blieb so eingerichtet wie am Tag des Attentats. Ein kleines Museum rekonstruiert den Tathergang und zeigt z.T. makabre Erinnerungsstücke, darunter die blutverschmierte Oberbekleidung des Präsidenten (511 10th Street, NW; Metro: Center, Federal Triangle; geöffnet: tgl. 9^{00}–17^{00} Uhr).

***National Museum of Women in the Arts**

Als einziges der Welt widmet sich dieses Museum dem Thema Frau und Kunst. 1981 eröffneten Wilhelmina Cole und Wallace Holladay die in einem schönen Jugendstilgebäude untergebrachte Ausstellung mit 500 Gemälden und Skulpturen aus der eigenen Sammlung. Heute beherbergt das Museum nicht nur rund 2500 Werke von 700 Künstlerinnen aus vier Jahrhunderten, sondern dokumentiert zugleich ausführlich den Widerstand von Frauen in einer von Männern bestimmten Gesellschaft, in der Künstlerinnen wie die Tiermalerin Rosa Bonheur sich als Männer verkleiden mussten, um ihre Objekte auf Pferdeauktionen studieren zu können. Glanzstücke der Sammlungen sind Arbeiten weiblicher Silberschmiede des 18. Jahrhunderts sowie Gemälde von Lavinia Fontana di Bologna, Maria Sybilla Merian, Camille Claudel und Frida Kahlos (Abb.) weltberühmtes Selbstporträt von 1937 (1250 New York Ave. NW; Metro: Center; geöffnet: Mo. bis Sa. 10^{00}–17^{00}, So. 12^{00}–17^{00} Uhr).

Frida Kahlo: "Selbstporträt, Leo Trotzki gewidmet" (1937)

**National Museum of American Art & National Portrait Gallery

Vom amerikanischen Dichterfürsten Walt Whitman einst als edelstes Gebäude in Washington gepriesen, zählt das diese beiden Museen beherbergende Old Patent Office zu den schönsten Beispielen des neoklasszistischen Stils in Amerika. Im Jahre 1836 begonnen und 1867 vollendet, schenkte es der Kongress 1962 dem Smithsonian Institute. Dieses sah in dem repräsentativen Gebäude den passenden Rahmen für zwei neue Museen, die 1968 ihre Pforten öffneten. Das National Museum of American Art widmet sich mit über 30 000 Gemälden, Zeichnungen, Skulpturen und Fotografien der amerikanischen Folk Art. Die National Portrait Gallery interpretiert die Geschichte der USA an Hand von Porträts ihrer prominentesten Bürger. So sind Bill Clinton und George Washington ebenso vertreten wie der Boxer Jack Dempsey, der Schauspieler Boris Karloff und Elvis Presley. Achtung: Wegen umfassender Renovierungsarbeiten sind die Museen bis 2003 geschlossen (9th u. Sts.; Metro: Gallery Place; geöffnet: Mo.–Sa. 9^{00}–17^{00}, So. 11^{00}–17^{00} Uhr).

National Museum of Art & National Portrait Gallery (Fortsetzung)

MCI Center

Ursprünglich als Starthilfe für das heruntergekommene Chinatown geplant, hat das MCI Center die lange chinesisch geprägten Straßenzüge nicht nur wiederbelebt, sondern verdrängt nun zunehmend die kleineren Betriebe und familiären Essstuben. 1997 eingeweiht, ist die 200 Mio. Dollar teure und 20 000 Sitzplätze fassende Sportarena ein hypermodernes Entertainment-Zentrum, in dem nicht nur die NHL Capitols und NBA Wizards ihre Heimspiele absolvieren, sondern auch Rockkonzerte, Bibellesungen und Automessen stattfinden. Eine "Behind-the-scenes"-Tour führt außerhalb der Veranstaltungen durch die Luxussuiten, Umkleidekabinen der NBA-Stars und in die Übertragungsbüros der Berichterstatter. In der "Sports Gallery" kann man sich mit NBA-Helden im virtuellen Wettkampf messen, sowie Andenken und allerlei Techno-Spielzeug im Discovery Channel Store kaufen (601 F Street NW; Metro: Gallery Place; geöffnet: tgl. 11^{00}–18^{00}, bei Veranstaltungen bis 21^{00} Uhr).

***National Building Museum**

Nicht nur die Akustik ist fantastisch. Die Great Hall ist ein architektonisches Meisterwerk. Acht korinthische Säulen – 25 m hoch, für jede wurden 70 000 Ziegelsteine vermauert – tragen die im italienischen Renaissance-Stil errichtete, atriumähnliche Halle. Elegante Säulengänge führen über vier Geschosse von hier aus zu den Ausstellungen. Das der Architektur gewidmete Museum hätte nicht besser untergebracht werden können. 1887 von Montgomery Meigs entworfen, wurde das einen kompletten Block einnehmende Gebäude zunächst als US Pension Building eröffnet. Eine Dauerausstellung beschäftigt sich mit der Architektur Washingtons und ihrer Symbolik. Andere befassen sich mit Problemen der Städteplanung, der Gestaltung der Disney-Themenparks und allen sonstigen Architekturstilen (401 F Street NW; Metro: Judiciary Square; geöffnet: Mo.–Sa. 10^{00}–16^{00}, von Juni bis August 10^{00}–17^{00}, So. 12^{00} bis 16^{00} Uhr).

Dupont Circle

F 3

***Künstlerviertel voller flippiger Läden, interessanter Museen und Galerien**

Der gleichnamige Kreisverkehr (Metro: Dupont Circle) gab dem beiderseits der Connecticut Avenue liegenden Viertel seinen Namen. Begrenzt von Georgetown im Westen und Adams-Morgan im Norden, ist Dupont Circle das wohl vielfältigste Viertel Washingtons. Das Spektrum reicht von extravaganten Botschaftsgebäuden an der

Künstlerviertel (Fortsetzung)

Embassy Row (Massachusetts Ave nördlich Sheridan Circle) über elegante Yuppie-Bars und Schwulen-Kneipen bis zu Boutiquen, Blumenläden und Straßencafés.

Urbane Spezies wie Rad fahrende Eilboten, Jogger, Müßiggänger, Schach spielende Senioren und Krawatte tragende Botschaftsangehörige lassen sich am besten vom Kreisverkehr und Platz Dupont Circle aus beobachten. Bänke zum Ausruhen sind hier und entlang der Hauptverkehrsadern Massachusetts Ave und Connecticut Ave großzügig verteilt. P Street ist das Zentrum der "Gay Community". Die meisten der mehr als zwanzig hervorragenden Galerien liegen in der R Street zwischen Florida und Cennecticut Ave. An letzterer befinden sich auch zahlreiche internationale Hotels.

Vor dem Washington Hilton (Ecke T Street) schoss der Attentäter John Hinckley 1981 auf Präsident Ronald Reagan. Das Hilton sichert seitdem den VIP-Eingang mit einem schusssicheren Gehäuse. Weitere Botschaften sind in Kalorama angesiedelt, einer schönen, von viktorianischen Reihenhäusern geprägten Gegend im Norden des Viertels.

***Phillips Collection**

In einem schönen alten Haus mit elegantem Mansardendach untergebracht, zeigt die von Marjorie und Duncan Phillipps zusammengetragene und 1921 eröffnete Sammlung in angenehmer Atmosphäre vor allem europäische Impressionisten und auch weniger bekannte Arbeiten amerikanischer Größen wie Mark Rothko.

Ein Höhepunkt ist zweifellos Renoirs "Lunchoen of the Boat Party" (1600 21st St., Ecke Q St., NW; Metro: Dupont Circle; geöffnet: Di. bis Sa. 10⁰⁰–17⁰⁰, Do. 10⁰⁰–20³⁰, So. 12⁰⁰–17⁰⁰ Uhr).

Auguste Renoir: "Frühstück der Ruderer" (1880/81)

B'nai B'rith Klutznick National Jewish Museum

Dieses im Erdgeschoss des B'nai B'rith Building untergebrachte Museum beherbergt eine der schönsten Sammlungen jüdischer Kultur in den USA. Zu sehen sind Alltags- und Kultgegenstände aus verschiedenen Jahrhunderten, darunter eine besonders schöne Thora-Rolle aus dem Jahr 1556. Wechselnde Ausstellungen beschäftigen sich mit den Errungenschaften der Juden in den USA (1640 Rhode Island Ave., NW; Metro: Judiciary Square; geöffnet: Mo.–Do. u. So. 12⁰⁰–16⁰⁰ Uhr).

***Textile Museum**

Das in zwei schönen Reihenhäusern aus dem 19. Jahrhundert untergebrachte Textile Museum in Kalorama ist das einzige seiner Art in Amerika. 1925 von George Hewitt Myers gegründet, zeigt es außereuropäische Textilien. Die Sammlungen umfassen 16000 Artefakte aus 5000 Jahren, darunter präkolumbianische und persische Webereien sowie osmanische Stickarbeiten. Hinzu kommen indische, indonesische und afrikanische Textilarbeiten. Texttafeln stellen den historischen und gesellschaftlichen Kontext her (2320 S St., NW, Ecke 23rd St.; Metro: Dupont Circle; geöffnet: Mo.–Sa. 10⁰⁰–17⁰⁰, So. 13⁰⁰–17⁰⁰ Uhr). Auch der zugehörige Laden ist eine wahre Fundgrube (▶ Shopping, Abb. S. 300).

Textile Museum (Fortsetzung)

***National Geographic Explorers' Hall**

Getreu dem Motto des Hauses: "Bring the World to the World" hat National Geographic dieses Naturkundemuseum als leicht verdauliches, vor allem kinderfreundliches Mult-Media-Event konzipiert. Die Entstehung der Arten, Umweltprobleme und eine an Bord der "Earth Station One" simulierte Erdumrundung wurden interaktiv aufbereitet. Für Leser des Magazins wesentlich interessanter sind die in gewohnt tadelloser Optik schwelgenden Sonderausstellungen, die sich meist mit von der Gesellschaft finanzierten Expeditionen und Forschungsunternehmen befassen. Im nahe gelegenen Gilbert Grosvenor Auditorium berichten berühmte Wissenschaftler, Abenteurer und Expeditionsleiter regelmäßig von ihren jüngsten Unternehmungen (1145 17th St., Ecke M St., NW; Metro: Farragut North; geöffnet: Mo.–Sa. 9⁰⁰–17⁰⁰, So. 10⁰⁰–17⁰⁰ Uhr).

Foggy Bottom — E 4

Allgemeines

Regierungsbüros, Watergate und moderne Apartmentblocks, dazwischen kleine Inseln mit viktorianischem Ambiente und ein paar Kirchen, die ihre Messen auf Deutsch zelebrieren: Das vom Weißen Haus bis zum Potomac River reichende Foggy Bottom hat Regierungsskandale erlebt und Immigranten aus aller Welt begrüßt. Der Name rührt von der ursprünglich sumpfigen Niederung, wo die ersten Häuser gebaut wurden, her und von dem Qualm, den die in den 1960er-Jahren abgerissenen Fabriken erzeugten. Vor allem irische und deutsche Einwanderer fanden hier Arbeit und nach dem Bürgerkrieg auch Afroamerikaner aus den früheren Südstaaten. Die 1912 gegründete George Washington University brachte studentisches Leben in das inzwischen heruntergekommene Viertel. Auf die Grundmauern der Fabriken und an das Ufer des Potomac wurden moderne Reihenhäuser und Wohnblocks für hochqualifizierte, extrem mobile Büroangestellte gebaut. Das gute alte Nachbarschaftsgefühl mag man daher vermissen. Am ehesten kommt es entlang K Street auf, wo sich in zahlreichen guten Restaurants Regierungsbeamte und Einheimische zu Lunch und Dinner treffen. Mit dem John F. Kennedy Center, dem Watergate Compley und dem Octagon gibt es zudem durchaus sehenswerte Attraktionen in diesem Viertel.

The Octagon

Das wegen seines achteckigen Grundrisses so genannte Gebäude wurde 1798 bis 1800 von William Thornton, einem der Architekten des Capitols, gebaut und ist damit das älteste noch stehende Privathaus der Hauptstadt. Nachdem die Briten das Weiße Haus angezündet hatten, diente es 1814 Präsident Madison vorübergehend als Residenz. Hier unterzeichnete er auch den Friedenvertrag, der den Krieg von 1812 beendete.
Im Jahre 1899 kaufte das American Institue of Architects das zwischenzeitlich verfallene Gebäude und machte es zu seinem Hauptquartier. Heute ist es ein mit zeitgenössischem Mobiliar eingerich-

Foggy Bottom, The Octagon (Fortsetzung)

tetes, dem Alltag der Washingtoner Oberschicht um 1800 gewidmetes Museum. Äußerst glaubhaft präsentiert werden die Spukgeschichten: Vor allem im dritten Stockwerk, so bezeugen viele Besucher schriftlich, soll es nicht mit rechten Dingen zugehen (1799 New York Ave., NW; Metro: Farragut North; geöffnet: Di.–So. 10 00 bis 16 00 Uhr).

John F. Kennedy Center for the Performing Arts

1964 als Mahnmal für den im Jahr zuvor ermordeten John F. Kennedy eingeweiht, ist das meist schlicht "Ken-Cen" genannte Kennedy Center mit jährlich rund 3000 Aufführungen und Konzerten sowie 2 Mio. Besuchern das aktivste und meistbesuchte Kulturzentrum des Landes. Hoch über dem Potomac River gelegen, bietet es fünf Theater und Konzerthallen, drei schöne Dachrestaurants und eine wunderbare Freiluftterrasse mit Blick auf den Fluss. Die weitläufige Hall of Flags zeigt die Fahnen der Bundesstaaten, angeordnet nach dem Datum ihres Beitritts zur Union. Im Grand Foyer findet täglich um 18 00 Uhr ein Gratiskonzert statt (2700 F St., NW; Metro: Foggy Bottom).

Baedeker TIPP — Tickets und Termine

Was wann wo läuft, erfährt man in den Wochenendausgaben der Washington Times und der Washington Post. Tickets für Theater und Konzerte erhält man vor Ort oder kauft sie telefonisch mit Kreditkarte bei Ticketmaster (☎ 800 / 557328). Eintrittskarten für Events am selben Abend erhält man um die Hälfte billiger bei Ticketplace (☎ 202 / 632406).

Watergate Complex

Nördlich von Kennedy Center liegt Washingtons berühmtester Apartmentkomplex. 1972 ertappten Wachleute fünf Einbrecher in dem hier untergebrachten Hauptquartier der Demokraten. Die Ermittlungen führten später direkt zum Wahlkampfkomitee des amtierenden Präsidenten Richard Nixon. Am Ende des Watergate-Skandals, der die Nation erschütterte, stand der erste Rücktritt eines amtierenden Präsidenten. Der Name "Watergate" steht seitdem stellvertretend für politische Skandale. Der Watergate Complex besteht aus Apartments, Kondominien, Regierungsbüros und verfügt darüber hinaus über ein Hotel. Mit seiner gewagten Linienführung gehört es zu den prägnantesten Gebäuden der Hauptstadt. Zu ebener Erde laden Boutiquen und Cafés mit Blick auf den Potomac zu einer Stippvisite ein (2650 Virginia Ave., NW; Metro: Foggy Bottom).

Georgetown — C/D 2/3

****Netter Historic District und pulsierende Universitätsstadt**

Schöne alte Häuserreihen, gepflasterte Bürgersteige, Straßencafés und ein quirliges Zentrum: Wenn Georgetown den Eindruck einer Stadt in der Stadt erweckt, dann hat das seinen Grund. Denn bis 1871 war es das auch, dann wurde das Hafenstädtchen am Potomac, das 1751 als Umschlagplatz für Tabak begonnen hatte, vom unaufhaltsam sich ausbreitenden Washington geschluckt. Als historisch gewachsene Insel in einer oft nüchtern und durchgeplant wirkenden Umgebung ist Georgetown seit den 1950er-Jahren, als Elizabeth Taylor und die Kennedys sich hier einkauften, das bevorzugte Wohngebiet der reichen und prominenten Hauptstädter. Der Kreuzungsbereich von M Street und Wisconsin Avenue wird als Downtown bezeichnet. Hier reihen sich teure Boutiquen, In-Restaurants und Nachtklubs aneinander, aber auch weniger betuchten Besuchern bieten sich hier hervorragende Einkaufsmöglichkeiten. Einen schönen Bummel ermöglicht auch der hier beginnende, von fotogenen Fußgängerbrücken überspannte Chesapeake & Ohio Canal mit seinen Cafés und Boutiquen in historischen Lagerhäusern. Noch ein Grund für das Insel-Gefühl: Es gibt keinen Metro-Anschluss. Am nächsten liegt Foggy Bottom. Von dort bis Georgetown sind es gut 30 Minuten Fußweg.

Historic District (Fortsetzung)

Georgetown University

Besonders fotogen während der Anfahrt im Auto via Francis Scott Key Bridge, dominieren die wuchtigen, von einem schlanken Glockenturm überragten Backsteinmauern dieser traditionsreichen Universität das Ufer des Potomac River. Die Georgetown University ist Amerikas älteste katholische Hochschule. Sie wurde 1789 von John Carrol, dem ersten katholischen Bischof der USA, gegründet und entwickelte sich seitdem zu einer überkonfessionellen Lehranstalt mit einer international beachteten juristischen und medizinischen Fakultät. Der gepflegte Campus mit seinen alten Bäumen wird Filmfans an einen Horrorklassiker erinnern: Die Sittenstrenge signalisierende viktorianische Architektur diente als Hintergrund für einige Szenen in "The Exorcist".
Beachtung verdient vor allem das 1879 eingeweihte Healy Building mit seinem Glockenturm (37th u. 38th Sts., NW; Metro: Foggy Bottom).

***Dumbarton Oaks**

Unter diesem Namen werden das herrschaftliche, im 19. Jahrhundert im Federal Style errichtete Haus und seine herrlichen, insgesamt 16 Acres bedeckenden Gärten zusammengefasst. 1920 von Robert und Mildred Bliss, wohlhabenden Kunstsammlern, gekauft und erweitert, ging das Anwesen am Rock Creek 1940 in den Besitz der Harvard University über. Die Bliss-Sammlung, die v.a. byzantinische und präkolumbische Kunst beinhaltet, bildet den Grundstock für die bis heute von Harvard betriebene Ausstellung und die nur für Experten zugängliche Bibliothek. Den Ausflug von Washington hierher lohnen allein die Gärten und die Orangerie von 1810. Schmale Kieswege schlängeln sich durch eine üppige, im Sommer in zahllosen Farben und Gerüchen schwelgende Vegetation (1703 32nd Street, NW, zwi. R u. S Sts.; geöffnet: Di.–So. 14[00]–17[00], Gärten: 14[00]–18[00] Uhr).

Blick von einer rosengeschmückten Terrasse auf den Kieselgarten des Parks

Tudor Place

Sechs Generationen im Besitz einer Familie: ein seltenes Ereignis im traditionell von hoher Fluktuation geprägten Washington. Die von schönen Gärten umgebene Residenz mit dem markanten Portikus wurde von William Thornton, dem ersten Architekten des Capitols, gebaut und 1816 bezogen. Bauherren waren Thomas und Martha Custis Peter, bezahlt wurde das Haus mit einer Erbschaft von Marthas Großmutter Martha Washington. Während der nächsten

Tudor Place (Fortsetzung)

180 Jahre drückten die Nachkommen Tudor Place ihren Stempel auf: Silberbesteck, Manuskripte und Korrespondenzen, Möbel und Geschirr vermitteln nicht nur Familiengeschichte, sondern auch einen interessanten Querschnitt durch ein Stück Kultur- und Sozialgeschichte Amerikas (1644 31st St., NW; geführte Touren: Di.–Fr. 10[00]–14[30], Sa. 10[00]–15[00] Uhr).

***Old Stone House**

Dass dieses aus grauem Granit errichtete Haus nicht der Abrisswut der 1950er-Jahre zum Opfer fiel, verdankt es dem Gerücht, dass George Washington und Pierre Charles L'Enfant hier logierten, während sie die Hauptstadt planten. Bestätigt hat sich dies bis heute nicht, dafür ist das Old Stone House, 1765 gebaut von einem Schreiner namens Christopher Layman, das älteste Haus in DC. Vom National Park Service detailgetreu restauriert, bieten seine schlicht möblierten Zimmer einen Einblick in den Alltag der unteren Mittelklasse vor der Unabhängigkeit der USA (3051 M St., NW; geöffnet: Mi.–So. 9[00]–17[00] Uhr).

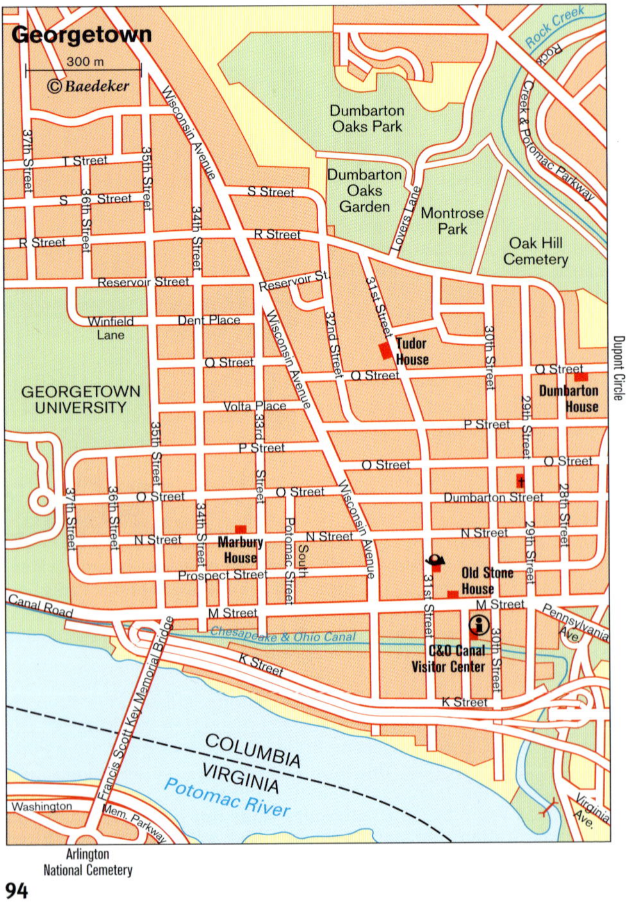

Nettes Freizeitvergnügen auf dem C & O Canal: Hier kann man sich auf Kähnen wie anno dazumal von Esel- oder Muligespannen ziehen lassen.

*Chesapeake & Ohio Canal

Bereits George Washington hatte von einem Wasserweg nach Westen geträumt, der helfen sollte, den Reichtum des Ohio Valley zu erschließen. Kleine Kanäle umgingen bereits die Great Falls westlich der Hauptstadt, doch noch bis zu Beginn des 19. Jahrhunderts war der Potomac River ein unberechenbares Gewässer: Entweder zu flach oder – nach Überschwemmungen – zu hoch und schnell, reduzierte sich die schiffbare Zeit auf ganze 45 Tage. Erst der 1828 begonnene und bis 1924 genutzte Chesapeake & Ohio Canal änderte diesen Zustand. Knapp 300 km lang, begann er in Georgetown und folgte dem Potomac River am Maryland-Ufer entlang bis nach ▶ Cumberland (Maryland). 74 Hebeschleusen und elf Aquädukte bewältigten dabei die beträchtlichen Höhenunterschiede. Nachdem Schiene und Straße den Kanal überflüssig gemacht hatten, sollte er schon mehrmals zugeschüttet werden. Heute ist er ein Tummelplatz für Freizeitkapitäne, während der "C&O Canal Towpath", auf dem einst Ochsen Kähne und Schiffe zogen, bei Radwanderern beliebt ist. In Georgetown schippern Touristen auf von Eselgespannen gezogenen Kähnen auf dem Kanal (C&O Canal Visitor Center, 1057 Jefferson St., am "Towpath", tgl. 10^{00} – 16^{00} Uhr).
Ein netter Ausflug führt von hier zu den nur 28 mi/45 km nordwestlich liegenden Great Falls des Potomac River (s. S. 120).

Lafayette Square F/G 4

*Renwick Gallery

Mit einer vom Pariser Louvre inspirierten Fassade und einem auffälligen Mansardendach ist das 1859 von John Renwick erbaute Gebäu-

Renwick Gallery
(Fortsetzung)

de der passende Rahmen für diese zum Smithsonian Institute gehörende, ungewöhnliche Kunstsammlung. Die auf einer breiten Treppe erreichbare erste Etage zeigt Kunstwerke aus allen denkbaren, normalerweise in Industrie und Handel verwendeten Materialien. Holz, Ton, Keramik, Glas, Aluminum und Kunststoffe wurden von namhaften zeitgenössischen Künstlern zu nicht immer im klassischen Sinne schönen, aber äußerst interessanten Objekten zusammengestellt. Dagegen entführt der “Grand Salon” in die Welt der reichen Sammler um 1900: Die hier präsentierte Bildersammlung bietet einen interessanten Querschnitt der damals modernen Stile und Geschmacksrichtungen (17th Street u. Pennsylvania Ave., NW; Metro: Farragut West; geöffnet: tgl. 10^{00} – 17^{30} Uhr).
Gleich neben der Galerie liegen an der Pennsylvania Ave. zwei interessante Häuser. Im 1823 errichteten Blair House (1653 Pennsylvania Ave.) werden seit dem Zweiten Weltkrieg Staatsgäste untergebracht. Im Lee House gleich daneben entschied sich General Robert E. Lee zu Beginn des Bürgerkriegs, das ihm von Abraham Lincoln angetragene Oberkommando über die Unionstruppen abzulehnen.

Dem Louvre nachempfunden: Renwick Gallery

***Decatur House**

Dieses aus rotem Backstein 1818 von Benjamin Henry Latrobe für den Seekriegshelden Stephen Decatur gebaute Haus ist eines der ältesten erhaltenen Gebäude der Hauptstadt. Decatur starb bereits im Jahr darauf bei einem Duell, und Decatur House wurde zur begehrtesten Immobilie im Umkreis des Weißen Hauses. Innenminister, Botschafter und Kongressabgeordnete stellten über die Jahre die Hausherrn. Ein Heer von Sklaven garantierte den reibungslosen Ablauf von Bällen und Empfängen.
Eine interessante Ausstellung dokumentiert das Leben der oberen Zehntausend und den parallel dazu verlaufenden Alltag der rechtlosen Sklaven, die dank versteckter Treppen und Gänge weitgehend unsichtbar und dennoch effektiv arbeiteten (748 Jackson Place u. H St.; Metro: Farragut West; geführte Touren Di. – Fr. 10^{00} – 15^{00}, Sa. bis So. 12^{00} – 16^{00} Uhr).

Das Eingangsportal im italienischen Renaissancestil, eine dunkel vertäfelte Lobby und natürlich die Lage signalisieren: Dies ist eines der besten Hotels der Stadt. 1928 an der Nordseite des Platzes eröffnet, ist es der denkbar günstigste Ort zum Beobachten der Leute. Nicht wegzudenken aus der Liste der Washingtoner Skandale: In den 1980er-Jahren wechselten während der Iran-Contra-Affäre in den halbdunklen Sitzecken Millionenbeträge die Besitzer (800 Lafayette Square; Metro: Farragut North).

Hay-Adams Hotel

Die andere Hälfte der Nordseite nimmt die für Washingtoner Verhältnisse ungewöhlich zierliche, 1815 von Benjamin Latrobe für die Bewohner des Weißen Hauses entworfene St. John's Church ein. Ein griechischer Portikus schmückt den Eingang, über dem Gotteshaus thront ein schlanker, dreigeschossiger Kirchturm, dessen Glocken aus den Kugeln britischer Kanonen gegossen wurden. Seit ihrer Einweihung haben alle Präsidenten hier am Gottesdienst teilgenommen. St. John's ist daher auch als "Church of the Presidents" bekannt. Kirchbank Nr. 54 ist traditionell der "First Family" vorbehalten (Lafayette Square; Metro: McPherson Square; geöffnet: tgl. 9[00] bis 15[00] Uhr).

***St. John's Church**

Wäre Amerika eine Monarchie, so wäre dies der königliche Palast: Das kolossale, einen ganzen Block einnehmende Hauptquartier des US Treasury ist allein seiner Größe wegen wohl das beeindruckendste der Regierungsgebäude. 1836 im Greek-Revival-Stil erbaut, verfügt es mit 30 Zwölf-Meter-Säulen, einem herrlichen Portikus, einem vergoldeten Adler und reich verzierten Balustraden über alle seinem Status angemessenen Stilelemente. Eine Reihe schöner, mit Originalmöbeln eingerichteter Räume und Säle ist auf geführten Touren zu besichtigen. Höhepunkte sind die Salmon P. Chase Suite, in der einst Secretary of the Treasury S.P. Chase Abraham Lincoln empfing, die Andrew Johnson Suite, in welcher Lincoln-Nachfolger A. Johnson zunächst residierte, weil Lincolns trauernde Witwe nicht das Weiße Haus verlassen mochte, eine einbruchssichere Stahlkammer und der mit Marmor ausgelegte Cash Room, in dem Präsident Ulysses S. Grant 1869 seine Amtseinführung mit einem Ball feierte (1500 Pennsylvania Ave., NW; Metro: McPherson Square; geführte Touren: Sa. 10[00] – 11[00] Uhr).

***Department of the Treasury**

Selten erhielt ein Gebäude so viele negative Kritiken. Angeblich beging deswegen schon sein Architekt Alfred Mullet 1890 Selbstmord. Tatsächlich sticht das 1871 bis 1888 im Second-Empire-Stil errichtete Gebäude aus der Ansammlung neoklassizistischer Bauwerke wie ein wunder Punkt heraus. Seine 900 Säulen, meist in den dreigeschossigen Eingangsportiken als Tür- und Fensterrahmen, ließen Präsident Truman an die "größte Monstrosität Amerikas" denken. Einst Bürogebäude für Angestellte des Navy-, State- und War Departments, beherbergt es heute Büros des Weißen Hauses. Mit diesem ist es durch einen unterirdischen Gang verbunden, den der Präsident gelegentlich benutzt (17th St. u. Pennsylvania Ave.; Metro: Farragut West; nur geführte Touren Sa. 9[00] – 11[30]; Ticketreservierung: ☎ 202/395-5895, Di. u. Mi. 9[00] – 12[00] Uhr).

Old Executive Office Building

Dank ihrer von Bankier und Stifter William Corcoran im 19. Jahrhundert verfügten Mission, den "amerikanischen Genius" zu för-

****Corcoran Gallery of Art**

Lafayette Square, Corcoran Gallery of Art (Fortsetzung)

dern, hat sich diese Galerie bis heute um die Förderung zeitgenössischer amerikanischer Kunst verdient gemacht. Untergebracht in einem 1897 von Ernest Flagg im Beaux-Arts-Stil erbauten Gebäude, besteht die permanente Kollektion aus rund 16 000 Objekten, v.a. Gemälden, Stichen, Drucken und Fotos. Highlights sind die Bilder der amerikanischen Landschaftsmaler der im 19. Jahrhundert modischen Hudson River School, die der Pop Art und dem Expressionismus gewidmeten Ausstellungen und die Evans-Tibbs-Collection afroamerikanischer Künstler (500 17th St.; Metro: Farragut West; geöffnet: tgl. außer Di. 10^{00} – 17^{30} Uhr).

National Mall — G/H 5

****"Nationalmeile" zwischen Potomac River und Capitol**

Meilensteine in der über 200-jährigen Geschichte Amerikas, Reflexionen eines demokratischen Systems: So beschreiben Broschüren stolz die "monuments" und "memorials", die an der National Mall Spalier stehen. Dabei war der 132 m breite und 3,2 km lange Grünstreifen lange das Stiefkind der Hauptstadt. Noch hundert Jahre nachdem L'Enfant die Pläne für einen amerikanischen Champs-Elysées vorgelegt hatte, war er nichts weiter als ein überschwemmungsgefährdeter Sumpf. Im Rahmen des McMillan-Plans wurde L'Enfants Vision ab 1902 Realitität: Während der nächsten 90 Jahre entwickelte sich die Mall zum Schaufenster der Nation. Denkmäler, Museen (► Smithsonian Museums) und Archive säumen heute ihre Ränder, sie ist zugleich ein Treffpunkt an Sommertagen und ein Aufmarschfeld für Demonstrationen. Von den Märschen des Ku-Klux-Klans in den 1920er-Jahren über die "I have a dream"-Rede Martin Luther Kings und Anti-Vietnam-Demos bis hin zum "Million Man"-Marsch: Auf dem grünen Teppich im Herzen DCs haben sich mehr als einmal Zeitgeist und politischer Wille der amerikanischen Öffentlichkeit manifestiert.

****National Gallery of Art**

Die nationale Kunstgalerie besteht aus zwei Gebäuden: Dem West Building, leicht erkennbar an seiner marmornen Fassade, die Themen des römischen Pantheons zitiert, und dem entfernt an einen Eisberg erinnernden, von I.M. Pei entworfenen East Building. Die architektonischen Unterschiede signalisieren die Themen der in beiden Gebäuden untergebrachten Kunst. Von einer mit grünem italienischem Marmor ausgelegten Rotunde zweigen Galerien zu den europäischen Meistern des 14. bis frühen 20. Jahrhunderts ab. Besuchsmagneten sind Renoir, Vermeer (Abb.), El Greco, Tizian und Bellini. Besonders stolz ist die Galerie auf da Vincis "Ginevra di Benci". Sehenswert ist auch der weitläufige Skulpturengarten mit Werken von Roy Lichtenstein und Claes Oldenburg.

Jan Vermeer van Delft: "Junges Briefe schreibendes Mädchen" (1645)

Das angenehme Terrace Café lädt zum Ausruhen ein. Eine unterirdische Passage verbindet das Originalgebäude mit dem East Building. Dort stimmt im Atrium ein 23 m hohes Mobile aus Aluminum auf die Abstrakten ein. Stars der Ausstellungen sind v.a. Jackson Pollock, Mark Rothko und Robert Motherwell. In der multimedialen Micro Gallery kann sich der interessierte Besucher zu Stilfragen, Konservierungstechniken und einzelnen Künstlern informieren. Moderne Kunst selbst im "Garden Café": Bei Kaffee und Kuchen kann man sich in den Anblick der Bronzeskulptur "Venus and Cupid" vertiefen (Constitution Ave.; Metro: Archives-Navy Memorial; geöffnet: Mo.–Sa. 10[00]–17[00], So. 11[00] bis 18[00] Uhr).

National Gallery of Art (Fortsetzung)

Shaw

G 2

Allgemeines

Nach der Ermordung Martin Luther Kings 1968 erlebte der schwarze Stadtteil Shaw Anfang April die bis dahin schwersten Rassenunruhen der Stadt. Rund 1000 Gebäude, meist Geschäfte, gingen in Flammen auf, vor allem entlang der 14th Street, NW, wo sich von jeher das öffentliche Leben abgespielt hatte. Die Spuren dieses vier Tage dauernden Infernos sind bis heute zu sehen, und wer trotz allem in Shaw geblieben ist, teilt die Zeit in vor und nach den "disturbances" ein.

Shaw liegt zwischen Thomas Circle im Norden und Harvard Street im Süden sowie 15th Street, NW, im Osten und N Capitol Street im Westen. Es ist das historische Zentrum der schwarzen Bewohner Washingtons und wurde nach Col. Robert Gould Shaw benannt, dem Befehlshaber des schwarzen 54th Massachusetts Regiment, dessen Schicksal im Kinoerfolg "Glory" mit Denzel Washington verfilmt wurde. Ursprünglich ein feines Wohnviertel der weißen Oberschicht, verwandelte es sich um 1900 im Zuge der fortschreitenden Segregation des öffentlichen Lebens in das politische und kulturelle Zentrum des schwarzen Washingtons. Die afroamerikanische Elite der Hauptstadt – Künstler, Rechtsanwälte, Ärzte, Bürgerrechtler – schuf entlang 14th und U Street ein Biotop, in dem sich weltberühmte Musiker wie Nat King Cole, Louis Armstrong, Ella Fitzgerald und die in Washington geborenen Pearl Bailey und Duke Ellington (▶ Baedeker Special S. 48–50) niederließen. Die allmähliche Aufhebung der Rassentrennung in den 1950er-Jahren bewirkte einen Exodus schwarzer Mittelklassefamilien in andere Wohngebiete der Hauptstadt, der sich nach 1968 dramatisch verstärkte und Shaw bis in die späten 1980er-Jahre zu einem Problemviertel machte. Erst die Eröffnung der Metro-Station U Street-Cardozo 1991 leitete eine vorsichtige, bis heute anhaltende Renaissance des Viertels ein. Dennoch sind viele Abschnitte bis heute lediglich ein Schatten ihrer selbst und Touristen ist ein Besuch nur tagsüber und in Gruppen zu empfehlen. Vor allem Logan Circle, einst ein feines Viertel mit schönen viktorianischen Stadthäusern, wird nachts nach wie vor von Dealern und Prostituierten beherrscht. Der Bereich um die heute von bunten Graffiti mit Straßenszenen aus Shaw geschmückten Metro-Station U Street-Cardozo dagegen ist eine Erfolgsstory. Hier hat sich in den letzten zehn Jahren eine bunte Restaurant- und Nachtklubszene entwickelt, auf die Georgetown und Adams-Morgan neidisch sein können.

Vor allem U Street bietet dem Besucher eine attraktive Mischung aus historischen Meilensteinen und trendigen Hangouts.

Lincoln Theatre

In den 1920er-Jahren das beliebteste Kino im schwarzen Shaw, hat eine gemeinnützige Stiftung das vom Verfall bedrohte historische Gebäude 1994 in eine intime, für 1200 Zuschauer angelegte Showbühne der Extraklasse verwandelt. Das Dekor der 1920er-Jahre blieb, ausgewechselt wurde nur das Licht und der nunmehr hydraulische Orchestergraben. Von Stand-ups über Varietés bis hin zu klassischen Blues- und Jazz-Acts bietet das Theater mit der ockerfarbenen Fassade ein breites Unterhaltungsprogramm (1215 U Street; Metro: U Street-Cardozo).

Black Fashion Museum

Dieses kleine Museum an der U Street widmet sich als einziges in den USA der Rolle afroamerikanischer Modemacher und Designer innerhalb der amerikanischen Modebranche. Von Elizabeth Keckley, die einst für First Lady Mary Todd Lincoln nähte, bis zu Ann Lowe, die Jacqueline Bouvier Kennedys Hochzeitskleid entwarf, reicht die Palette der 1979 gegründeten Ausstellung. Sehenswert sind auch die Kleider aus der Sklavenzeit (2007 Vermont Ave., NW; Metro: U Street-Cardozo; geöffnet: nach Vereinbarung ☎ 6670744).

Howard University

Was 1867 als ein bescheidenes Priesterseminar zur Ausbildung freigekommener Sklaven begann, gehört heute zu den renommiertesten afroamerikanischen Universitäten des Landes. Rund 12000 Studenten sind an den 18 Colleges der Howard University eingeschrieben, die so berühmte Absolventen hervorbrachte wie die Nobelpreisträgerin für Literatur, Toni Morrison, den früheren Bürgermeister von New York, David Dinkins, und Supreme-Court-Richter Thurgood Marshall. Während der Bürgerrechtsbewegung war Howard eine Bastion prominenter Aktivisten, von denen sich später einige, darunter Rev. Jesse Jackson, im benachbarten Wohnviertel LeDroit Park niederließen. Zu Beginn des dritten Jahrtausends ist jedoch von der Aufbruchstimmung der 1960er- und frühen 70er-Jahre nicht viel übrig geblieben. Der Unibetrieb gleicht dem anderer Hochschulen. Mit der 1928 gegründeten Howard University Gallery of Art bietet Howard indes eine sehenswerte Sammlung von etwa 4500 von Absolventen und Gönnern gestifteten Gemälden aus vier Jahrhunderten, darunter mehrere Rembrandts und van Leydens (2400 6th St., NW; Metro: Shaw-Howard; geöffnet: Mo.–Fr. 9^{30}–16^{30} Uhr).

Evans-Tibbs Gallery

Diese von dem prominenten Historiker und Kunstsammler Thurlow Evans Tibbs gegründete Galerie zelebriert mit herrlichen, vom Dogma der "weißen" Kunst befreiten Bildern den Weg afroamerikanischen Kunstschaffens von den Anfängen bis zur Gegenwart. Hervorzuheben sind vor allem die großflächigen Bilder von Aaron Douglas, die erheblichen Einfluss auf die so genannte Harlem Renaissance hatten (1910 Vermont Ave., NW; Metro: Shaw-Howard; geöffnet: Mo.–Fr. 9^{30}–17^{00}, Sa./So. 10^{00}–17^{00} Uhr).

Mary McLeod Bethune House

Das liebevoll restaurierte viktorianische Haus in der Vermont Ave. im Viertel Logan Circle war das Wohnhaus der schwarzen Bürgerrechtlerin Mary McLeod Bethune und das Hauptquartier des von ihr gegründeten "National Council of Negro Women". Auf zwei Etagen gedenkt die vom National Park Service betriebene Ausstellung ihrem Lebenswerk. 1875 als Tochter ehemaliger Sklaven geboren, wurde sie Lehrerin und diente vier US-Präsidenten als Beraterin.

1935 ernannte Präsident Franklin D. Roosevelt sie zur Direktorin der "Division of Negro Affairs of the National Youth Administration". Zur Ausstellung gehören persönliche Gegenstände und aufschlussreiche Schwarzweißfotos aus der Zeit der Rassentrennung (1318 Vermont Ave., NW; Metro: McPherson Square; geöffnet: Mo. bis Sa. 10^{00} – 16^{00} Uhr).

Mary McLeod Bethune House (Fortsetzung)

Smithsonian Museums

G/H 5

Besucher staunen: Fast alle Museen und Galerien an der National Mall scheinen "Smithsonian" zu sein! Auch das vorläufig letzte Museum, das im Bau befindliche National Museum of the American Indian (schon jetzt unter "www.nmai.si.edu" im Internet zu besuchen), ist eines davon.

****Außergewöhliche Kunst- und Kulturschätze – alles bei freiem Eintritt!**

An einen derartigen Erfolg hat der Gründer, James Smithson, wohl nicht einmal im Traum gedacht. Der wohlhabende Wissenschaftler schenkte dem Kongress 1829 sein gesamtes Vermögen – 4 Mio. Pfund – mit der Auflage, damit eine Bildungseinrichtung zu gründen. Dabei war er nie in den USA gewesen! Erst 1846 beschloss der Kongress, überrascht von so viel Selbstlosigkeit, die Gründung eines Naturkundemuseums mit Forschungszentrum – und legte damit den Grundstein für ein Projekt, das zu Beginn des dritten Jahrtausends eines der renommiertesten, aus 16 Weltklasse-Museen (acht davon an der Mall) bestehenden Forschungsunternehmen der Welt ist und jährlich 30 Mio. Besucher anlockt. Mehr als 140 Mio. Kunstwerke und Ausstellungsobjekte lagern in seinen Mauern, aber allein die Besichtigung der öffentlich zugänglichen Teile der Sammlung nähme Jahre in Anspruch. James Smithson schaffte es schließlich doch noch nach Washington: 1904 wurde sein Sarg überführt und im Smithsonian Castle, dem ersten Gebäude des Instituts, beigesetzt.

Mittagspause vor dem Smithsonian Castle

Ein Besucherzentrum und sein Rang als erstes Smithsonian Museum machen "the castle" zum Ausgangspunkt für eine Tour durch

Smithsonian Castle

Smithsonian Castle (Fortsetzung)

die Museen und Galerien des Smithsonian. Ein kurzer Film hilft bei der Planung. 1855 erbaut, beherbergt das aus roten Ziegeln errichtete und mit Türmchen verzierte Gebäude zudem die Krypta, in der James Smithson bestattet wurde (1000 Jefferson Drive SW; Metro: Smithsonian). Der Besuch aller zum Smithsonian gehörenden Einrichtungen ist gratis. Die Öffnungszeiten sind identisch: tgl. 9^{00} – 17^{30} Uhr.

Öffnungszeiten

***Arts and Industry Building**

Dieses im viktorianischen Stil aus Ohio-Sandstein errichtete und 1881 eröffnete Museum war das erste Nationalmuseum des Smithsonian und präsentierte zunächst die Erfindungen und Produkte der Philadelphia Centennial Exhibition von 1876. Später wurden viele der Ausstellungsstücke in andere, spezialisierte Museen verlegt. Übrig geblieben sind Erinnerungsstücke an die amerikanische Gründerzeit, die in den großen alten Hallen etwas verloren wirken. Interessant sind indes die fantasievoll inszenierten Wanderaustellungen, die den "Krieg der Sterne" ebenso thematisieren wie amerikanische Geschichte aus der Sicht chinesischer Einwanderer (900 Jefferson Drive SW; Metro: Smithsonian).

***Freer Gallery of Art**

Koreanische Keramik, chinesische Malereien, arabische Silberarbeiten, dazu eine kleine, aber feine Sammlung amerikanischer Maler des 19. Jahrhunderts: Derart unorthodoxe Kombinationen weisen auf einen reichen Sammler hin. 1904 vermachte der weit gereiste Unternehmer Charles Lang Freer seine Kunstsammlung dem Smithsonian. Diese brachte seine rund 23 000 Objekte in einem eigens errichteten, 1923 eröffneten Granit-Palazzo unter. Glanzstück der etwas düster wirkenden Ausstellung ist der "Peacock Room", ein von dem Maler James McNeill Whistler für einen Londoner Reeder mit Pfauenmotiven dekorierter und komplett nach Washington überführter Speiseraum. Ein unterirdischer Gang verbindet die Galerie mit der gemeinsam verwalteten Arthur Sackler Gallery (Jefferson Drive und 12th Street SW; Metro: Smithsonian).

***National Museum of African Art**

Die ehrgeizige Aufgabe, das Kunstschaffen in mehr als 900 afrikanischen Kulturen südlich der Sahara zu dokumentieren, löst dieses Museum mit Bravour. Von den mittelalterlichen Büsten aus der Blütezeit des Königreichs Benin bis hin zu den aus Müll gebastelten Spielzeugen aus den Townships Südafrikas widmet es sich allen nur erdenklichen kreativen Darstellungen (Independence Ave., zw. 7th u. 11th; Metro: Smithsonian).

***Arthur M. Sackler Gallery**

Diese 1987 mit rund 1000 Stücken aus der Sammlung des New Yorker Mediziners Arthur M. Sackler (1913 – 1987) eröffnete Galerie ist der moderne Kontrapunkt zum Freer. Mit ihren für ihre Konzeption weithin gerühmten Wanderaustellungen, deren Themen von indischer Dorfkunst bis zu Papiermalereien tibetanischer Novizen reichen, versucht sie immer wieder neue Wege zu beschreiten (1050 Independence Ave.; Metro: Smithsonian)

****Hirshhorn Museum & Sculpture Gardens**

Auf halbem Weg zwischen Capitol und Washington Monument verstört dieses konsequent modernistische Gebäude das an den Neoklassizismus gewöhnte Auge. Das zylindrische, bunkerähnliche Gebäude mit einer roten Zementfassade wurde 1974 rund um die Kunstwerke des 20. Jahrhunderts enthaltende Sammlung des Wallstreet-Millionärs Joseph Hirshhorn errichtet. Auf drei Etagen spaziert der Besucher durch lichtdurchflutete Säle und genießt amerikanische und internationale Moderne von Edward Hopper über Sigmar Polke bis Willem de Kooning. In dem zum Museum gehörenden "Sunken Sculpture Garden" warten Werke von Rodin und Giacometti. Drei Retrospektiven pro Jahr vervollständigen das abwechslungsreiche Programm (Indepedence Ave. u. 7th St.; Metro: L'Enfant Plaza).

Hirshhorn Museum & Sculpture Gardens (Fortsetzung)

****National Air and Space Museum**

Mit 10 Mio. Besuchern jährlich eines der populärsten Museen der Welt, widmet diese in einem wuchtigen Block aus weißem Tennessee-Marmor untergebrachte Einrichtung 23 Ausstellungen der Geschichte der Luft- und Raumfahrt. Auf drei Stockwerken sind historische Fluggeräte wie das Flugzeug der Gebrüder Wright von 1903 und die "Spirit of Saint Louis" von Charles Lindberg ebenso zu bestaunen wie US-Pershing-II-Raketen und sowjetische SS-20. In der Skylab Space Station und in der Apollo-11-Kommandokapsel lassen sich die beengten Verhältnisse im Weltraum nachvollziehen. In der Abteilung "How things fly" lernen Kinder auf spielerische Art und Weise, welche Kräfte ein Flugzeug in der Luft halten (Independence Ave. u. 6th Street, SW; Metro: L'Enfant Plaza).

Ein Dickhäuter bewacht das Foyer des Natural History Museums.

****National Museum of Natural History**

Mit einer weitläufigen Freitreppe und einem Respekt einflößenden Säulenwald empfängt dieses spektakuläre Naturkundemuseum den Besucher durchaus stilgemäß. Mehr als 120 Mio. Objekte ruhen in seinen Mauern, von unzähligen wissenschaftlichen Mitarbeitern in aller Welt während der letzten 100 Jahre gesammelt, beschrieben und sortiert. Mit über 10 Mio. Besuchern pro Jahr ist auch die-

National Museum of Natural History (Fortsetzung)

ses Museum ein – vor allem bei Kinder beliebter – Besuchermagnet. Ein 80 Mio. Dollar teures Facelifting hat die meisten der Ausstellungen mit Multimedia, Stahl und Chrom sowie einem Discovery Center mitsamt IMAX-Theater auf den neuesten Stand gebracht. Das National Museum of Natural History steht für eine Tour de Force durch die Entstehungsgeschichte der Erde. Mineralien, Dinosaurierknochen, Fossilien und ein Querschnitt durch die menschlichen Kulturen in Raum und Zeit machen mehr als einen Besuch erforderlich (Constitution Ave. u. 10th Street, NW; Metro: Smithsonian oder Federal Triangle).

**National Museum of American History

Der Name des Museums ist etwas irreführend. Genauer sind die Broschüren: Die Sammlungen, heißt es da, sollen die "experience" des amerikanischen Volkes reflektieren. So ist die machmal skurrile, aber immer unterhaltsame Präsentation so unterschiedlicher Ausstellungsstücke wie die roten Schuhe von Judy Garland in "Alice in Wunderland", die tiefer gelegten Cadillacs der Latinos von East L.A. und Henry Fords legendärer Ford-T auch besser zu erklären. Die komplett überführte "whites only"-Theke aus dem Woolworth-Warenhaus von Greensboro (North Carolina) dokumentiert den Alltag der Segregation im Süden der 50er-Jahre und den Kampf der Afroamerikaner um die vollen Bürgerrechte. Der Schreibtisch, an dem Thomas Jefferson (▶ Baedeker Special S. 176/177) die Unabhängigkeitserklärung verfasste, und das während des Kriegs von 1812 im Kugelhagel zerfetzte Sternenbanner sind weitere Höhepunkte dieser bunten Sammlung interessanter Amerikana (Constitution Ave u. 14th Street; Metro: Federal Triangle).

Umgebung der Smithsonian Museums

*Washington Monument

Die Skyline prägend, nachts fast noch imposanter als tagsüber und für den Besucher ein absolutes Muss: Mit 183 ½ m ist das obeliskartige Monument zu Ehren George Washingtons das höchste Bauwerk in DC. Nach vierjähriger Renovierung im Frühjahr 2001 wieder eröffnet, braucht der neue Aufzug nur 50 Sekunden (statt einer Minute) bis zur Aussichtsplattform. Etwas länger benötigt jedoch, wer sich für den Rückweg die 897 Stufen hinab entscheidet. 1848 begonnen, konnte das aus Spendenmittel errichtete Washington Monument erst nach 35-jähriger Bauzeit vollendet werden. Vor allem eine Gruppe einflussreicher Anti-Papisten blockierte lange die Fortsetzung: Sie stahlen einen von Papst Pius IX. gestifteten Marmorblock und behinderten erfolgreich die Bauarbeiten. Während des Bürgerkriegs war das Monument erst 50 m hoch – und Gegenstand anzüglicher Spötteleien über den Zustand der Union. Erst 1876 setzten Armee-Ingenieure die Bauarbeiten fort. An dem anderen Farbton ist heute immer noch abzulesen, wo die zweite Bauphase begann (geöffnet: von September bis März tgl. 9^{00}–17^{00}, sonst 8^{00}–24^{00} Uhr).

Washington Monument

***West Potomac Park**

Der Name des Parks bedeutet vor allem: Große Entfernungen, keine öffentlichen Verkehrsmittel. Der Postkartenblick auf das Capitol im Osten und das Lincoln Memorial im Westen sowie zahlreiche Bänke und Eisverkäufer lenken jedoch von müden Füßen ab. Der Reflecting Pool, ein knietiefes, 660 m langes Wasserbecken, ist spätestens seit "Forrest Gump" weltbekannt; zudem kühlte es während der Bürgerrechts- und Anti-Vietnam-Demonstrationen die Gemüter. Highlights des Parks sind das Lincoln Memorial, das Vietnam Veteran Memorial und das Korea War Memorial.

Gefallenenliste: Vietnam Veterans Memorial

*Vietnam Veterans Memorial

Amerikas dunkelstes Kapitel hätte kein passenderes Mahnmal erhalten können. Bei seiner Einweihung 1982 heftig umstritten, wurde das von einer 21-jährigen Architektur-Studentin entworfene Vietnam Veterans Memorial ein amerikanisches Pilgerziel und wird seither Tag und Nacht von Amerikanern und Touristen besucht. Es besteht aus zwei jeweils 81 m langen schwarzen Wänden mit den Namen der 58 209 in Vietnam gefallenen GIs. Die beiden in offenem Winkel aufgestellten Wände umarmen symbolisch das Washington und das Lincoln Monument (s. u.). Zur Beschwichtigung der Gegner wurde später in der Nähe ein drei GIs darstellendes Standbild hinzugefügt.

****Lincoln Memorial (Abb. S. 106)**

Kein anderes der "monuments" und "memorials" der Stadt wurde so schnell und dauerhaft in den Rang eines Symbols erhoben. Das Denkmal für Abraham Lincoln, der die Einheit der USA wahrte und die Sklaverei abschaffte, beschwor bereits am Tag seiner Einweihung 1922 die bösen Geister von vorgestern: Der als Ehrengast geladene Kanzler des afroamerikanischen Tuskegee Institute durfte zwar eine Rede halten, aber nicht zwischen den anderen (weißen) Gästen sitzen. Die afroamerikanische Delegation inszenierte daraufhin spontan eine Protestkundgebung zu Lincolns Füßen – die erste von vielen, die noch kommen sollten. 36 dorische Säulen, ebenso viele wie die Union bei Kriegsende Staaten hatte, tragen das Dach dieses 1911 als griechischer Tempel errichteten Bauwerks. Der marmorne, über 6 m hohe Lincoln sitzt sinnierend im Halbdunkel – und schaut zum Reflecting Pool hinüber. Daniel Chester French, seinerzeit der berühmteste Bildhauer Amerikas, stellte die beiden hervorstechenden Wesenszüge des 16. US-Präsidenten – Entschlossenheit und Mitmenschlichkeit – mit einer sich zur Faust schließenden und einer entspannt auf der Lehne ruhenden Hand dar. Im Jahre 1963 hielt Martin Luther King jr. vor dem Lincoln Memorial seine legendäre "I have a dream"-Rede (Abb. S. 71). Dass man nachts von hier aus die ewige Flamme auf dem Grab von John F. Kennedy in ▶ Arlington sieht, ist Zufall. Aber ein schöner.

***Korean War Veterans Memorial**

19 überlebensgroße Soldaten auf Nachtpatrouille, die fein modellierten Gesichter angespannt, lange Umhänge über den Schultern,

Im Inneren eines Tempels befindet sich die Statue Abraham Lincolns.

Korean War Memorial (Fts.)

die Gewehre schussbereit: Besonders während der Dämmerung bietet diese 1995 südlich vom Reflecting Pool eingeweihte Gruppe einen ergreifenden Anblick. Sie erinnert an die 1,5 Mio. Amerikaner, die im Korea-Krieg kämpften.

Southwest H 6

Allgemeines

Das unmittelbar südwestlich der ▶ National Mall anschließende Southwest am Zusammenfluss von Potomac und Anacostia River begann um 1800 als Werftenviertel und ist nach aufwändigen Aufräum- und Umgestaltungsarbeiten vor allem wegen seiner Museen, Parks und Denkmäler einen kleinen Umweg wert.

***US Holocaust Memorial Museum**

Besucher werden in Gruppen in einen düsteren Frachtaufzug geführt und wenig später in einer Umgebung abgesetzt, die mit ihren nackten Wänden aus Beton, Stahl und Glas von brutaler Nüchternheit. Fotos und Texttafeln mit Augenzeugenberichten dokumentieren die Vernichtung von sechs Millionen Juden und weiterer Millionen Homosexueller, Roma, Zeugen Jehovas und politischer Gefangener in deutschen Konzentrationslagern. Der mehrstündige Rundgang durch die Ausstellung "The Holocaust" beginnt im vierten Stockwerk mit dem Alltag vor dem Völkermord und folgt dann bis zum Erdgeschoss chronologisch dem Geschehen von der Machtübernahme Hitlers über die Terrorisierung und Ghettoisierung der Juden bis hin zu deren Vernichtung in den Todeslagern. In der von Kerzen erleuchteten "Hall of Remembrance" wird man zwischendurch gerne eine Pause zum stillen Gedenken einlegen wollen. Für diese Ausstellung benötigt man ein Ticket, das bis 10^{00} Uhr an der Kasse erhältlich ist. Alle anderen Ausstellungen sind gratis (100 Raoul Wallenberg Place, SW; Metro: Smithsonian; geöffnet: tgl. 10^{00}–17^{30}; geöffnet: von April bis Mitte Juni Di. u. Do. 10^{00}–20^{00} Uhr).

US Holocaust Memorial Museum (Fortsetzung)

National Bureau of Engraving and Printing

Die Sicherheitsmaßnahmen in den National Archives sind nichts dagegen: Wachposten und Kameras überwachen hier jeden Schritt. Hier (oder in Fort Worth) werden die Dollarnoten gedruckt, die der Besucher in seiner Brieftasche trägt. Auf einer 40-minütigen geführten Tour kann man der hinter schusssicherem Glas stattfindenden Herstellung und Bündelung von 24 000 Banknoten täglich zuschauen. 1861 bündelten und versiegelten zwei Männer und vier Frauen die druckfrischen Geldscheine. Heute sind 2300 Menschen (500 in Fort Worth) für die gleiche Arbeit notwendig (14th u. C Streets, SW; Metro: Smithsonian).

***Franklin Delano Roosevelt Memorial**

Er selbst, heißt es, habe kein großes Denkmal gewollt. Seine Anhänger sahen es jedoch anders. Nach 50 Jahren diplomatischen Tauziehens, erbitterter Diskussionen um Fragen der Darstellung des an Polio leidenden "FDR" im Rollstuhl sowie insgesamt 48 Mio. Dollar Kosten konnte US-Präsident Bill Clinton das FDR Memorial 1997 endlich einweihen. Kritiker wie Befürworter sind sich jedoch einig, dass es die Streitereien wert war. Am Cherry Tree Walk auf dem Westufer des Tidal Basin gelegen, wurde Roosevelt, der als einziger US-Präsident vier Amtszeiten absolvierte und Amerika sowohl durch die Depression als auch den Zweiten Weltkrieg führte, weniger ein Denkmal als ein stiller Garten mit Wäldchen, kleinen Wasserfällen und Freilichtgalerien gewidmet. Glatte Wände aus rotem Süd-Dakota-Granit wurden zu vier Räumen zusammengestellt und mit Texten und Zitaten versehen, die durch die Amtszeiten des Präsidenten führen. Im dritten, dem Zweiten Weltkrieg gewidmeten Raum, befindet sich eine Bronze von Roosevelt und seinem Terrier Fala. Im vierten wird die First Lady Eleanor Roosevelt geehrt. Drei Jahre nach der Einweihung des Memorials wurde dem Drängen der "Realisten" nachgegeben: Seitdem gibt es auch einen "FDR" im (allerdings nur schwer erkennbaren) Rollstuhl zu bewundern.

Weniger unnahbar: Franklin Delano Roosevelt

*Thomas Jefferson Memorial

Angeblich wollte auch Thomas Jefferson kein so großes Denkmal. Aber auch er hatte nicht an seine Bewunderer gedacht. Im Jahre 1943 wurde am Südufer des Tidal Basin das von John Russell Pope gestaltete Mahnmal eingeweiht. Jeffersons Vorliebe für klassische Rundbauten vor Augen, zitierte Pope das Pantheon zu Rom – seine Kritiker nannten das Memo-

Southwest, Jefferson Memorial (Fortsetzung)

rial sogleich “Jefferson's Muffin”. Drinnen steht eine über 6 m hohe Bronzestatue des Politikers, Philosophen, Wissenschaftlers und Architekten, umgeben von Wänden aus weißem Marmor, die Inschriften mit Auszügen aus seinen Reden sowie andere Zitate aufweisen. Der Buchladen in der Lobby führt Literatur zu diesem bedeutenden Mann Amerikas.

Upper Northwest — nördl. C 1

Allgemeines

“Upper Northwest” steht auf den Stadtplänen, aber viele Washingtoner bezeichnen das Wohngebiet nordwestlich von Adams-Morgan und Georgetown auch als “West of the Park”, da es westlich vom Rock Creek Park liegt. Alleen, prächtige Häuser und europäische Luxuskarossen signalisieren: Hier wohnen die reichsten Bürger der Stadt. Tatsächlich könnte so manche Straße mit ihren von privaten Wachmannschaften geschützten Villen ebenso gut in Beverly Hills liegen. Zu Upper Northwest zählen die Viertel Woodley Park, The Palisades, Cleveland Park und Foxhall. Den Besucher erwarten mit dem National Zoo, der National Cathedral und dem Rock Creek Park drei sehenswerte Attraktionen sowie zahlreiche kleinere Museen und Galerien (Metro: Woodley Park-Zoo, Cleveland Park).

***National Zoological Park**

Man tut gut daran, einen Tag für diesen schönen, vom Smithsonian Institute betriebenen Zoo zu reservieren. Seine Wege und Gehege, in den frühen Morgenstunden bei Joggern und Fußgängern sehr beliebt, passte der berühmte Landschaftsarchitekt Frederick Law Olmsted Ende des 19. Jahrhunderts behutsam dem hügeligen Terrain an. Auf 130 Acres beherbergt der Zoo, der maßgebend an weltweiten Forschungsprojekten beteiligt ist, Tiere aus allen fünf Kontinenten. Seit 1972, als China dem Zoo die Panda-Bären Ling-Ling und Hsing-Hsing schenkte, haben seine Wissenschaftler große Erfolge bei der Erforschung dieser vom Aussterben bedrohten Bärenart erzielt. Ling-Ling und Hsing-Hsing starben 1992 und 1999. Ende 2000 stiftete China dem Zoo zwei neue Pandas, Tian-Tian und Mei-Xiang (3001 Connecticut Ave.; Metro: Woodley Park–Zoo; geöffnet: von Mai bis September 6^{00}–20^{00}, sonst 6^{00}–18^{00} Uhr).

Erst 1990 geweiht: Washington Cathedral

***Washington National Cathedral**

Unverkennbar amerikanisch: Neu, riesig und unkonventionell ist diese 1990 nach 83-jähriger Bauzeit fertig gestellte Kirche. 1908 legte Präsident Theodore Roosevelt auf dem Hügel Mount St. Alban den Grundstein. Orientiert an der englischen Gotik des 14. Jahrhunderts, geriet die aus grauem Kalkstein errichtete Kathedrale im Laufe der Jahrzehnte zum sechstgrößten Gotteshaus der Welt. Ihre Doppeltürme sind jeweils 223 m hoch, ihre eleganten Strebebögen und kunstvoll bemalten

Fenster trugen ihr den Ehrentitel "Schönste Kirche Amerikas" ein. Alle US-Präsidenten seit "Teddy" Roosevelt haben dort die Gottesdienste besucht. Präsident Wilson liegt hier begraben, Martin Luther King zelebrierte in der Cathedral fünf Tage vor seiner Ermordung seine letzte Messe. Hausherrin ist zwar die protestantisch-episkopale Kirche, aber die Kathedrale steht allen Glaubensgemeinschaften offen.

Washington National Cathedral (Fortsetzung)

Sehenswert sind die Wasserspeier: Die Architekten gaben zeitgemäßen Motiven den Vorzug vor mittelalterlichen Fratzen. So sieht man neben Hunde- und Katzenköpfen grausig aussehende Fantasiewesen, Karikaturen am Bau beteiligter Architekten und Ingenieure und sogar den Bösewicht aus "Krieg der Sterne", Darth Vader. Ein Aufzug führt zu einer Plattform, von der man einen herrlichen Rundblick über die Bundeshauptstadt hat (Massachusetts u. Wisconsin Aves.; geöffnet: von Mai bis August Mo.–Fr. 10^{00}–21^{00}, Sa./So. 10^{00}–16^{30}, sonst tgl. 10^{00}–16^{30} Uhr).

Rock Creek Park

Der Rock Creek Park ist Washingtons grüne Lunge. In seinem stehenden, 1750 Acres großen Rechteck, das vom National Zoological Park bis zur Grenze von Maryland reicht, bietet er den Hauptstädtern wunderbare Wälder, durch die 46 km Wanderwege und 16 km Bikingtrails ziehen. Tennisplätze, ein Golfplatz, zwei Forts aus dem Bürgerkrieg, eine alte Mühle und das hervorragende Nature Center & Planetarium, das über die Fauna und Flora des Parks informiert, runden das besonders an Wochenenden genutzte Freizeitangebot ab (5200 Glover Rd u. Military Rd.; Metro: Friendship Heights; geöffnet: tgl. Sonnenauf- bis -untergang).

National Museum of Health & Medicine

Das Bemühen dieses Museums, Besucher auf Gefahren für die Gesundheit hinzuweisen, hält sich in Grenzen. Die meisten kommen hierher, um sich in diesem medizinischen Kuriositätenkabinett zu gruseln. Von der geschwärzten Raucherlunge geht es zur Kugel, die Abraham Lincoln tötete und zum Rückgrat des Attentäters Booth, in dem eine Plastikröhre triumphierend den Einschusskanal markiert. Historische Schwarz-Weiß-Fotos aus dem Bürgerkrieg dokumentieren die ersten Gehversuche plastischer Chirurgie, ein eingelegtes, plastiküberzogenes Gehirn kann befühlt werden. Nichts für schwache Nerven (6825 16th St., NW; Metro: Silver Spring; geöffnet: tgl. 10^{00}–17^{30} Uhr).

Hillwood Museum & Gardens

1950 kaufte die Cornflakes-Erbin Majorie Merriweather Post Hillwood, um dort ihre umfangreiche Sammlung russischen Kunsthandwerks unterzubringen. Seit 1977 ist der herrliche, Rock Creek Park überschauende und manchmal "Little Versailles" genannte Landsitz der Öffentlichkeit zugänglich. Majorie Post, die während der 1930er-Jahre 18 Monate als Botschaftergattin in der Sowjetunion verbrachte, vermochte den finanziell klammen Sowjets mehrere Zehntausend kostbarer Kunstgegenstände abzukaufen. Die schönsten 6000 Objekte sind heute zu bewundern. Porträts von Zaren und Zarinnen, seltene, mit Diamanten besetzte Fabergé-Eier, Silberkelche und das mit Edelsteinen besetzte Nachthemd einer russischen Prinzessin sind nur einige der Höhepunkte dieser herrlichen Kollektion. Einen Spaziergang wert sind auch die schönen, im Sommer vor Azaleen und Orchideen überbordenden Gärten (4155 Linnean Ave., NW; Metro: Van Ness; geöffnet: Di.–Sa. 9^{00}–17^{00} Uhr).

Upper Northwest (Fortsetzung)
***Kreeger Museum**

Dieses 1994 im feinen Foxhall eröffnete Museum ist das Vermächtnis von David Lloyd und Carmen Kreeger. Bereits das postmoderne Gebäude ist ein Kunstwerk: Kreegers Wunsch nach einer Struktur, die zugleich Wohnraum, Konzertsaal und Museum sein konnte, beantworteten die Architekten Johnson und Porter mit einer gewagten, letztlich jedoch zeitlos erscheinenden Mischung aus historischen und modernen Stilelementen. So erinnern die kuppelartigen Dächer an die Hagia Sophia, während der allmähliche Übergang von kleinen zu großen Räumen von ägyptischen Grabstätten inspiriert wurde. Die streng gesicherte Sammlung zeigt rund 200 zwischen 1850 und 1975 entstandene Gemälde. Die Impressionisten sind mit Monet, Renoir, Sisley und Pissarro vertreten, verschiedene Werke Picassos zeichnen den Werdegang dieses Genies überzeugend nach. Bilder von Kandinsky, Miró, Munch und Max Beckmann vervollständigen diese kleine, aber feine Sammlung (2410 Foxhall Rd., NW, zw. Dexter u. W Sts; nur geführte Touren Di.–Sa. 10^{30} bis 13^{30} Uhr).

The White House F/G 4

****Wohn- und Regierungssitz des Präsidenten der USA**

HINWEIS: Zurzeit der Drucklegung dieses Bandes wurden die Besichtigungstouren bis auf Weiteres ausgesetzt.

Bis in die 1930er-Jahre konnte jeder Amerikaner persönlich im Weißen Haus beim Präsidenten vorsprechen. Heutzutage ist der mächtigste Mann der Welt nicht mehr in diesem Maße ansprechbar. Seine Residenz gehört jedoch nach wie vor zu den am häufigsten besuchten Orten Washingtons.
Das andere wichtigste Symbol der Staatsmacht, der Kongress, liegt in Sichtweite, ein Umstand, den symbolisch denkende Männer wie L'Enfant und George Washington bei der Wahl des Standorts durchaus berücksichtigten. In Richtung Süden blickt man vom Weißen Haus aus auf die National Mall. Der davor liegende Rasen wird von einem hohen Zaun begrenzt. Bewegungsmelder warnen allzu neugierige Besucher, sich dem Amtssitz nicht noch mehr zu nähern. Der Besuchereingang befindet sich an der Philadelphia Avenue. Nördlich davon liegt der Lafayette Square. Benannt nach dem französischen General, der George Washington während der Schlacht bei York zu Hilfe kam, gedenkt man dort mit den Statuen dreier weiterer ausländischer Generäle – Baron von Steuben, Comte de Rochambeau und Tadeusz Kosciuzko – entscheidender Beiträge von Verbündeten während des Unabhängkeitskriegs. Die Mitte des Platzes ziert ein Standbild Andrew Jacksons, des Siegers der Schlacht von New Orleans im Krieg von 1812. Während der Bauzeit des Weißen Hauses kampierten hier die Arbeiter und Handwerker. Im Laufe des 19. Jahrhunderts errichteten sich die Reichen und Mächtigen, angezogen von der hohen Politik, an den Rändern prächtige Residenzen. Heute sind Regierungsgebäude die nächsten Nachbarn des Präsidenten, und den Square Lafayette teilen sich Demonstranten mit Schachspielern, Skateboardern und Sicherheitsbeamten in Zivil.

Weißes Haus – Geschichte

Von den zahlreichen Entwürfen entschied sich die von Washington geleitete Kommission für den des irischen Architekten James Hoban. 1792 begannen die Bauarbeiten. George Washington residierte während dieser Zeit in Philadelphia und wurde damit der einzige US-Präsident, der nicht im Weißen Haus wohnte. Erster Hausherr war John Adams, der 1800 einzog. Den einprägsamen Namen erhielt das Weiße Haus nach dem Krieg von 1812: Im Jahre 1814 von britischen Truppen angezündet, wurden die Brandspuren an dem bis dahin braunen Sandsteinbau nach dem Krieg mittels weißer Farbe getilgt.

Weißes Haus (Fortsetzung)

Im Laufe der Jahre mehrmals erweitert, ist das Weiße Haus weitaus größer als es zunächst erscheint. Es hat 132 Zimmer, die sich die "First Family" mit dem rund 200-köpfigen Beraterstab des Präsidenten und dem aus Köchen, Floristen und Handwerkern bestehenden Hauspersonal teilt. Jeder Präsident richtete sich häuslich ein: Theodore Roosevelt erweiterte die Privaträume um den Ostflügel, sein Cousin FD Roosevelt hinterließ den Swimmingpool, Bill Clinton ließ einen Joggingtrail anlegen. Eine Bowlingbahn, ein Tennisplatz und ein von George Bush gestiftetes Hufeisenwurfspiel runden die Freizeitmöglichkeiten ab. Um die Dekoration kümmerten sich meist die First Ladies: Die zeitgemäße und zugleich geschmackvolle Inneneinrichtung verdankt das Weiße Haus vor allem Jacqueline Kennedy, die mit eleganten Blau- und Weißtönen jegliche Erinnerung an den kleinbürgerlichen Blümchengeschmack der Trumans und Eisenhowers verbannte.

Anziehungspunkt für Besucher aus aller Welt: The White House

White House Tour

Die "White House Tour" gehört zu den beliebtesten Sightseeingtouren der Hauptstadt. Tausende von Besuchern aus aller Welt werden täglich in großen Gruppen durch die acht öffentlich zugänglichen Räume geschleust. Die Besichtigung ist gratis, aber die Wartezeiten vor dem Ticketschalter am Visitor Centre sind vor allem während der Sommermonate lang und erfordern viel Geduld. Nach Durchlaufen diverser Checkpoints beginnt die Besichtigung im Ostflügel

Die Frau an seiner Seite

Sie sind mehr als nur Ehefrauen: Die First Ladies der USA repräsentieren bei jeder Gelegenheit, lächeln unentwegt in die Kameras, winken dem Volk zu, beklatschen ihre Männer und sind die wahren "Lokomotiven" im Wahlkampf. Einige glichen ungekrönten Königinnen, andere litten unter dem Amt ihrer Männer, den Skandalen, der Öffentlichkeit. Die Flucht ins Private gelang jedoch keiner Präsidentengattin, eher die Flucht nach vorn: Für einige begann im Weißen Haus ihre eigene Karriere.

Die Erste

Martha Washington (1731–1802) war die Erste. Als sie 1789 mit ihrem Mann am provisorischen Regierungssitz in New York ankam, wurde sie bejubelt. Allerdings wäre Martha lieber in Mount Vernon geblieben, wo sie sich um das Haus, die Plantagen, die Kinder und Enkel gekümmert und darauf gewartet hätte, dass George Washington heimkam. Doch mit 58 Jahren erhielt sie plötzlich neue Aufgaben: Empfänge, Bälle, festliche Essen, Korrespondenz – **Martha Washington** benötigte bald eine Sekretärin, die auch für ihre Nachfolgerinnen zum "Standard" gehören sollte. Am meisten bedauerte sie den Verlust des Privatlebens. Nach acht Jahren Amtszeit und dem Tod ihres Mannes erlebte Martha Washington noch, wie ihre Nachfolgerin **Abigail Adams** im Jahr 1800 den Neubau des Weißen Hauses bezog.

Die Politischen

Abigail Adams (1744 bis 1802) dachte durchaus politisch, sie interessierte sich für die Weltlage und diskutierte lebhaft bei jeder Gelegenheit darüber. Dabei analysierte sie scharfsinnig die Ereignisse der Zeit, wie die Französische Revolution oder den Konflikt zwischen Amerika und England. Intellektuelle Fähigkeiten und großes soziales Engagement kennzeichneten auch **Eleonore Roosevelt** (1884–1962). Sie setzte sich für die Gleichberechtigung der Schwarzen sowie die Bildung und Berufstätigkeit von Frauen ein. Sie schrieb Zeitungsartikel, hatte zeitweise sogar eigene Kolumnen und führte die Pressekonferenzen der First Lady ein. Obwohl ihre Ehe mit dem durch Kinderlähmung an den Rollstuhl gefesselten Franklin Roosevelt nicht glücklich war, schätzte er sie als Beraterin. Nach seinem Tod wurde Eleonore Roosevelt US-Delegierte der Vereinten Nationen und setzte sich für die Menschenrechte ein. Anders **Edith Wilson** (1872–1964), die so sehr an der Macht hing, dass sie sich heimlich zur ersten Präsidentin der USA erhob. Als Woodrow Wilson nach mehreren Schlaganfällen regierungsunfähig wurde, hielt Edith seinen Gesundheitszustand geheim, inszenierte im abgedunkelten Schlafzimmer Audienzen mit dem Präsidenten und führte in Eigenregie die Amtsgeschäfte. Zwei Jahre lang hielt sie alle Minister und Berater von ihrem Mann fern und blockte Briefe und Memoranden ab. Auf diese Weise boykottierte sie die Politik der USA am Ende des Ersten Weltkrieges und legte alle wichtigen Entscheidungen auf Eis.

Die Leidenden

Nach Edith Wilson wurde **Florence Kling Harding** (1860–1924) First

Lady. Wie manche ihrer Amtsvorgängerinnen und Nachfolgerinnen litt sie vor allem unter den amourösen Affären ihres Ehemannes. Sie flüchtete sich in spirituelle Sitzungen und wurde Anhängerin berühmter Wahrsagerinnen. Dennoch unterstützte sie die Arbeit Warren Hardings, dessen Präsidentschaft von Skandalen geprägt war. Nach seinem Tod zensierte sie sämtliche Akten und vernichtete zahlreiche Dokumente – die Nachwelt sollte ein positives Bild ihres Mannes erhalten.
Um das Andenken ihres Mannes musste sich **Mary Todd Lincoln** (1818 – 1882) nie sorgen, gilt Abraham Lincoln doch als einer der hervorragendsten Präsidenten in der Geschichte der USA. Trotz großer Widerstände setzte er die Abschaffung der Sklaverei durch, was das Land jedoch in den Bürgerkrieg trieb. Als er durch das Attentat eines Südstaatlers 1865 ums Leben kam, war Mary Todd Lincoln an seiner Seite. Die Öffentlichkeit hatte auf Grund ihrer prunkvollen Feste und Empfänge, ihrer luxuriösen Garderobe sowie ihrer ungeschickten Äußerungen keine gute Meinung von ihr. Sie stand im Ruf, kein Fettnäpfchen auszulassen, und daher war es geradezu en vogue, sich über die Präsidentengattin lustig zu machen. Obwohl Abraham Lincoln unter den oftmals hysterischen Reaktionen seiner Frau und den öffentlichen Anfeindungen litt, stand er bis zu seinem Tod treu an ihrer Seite.

Die Selbstbewussten

John F. und **Jacqueline Kennedy** (1929 – 1994) gelten als legendärstes aller amerikanischen Präsidentenpaare. Sie verkörperten Jugendlichkeit und Intelligenz sowie Schick und Charme. Die Kennedys wurden zum Symbol der 1960er-Jahre und nutzten die bis dahin unbekannte Macht der Medien. Vor allem Jackie wusste sich in der Öffentlichkeit besonders vor laufenden Kameras stets positiv zu präsentieren. Kritiker meinten, sogar die Geburt ihres zweiten Kindes, John F. junior, sei reine Medientaktik gewesen: Hochschwanger sammelte sie auf den letzten Wahlkampfveranstaltungen viele Sympathien und Stimmen.
Während ihr Mann Politik machte und zusehends im Sumpf der internationalen Krisen und des eigenen Familienclans versank, restaurierte Jackie aufwändig das Weiße Haus. Sie ließ ausrangierte Originalausstattungsstücke aufarbeiten und gestaltete die Räume unter kunsthistorischen Gesichtspunkten um. Jackie machte aus dem Weißen Haus das, was es heute darstellt, ein prunkvolles Museum der Geschichte Amerikas und

John F. Kennedy als Präsidentschaftskandidat der Demokraten auf Wahlreise in New York: Kennedy spricht in seinem Wagen stehend zu den Straßenpassanten, neben ihm seine Frau Jacqueline.

Bill Clinton und Ehefrau Hillary mit dem Muppet-Frosch "Kermit" während einer Show für Kinder im Kennedy-Center in Washington DC

seiner Präsidenten. Die Kennedys glänzten auch international auf allen Bühnen und inszenierten für die Medien das Bild einer glücklichen und erfolgreichen Familie. Doch nicht nur die zahlreichen Frauenaffären JFKs, sondern auch die Verstrickungen von Politik, Mafia, Wirtschaft und Militär zeigten die Präsidentschaft Kennedys in ungutem Licht. Die ahnungslose breite Öffentlichkeit war jedoch vom Attentat von Dallas am 22. November 1963 geschockt. Als letzte Amtshandlung inszenierte Jackie Kennedy die Beerdigung ihres Mannes. Danach zog sie sich in ein keineswegs ruhiges Privatleben zurück, das bis zu ihrem Tod 1994 immer wieder für Schlagzeilen sorgte.

Auch **Nancy Reagan** (geb. 1923) wollte Glanz ins Weiße Haus bringen, doch die Medien amüsierten sich eher über ihre Garderobe und ihre Versuche der Selbstinszenierung. Das Schauspielerpaar Ronald und Nancy Reagan hatte als Präsidentenpaar eine eher schlechte Publicity. Ihr Ansehen stieg mit dem Beginn der Glasnost-Ära unter Michail Gorbatschow und dem Engagement Nancys gegen Drogen. Ronald und Nancy prägten wie wenige Präsidentenpaare das Amerikabild der Welt, für das ansonsten Fernsehserien wie "Dallas" oder "Denver" zuständig waren. Händchenhalten, Umarmungen, Küsse und ein noch größeres Maß an Öffentlichkeit gehören seit den Reagans zum Erscheinungsbild des Präsidenten und der First Lady.

Obgleich sie vorher keine Schauspieler waren, wurden Bill und **Hillary Clinton** (geb. 1947) während der Amtszeit zu Meistern ihres Faches. Sie verkörperten als erstes Präsidentenpaar die Nachkriegsgeneration und setzten bewusst ihr jugendliches Alter und ihre Vitalität als Bonus ein. Wann hatte es zuvor schon einen Präsidenten gegeben, der mit dem Saxophon umzugehen wusste? Hillary war die ehrgeizige Kraft, die die Karriere ihres Mannes antrieb. Doch im Weißen Haus spielte sie neben der schicken Frau an der Seite des Präsidenten auch eine eigenständige Rolle und engagierte sich in den Bereichen Gesundheit, Bildung und Gleichberechtigung. Doch alle Versuche, die zweiten Kennedys zu werden, scheiterten an Skandalen: Bills amouröse Verstrickungen, zuletzt die Lewinsky-Affäre, wurden von den Medien zu Schlammschlachten genutzt, und die dubiosen Geldgeschäfte aus früheren Zeiten demontierten zusätzlich das Image der Clintons. Hillary schmiedete jedoch schon eigene Pläne, die sie mit der Wahl zur Senatorin des Staates New York erfolgreich umsetzte.

Vielleicht wird aus der ehrgeizigen First Lady des 42. Präsidenten der USA ja einmal die erste Präsidentin der Weltmacht USA?

am Besuchereingang. In der Eingangshalle hängen die Porträts zahlreicher US-Präsidenten. Möglicherweise erhascht man im Gedränge einen Blick auf die "Library". Im Ambiente des frühen 19. Jahrhunderts werden Presseleute empfangen und kleinere Meetings abgehalten. Der nächste Raum ist der "Vermeil Room", wegen seiner zarten Gelbtöne und vergoldeten Silberwaren auch oft "Gold Room" genannt. Sechs Porträts von First Ladies schmücken die Wände. Bei offiziellen Anlässen dient dieser Raum den begleitenden Damen als Aufenthaltsraum. Der "China Room" wurde 1917 auf Betreiben von Mrs. Woodrow Wilson eingerichtet, um die wachsende Pozellansammlung des Weißen Hauses zu beherbergen. Alle Präsidenten haben gestiftet: Sehenswert ist v.a. das Geschirr von Nancy Reagan, dessen Wert – 952 US-Dollar pro Set – 1981 eine heftige Kontroverse auslöste. Ein roter Perserteppich, cremefarbene Wände und elegante Chippendale-Stühle verleihen diesem schönen Raum eine wohltuend leichte Atmosphäre. Danach geht es auf einer Marmortreppe in den zweiten Stock. Das glatte Eichenparkett des geräumigen "East Room" nutzten die Kinder Theodore Roosevelts einst zum Rollschuhlaufen. Heute wird der bis auf einen herrlichen Steinway-Flügel leere "East Room" für Empfänge, Zeremonien und andere offizielle Anlässe genutzt. Sieben während ihrer Amtszeit gestorbene Präsidenten lagen hier aufgebahrt, darunter Abraham Lincoln und John F. Kennedy. Das Porträt George Washingtons stammt von Gilbert Stuart und wurde 1814 von First Lady Dolly Madison persönlich vor den heranrückenden Briten gerettet. Im wegen seiner grünen Seidentapeten so genannten "Green Room" nahm, so heißt es, Präsident James Madison störrische Kabinettsmitglieder ins Gebet und spielten die Monroes Karten. Im ebenso treffend "Red Room" genannten, mit Empire-Möbeln eingerichteten Raum daneben wurden kleine Dinner-Parties abgehalten, hier hielt Mary Todd Lincoln angeblich Seancen, um mit ihrem verstorbenen Sohn Kontakt aufzunehmen. Den wegen seiner blauen Vorhänge "Blue Room" genannten Raum richtete Präsident Monroe mit französischen Empire-Möbeln ein. Hier wird alljährlich der Weihnachtsbaum des Weißen Hauses aufgestellt. Zuletzt kommt der creme- und goldfarben gehaltene "State Dining Room". Ursprünglich viel kleiner, bietet der mit Mahagoni-Tischen und Queen-Anne-Stühlen eingerichtete Raum heute Platz für 140 Gäste. Danach verlässt man das Weiße Haus durch den Nordosteingang. Wer sich links hält, gelangt zum Westflügel, wo das berühmte "Oval Office", das Arbeitszimmer des Präsidenten, untergebracht ist. Natürlich ist es der Öffentlichkeit nicht zugänglich, aber durch das Eisengitter kann man oft den Fernsehteams bei der Arbeit zuschauen (1600 Pennsylvania Ave., NW; Metro: McPherson Square; Visitor Centre: Commerce Building, 1450 Pennsylvania Ave. u. 15th St., Metro: Federal Triangle; geöffnet: tgl. 7[30] – 16[00]; Touren von 10[00] bis 12[00] Uhr).

The White House Tour (Fortsetzung)

Baedeker TIPP Frühstück im Vorhof der Macht

Politiker, Aktivisten, Journalisten – sie alle stärken sich im Café Promenade, bevor sie beim Präsidenten im Weißen Haus vorstellig werden. Das lichte Café im Mayflower Hotel (1127 Connecticut Ave., ☎ 202/3472233) ist Nachrichtenbörse, Stimmungsbarometer und Laufsteg der politischen "movers und shakers" der Bundeshauptstadt. Wie aus dem Ei gepellte Fernsehjournalistinnen und ernste Männer in blauen Anzügen: Da schmecken die "Eggs Benedict" dem Urlauber umso besser...

Maryland

Fläche: 25316 km²
Bevölkerungszahl: 5,3 Mio.
Hauptstadt: Annapolis
Beiname: Old Line State, Free State
Abkürzung: MD

Allgemeines

Im Ranking der US-Bundesstaaten steht das kleine Maryland an 42. Stelle. Kaum größer als die Niederlande, erscheint es als ein relativ leicht zu bereisendes Ferienziel: Die Entfernungen sind gering, größere Städte selten. Nun ist der nach Henrietta Maria, der Gemahlin des englischen Königs Karl I. benannte Bundesstaat keineswegs arm an Sehens- und Denkwürdigkeiten. Auch bietet er alle Facetten urbanen Lebens in Amerika: Die Palette reicht von den verschlafenen Bergnestern in den Appalachian und Allegheny Mountains bis zu den modernen Resortstädten am Atlantik, von windschiefen Schwarzbrennerhütten bis hin zu prachtvollen viktorianischen Villen, mit Baltimore im Zentrum, der hemdsärmeligen Hafenstadt, deren Friseure in den 1950er-Jahren die Bienenkorbfrisur kreierten. Und immer wieder Wasser: Bei mehr als 5100 Kilometern Küsten- und Uferlinie – Maryland besitzt mehr schiffbare Flusskilometer als alle anderen Bundesstaaten – prägt das feuchte Element die Landschaft, vor allem rings um die Chesapeake Bay. Was wiederum die Freizeitindustrie und den Fremdenverkehr beeinflusst: Denn Segelschiffe und Maryland gehören zusammen wie Paris und Louvre. Seafood, allen voran die köstlichen "blue crabs", dominiert die Speisenkarten. Und zwar so deutlich, dass der Bundesstaat einmal sogar mit dem nicht ganz ernst gemeinten Slogan "Maryland is for crabs" um Urlauber warb.

Lage und Naturraum

Maryland besitzt ein vielgestaltiges Aussehen. Am Atlantik verfügt es über 50 km Küstenlinie, der lange Sanddünen und -inseln vorgelagert sind. Mit einem schmalen Korridor im Nordwesten ist es auch in den Appalachen präsent. Marylands höchste Erhebung ist der Backbone Mountain mit 1024 m. Es ist jedoch die Chesapeake Bay, die Maryland ihren Stempel aufdrückt. Reich an Buchten, von Flussmündungen zerfasert und fast völlig von dem Bundesstaat umgeben, war die tief ins Land reichende Bay (indianisch "chesepiook", etwa "Bucht der Schalentiere") eines der Einfallstore der europäischen Besiedlung Amerikas und ist bis heute Marylands Lebensader. Das Klima gibt sich fast subtropisch-feucht im Südosten

◂ Kunstmaler bei der Arbeit – vor Ausflugsbooten am Inner Harbour in Baltimore

Lage und Naturraum (Fortsetzung)

und kontinental-frisch im Westen. In den Appalachen dominieren dichte Nadel- und Hartholzwälder. Ansonsten bestimmen Weiden und landwirtschaftlich genutzte Flächen die Landschaft. Nachbarn sind die Bundesstaaten Delaware und Pennsylvania im Norden, West Virginia im Nordwesten und Virginia im Süden. Dreiviertel Autostunden südöstlich von Baltimore, auf beiden Ufern des Potomac River und eingeklemmt zwischen Maryland und Virginia, liegt der District of Columbia mit der Bundeshauptstadt Washington.

Der Bundesstaat Maryland wird gemeinhin in fünf Regionen unterteilt. "Western Maryland" bezeichnet den Zipfel im Nordwesten und umfasst die Appalachian und Allegheny Mountains. In "Central Maryland" liegen Baltimore, die größte Stadt, sowie die Hauptstadt Annapolis. Die "Capital Region" wurde 1791 von Maryland als Washington DC abgekoppelt. In "Southern Maryland" nahm der Bundesstaat 1634 seinen Anfang. Heute konzentrieren sich Reisende südlich von Annapolis auf das verträumte St. Mary's City und die zum Fischen und Segeln einladende Chesapeake Bay. "Eastern Shore" schließlich werden sowohl die Atlantikküste der flachen Delmarva Peninsula als auch ihre der Bay zugewandte Seite genannt.

Geschichte

Wenngleich es im 19. Jahrhundert in Maryland nur halb so turbulent zuging wie im Nachbarstaat Virginia, wird jeder, der zuvor Virginia bereist hat, die geringe Dichte bürgerkriegsrelevanter Stätten dankbar registrieren... Als einer der ersten Europäer segelt um 1500 der Italiener Giovanni da Verrazano in der Chesapeake Bay, 1608 kreuzt der Engländer John Smith in diesen Gewässern. Im Jahre 1634 gründet Cecil Calvert, Lord Baltimore, an der Spitze von 140 meist katholischen Kolonisten St. Mary's City, das bis 1695 Marylands erste Hauptstadt bildet. 1649 erhalten die Kolonisten Religionsfreiheit. Während des 18. Jahrhunderts sorgen die diskriminierenden Steuergesetze aus London auch in Maryland für Unmut. Man rebelliert gegen das Mutterland, und im darauf folgenden Unabhängigkeitskrieg dient Annapolis vorübergehend als Hauptstadt der 13 Kolonien. Während des Unabhängigkeitskrieges bleibt Maryland jedoch von kriegerischen Auseinandersetzungen verschont. 1784 wird im Maryland State House in Annapolis der Friede von Paris ratifiziert, George Washington erklärt seinen Rücktritt als oberster Heeresführer. Am 28. April 1788 tritt Maryland als siebter Staat den USA bei. Stolz sind die Marylander vor allem auf ein Ereignis im Krieg von 1812 gegen England. In ihrem Bemühen, die Freibeuterbastion Baltimore zu zerstören, bombardieren englische Kriegsschiffe 1814 vergebens die Werften der Hafenstadt. Als sich am Morgen des 14. September der Pulverqualm lichtet, zeichnet sich über Fort Henry, zwar arg zerschossen, aber noch an ihrem Platz, die amerikanische Fahne ab. Dieser Anblick hat den Rechtsanwalt Francis Scott Key zu dem Gedicht "Star Spangled Banner", dem Text der späteren Nationalhymne, inspiriert.

Nach dem Krieg kurbelt Baltimore als eine der bedeutendsten Hafenstädte der Ostküste und als Sklavenumschlagsplatz die Wirtschaft Marylands an. Neue Verkehrswege wie die Baltimore & Ohio Railroad und der Chesapeake & Ohio Canal verbinden die Stadt mit dem unerschlossenen Territorium westlich der Appalachen. Tabak und Weizen, von Sklaven angebaut, sind die wichtigsten Einnahmequellen. Im nördlichsten Sklavenhalterstaat der USA gibt es jedoch auch prominente Gegener der Sklavenhaltung, z.B. John Brown, der 1859 vergebens die Sklaven zum Aufstand zu bewegen sucht, und Harriet Tubman, eine ehemalige Sklavin, die als Fluchthelferin zwischen 1849 und 1865 über 300 Sklaven in die Freiheit führt und für die Union spioniert. Als im April 1861 die Sklavenhalterstaaten des Südens von der Union abfallen, hält Präsident Lincoln Maryland per Ausnahmezustand bei der Stange. Am 17. September 1862 erlebt der Staat die blutigste Schlacht auf amerikanischem Boden: In Antietam bei Sharpsburg fallen an einem einzigen Tag 23 000 Soldaten. 1864, noch vor dem US-Kongress, stimmen die Marylander für die Abschaffung der Sklaverei.

Leichen und eine zerstörte Kanone nach der Schlacht von Antietam bei Sharpsburg (17. September 1862). Auf beiden Seiten waren herbe Verluste zu beklagen.

Die nächsten 120 Jahre sind von Industrialisierung, Einwanderung und Bürgerrechtsbewegung geprägt. Baltimore expandiert bis weit ins 20. Jahrhundert, sowohl als Umschlagplatz der Güter aus dem Innern als auch als Hersteller von Stahl und Petroleum. Immigranten aus Europa und schwarze Arbeiter aus dem Süden treiben die Industrialisierung voran. Aber erst in den 60er-Jahren des 20. Jahrhunderts fallen die Rassenschranken, bis dahin setzen auch in Baltimore schwarze Musiker ihre oft traumatischen Erfahrungen in Töne um, allen voran die legendäre Blues-Sängerin Billie Holiday (▶ Baedeker Special S. 48 – 50) und Ragtime-Musiker Eubie Blake. In den 80er-Jahren werden die Folgen des Booms sichtbar: Die Chesapeake Bay, bislang der "Mülleimer" der Capital Area, droht "umzukippen". Erst das 1993 zwischen allen Anrainer-Counties beschlossene "Chesapeake Bay Partnership Agreement", gemeinsam gegen die Verschmutzung vorzugehen, verschafft der Bay eine Atempause. Parallel dazu wird Lebensqualität auch von Stadtvätern und Städteplanern neu definiert: 1987 verpflichtet sich im "Chesapeake Bay Agreement for Restoration" neben Virginia und Washington auch Maryland zur Pflege seines historischen Erbes.

Bevölkerung

Mit über 5 Mio. Einwohnern steht Maryland an 19. Stelle im US-Ranking. 300 Jahre Einwanderung lassen sich noch heute in den Telefonbüchern nachweisen. Im späten 17. Jahrhundert ließen sich zunächst deutsche und schottische Immigranten im Westen nieder. Ihnen folgten im 19. Jahrhundert Italiener, Tschechen, osteuropäische Juden, Polen und Russen. Sie blieben meist in Baltimore. Einwohner britischer Herkunft leben überall im Staat, vor allem aber auf der Eastern Shore. Im Jahr 2000 las sich die ethnische Demografie so: 71 % waren weißer, 25 % schwarzer Hautfarbe. 2,9 % waren asiatischer, 2,6 % lateinamerikanischer Herkunft. 0,27 % hatten indianische Wurzeln.

Wirtschaft

Washington und Annapolis beschäftigen über ein Viertel der Bevölkerung Marylands in Regierungs- und Verwaltungsjobs: Mit über 9 Mio. Dollar erwirtschaften die "white collar workers" doppelt so viel wie die verarbeitende Industrie des Bundesstaats. Dort und im Dienstleistungsbereich finden weitere 50 % Beschäftigung, vor allem in der Elektronik- und Kommunikationsbranche. Die Schwerindustrie, vor allem die Stahlproduktion sowie der Schiffs- und Maschinenbau, haben an Bedeutung eingebüßt. Die Landwirtschaft zielt mit Mais, Sojabohnen, Tabak, Kartoffeln, Obst und Gemüse auf die Versorgung Baltimores und Washingtons. Marylands berühmte Meeresfrüchte kommen aus der Chesapeake Bay: Ein Viertel der nationalen Austernernte stammt von dort, zudem produziert sie mehr Krabben als jedes andere Gewässer der USA.
Der Tourismus gewinnt zunehmend an Bedeutung. Im Jahr 2000 arbeiteten 100 000 Marylander in der Fremdenverkehrswirtschaft; allein 7,1 Mio. Dollar wurden damals umgesetzt.

Freizeit und Tourismus

Angesichts des vielen Wassers liegt die bevorzugte Freizeitbeschäftigung quasi auf der Hand. Baden im Atlantik, und zwar an den Sandstränden des Assateague Island National Seashore und in Marylands Resortstadt Ocean City, ist ebenso ein "Muss" wie Windsurfen in der Chesapeake Bay, vor allem vor Chesapeake Beach, im Gunpowder Falls State Park, vor Kent Island und im Sandy Point

Ein schöner Ausflug führt zu den Great Falls des Potomac.

State Park kann man nahezu von jeder Marina aus segeln, entweder im gemieteten Boot oder im Rahmen einer Gruppe. In Calvert County im Süden ermöglichen der Patuxent River und der Patapsco River erholsame Kanuwanderungen. Der Abschnitt des Potomac bei Great Falls ist ebenfalls, nicht zuletzt auch seiner Schleusen wegen, ein beliebtes Kanurevier. Im Übrigen ist die Chesapeake Bay ein hervorragendes Angelrevier. Sportangler machen von Annapolis, Crisfield, Point Lookout und Tilghman Island aus Jagd auf Barsch, Forelle und Bluefish. Vor Ocean City wird Hochseeangeln, vor allem Schwertfisch, groß geschrieben.

Freizeit und Tourismus (Fortsetzung)

Annapolis

I 2/3

Einwohnerzahl: 35 000

**Hauptstadt Marylands und "Segelhauptstadt der Vereinigten Staaten"

Die auf einer kleinen Halbinsel liegende Hauptstadt Marylands könnte ebensogut irgendwo in Europa liegen. Keine Bürotürme stören die Alte-Welt-Stimmung, keine Werbeflächen und Shopping Malls stören den Ästheten. Seit 1708 im Besitz der Stadtrechte, gilt Annapolis als "museum without walls": Rund 1500 vor 1900 errichtete Gebäude stehen im Stadtkern, darunter die größte Konzentration georgianischer Häuser in den USA. Und noch einen Beinamen trägt die Stadt zu Recht: "Sailing Capital of the United States". Alles hier scheint sich um Wasser zu drehen. Die historische Waterfront, genannt "The City Dock", zählt zu den schönsten der Ostküste.

Die traditionsreiche US Naval Academy bildet hier seit 1845 ihre Kadetten aus. Und im Hafen und in den angrenzenden Yachthäfen und Creeks liegen zu jeder Jahreszeit mehrere Tausend schöner Segel- und Motorboote. Deren Crews mischen sich abends in den Pubs und Restaurants der Waterfront unter die Landratten und sorgen vor allem im Sommer sieben Tage in der Woche für ausgelassene Partystimmung.

Baedeker TIPP: Unterwegs mit dem Wasser-Taxi

Im Bötchen zum Dinner und nachher in den Pub? Oder sich einfach nur gemütlich herumschippern lassen und dabei die schön altmodische Kulisse von Annapolis in sich aufsaugen? Die Motorboote von Jiffy Water Taxi (☎ 410/263 0033) bedienen den Black und den Spa Creek und funktionieren ebenso wie ihre vierrädrigen Kollegen: Man winkt sie von der Kaimauer heran und lässt sich von ihnen zum gewünschten Ort bringen.

Geschichte

Im Jahre 1649 von Puritanern aus Virginia gegründet, entwickelt sich Annapolis rasch zu einer blühenden, mit Europa und der Karibik Handel treibenden Hafenstadt. 1694 wird es Hauptstadt der Kolonie, vom November 1783 bis August 1784 fungiert es als Hauptstadt der jungen USA. Auch wenn man die nächsten 200 Jahre im Schatten des stetig wachsenden Baltimore lebt, halten der Regierungs- und Verwaltungsbetrieb sowie der Schiffsbau die Stadt am Leben.

In den 70er-Jahren entdecken gestresste Stadtmenschen aus Baltimore und Washington die ruhige Hauptstadt erstmals als Wohnsitz, zugleich erkennen Bewohner und Stadtväter den historischen Wert ihrer Stadt und starten jene groß angelegten Restaurierungs-

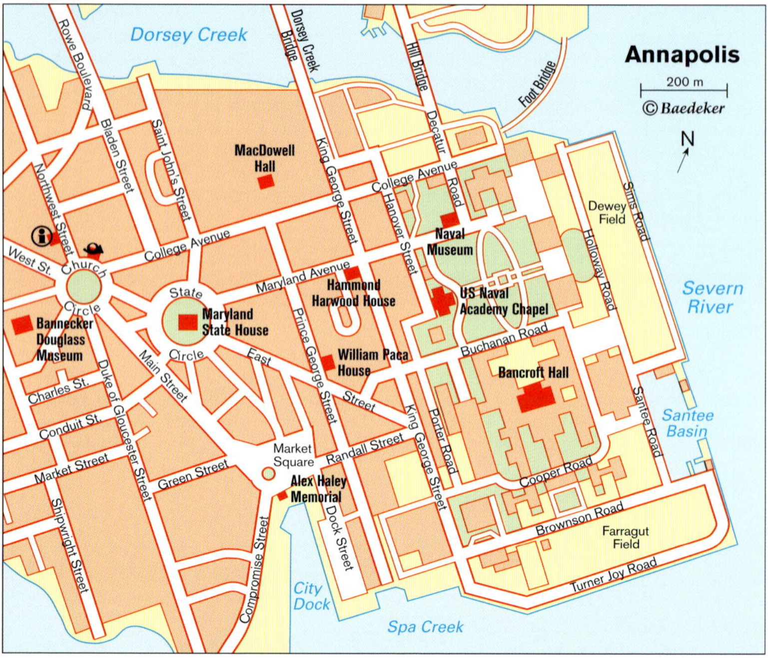

Geschichte (Fortsetzung)

kampagnen, die Annapolis bis heute in regelmäßigen Abständen auf Hochglanz polieren. Dem Besucher präsentiert sich die Stadt an der Bay als gelungene Mischung aus Kolonialgemäuer und Yachtie-Treff, wo man tagsüber im National Historic District 15 verschiedene Architekturstile aus der Zeit vor 1900 studieren und bei Sonnenuntergang in einem Café an der Waterfront den sündhaft teuren Yachten beim Ankerwerfen im "Ego Alley" genannten Hafenbecken zusehen kann.

Sehenswertes in Annapolis

***US Naval Academy**

1845 gegründet, nimmt die angesehene Ausbildungsstätte der amerikanischen Marine den gesamten Nordosten der Halbinsel ein. Junge Männer und Frauen aus allen Teilen des Landes studieren hier auf Kosten des Staates und verpflichten sich im Gegenzug zu sechs Jahren Dienst in der US Navy oder im US Marine Corps. Einsicht in die ruhmreiche Geschichte dieser Institution und den Alltag der Studenten erhält man am besten während einer der geführten Touren, die im Armel-Leftwich Visitor Center im Halsey Field House (Gate 1, King George/Randall Sts.) beginnen.
Sehenswert sind vor allem Bancroft Hall mit einem der größten Studenten-Schlafsäle der Welt und die 1904 erbaute US Naval Academy Chapel mit der Marmorkrypta des Seehelden John Paul Jones aus dem Unabhängigkeitskrieg. Das US Naval Academy Museum

(Preble Hall, geöffnet: Mo.–Sa. 9⁰⁰–17⁰⁰, So. 11⁰⁰–17⁰⁰ Uhr) zeigt zahlreiche marinerelevante Memorabilia aus zwei Jahrhunderten. Beeindruckend sind vor allem ein Floß, auf dem Schiffbrüchige 34 Tage auf dem Meer trieben, und Wrackteile der "USS Maine", deren Versenkung im Hafen Havannas 1898 den amerikanisch-spanischen Krieg auslöste.

US Naval Academy (Fortsetzung)

Bei Besuchern beliebt ist der täglich um 12⁰⁵ Uhr stattfindende, fotogene Aufmarsch "Noon Formation": In Reih' und Glied marschieren alle anwesenden Kadetten, meist mehrere Hundert, in voller Uniform in die Mittagspause.

Noon Formation

Ein amerikanischer Schrein: George Washington legte im Old Senate Chamber nach dem siegreichen Unabhängigkeitskrieg das Kommando über die Kontinentalarmee nieder, Thomas Jefferson erhielt hier seine Ernennung zum ersten amerikanischen Außenminister. Auch der Friede von Paris, der Amerikas Unabhängigkeit anerkannte, wurde am 14. Januar 1784 an dieser Stelle ratifiziert.

***Maryland State House**

Das würdevolle, mitten im Zentrum liegende Maryland State House (State Circle; geöffnet: Mo.–Fr. 9⁰⁰–17⁰⁰, Sa.–So. 10⁰⁰–16⁰⁰ Uhr) präsentiert sich als ältestes durchgehend genutztes State Capitol der USA. Die Kuppel des Capitols ist als einzige des Landes aus Zypressenholz gefertigt. Besucher können sich frei bewegen und zwischen Januar und April die öffentlichen Sitzungen des Senats von Maryland besuchen.

In den Mauern der alten Old Mount Moriah African Methodist Episcopal Church dokumentiert ein interessantes Museum mit Filmen,

Banneker Douglass Museum

Ausgelassenene Stimmung bei der Feier der Seeoffiziersanwärter auf der US Naval Base in Annapolis

Baedeker TIPP The Annapolis Pottery

Hübsche Keramik in den unterschiedlichsten Stilrichtungen findet man in The Annapolis Pottery gegenüber des Maryland State House (40 State Circle). In der dazugehörigen Werkstatt kann man bei der Entstehung nützlicher Schüsseln und Teller, witziger Objekte aller Art, aber auch künstlerischer Skulpturen zusehen.

Banneker Douglass Museum (Fortsetzung)

Fotos und Artefakten den langen Marsch der schwarzen Einwohner Marylands von der Sklaverei über die Segregation bis zum Ende der Rassenschranken. Fallbeispiele wie der Kampf um das Ende der Rassentrennung im örtlichen St. John's College (College Ave.) vermitteln auf überzeugende Weise Eindrücke vom Alltag in den 1950er-Jahren (84 Franklin St.; geöffnet: Di.–Fr. 10^{00}–15^{00}, Sa. 12^{00}–16^{00} Uhr).

***Hammond-Harwood House (Abb. S. 44)**

Im Jahre 1774 für den Plantagenbesitzer Matthias Hammond erbaut, gilt dieses von einem Portikus mit mächtigen ionischen Säulen geschmückte Haus landesweit als herausragendes Beispiel georgianischer Architektur. Eingerichtet mit zeitgenössischem Mobiliar und dekoriert mit einst moderner Stuck- und Holzornamentik, ist der Besuch eine Zeitreise in das alte Amerika (19 Maryland Ave.; geöffnet: Mo.–Sa. 10^{00}–16^{00}, So. 12^{00}–16^{00} Uhr).

***William Paca House and Garden**

Die bezaubernde, im georgianischen Stil erbaute Residenz des damaligen Gouverneurs und Unterzeichners der Unabhängigkeitserklärung, William Paca, war 1765 bezugsfertig. Die insgesamt 37 Räume sind mit zeitgenössischen Möbeln eingerichtet. Der ganz im Stil der Epoche angelegte Lustgarten hinter dem Haus besteht aus bepflanzten Terrassen, einem Pavillon und einer chinesischen Brücke (186 Prince George St.; geöffnet von März bis Dezember: Mo.–Sa. 10^{00}–16^{00}, So. 12^{00}–16^{00}, im Januar und Februar: Fr.–Sa. 10^{00}–16^{00}, So. 12^{00}–16^{00} Uhr).

Kunta Kinte Plaque and Alex Haley Memorial (Abb. S. 61)

Direkt am Hafen erinnert ein Obelisk und eine Plakette an den afrikanischen Sklaven Kunta Kinte, der hier 1767 erstmals amerikanischen Boden betrat und dem Alex Haley in seinem Bestseller "Roots" ein Denkmal setzte. Das Haley Memorial zeigt den Autoren mit Kindern, denen er am Beispiel seiner eigenen Familiengeschichte von der Sklaverei erzählt.

London Town House and Gardens

Gleichermaßen historisches Gebäude wie Baustelle ist die wohl ungewöhnlichste Attraktion von Annapolis: Am Südrand der Stadt graben Archäologen seit einigen Jahren nach den Resten der einst blühenden Handelsstadt London Town. Rund um das bereits restaurierte, gegen 1760 von William Brown errichtete Haus bemüht man sich, die einst dort stehenden Häuser zu rekonstruieren. An bestimmten Tagen können Besucher an den Ausgrabungsarbeiten teilnehmen.

Eine Ausstellung informiert über die Sozialgeschichte der einstigen Konkurrentin Annapolis' sowie über verschiedene, hier eigens entwickelte Restaurierungstechniken (geöffnet: Mo.-Sa. 10^{00}-16^{00}, So. 12^{00}-16^{00} Uhr).

Annapolis (Fortsetzung)

Aktivitäten

Annapolis von innen erlebt man am besten auf einer der hervorragenden geführten Stadtrundgänge. Klatsch und Tratsch, architektonische Highlights und historische Zusammenhänge präsentieren kenntnisreich z.B. die kostümierten Guides von "Three Centuries Tours of Annapolis" (48 Maryland Ave., ☎ 410/2635401). Von ihrer schönsten Seite zeigt sich die Hauptstadt jedoch vom Wasser aus: Hafenrundfahrten unterschiedlicher Länge beginnen am City Dock, man hat die Wahl zwischen bequemen Ausflugdampfern, prächtigen Windjammern und "bareboating", wie das Segeln im gecharterten Segelboot hier genannt wird.

Antietam National Battlefield

j 2

Region: Frederick County, Maryland Route 65, nördlich von Sharpsburg

*Schauplatz der größten und blutigsten Schlacht des Bürgerkriegs

Jedes Schulkind in Amerika kennt diesen Namen: Antietam. Im hügeligen Farmland an der Grenze zu Virginia fand 1862 die blutigste Schlacht des amerikanischen Bürgerkriegs statt. Der General der Konföderierten Robert E. Lee versuchte hier zum ersten Mal, den Krieg nach Norden zu tragen. Am Morgen des 17. September standen sich 41000 konföderierte und 87000 Unionstruppen gegenüber. Lees Hoffnung, seinen Gegenspieler General George McClellan zu überraschen, erfüllte sich nicht. Am Ende des Tages waren 23000 Soldaten gefallen. Lees Truppen zogen sich nach Virginia zurück, die Gefahr für Washington war gebannt. Mit seinem Zögern, Lees Truppen nachzusetzen und endgültig zu schlagen, ist McClellan nach Meinung einiger Historiker für die Verlängerung des Krieges verantwortlich.

Selbst 140 Jahre später liegt eine gewisse Melancholie über den Feldern, die, abgesehen von dem modernen Besucherzentrum, einigen Denkmälern und Orten, auf denen an besonders tragische oder blutige Vorstöße und Rückzüge erinnert wird, so belassen wurden, wie Lee und McClellan sie am Morgen der Schlacht selbst sahen.

Am Schlachtfeld von Antietam

Im Besucherzentrum (geöffnet: von Juni bis August tgl. 8^{30}-18^{00}, von September bis Mai tgl. 8^{30}-17^{00} Uhr) stimmt ein Film auf die Besichtigung des Areals ein. Eine 12,8 km lange, per Auto, Rad oder auch zu Fuß zu bewältigende Rundfahrt führt über das Schlachtfeld. Manche Stellen ragen heraus, darunter die Burnside

Allgemeines (Fortsetzung)

Bridge über den Antietam Creek, wo konföderierte Scharfschützen 4000 Nordstaatler drei Stunden lang in Schach hielten. Einen weiteren Ruhepunkt stellt der Aussichtsturm im Zentrum dar, von wo aus man den besten Blick auf die Bloody Lane hat, eine damals heftig umkämpfte Landstraße, die 4000 Soldaten das Leben kostete.

Umgebung des Antietam National Battlefield

****Harpers Ferry (West Virginia)**

Nach dem lieblichen Hügelland um Antietam bietet Harpers Ferry (300 Einw.) Eindrücke ganz anderer Art. Der winzige Appalachen-Ort liegt am Zusammenfluss von Potomac und Shenandoah River, förmlich eingemauert von beinahe senkrechten Bergwänden. Zu dem rauen Charme des von steilen Straßen durchzogenen Ortes passt seine dramatische Vergangenheit: Als Waffenschmiede der

Am Zusammenfluss von Potomac und Shenandoah

Nation produzierte Harpers Ferry, damals 3000 Einwohner, bis zum Bürgerkrieg die Waffen für die amerikanische Armee. Im Jahre 1859 überfiel John Brown, ein fanatischer Gegner der Sklaverei, mit 20 Gleichgesinnten das Arsenal, um die Sklaven zu bewaffnen und zum Aufstand zu bewegen. Das Vorhaben misslang, Brown wurde von den US Marines unter dem noch auf Seiten der Union stehenden Colonel Robert E. Lee gefangen genommen und wenig später wegen Mordes und Hochverrats gehängt. Dieser Vorfall am Vorabend des Bürgerkriegs vertiefte die Kluft zwischen Gegnern und Befürwortern der Sklaverei. Bevor er nach Antietam weiterzog, eroberte Konföderierten-General Thomas "Stonewall" Jackson 1862 Harpers Ferry und nahm 12 500 Unions-Soldaten gefangen. 1963 wurde die gesamte, auf einem Felsen zwischen den beiden Flüssen liegende Altstadt als National Historical Park unter Denkmalschutz gestellt.

Harpers Ferry National Historical Park

Ein Nationalpark, in dem Menschen wohnen: In den steilen, von alten Steinhäusern gesäumten Straßen trifft man auf ein harmonisches Miteinander von Alltag und Tourismus. Den Besucher erwarten thematische Rundgänge zu John Brown, Bürgerkrieg und African American History. Einen ersten Überblick vermittelt das Besucherzentrum über der Altstadt (geöffnet: tgl. 8^{00}–17^{00} Uhr). Das John Brown Wax Museum (High St.; geöffnet: von März bis Dezember tgl. 10^{00}–17^{00}, sonst Sa.–So. 10^{00}–17^{00} Uhr) dokumentiert Leben und Sterben von John Brown. Nach dem Überfall verbarrikadierten sich die Rebellen in John Brown's Fort (Arsenal Square), ursprünglich Teil der Waffenfabrik, und lieferten sich ein blutiges Gefecht mit den anrückenden Marines. Sehenswert ist auch das Storer College (Camp Hill), das 1868 mit der Ausbildung ehemaliger Sklaven Pionierarbeit leistete und bis 1955 schwarze Amerikaner auf das Berufsleben vorbereitete.

Harpers Ferry (Fortsetzung)

Assateague Island National Seashore

m 3/4

* Küsten-Naturschutzgebiet, bekannt für die hier lebenden Wildpferde

Assateague Island liegt 60 mi / 13 km südlich von ► Ocean City und ist eine knapp 60 km lange, auf der State Line liegende Insel, die sumpfige Marschen vom Festland trennen. Als naturbelassene Wildnis aus Dünen, Busch und verkrüppelten Nadelwäldern ist Assateague Island ein beeindruckender Kontrast zur pulsierenden Ocean City. Hauptgrund für einen Besuch sind jedoch die berühmten Wildpferde der Insel.

Die stämmigen, hier "ponies" genannten rund 300 Pferdchen schweifen in kleinen Gruppen frei über die Insel und genießen an heißen Tagen sogar ein Bad im Atlantik. Dass sie der vierbeinigen Fracht einer gestrandeten spanischen Galeone entstammen, ist wohl eher Legende. Wahrscheinlicher ist, dass ihre Ahnen von englischen Kolonisten hier vor königlichen Steuereintreibern versteckt wurden. Heute steht die gesamte Insel als Nationalpark unter Schutz. Der nördliche Teil wird vom Maryland State Park System (April–Dez.), der Virginia-Abschnitt vom US Fish & Wildlife Service als ► Chincoteague National Wildlife Refuge gemanagt. Beide Teile sind mit Besucherzentren, Radwegen und einer Autostraße gut auf Besucher vorbereitet. Allerdings sind die jährlichen 2,5 Mio. Besu-

Bereits wenn man sich der Assateague Island National Seashore nähert, sind einige weidende Wildponies zu sehen.

Assateague Island National Seashore (Fts.)

cher ein nicht geringes Problem: Die beste Zeit, die wilden Pferde in aller Ruhe zu erleben, ist daher abends oder frühmorgens sowie außerhalb der Sommermonate.

Aktivitäten

Noch vor der elegant geschwungenen Brücke zur Insel kann man sich im Barrier Island Visitor Center (geöffnet: tgl. 9^{00} – 17^{00} Uhr) über die dortige Fauna, Flora und das aktuelle Freizeitangebot informieren. An der National Seashore Entrance Station wird der Eintritt entrichtet; Camper müssen sich hier registrieren lassen. Der Aufforderung, die zotteligen Wildpferde auf keinen Fall zu streicheln und zu füttern, sollte man auf jeden Fall folgen – auch wenn diese niedliche Fotomotive abgeben. Auf drei Trails kann man sich ihnen auch zu Fuß nähern, die Straße ist im Übrigen auch gut für Radtouren (Radverleih am Bayside Campground). Sonnenbaden und Schwimmen sind unumgänglich: Der dem Atlantik zugewandte Sandstrand – es gibt Life Guards und Toiletten – ist 100 m breit und viele Kilometer lang.

Baltimore

k/l 2

Einwohnerzahl: 651 000

**Größte Stadt Marylands

Baltimore ist die weitaus größte Stadt Marylands. Nach Washington sind es 40, nach Philadelphia 160 Kilometer. Sie liegt an der Mündung des Patapsco River in die Chesapeake Bay und gilt unter den kulturell interessanten Ostküstenstädten als "hemdsärmelige" Arbeiterstadt. Tatsächlich sind die Parallelen zu Städten wie Duisburg unübersehbar: Ladekräne, Frachtschiffe und Container-Terminals dominieren bei der Anfahrt das Bild; sündhaft teure Galerien wie in Boston und andere exklusive Manifestationen des Zeitgeists fehlen fast völlig. Baltimore, das ist noch immer das Bier in der Kneipe um die Ecke, das bedeutet große Familien mit langer Hafenarbeiter-Tradition und eine eher lokale kulturelle Szene, die ihren Künstlern voller Stolz aus dem Rahmen fallende Tempel wie das American Visionary Art Museum errichtet. Schiffs-, Flugzeug-, Fahrzeug- und Maschinenbau und zunehmend die Elektronikbranche sind Baltimores wichtigste Devisenbringer. Nicht zu vergessen der Tourismus: Seit eine quer durch die Geschäftswelt der Stadt gehende Allianz in den 1970er-Jahren mit Millionenaufwand die zerfallenden innerstädtischen Hafenanlagen des Inner Harbor in eine der schönsten Waterfronts der Ostküste verwandelte und auch den Business District liftete, entwickelt sich der Tourismus zu einem stetig wachsenden Wirtschaftszweig. Auch andere, z. T. verelendete Stadtviertel wurden vorbildlich restauriert, wie Fells Point, Baltimores alter Hafen, wo gepflasterte Straßen und winzige Läden in alten, dicht an dicht gedrängten Steinhäusern zu gepflegten Spaziergängen einladen. Wer sich länger hier aufhält, wird den wertvollsten Posten der Stadt kennen und schätzen lernen: seine Menschen. Nicht umsonst trägt Baltimore den Namen "charme city"!

Geschichte

Vier Mal lag Baltimore am Boden, vier Mal erhob es sich wie Phönix aus der Asche. Die Chronik der Stadt ist reich an Höhen und Tiefen. Im Jahre 1729 gegründet und nach George Calvert, dem Lord of Baltimore benannt, entwickelt sich Baltimore dank seines Naturha-

Blick auf den Inner Harbour, Baltimores Zentrum

Geschichte (Fortsetzung)

fens und seiner Nähe zu den unerschöpflichen Holzlagern im Landesinnern bis zum frühen 19. Jahrhundert zu einem der wichtigsten Seehäfen und Schiffsbauzentren an der Ostküste. Um 1800 – Baltimore hat inzwischen 45 000 Einwohner – laufen hier die schnellen "Baltimore Clipper" vom Stapel, schnittige Zweimastschoner, die im Asienhandel eingesetzt werden. Ihre strategische Bedeutung und ihre Rolle als Heimathafen der gefürchteten amerikanischen Freibeuter wird der Stadt 1814 fast zum Verhängnis: Nachdem sie Washington niedergebrannt haben, belagern die britischen Truppen Baltimore. Trotz einer 25-stündigen Beschießung des Forts McHenry gelingt es ihnen jedoch nicht, die Stadt einzunehmen. Am Morgen danach erhält Baltimore seinen Platz im amerikanischen Pantheon: Das noch immer über dem Fort wehende Sternenbanner inspiriert Francis Scott Key zu den Versen "The Star Spangled Banner", die später den Text der Nationalhymne bilden.
Nach dem Krieg von 1812 boomt Baltimore unverdrossen weiter. Baltimores Klipper handeln mit der ganzen Welt. Amerikas erste Eisenbahn, die Baltimore & Ohio Railroad, verkürzt die Wege zu den stürmisch wachsenden Märkten an der Frontier jenseits der Appalachen. Edgar Allan Poe, Baltimores berühmtester Sohn, schreibt seine düsteren Gedichte. Der Bürgerkrieg macht der Hochkonjunktur jedoch ein Ende. Während Präsident Lincoln den Ausnahmezustand über die Stadt verhängt, zerfällt die Bürgerschaft in Gegner und Anhänger der Südstaaten. Bis zum Kriegsende halten Unions-

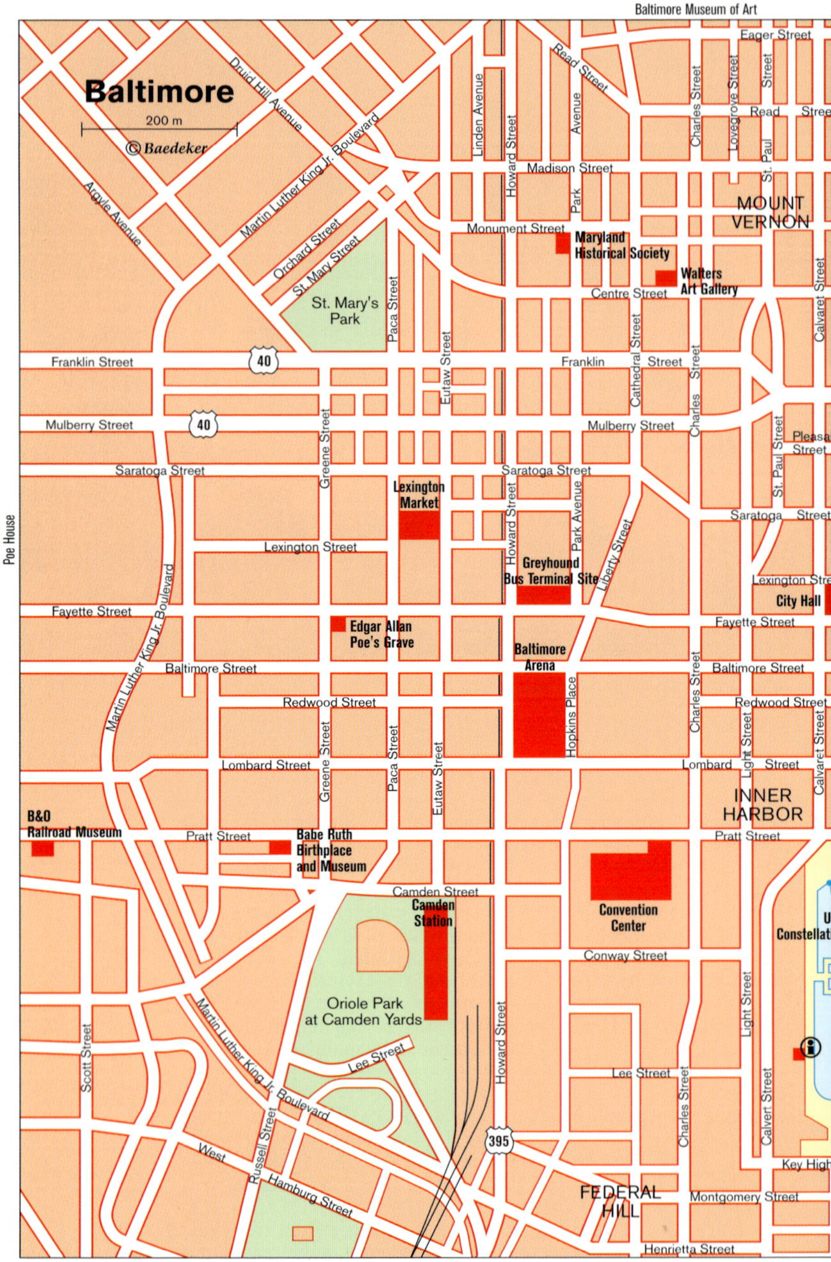
Baltimore
200 m
© Baedeker
Baltimore Museum of Art
Poe House
Eager Street
Read Street
Druid Hill Avenue
Martin Luther King Jr. Boulevard
Linden Avenue
Howard Street
Park Avenue
Charles Street
Lovegrove Street
St. Paul Street
Madison Street
Monument Street
Argyle Avenue
Orchard Street
St. Mary Street
St. Mary's Park
Paca Street
Eutaw Street
MOUNT VERNON
Maryland Historical Society
Walters Art Gallery
Centre Street
Cathedral Street
Calvaret Street
Franklin Street
40
Mulberry Street
Greene Street
Pleasant Street
Saratoga Street
Lexington Market
Lexington Street
Greyhound Bus Terminal Site
Liberty Street
City Hall
Fayette Street
Edgar Allan Poe's Grave
Baltimore Arena
Baltimore Street
Redwood Street
Hopkins Place
Lombard Street
Light Street
INNER HARBOR
B&O Railroad Museum
Pratt Street
Babe Ruth Birthplace and Museum
Camden Street
Camden Station
Convention Center
Constellation
Conway Street
Oriole Park at Camden Yards
Lee Street
Scott Street
Russell Street
West
Hamburg Street
395
Calvert Street
Key High
FEDERAL HILL
Montgomery Street
Henrietta Street

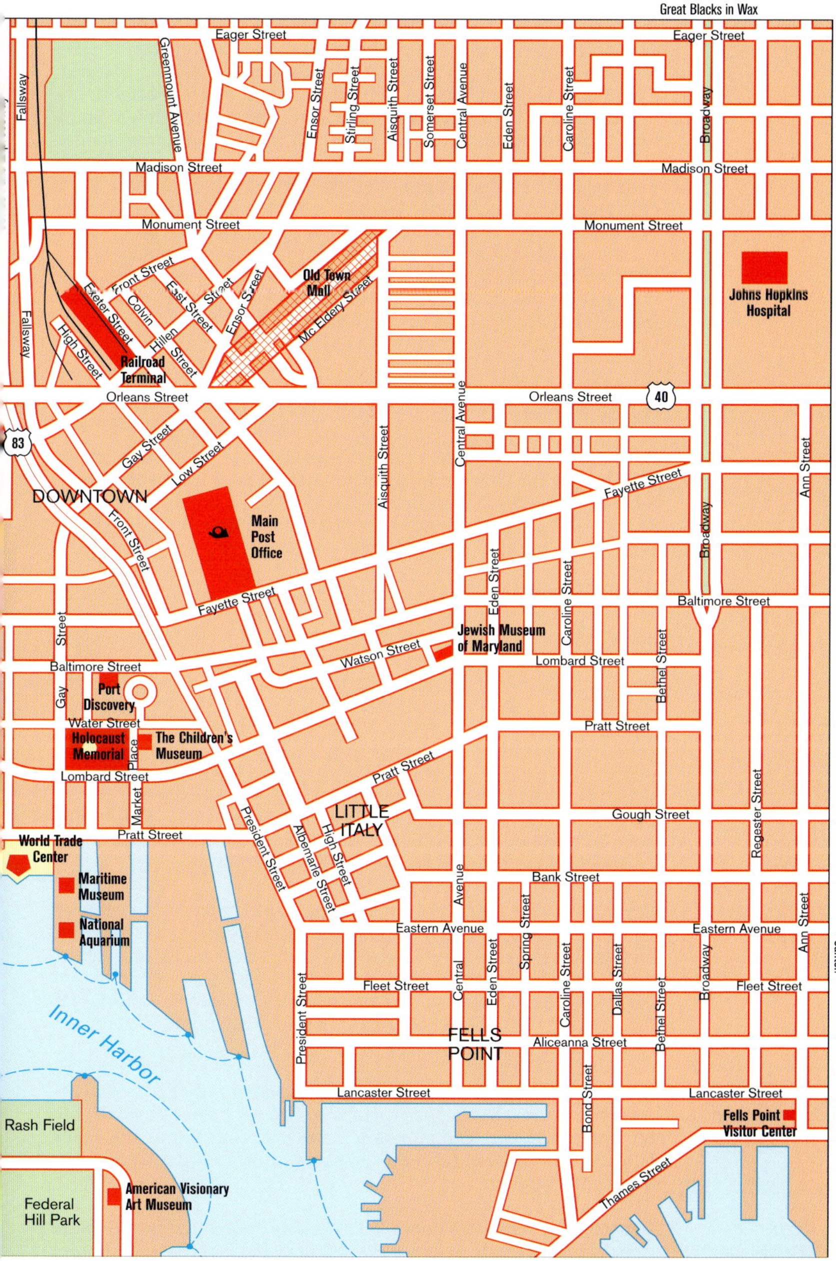
Great Blacks in Wax
Eager Street
Madison Street
Monument Street
Orleans Street
Fayette Street
Baltimore Street
Lombard Street
Pratt Street
Gough Street
Bank Street
Eastern Avenue
Fleet Street
Aliceanna Street
Lancaster Street
Thames Street
Watson Street
Water Street
Fallsway
Greenmount Avenue
Ensor Street
Stirling Street
Aisquith Street
Somerset Street
Central Avenue
Eden Street
Caroline Street
Broadway
Ann Street
Bethel Street
Regester Street
Spring Street
Dallas Street
Bond Street
President Street
Albemarle Street
High Street
Market Place
Gay Street
Front Street
Low Street
Exeter Street
Colvin
East Street
Hillen Street
Mc Eldery Street
Old Town Mall
Johns Hopkins Hospital
Railroad Terminal
Main Post Office
DOWNTOWN
Jewish Museum of Maryland
Port Discovery
Holocaust Memorial
The Children's Museum
LITTLE ITALY
World Trade Center
Maritime Museum
National Aquarium
Inner Harbor
FELLS POINT
Fells Point Visitor Center
Rash Field
Federal Hill Park
American Visionary Art Museum
Canton
40
83

Geschichte (Fortsetzung)

truppen die Stadt besetzt. Der Aufbau dauert zwei Jahrzehnte, subventioniert Washington doch bevorzugt treue Parteigänger wie Boston und New York. Um 1900 ist Baltimore jedoch wieder erstarkt, dank der Eisenbahn, die das Getreide aus dem Weizengürtel in die Lagerhäuser schaufelt, sowie auf Grund einer blühenden Stahl- und Schiffsbauindustrie. Vier Jahre später legt ein verheerendes Feuer das Geschäftsviertel in Schutt und Asche. Baltimores Unternehmer halten jedoch zusammen und ermöglichen so ihrer Stadt ein Comeback, das bis zur Weltwirtschaftskrise anhält. Zwar kurbelt der Zweite Weltkrieg die Produktion wieder an, doch ungelöste soziale Konflikte, Rassenprobleme und eine verwaisende Innenstadt machen Baltimore zum Problemfall. Erst in den 70er-Jahren rappelt sich die Stadt auf, dieses Mal so glanzvoll, dass der restaurierte Inner Harbor und die "gelifteten" Stadtteile landesweit als Vorzeigeobjekte einer traditonsbewussten Stadtsanierung gelten.

Inner Harbor

Die umfassend sanierten alten Hafenanlagen sind als Inner Harbor das touristische Gravitationszentrum der Stadt. Die beliebtesten Sehenswürdigkeiten liegen in erreichbarer Nähe, zugleich erinnern Segel- und Frachtschiffe aus aller Welt daran, dass Baltimore noch immer eine bedeutende Hafenstadt ist.

****National Aquarium**

Das zwischen Pier 3 und 4 gesetzte Aquarium (501 E. Pratt St.; geöffnet: im Juli/August tgl. $9^{00}-20^{00}$, von März bis Juni und September/Oktober: Sa.–Do. $9^{00}-17^{00}$, Fr. $9^{00}-20^{00}$, von November bis Februar: Sa.–Do. $10^{00}-17^{00}$, Fr. $10^{00}-20^{00}$ Uhr) machte Baltimore über Nacht zur Touristenattraktion. Der Bummel beginnt im Aufzug zur siebten Etage, weiter spaziert man durch einen von Reptilien, Amphibien und farbenprächtigen Vögeln wimmelnden tropischen Regenwald. Danach geht es vorbei an zahllosen Aquarien und gewaltigen Salzwassertanks: Eines der Aquarien fasst über 1 Mio. Liter und beherbergt ein Korallenriff mit 500 tropischen Fischarten, ein anderes wird von mehreren Haifischen bewohnt. Insgesamt trifft man im National Aquarium auf über 10 000 Meerestiere. Im angrenzenden Marine Mammal Pavilion finden Delfin-Shows statt.

Baltimore Maritime Museum

Drei an der Pier 3 neben dem Aquarium ankernde Schiffe gehören zu diesem der Seefahrertradition Baltimores gewidmeten Museum. Zu besichtigen sind die "Chesapeake", ein ehemaliges Feuerschiff, das U-Boot "USS Torsk", das während des Zweiten Weltkriegs im Pazifik kreuzte, und das Küstenwachschiff "Roger B. Taney", das den Angriff der Japaner auf Pearl Harbor überstand (Pratt St., geöffnet: tgl. $10^{30}-18^{00}$ Uhr).

***Top of the World Observation Level**

Das 27. Stockwerk des von I. M. Pei entworfenen World Trade Centers (401 E. Pratt St.; geöffnet: Mo.–Sa. $10^{00}-17^{30}$, So. $12^{00}-17^{30}$) bietet einen schönen Panoramablick auf den Hafen und die Stadt. Film- und Dia-Präsentationen erläutern interessante Kapitel aus der Stadtgeschichte.

***USS Constellation**

Der schöne Dreimast-Schoner lief 1854 vom Stapel und ist das letzte noch schwimmende Kriegsschiff aus dem Bürgerkrieg. Nach einer neun Millionen Dollar teuren Restaurierung liegt es jetzt an Pier 1 vor Anker und kann besichtigt werden (301 E. Pratt St.; geöffnet: von Mai bis Oktober tgl. 10[00] – 18[00], sonst tgl. 10[00] – 16[00] Uhr).

USS Constellation (Fortsetzung)

***American Visionary Art Museum**

"Whirligig", eine 16 m hohe, windgetriebene Skulptur, macht auf dieses ungewöhnliche Museum am Südrand des Inner Harbor aufmerksam. Nicht etablierte Künstler werden hier ausgestellt, sondern Autodidakten ohne jegliche künstlerische Ausbildung. So entstand eine der ungewöhnlichsten avantgardistischen Kunsthallen der USA. Auf sieben Etagen wird unbeeinträchtigt von Stilvorgaben und Konventionen Kreativität gefeiert.
Die regelmäßig wechselnden Ausstellungen widmen sich Alltags- und Fantasiethemen, die von den Künstlern mit Blech, Müll und anderen unerwarteten Materialien in Formen gegossen werden (800 Key Highway; geöffnet: Di. – So. 10[00] – 18[00] Uhr).

"Whirligig" von Vollis Simpson

****Fort McHenry National Monument and Historic Shrine**

Am Ende der E. Fort Avenue gelegen, schützte dieses sternförmige, 1798 – 1803 errichtete Fort bis 1925 den Eingang zum Hafen. Vom 13. bis zum 14. September 1814 überstand es eine heftige Kanonade durch englische Kriegsschiffe. Rechtsanwalt und Amateurdichter Francis Scott Key, der das Bombardement als Augenzeuge miterlebte, beeindruckte das am Morgen danach unverdrossen wehende Sternenbanner so sehr, dass er es im Gedicht "The Star Spangled Banner" verewigte. Zu besichtigen sind die Soldatenunterkünfte, das Magazin und die Bunker. Hübsche kleine Ausstellungen runden den Besuch des Ortes ab, der unverhohlen amerikanischen Nationalstolz erkennen lässt (E. Fort Ave.; geöffnet: tgl. 8[00] – 16[45] Uhr). Noch schöner als mit dem Auto ist die Anfahrt mit dem Wassertaxi ab Light St. im Inner Harbor.

***B & O Railroad Museum**

Selbst wer sich nicht zu den Fans historischer Lokomotiven und Waggons zählt, wird von dieser umfangreichen Ausstellung zu 150 Jahren amerikanischer Eisenbahngeschichte tief beeindruckt sein. Wo 1823 die erste Bahnfahrkarte Amerikas verkauft wurde, bummelt der Besucher heute durch weitläufige Hallen, in denen zwischen Postkutsche und Lokomotive angesiedelte Zwischenlösungen, die ersten serienmäßig hergestellten Dampfloks und legendäre Dieselloks Spalier stehen. Eine Wendehalle aus dem Jahr 1844 und ein kompletter Bahnhof, die 1830 gebaute Mount Clare Station, entführen in eine Zeit vor Verkehrsstaus (901 W. Pratt St.; geöffnet: tgl. 10[00] – 17[00] Uhr).

Downtown

Baltimores moderne Innenstadt liegt nördlich vom Inner Harbor und besteht vor allem aus dem Business District. Die meisten der

Baedeker TIPP **Zuerst schuf Gott die Orioles**

Was Gelsenkirchen "sein Schalke", ist Baltimore sein Baseballteam. Heimspiele der Baltimore Orioles versetzen Jung und Alt noch immer in helle Aufregung und beherrschen am nächsten Tag die Schlagzeilen. Kaum ein anderes Team in den USA ist so mit seiner Stadt und seinen Fans verbunden wie die Orioles. Ein Nachmittag im Oriole Park at Camden Yards ist daher selbst für Unkundige dieses Sports ein denkwürdiges Erlebnis (333 W. Camden St.; ☎ 410/685 9800).

hier vorgestellten Sehenswürdigkeiten sind zu Fuß oder per Auto erreichbar.

***Babe Ruth Birthplace / Baltimore Orioles Museum**

Für Freunde dieses uramerikanischen Sports ein Mekka, für alle anderen ein Stück Exotik: Das Geburtshaus des "Franz Beckenbauer des Baseball" ist vollgestopft mit persönlichen Andenken. George Herman ("Babe") Ruth wurde 1895 geboren und spielte sich in den 20er- und 30er-Jahren bei den Baltimore Orioles mit 714 Home Runs in die amerikanischen Baseball-Annalen. Fans dürfen Mützen, Handschuhe und Schläger von "The Babe" sogar berühren (216 Emory St.; geöffnet: von April bis Oktober tgl. 10^{00} – 17^{00}, von November bis März tgl. 10^{00} – 16^{00} Uhr).

***Edgar Allan Poe's Grave Site and Memorial**

Edgar Allan Poe (1809 – 1849), Amerikas bedeutendster Autor düsterer Gedichte und Horrorgeschichten, lebte von 1831 bis zu seinem Tod in Baltimore. Während dieser Zeit entstanden seine berühmtesten Werke, darunter "The Raven", "The Fall of the House of Usher" und "The Pit and the Pendulum". Unstet, depressiv und gemütskrank, brachte ihn der Tod seiner Frau 1847 endgültig um den Verstand. Sein Grab unweit des Eingangs ziert ein knapp 2 m hoher weißer Obelisk (Westminster Cemetery, Fayette und Greene Sts.; geöffnet: tgl. 8^{00} – Sonnenuntergang).

****Port Discovery**

Halb Museum, halb Abenteuerspielplatz, ist Port Discovery eine Art pädagogischer Tummelplatz für Kinder. Im Atrium der drei Stockwerke hohen Einrichtung können sie sich sofort an KidWorks versuchen, einem bis unter die Decke reichenden Klettergerüst mit Strickleitern, Tunneln und wankenden Passagen. Auf jeder Etage warten lehrreiche, meist interaktive Ausstellungen zu spannenden Themen wie Entdeckungsreisen, Astronomie und Pharaonengräber (35 Market Place; geöffnet: tgl. 10^{00} – 17^{30} Uhr).

Jewish Museum of Maryland

In zwei Synagogen aus dem 19. Jahrhundert untergebracht, dokumentiert dieses interessante Museum mit historischen Fotos und Schautafeln die Geschichte der jüdischen Gemeinde Marylands. Die B'nai Israel Synagoge ist noch in Betrieb (15 Lloyd St.; geöffnet: So. u. Di. – Do. 12^{00} – 16^{00} Uhr).

***Walters Art Gallery**

Einem Vater-Sohn-Gespann verdankt Baltimore eine der schönsten Kunstsammlungen des Landes. 30 000 Artefakte aus 5000 Jahren trugen die begeisterten Kunstsammler William und Henry Walters im Laufe der Jahre zusammen. Als "The Walters" in der Stadt ein Begriff, beherbergt das als italienischer Palazzo konzipierte Museum herausragende Sammlungen römischer, griechischer, fernöstlicher und byzantinischer Kunst.

Nicht minder prominent vertreten sind Renaissance, Barock, Romantik und Impressionismus. Im Atrium lädt ein hübsches Café zum Verweilen ein (600 N. Charles St.; geöffnet: Di., Mi., Fr. 10⁰⁰ bis 16⁰⁰, Do. 10⁰⁰–20⁰⁰, Sa.–So. 11⁰⁰–17⁰⁰ Uhr).

Walters Art Gallery (Fts.)

Maryland Historical Society

Der Besuch dieses unweit Mount Vernon und Antique Row liegenden Museums bereitet mit mehr als 200 000 historischen Fotografien, exzellenten Sammlungen von Tafelsilber und zeitgenössischen Möbeln auf die Reise durch Maryland vor. Eine Attraktion ist das Originalmanuskript von "The Star-Spangled Banner" (201 W. Monument St.; geöffnet: Di.–Fr. 10⁰⁰–17⁰⁰, Sa. 9⁰⁰–17⁰⁰, So. 11⁰⁰ bis 17⁰⁰ Uhr).

North Baltimore

Nördlich der North Avenue überwiegen allmählich die Wohngebiete. Vom Inner Harbor gelangt man mit den Bussen der Linien 3 und 11 hierher.

Baltimore Museum of Art

Das unweit der renommierten Johns Hopkins University gelegene Museum beherbergt die größte Kunstsammlung Marylands. Neben den alten Meistern zeigt es Bilder von Matisse, Picasso, Gauguin und Renoir. Darüber hinaus besitzt das Museum nach dem Andy Warhol Museum in Pittsburgh die größte Kollektion von Bildern dieses Künstlers. Erwähnenswert sind auch die modernen amerikanischen Maler (10 Art Museum Drive / N Charles St.; geöffnet: Mi. bis Fr. 11⁰⁰–17⁰⁰, Sa.–So. 11⁰⁰–18⁰⁰ Uhr).

***Great Blacks in Wax Museum**

Charmant und wegen seiner schreienden Reklame wie "Special Lighting!, Sound Effects! Animation!" ein wenig skurril, vor allem aber spannend und lehrreich kommt das einzig schwarzen Amerikanern gewidmete Wachsfigurenkabinett der USA daher. Gezeigt werden in chronologischer Folge von der Sklaverei bis zur Bürgerrechtsbewegung 140 Figuren in Schlüsselszenen, darunter der Sklave Henry "Box" Brown, der sich in einer Postkiste in die Freiheit schicken ließ, Harriet Tubman, die berühmteste Fluchthelferin der "Underground Railroad", Rosa Parks, wie sie in Montgomery aus dem Bus gezerrt wird, sowie Guion Bluford, der erste Astronaut schwarzer Hautfarbe (1601 E. North Ave., Ecke Bond St.; geöffnet: von Januar bis Oktober Di.–Sa. 9⁰⁰–18⁰⁰, So. 12⁰⁰–18⁰⁰, von Oktober bis Januar Di.–Sa. 9⁰⁰–17⁰⁰, So. 12⁰⁰–17⁰⁰ Uhr).

Neighbourhoods

*Little Italy, Fells Point, Canton, Federal Hill und Hampden

Außer dem fußgängerfreundlichen Inner Harbor laden weitere schöne Stadtviertel, gemeinhin "Neighbourhoods" genannt, zu schönen Spaziergängen und Einkaufsbummeln ein. Im Osten von Inner Harbor beginnt Little Italy, Baltimores lebhafteste ethnische Neighbourhood. Viele

Baedeker TIPP Baltimore rocks

Mit Mega-Konzerthallen kann Baltimore nicht aufwarten. Eine Handvoll kleinerer Läden macht diesen Nachteil mehr als wett – allen voran das Bohager's. Bis zu 1800 Gäste tanzen hier am Wochenende zu erstklassigen Live-Acts ab. In den Pubs, Poolräumen und donnerstags während der "Thursday College Night" flirten hier die jungen Baltimorer (703 S. Eden St.; ☎ 410/5637220; geöffnet: Mi.–So. 15⁰⁰–2⁰⁰ Uhr).

Baltimore, Neighbourhoods (Fortsetzung)

mediterrane Restaurants und gutsortierte Läden sorgen für charmante Kleinstadtatmosphäre inmitten der Großstadt. Ein Stück "good old England" ist Fells Point, der inzwischen umfassend überholte alte Hafen der Stadt, der sich dem Besucher mit Kopfsteinpflaster, ziegelgedeckten Reihenhäusern und hübschen Läden präsentiert.

Der Besitzer der Chinasea Marine Trading Company im "englischen" Stadtteil Fells Point

Mit hervorragenden Restaurants und Nachtklubs ist dieses östlich von Little Italy liegende Viertel ein beliebter Anlaufpunkt für Nachtschwärmer. Wiederum östlich davon schließt Canton an, ein erst seit kurzem revitalisiertes Viertel, das mit Bars, eleganten Restaurants und teuren Wohnanlagen gut verdienende Städter anziehen will. Federal Hill heißt das Viertel am Südrand des Inner Harbor. Als National Historic District mit alten Bürgerhäusern aus dem 19. Jahrhundert und hübschen Parks bietet es erholsame Spaziergänge mit einer schönen Aussicht auf die Skyline.
Westlich der Johns Hopkins University schließt Hampden an. Einheimischen zufolge ist hier noch das "gute alte" Baltimore zuhause. Mittendurch führt die 36th Street. An ihr liegen die meisten Cafés, Friseur- und Ramschläden und altmodischen Diner.

Cambridge — I 3

Einwohner: 12 000

Allgemeines

Um die Plantagenwirtschaft mit Zöllen zu belegen, wurde Cambridge 1684 gegründet. Die Stadt am Ufer des Choptank River entwickelte sich bis heute zu Marylands zweitgrößtem Tiefseehafen. Die Tabakwirtschaft gehört indes der Vergangenheit an, verladen wird heute meist Gemüse aus dem Hinterland: Ein lebhafter Farmers' Market (geöffnet: von Juli bis September Mi. u. Fr. 7 00 – 11 00 Uhr) findet im Zentrum statt. Auf Touristen ist Cambridge nicht allzu gut vorbereitet. Vielleicht rührt der Charme des auf den breiten Choptank River blickenden Hafens gerade daher. Die größte Attraktion der Stadt führt aus ihr heraus: Naturfreunde nutzen Cambridge als Basis für Exkursionen in das Blackwater National Wildlife Refuge.

Cambridge (Fortsetzung)

Umgebung von Cambridge

*Blackwater National Wildlife Refuge

36 Kilometer (22 mi) südlich von ▶ Easton liegend, ist dieses Schutzgebiet (geöffnet: Mo. – Fr. 8 00 – 16 00, Sa. / So. 9 00 – 17 00 Uhr) das größte auf der Delmarva Peninsula. Es besteht überwiegend aus Gezeitenmarsch und liegt an einer der beiden großen amerikanischen Vogelfluglinien. 1933 wurde es zum Schutz heimischer Fauna und Flora als auch hier rastender Zugvögel eingerichtet. Tatsächlich herrscht von Oktober bis März Hochbetrieb: Bis zu 33 000 Kanadagänse und 15 000 Wildenten machen hier Station oder überwintern, dazu verschiedene Kranicharten und der kanadische Tundraschwan.

Der Weißkopfseeadler, Wappenvogel der USA

Zu den heimischen Arten gehört der vom Aussterben bedrohte Weißkopfseeadler (bald eagle), der das ganze Jahr hindurch beobachtet werden kann. Häufig sieht man auch Waschbären, Otter, Rotfüchse und Oppossums. Der größte Teil des Parks ist für Besucher nicht geöffnet. Allerdings bietet der 8 km lange, am Besucherzentrum (geöffnet: Memorial Day – Labour Day Mo. – Fr. 8 00 – 16 00, Sa. / So. 9 00 – 17 00 Uhr) beginnende "Wildlife Drive" reichlich Gelegenheit zur Tierbeobachtung: Es gibt einen mit Schaubildern ausgestatteten Beobachtungspunkt sowie zwei kürzere Wanderwege durch eindrucksvolle Marschlandschaften. Natürlich kann der "Wildlife Drive" auch zu Fuß oder per Fahrrad in Angriff genommen werden.

Chesapeake Beach

l 3

Einwohner: 2400

Allgemeines

Nur ein Eisenbahnmuseum erinnert daran, dass es in Chesapeake Beach schon einmal lebhafter zuging. Das 16 mi / 26 km südlich von Annapolis an der Chesapeake Bay liegende Städtchen wurde um 1900 als Endpunkt der Eisenbahn zwischen dem District of Columbia und der Bay gegründet. Bis zur Weltwirtschaftskrise Anfang der 1930er-Jahre entwickelte sich der Ort zur Sommerfrische der

Chesapeake Beach (Fortsetzung)

Hauptstädter, die an den Wochenenden das schwüle Washington gegen die frische Brise an der Bay eintauschten. Abends wurde dann am Strand, in den Kasinos und den Grand Hotels die Nacht zum Tage gemacht. Mit der Depression endete dieses Vergnügen. Erst in den 80er-Jahren erlebte Chesapeake Bay eine Renaissance, dieses Mal als Strandresort und Yachthafen mit gemütlichen Coffeeshops und Ausrüsterläden.

Aktivitäten

Das kleine, in einem alten Warenlager untergebrachte Chesapeake Beach Railway Museum (geöffnet: tgl. 13^{00} – 16^{00} Uhr) erinnert mit beeindruckenden Schwarz-Weiß-Fotos an die Zeiten, als Chesapeake Beach in Washington noch als "CB" der Inbegriff für die große Sause am Wochenende war. Am Nordrand des Städtchens bietet ein langer Holzsteg, der "boardwalk", schöne Promenaden am Strand entlang. Im Süden liegt einer der wenigen Sandstrände der Bay. Breezy Point Beach verfügt über Campingplätze und Umkleidekabinen. Im Hafen sind mehrere auf das Hochseeangeln spezialisierte Charterboot-Gesellschaften stationiert.

Chestertown — I 2

Einwohner: 4000

Allgemeines

Unabhängigkeit wurde in diesem Ort schon immer groß geschrieben. 1774 feierten die Bürger ihre eigene "tea party", als sie die Teeladung eines englischen Klippers aus Protest gegen die Teesteuer ins Meer warfen. 1782 gründeten sie das Washington College, heute das zehntälteste College der USA mit 1200 Studenten. Zu Beginn des dritten Jahrtausends bleibt Chestertown vom Tourismus (und dessen sichtbaren Folgen) weitgehend verschont – ein kleines Wunder, bei den herrlichen Häusern, Mansions und öffentlichen Gebäuden im georgianischen und Queen Anne-Stil. Das 1706 auf einem Hügel über dem Chester River gegründete Chestertown machte schon wenige Jahrzehnte später Annapolis als Hafenstadt Konkurrenz. Später versank es dann in eine Art Dornröschenschlaf, und wer sich heute in einem der schönen Guesthouses übers Wochenende einquartiert, denkt nicht daran, es wach zu küssen. Water Street und High Street bieten mit ihren schönen Steinhäusern besinnliche Spaziergänge und amerikanische Kleinstadtidylle. Ein kleines Besucherzentrum (100 N. Cross St.) verteilt die Broschüre "A Walking Tour of Old Chester Town". Sehenswert sind vor allem das Hynson-Ringgold House (Cannon/Water Sts.), das, 1772 im georgianischen Stil fertig gestellt, eine "Partyzone" englischer Aristokraten war, sowie "Wide Hall", die repräsentative Residenz eines reichen Kaufmanns aus dem 18. Jahrhundert.

Umgebung von Chestertown

Rock Hall

12 mi/20 km westlich von Chestertown ragt dieses Eldorado des Wassersports in die Chesapeake Bay wie ein Sprungbrett. Ein halbes Dutzend Marinas, Motels und Pubs sorgen für Wochenendurlauber, Charterbootgesellschaften warten auf Sportangler, Outfitter (Ausrüstungslieferanten) organisieren Kajaktouren.

Eastern Neck National Wildlife Refuge

Vogelfreunde nutzen die gemütliche Country Inns von Chestertown als Basis für Tagestouren in dieses etwas südlich von Rock Hall auf einer kleinen Insel gelegene Wasservogelreservat. Während der Migration im Herbst und Frühjahr zählen Ornithologen hier bis zu 40 000 Wat- und Wasservögel. Hochwild, Biber und Waschbären begegnet der Besucher ebenfalls ohne große Anstrengungen. Rund 10 km Straßen und Trails durchziehen das kleine Schutzgebiet. Der Blick vom Aussichtsturm schweift über ein Stück Marschgebiet, das einst typisch für den gesamtem Eastern Shore war.

Crisfield

I 4

Einwohner: 3000

Allgemeines

Crisfield, in einem Meeresarm des Tangier Sound am Südende der Eastern Shore gelegen, kümmert sich nur wenig um Touristen. Die "watermen" der Hafenstadt, Austernfischer seit vielen Generationen, kämpfen ums Überleben. Die berühmte "Chesapeake Oyster", bis 1950 Basis für eine florierende Austernfischerei, ist heute so stark dezimiert, dass fast alle Verarbeitungsfabriken dicht machen mussten. Viele "watermen" haben deswegen auf Krabbenfischerei umgestellt. Crisfield, im wahrsten Sinn des Wortes auf Austernschalen gebaut, ist geblieben, was es immer war: ein nüchterner Hafen mit rauen Kanten und Gummistiefel-Atmosphäre. Wer es bis hierher schafft, kommt wegen der fangfrischen Meeresfrüchte und wegen des Abstechers nach Smith Island (s. u.).

Waterfront des ehemaligen Fischereihafens Crisfield

J. Millard Tawes Museum

Das kleine Museum (3 Ninth St.; geöffnet: von Juni bis Oktober Mo.–Fr. 9⁰⁰–16³⁰, Sa./So. 10⁰⁰–15⁰⁰, von November bis Mai Mo.–Fr. 9⁰⁰–16³⁰ Uhr) widmet sich dem berühmtesten Sohn der Stadt, Marylands Gouverneur J. Millard Tawes. Interessanter ist jedoch der fachkundig präsentierte Querschnitt der wechselhaften, von der Chesapeake Bay geprägten Stadtgeschichte. Als Somers Cove im 17. Jahrhundert gegründet, katapultierte die 1867 hierher verlegte Eisenbahn den Ort in die Gegenwart. Die in der feinen Ostküstengesellschaft als Delikatesse begehrte "Chesapeake Oyster" ließ Dutzende von Piers, Markthallen und Verladerampen aus dem Boden schießen, kilometerlange Züge schaufelten das wertvolle Schalentier von Crisfield direkt auf die Märkte von Boston und New York. Über die Krabbenfischerei von heute erfährt man mehr auf geführten Touren durch eine moderne Seafoodfabrik, die das Museum organisiert.

Somers Cove Marina

Der weitläufige Yachthafen ist bei Sport- und Hochseeanglern ein beliebter Ausgangspunkt für Angeltouren in der Cheseapeake Bay und vor der Küste.

Umgebung von Crisfield

Smith Island

Auch die 20 km vor Crisfield in der Chesapeake Bay liegende Insel putzt sich nicht für Touristen heraus. Die Fähren von Crisfield fahren mittags zur gleichen Zeit und kehren fünf Stunden später gleichzeitig zurück: So wollen es die 450 Insulaner. Im Übrigen besteht Smith Island aus mehreren, durch Marschen miteinander verbundenen Inseln. Es gibt drei Orte – Rhodes Point, Ewell und Tylerton – und weder Strände noch Bürgersteige oder Kajakverleihe. Die Fähren laufen Ewell und (im Sommer) Tylerton an. Was kann man in den fünf Stunden auf der Insel unternehmen? Nun, in Ewell spazieren gehen, den Krabbenfischern beim Entladen ihrer Kutter zuschauen und versuchen, ihr "Lingo" zu verstehen, von dem Linguisten behaupten, es sei jenes "Cornish", das die im 17. Jahrhundert aus Cornwall gekommenen Vorfahren sprachen. Und das Gefühl genießen, Mainstream-Amerika mit seinen Shopping Malls und Werbeflächen – wenn auch nur für ein paar Stunden - hinter sich gelassen zu haben. Früher oder später wird man beim Besucherzentrum vorbeikommen, das über die Geschichte und Kultur der isolierten Inselgemeinde informiert, und in Ruke's Store einkehren, wo sich die Insulaner mit allem für einen Videoabend Notwendigen versorgen.

Baedeker TIPP **Paddeln in den Sonnenuntergang**

Unberührte Schilflandschaften, naturbelassene Uferstreifen: Vor der Ankunft der Weißen hat die Chesapeake Bay überall so ausgesehen. Der auf drei Seiten von Wasser umgebene Janes Island State Park schützt eines der letzten Naturgebiete der Bay und lässt sich nur vom Wasser aus erkunden. Verschiedene, nach Farben benannte Routen führen zu den schönsten Plätzen. Kanus und Kajaks vermietet die Parkverwaltung (26280 Alfred Lawson Drive, Crisfield; ☎ 410/9681565).

Tangier Island

Von der Somers Cove Marina gehen in den Sommermonaten, von Mai bis Oktober, Fähren (1,5 Std.) nach Tangier Island (Virginia) ab.

Cumberland

Einwohner: 24 000

Allgemeines

Eingekesselt von den grünen Hängen der Allegheny Mountains, wähnt man sich in Cumberland dem rauen West Virginia näher als dem sonst meist pastoralen Maryland. Dicht gedrängte Häuserzeilen, meist aus repräsentativen viktorianischen Stadthäusern, und mit roten Ziegeln gedeckte Kirch- und Fabriktürme erinnern an das goldene 19. Jahrhundert, als die Stadt am Potomac als Handelszentrum und Umschlagplatz immer größere Bedeutung bekam. Heute ist der Lack ab: Der Putz bröckelt, nur wenige der großen Supermarktketten zeigen hier Fahne. Für Liebhaber der amerikanischen Geschichte passt das jedoch gut ins Bild: Im späten 18. Jahrhundert war Cumberland Amerikas Vorposten an der Frontier. Die Abenteurer, die heute hier absteigen, tragen Helme, Knieschoner oder Rucksäcke: Seit ein paar Jahren floriert Cumberland als Ausgangspunkt für Mountainbike- und Hikingtouren in den Allegheny Mountains.

Geschichte

Benannt nach dem hier errichteten Fort Cumberland, beginnt die Stadt noch in der Kolonialzeit als äußerster Vorposten des damals nur bis zu den Appalachen und Alleghenies reichenden Amerika. Während des so genannten French and Indian War nutzt der junge Colonel George Washington das Fort als Basis für Feldzüge gegen die Franzosen und ihre indianischen Verbündeten. Wenig später wird Cumberland das Tor zum Westen: Siedler auf dem Weg ins Ohio-Tal kommen hier entlang, Forscher unterwegs in das unbekannte Teritorium jenseits des Mississippi stocken hier ihre Vorräte auf. In den 40er-Jahren des 19. Jahrhunderts läuten der Chesapeake & Ohio Canal und die Ankunft der B & O-Railroad ein neues Zeitalter ein. Die Stadt boomt als Warenumschlagplatz zwischen den Märkten im Innern und den Hafenstädten der Ostküste. Erst im 20. Jahrhundert verläuft das Wachstum in Cumberland langsamer: Immer bessere Straßen durch die Appalachen bringen den Westen näher, die Stadt verliert an Bedeutung. Nach dem Zweiten Weltkrieg versinkt Cumberland in Provinzialität, erst in den 70er-Jahren geht es wieder aufwärts, als großstadtmüde Familien aus Baltimore und Washington die Stadt als kinderfreundlichen Wohnort entdecken. Zu Beginn des dritten Jahrtausends profitiert Cumberland zunehmend von seinem Umland, vor allem vom wildromantischen Rocky Gap State Park (s. u.): Als Outdoor-Zentrum zieht es Jahr für Jahr mehr Wanderer, Mountainbiker und Rafter an.

Sehenswertes in Cumberland

***Chesapeake & Ohio Canal National Historic Park – Cumberland Visitor Center**

Nach fast 300 km erreichte der in Georgetown bei ▶ Washington DC begonnene Chesapeake & Ohio Canal 1850 seinen Endpunkt in Cumberland. Bis der Straßenverkehr ihn überflüssig machte, leistete er als Transportweg einen wichtigen Beitrag zur Erschließung der Region.

Das im lebhaften Western Maryland Station Center (13 Canal St.) zwischen Schienen und Kanal untergebrachte Cumberland Visitor Center dokumentiert die Blütezeit des Kanals mit einer ausgezeichneten Multimedia-Ausstellung (geöffnet: tgl. 9^{00} bis 17^{00} Uhr).

*Western Maryland Scenic Railroad

Durch dichte Wälder, enge Schluchten und pechschwarze Tunnel schnauft der "Mountain Thunder", eine Dampflok aus dem Jahr 1916, tagtäglich von Cumberland in das 15 mi/25 km entfernte Frostburg und zurück. Auch die Waggons stammen aus der Blütezeit der Eisenbahn. In Frostburg wird der Zug auf einer Drehscheibe gewendet. Während des Aufenthaltes kann das dortige Thrasher Carriage Museum (s.u.) besichtigt werden (Western Maryland Station Center, 13 Canal St.; geöffnet: von Mai bis Dezember Di.–So. 11⁰⁰–15⁰⁰ Uhr, im Oktober wegen der Laubfärbung auch tgl.).

Emmanuel Episcopal Church

Diese hoch über dem Potomac River errichtete Kirche wurde 1851 fertig gestellt und ist wegen ihrer Original-Tiffany-Fenster und dem Umstand, auf den Grundmauern des Fort Cumberland errichtet worden zu sein, vor allem für historisch Interessierte von Bedeutung. Im Innern befindet sich ein Modell des Forts, in den Katakomben sind noch Teile der Befestigungsanlage zu erkennen (16 Washington St.; geöffnet: Mo.–Fr. 9^{00}–15^{00} Uhr). Draußen führt der "Fort Cumberland Walking Trail" zu Stellen, die mit dem Fort in Verbindung stehen.

George Washington's Headquarters

Bevor die Nation ihre Hauptstadt nach ihm benannte, nahm der 21-jährige Colonel George Washington mit bescheidenen Unterkünften vorlieb. Diese winzige Blockhütte im Riverside Park (Greene St.) war während des French and Indian War seine Kommandozentrale. Besucher müssen sich mit einem Blick durchs Fenster und historischen Hintergrundinformationen vom Band begnügen: Die mit zeitgenössischem Frontier-Mobiliar eingerichtete Hütte ist nicht öffentlich zugänglich.

History House

Der Victorian Historical District entlang Washington St. im Westen der Stadt ist Cumberlands schönstes Viertel – Stein gewordene Erinnerung an reiche Eisenbahnbarone und Kohlekönige. 1973 ins National Register of Historic Places aufgenommen, stehen hier rund 50 prächtige Stadthäuser in allen von 1830 bis 1900 üblichen Stilrichtungen. Zu besichtigen ist das History House (218 Washington St.; geöffnet: Di.–Sa. 11^{00}–15^{00} Uhr, nur geführte Touren), eine prächtige, nach dem Bürgerkrieg für den Präsidenten des C&O Canal errichtete 18-Zimmer-Residenz. Das zeitgenössische Mobiliar, darunter ein wertvoller Flügel aus dem Jahr 1840, spiegelt den galanten Alltag der damaligen Oberschicht wider.

Umgebung von Cumberland

*Thrasher Carriage Museum

15 mi/26 km westlich von Cumberland im ehemaligen Kohlestädtchen Frostburg gelegen, beherbergt dieses ungewöhnliche Museum (19 Depot St.; geöffnet: von Mai bis September Di.–So. 11^{00}–15^{00}, im Oktober tgl. 11^{00}–15^{00}, im November/Dezember Sa./So. 11^{00}–15^{00} Uhr) über 50 Pferdekutschen und -schlitten aus dem 19. und frühen 20. Jahrhundert. Glanzstücke sind der Familienschlitten der Familie Vanderbilt und die Pferdekutsche, die US-Präsident "Teddy" Roosevelt bei seiner Amtseinführung benutzte.

Paw Paw Tunnel

Familienväter erschrecken hier gerne die lieben Kleinen – der düstere Paw Paw Tunnel 27 mi/45 km flussabwärts von Cumberland

Paw Paw Tunnel (Fortsetzung)

(Rte. 51) eignet sich hervorragend zum Geisterspiel. 1850 nach 14-jähriger Bauzeit für den C&O Canal eingeweiht, empfiehlt der den Tunnel betreibende C&O Canal National Historic Park (s.o.) die Mitnahme einer Taschenlampe. Tatsächlich wird es recht düster auf dem 20-minütigen Trail, der dem engen Weg über dem Wasser folgt, den einst die Schiffer benutzten, wenn sie ihre Kähne zogen.

*Rocky Gap State Park

Dieser schöne State Park liegt 14 mi/24 km östlich von Cumberland. Den gesamten Gebirgssattel zwischen Evitt's und Martin's Mountain umschließend, präsentiert er mit schroffen Felswänden, dunklen Schluchten und dem Bergsee Lake Habeeb die rauere Seite Marylands. Schöne Hikingtrails ziehen sich durch den Park. Auf dem 6,7 km langen Lakeside Trail kann man den See umrunden. Der kurze Canyon Overlook Trail belohnt mit einem beeindruckenden Blick in die Rocky Gap Gorge. Von hier aus führt ein anstrengender Trail hinab in die Schlucht und später hinauf auf den nach einem frühen Siedler benannten Evitt's Mountain. Schwimmen, Kanu- und Kajakfahren – am Lake Habeeb gibt es einen Strand und einen Bootsverleih – runden den Tag im Rocky Gap State Park ab (I-68, Exit 50).

Deep Creek Lake

g/h 2

Allgemeines

Wer in Maryland Deep Creek Lake sagt, meint Outdoor-Sport. Der buchtenreiche See im äußersten Nordwesten des Bundesstaats ist mit fast 100 km Uferlinie Marylands größter künstlicher See, der mitten in Garrett County liegt. Dieser Bezirk war im 19. Jahrhundert wegen seiner milden Sommer und der klaren Bergluft eine beliebte Sommerfrische der begüterten Hauptstädter, die mit der B&O Railroad heraufkamen und in luxuriösen Grand Hotels abstiegen. Als das Auto die Schiene verdrängte, geriet Garrett County ins Abseits. Ende der 1920er-Jahre wurde dieser raue Abschnitt der Appalachen durch die Schaffung des Deep Creek Lake wieder belebt und bietet heute neben Mountainbike- und Hikingtrails, hervorragenden Golfplätzen, Rafting und Wildwasser-Kajaking Marylands einziges Skirevier. Im Zentrum des allgemeinen Interesses liegt jedoch der von Unterkünften jeder Preisklasse umgebene See: Im Sommer kann man hier jede nur erdenkliche Wassersportart ausüben.

Ein wahres Abenteuer: Rafting

Aktivitäten

Das Städtchen McHenry am Nordende des Sees ist eine gute Basis für Aktivitäten in Garrett County. Nahezu alle Yachthäfen des Sees vermieten Boote aller Art. Wasserski und Jetski sind ebenfalls populär. Sportangler dürfen sich auf 22 Fischarten

Deep Creek Lake (Fortsetzung)

freuen, darunter Barsche, Zander und Forellen. Ruderboote und Kanus werden auch im angrenzenden Deep Creek Lake State Park vermietet. Der am Ostufer liegende Naturpark lockt mit Wanderwegen verschiedenen Schwierigkeitsgrades. Als besonders schön gilt der vier Kilometer lange Indian Turnip Trail zu den Aussichtspunkten auf dem Meadow Mountain. Auch der Sprung ins kühle Nass ist hier am schönsten: Der längste Sandstrand des Sees liegt innerhalb der Parkgrenzen. Golfer bevorzugen den Golf Club at Wisp in McHenry, ein zum luxuriösen Wisp Resort gehörendes 18-Loch-Green mit Blick auf See und Berge.

Weitere Aktivitäten in Garrett County

Hiking, Mountainbiking

Die I-68 hat die alten, lange isolierten "Northwest Territories" nicht zuletzt auch für Outdoor-Fans geöffnet. In einem halben Dutzend schöner State Parks können sie sich auf Hiking- und Mountainbiking-Trails austoben. Vor allem die State Parks New Germany und Big Run genießen bei Mountainbike-Freaks einen guten Ruf. Eine besondere Herausforderung für Hiker sind die steilen Trails im Savage River State Forest, allen voran der 27 km lange Big Savage. Dagegen sind die Trails im Swallow Falls State Parks eher leicht und bieten dazu schöne Ausblicke auf die Wasserfälle am Wegesrand.

***Rafting**

Zwischen Pennsylvania und Maryland ebnet sich einer der besten Rafting-Flüsse des Ostens den Weg durch die Appalachen nach Norden. Der "Yough" (gesprochen: "Yock"), wie die Amerikaner den Youghiogheny River nennen, bietet Freunden des nassen Vergnügens allein im oberen Abschnitt rund 20 Stromschnellen der schwierigsten Kategorie. Ingesamt gibt es zwischen Millers Run und Friendsville "rapids" und "cataracts" aller Schwierigkeitsgrade. Und erfahrene Outfitter und Spezialveranstalter, die den Besucher auf Tagestouren – Mahlzeiten und Getränke inklusive – mit Gummiflößen sicher durch die tosenden Wasser leiten. Gleich mehrere sind in Ohiopyle (Pennsylvania) stationiert. Daneben gibt es einen Veranstalter in Friendsville (Maryland).

Eastern Shore — l/m 2–4

***Idyllische Halbinsel an der Chesapeake Bay**

Maryland wie vor 200 Jahren? Wer auf den Chesapeake Bay Bridge von Annapolis aus herüberkommt, wundert sich bald über das unverfälschte, von Neubausiedlungen verschont gebliebene ländliche Ambiente. Während der District of Columbia bereits große Teile Marylands seinem Einzugsbereich einverleibt hat, ist dieser Teil noch weitgehend ländliche Idylle. Als Teil der von Chesapeake Bay, Delaware Bay und dem Atlantik umspülte Delmarva Peninsula lange vom Rest der Ostküste isoliert, ermöglichte erst die 1952 eingeweihte Brücke den Anschluss des Eastern Shore. Seitdem ist vieles in dem flachen Farmland beim Alten geblieben, der Tourismus konzentriert sich auf die traditionsreichen Städtchen an der Bay und vor allem in ▶ Ocean City, der modernen Resortstadt am Atlantik. Am besten lernt man die langsamere Gangart der Eastern Shore auf den schmalen "backroads" jenseits der vielspurigen Rte. 50 kennen.

Einwohner: 10 000

*Tor zur Eastern Shore

Im ausgehenden 17. Jahrhundert von gottesfürchtigen Quäkern gegründet, gilt Easton als Tor zum ▶ Eastern Shore. Die Stadt inmitten einer lieblichen Kulisse aus weiten Getreidefeldern, kleinen Wäldchen und stillen Flüssen und Meeresarmen verbindet Tradition und Zukunft: Eine gut erhaltene Kolonialarchitektur und alle Dienstleistungen einer modernen Kleinstadt sowie ein reichhaltiges kulturelles Angebot verbinden sich hier zu einer vor allem für Großstadtflüchtlinge immer attraktiveren Formel für hohe Lebensqualität. Auch Touristen schätzen diese Entwicklung: Während die modernen Hotels, Motels und Fastfood-Restaurants in den Osten der Stadt verbannt wurden, konzentriert sich der kompakte "historic district" rund um die Washington Street.

Hauseingang im historischen Distrikt von Easton

Sehenswertes in Easton

Third Haven Meeting House

Das in einem ruhigen Wohngebiet im Schatten alter Bäume liegende weiße Haus ist das älteste in Maryland. Es wurde 1682 aus Eichen- und Kiefernholz erbaut und diente religiösen Gruppen als Versammlungshaus. William Penn, Quäkerführer und Gründer von Pennsylvania, soll hier einmal gepredigt haben. Mehr als 300 Jahre später ist sein schlichtes Inneres noch immer ein Hort der Ruhe (405 S. Washington St.; geöffnet: tgl. 9⁰⁰ – 17⁰⁰ Uhr).

*Historical Society of Talbot County

Als einer von vielen historischen Vereinen Amerikas bewahrt und erforscht auch die Historical Society of Talbot County (25 S. Washington St.; geöffnet: von April bis November Di. – Fr. 11⁰⁰ – 15⁰⁰, Sa. 10⁰⁰ – 16⁰⁰, geführte Touren Di. – Sa. 11³⁰ und 13³⁰ Uhr) ihre Lokalgeschichte. Sie bietet verschiedene interessante Touren, die mit und ohne Führer absolviert werden können. Die "Three Centuries Tour" umfasst die Besichtigung dreier historischer Häuser aus den Jahren 1670, 1790 und 1810 und vermittelt interessante Einblicke in den Alltag der Pioniere und Quäker. Die "Historical Society Gardens" hinter dem Museum der Society bieten eine friedvolle Oase mitten in Easton. Schließlich informiert eine ausführliche Broschüre des Vereins über verschiedene "self guided walking tours" durch Eastons historischen Stadtkern.

Talbot County Courthouse

Ein besonderer Ort im Kollektivbewusstsein der historisch interessierten Einwohner Marylands war das 1712 errichtete und 1794 neu

Easton (Fortsetzung) **Talbot County Courthouse**

erbaute Bezirksgericht (11 N. Washington St.) der Ort, an dem die Siedler der Kolonie Maryland zuerst ihren Unmut über die Schließung des Bostoner Hafens öffentlich kundtaten. Am 24. Mai 1774 wurden auf den Stufen vor dem Gericht die "Talbot Resolves" verlesen. Die Formulierung "to act as friends of liberty and to the general interest of mankind" fand später Eingang in die amerikanische Unabhängigkeitserklärung.

Academy of the Arts

In einem kleinen Schulhaus aus den 1820er-Jahren untergebracht, zeigt die rührige Akademie im 6-Wochen-Turnus die Werke lokaler und nationaler Künstler (106 South St.; geöffnet: Mo. – Sa. 10^{00} – 16^{00} Uhr). In der dazugehörigen Galerie können Originalwerke gekauft werden.

Aktivitäten

Easton ist bei Antiquitäten-Fans für seine Schnäppchen berühmt. Vor allem an der Dover Street kann man interessante Objekte aus dem 19. Jahrhundert finden.

***Rundfahrt Easton – Oxford – St. Michaels**

Durch weite Getreidefelder, vorbei an Marschen und zwischen Wäldchen glitzernden Wasserwegen führt diese 50 km lange Rundfahrt. Auf der Rte. 333 geht es zunächst in das verschlafene ▶ Oxford. Dort setzt man mit einer altertümlichen Fähre über den Tred Avon River nach Bellevue über und gelangt schließlich auf der Rte. 33 nach ▶ St. Michaels.

Frederick — k 2

Einwohner: 53 000

***Nette Stadt in den Appalachen**

Eine Autostunde westlich von Baltimore beginnen die Appalachen. Vor dieser Kulisse schöner grüner Höhenzüge liegt, von Dichtern besungen und im Bürgerkrieg erbittert umkämpft, die zweitgrößte Stadt Marylands. Schlanke Kirchturmspitzen recken sich gen Him-

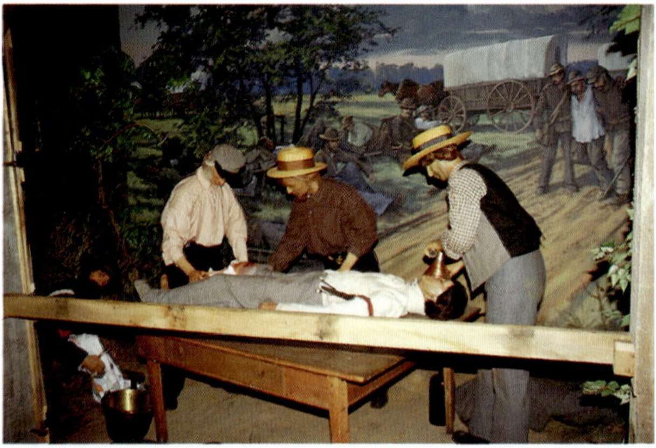

Nachgestellte Szene einer Operation unter freiem Himmel im Museum of Civil War Medicine

mel, große alte Bäume werfen ihre Schatten auf schöne Parks und Gärten. Das landwirtschaftliche Zentrum der Region rückte in den letzten Jahrzehnten immer stärker in den Einzugsbereich der Bundeshauptstadt und weist heute an seiner Peripherie eine kontinuierlich wachsende verarbeitende Industrie auf.

Allgemeines (Fortsetzung)

Zugleich hat es sein historisches Erbe erfolgreich in die Gegenwart gerettet: Der 33 Blocks bedeckende "Historic District" gilt als ein Juwel amerikanischer Architektur, der mit seinen Häusern alle Stile des 18. und 19. Jahrhunderts reflektiert. Zugleich locken die Restaurants und Antiquitätenläden an der Market Street selbst die verwöhnten Hauptstädter herbei.

Geschichte

Die Stadt Frederick wurde 1745 gegründet und nach Frederick Calvert, dem sechsten Lord Baltimore, benannt. Ihre englischen und deutschen Siedler machten sich mit zahlreichen Verstößen gegen die als Knebelgesetze empfundenen Verordnungen der Kolonialregierung rasch einen Namen als störrische Untertanen. Während des Unabhängigkeitskriegs erhielt der deutsche Bevölkerungsanteil Verstärkung aus der alten Heimat: Die auf englischer Seite kämpfenden und von den Amerikanern gefangen genommenen hessischen Legionäre wurden hier eingesperrt und blieben nach ihrer Entlassung im Lande.

Während des Bürgerkriegs machte die Nähe zu Washington Frederick zur erbittert umkämpften Bastion: Für die Konföderierten war die Stadt das letzte Bollwerk der Union vor der Bundeshauptstadt. Ihre beiden Versuche, den Krieg in den Norden zu tragen, scheiterten jedoch bei ▶ Antietam und Monocacy (▶ Frederick) vor den Toren der Stadt. Frederick wechselte in dieser turbulenten Zeit mehrere Male den Besitzer. Nach den beiden Schlachten diente es beiden Seiten als Lazarett für Zehntausende verwundeter Soldaten. Die Stadt selbst blieb verschont, ein Segen für den heutigen Besucher, den ein Bummel durch die Altstadt auf beeindruckende Weise ein dramatisches Kapitel amerikanischer Geschichte vor Augen führt.

Sehenswertes in Frederick

Historical Society of Frederick County

Ein schönes Beispiel personalisierter Geschichte beherbergt dieses um 1820 im Federal Style erbaute Haus. Neben herrlichem zeitgenössischem Mobiliar trifft man auf interessante Memorabilia prominenter Bürger, darunter Francis Scott Keys, des Verfassers der Nationalhymne, und Barbara Fritchie (s.u.). In einigen Räumen werden Werke lokaler Künstler ausgestellt (24 E. Church St.; geöffnet: Mo.–Sa. 10[00]–16[00], So. 13[00]–16[00] Uhr).

**National Museum of Civil War Medicine

Fern vom sonst üblichen Pathos zeigt dieses ungewöhnliche Museum die andere Seite des blutigsten Kriegs auf amerikanischem Boden. Nach dem Gemetzel von Antietam diente das dreigeschossige Gebäude zunächst als Leichenschauhaus.

Heute informieren Ausstellungen über weniger bekannte Aspekte des Bürgerkriegs, z.B. über den Stand der Medizin um 1860, den Werdegang eines Soldaten von seiner Rekrutierung bis zum Fronteinsatz sowie die Rolle afroamerikanischer Ärzte und Krankenschwestern. Dabei kommt durchaus Interessantes zum Vorschein:

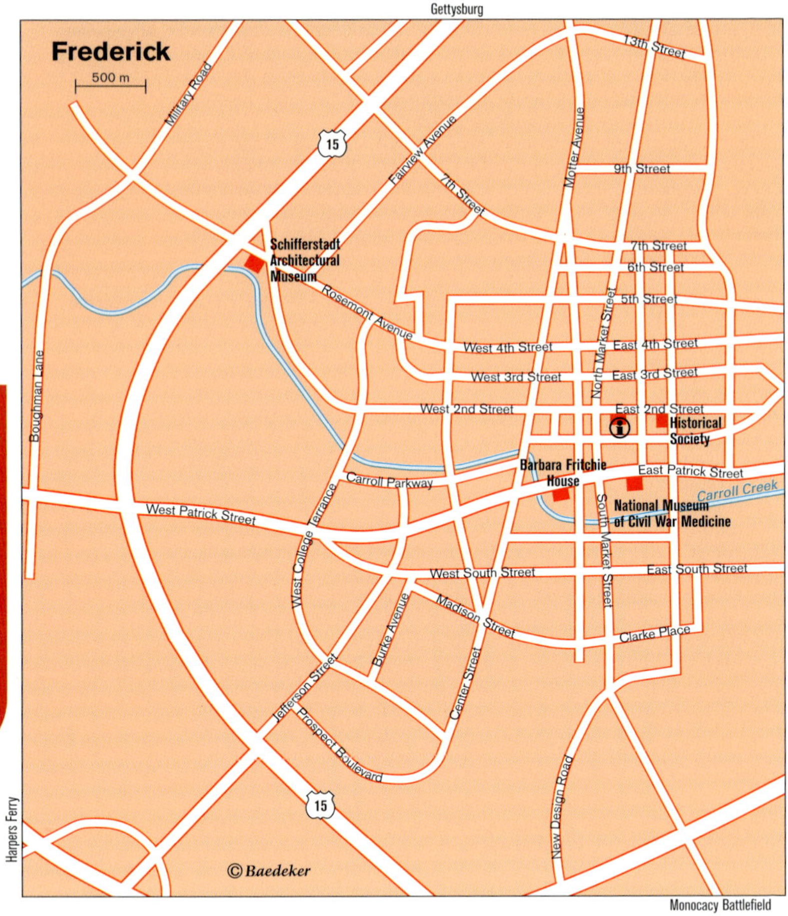

Nat. Museum of Civil War Medicine (Fts.)

So starben beispielsweise mehr Soldaten an Krankheiten und Infektionen als auf dem Schlachtfeld (48 E. Patrick St.; geöffnet: Mo. – Sa. 10^{00} – 17^{00}, So. 11^{00} – 17^{00} Uhr).

Schifferstadt Architectural Museum

Die I-15 verläuft heute zwar hinter dem alten Gemüsegarten, seine typisch deutsche Atmosphäre hat sich Fredericks ältestes erhaltenes Gebäude dennoch bewahrt. 1756 von der deutschen Familie Brunner erbaut und nach ihrer Heimatstadt benannt, könnte der Hof mit seinem soliden Fachwerk und halbmeterdicken Wänden ebenso gut in Deutschland stehen.

Beeindruckend sind v.a. die selbst geschmiedeten Werkzeuge und das ausgetüftelte Heizungssystem. Im Gift Shop liegen interessante Broschüren über das “German Heritage” in der Region aus (1110 Rosemont Ave.; geöffnet: von April bis Dezember Di. – Fr. 10^{00} – 16^{00}, Sa. / So. 12^{00} – 16^{00} Uhr).

Frederick (Fts.)
*Barbara Fritchie Museum (Abb. S. 59)

Als Konföderierten-General Samuel "Stonewall" Jackson 1862 an der Spitze seiner Truppen durch Fredericksburg ritt, stellte sich ihm ein die Unionsfahne schwingendes Mütterchen mit den Worten, weiter gehe es nur über ihre Leiche, in den Weg. Nicht nur Jackson zeigte sich beeindruckt vom Mut der Barbara Fritchie. Die streitbare Pioniersfrau wurde in einem Gedicht verewigt. Ihr Wohnhaus ist detailgetreu rekonstruiert und dient heute als Museum, das sich ihrem Leben und ihrer Zeit widmet (154 W. Patrick St.; geöffnet: von April bis September Mo., Do. – Sa. 10^{00} – 16^{00}, So. 13^{00} bis 16^{00}, im Oktober / November Sa. 10^{00} – 16^{00}, So. 13^{00} – 16^{00} Uhr, von Dezember bis März geschlossen).

Baedeker TIPP **Hiking auf einer Legende**

Über 3500 km ist er lang, und weniger als 200 Hiker jährlich schaffen ihn in einem Stück: der Appalachian Trail, Nordamerikas berühmtester Fernwanderweg. Die "Thru-Hiker" benötigen dazu vier bis sechs Monate. Wer allerdings nur ein paar Stunden oder Tage erübrigen kann, sollte bei Frederick auf der "Mutter aller Wanderwege", die sich von Georgia bis nach Maine erstreckt, die Umgebung genießen. Dort passiert er nacheinander die State Parks Washington Monument, South Mountain und Greenbrier.

Umgebung von Frederick

Monocacy National Battlefield
3 mi / 5 km südlich von Frederick hielten am 9. Juli 1864 unter General Lew Wallace 5800 Unionssoldaten den Vormarsch von 18 000 Konföderierten unter General Jubal Early auf. Zwar gewannen die Konföderierten die Schlacht, die entstandene Verzögerung ihres Marsches auf Washington nutzte Unionsgeneral Ulysses Grant jedoch zur Verstärkung seiner Truppen in Fort Stevens nahe der Bundeshauptstadt. Durch die Schlacht von Monocacy entscheidend geschwächt, musste Early den geplanten Marsch auf Washington abblasen. Heute präsentiert sich das Schlachtfeld so wie am Morgen vor der Schlacht. Nur eine handvoll Denkmäler und ein kleines Besucherzentrum, in dem der Schlachtverlauf nachgezeichnet wird, setzen in der Landschaft Akzente (4801 Urbana Pike, Rte. 355; geöffnet: von April bis Oktober tgl. 8^{00} – 16^{30}, von November bis März tgl. Mi. – So. 8^{00} – 16^{30} Uhr).

Hagerstown

j 1/2

Einwohner: 37 000

Allgemeines

Mit seinen sechsstöckigen Stadthäusern, engen Straßen und hübschen kleinen Parks wirkt Hagerstown auf den ersten Blick größer als es ist. Als Jonathan Hager vor 260 Jahren hier ankam, war dies menschenleere Wildnis. 1762 gründete er eine Siedlung und benannte sie nach seiner Frau Elizabeth Town. In der Folgezeit ließen sich hier vor allem deutsche Auswanderer nieder, 1813 wurde der Ort in Hagerstown umbenannt. Eine florierende Landwirtschaft bildete die Basis für das kontinuierliche Wachstum. 1901 erhielt Hagerstown als eine der ersten Kleinstädte Amerikas eine Bibliothek. Eine rollende, von Pferden gezogene Bücherei für die weit abgelegenen Farmen des Umlands gesellte sich später dazu. Heute ist Hagerstown eine geschäftige Kleinstadt mit einem nicht immer überzeugenden Mix aus alten und neuen Gebäuden.

Wohnhaus des Stadtgründers von Hagerstown, Jonathan Hager

Hagerstown (Fortsetzung) **Hager House and Museum**

Am Südrand der Stadt baute Jonathan Hager 1739 das erste feste Haus in dieser Gegend. Das festungsartige Gebäude war, wie damals an der Frontier üblich, Wohnhaus, Zuflucht und Vorratslager in einem. Zeitgenössisches Mobiliar vermittelt einen Eindruck vom damaligen Leben am Rand der Zivilisation (110 Key St.; geöffnet: von April bis Dezember Di. – Sa. 10[00] – 16[00], So. 14[00] – 17[00] Uhr).

Miller House

Eine Puppen- und Uhrenkollektion, Hagerstowns erstes, 1910 in Betrieb genommenes Taxi sowie Mobiliar aus verschiedenen Epochen lohnen den Besuch dieses repräsentativen, im Federal Style erbauten Hauses (135 W. Washington St.; geöffnet: von April bis November Mi. – Sa. 13[00] – 16[00] Uhr).

Ocean City

m 3

Einwohner: 7500

*** Marylands beliebtester Badeort**

Das Kürzel "OC" steht in der Capital Region für Badeurlaub, Miss-Bikini-Wahlen und wilde Parties zum Semesterende. Ocean City ist Marylands Baderesort. Es liegt auf einer 16 km langen Sandinsel, die den Atlantik von der buchtenreichen Küste trennt. Das Stadtbild hat sich dem topografischen Diktat angepasst: Ocean City ist 150 Blocks lang, aber nur wenige Blocks breit. Hauptverkehrsader ist der Coastal Highway, der vielspurig kilometerlang an modernen Hotels, Motels und Apartmenthäusern vorbeiführt.
Durchnummerierte Straßen zweigen in regelmäßigen Abständen zum öffentlich zugänglichen Strand ab. Am südlichen Ende der

Badeort (Fortsetzung)

Stadt liegt die Altstadt – wenn man die alten Strandhäuser rund um den "Inlet", mit denen Ocean City nach dem Bürgerkrieg als Sommerfrische begann, eine solche nennen kann. Hier beginnt auch der 5½ km lange Boardwalk, ein Plankenweg zum Flanieren zwischen Strand und Snackbars, T-Shirt-Läden und Souvenirshops. In diesem Abschnitt befindet sich auch die Vergnügungsindustrie mit ihren Minigolfplätzen und Themenparks. Jenseits der 27th Street – hier endet der Boardwalk – werden die Hotels größer und moderner.
Während der Sommermonate schwillt die Bevölkerung der Stadt auf über 300 000 an. Von Ende Mai bis Ende Juni ist "OC" fest in der Hand partyfreudiger College-Studenten. Im Juli und August bestimmen Familien das Bild.

Boardwalk

Der Boardwalk, den die ersten Bewohner am Strand verlegten, um sich im Sommer auf dem heißen Sand nicht die Füße zu verbrennen, ist heute der beste Ort in Maryland, um Menschen aller Größen, Farben und Formen zu beobachten. Wem das Laufen zu mühsam ist, kann unterwegs auf die Bimmelbahn springen oder eine vierrädrige, pedalgetriebene Droschke mieten.

Lifesaving Station Museum

Untergebracht in einer Rettungsstation mit rotem Dach aus dem Jahre 1891, widmet sich dieses Museum liebevoll der gefährlichen Arbeit des US Life-Saving Service entlang der Küste. Zu den bemerkenswertesten Ausstellungsstücken zählen ein historisches Rettungsboot und Bilder der schwersten Stürme, die diesen Küstenabschnitt im 20. Jahrhundert heimgesucht haben (Südende Boardwalk; geöffnet: von Juni bis September tgl. 11^{00}–22^{00}, von Mai bis Oktober tgl. 11^{00}–16^{00}, von November bis April Sa./So. 11^{00}–16^{00} Uhr).

Fun-Attraktionen

Aus der Kirmes-Atmosphäre am Südrand von Ocean City ragen v.a. drei Attraktionen heraus. Der älteste Vergnügungspark der Stadt ist der 1887 gegründete "Trimper's Rides and Amusement Park" (Nähe Inlet) mit zahlreichen nostalgischen Karussels und einer aufregenden Wasserrutsche. Eine der größten Gokart-Bahnen der USA bietet "Jolly Roger" (30th St. und Coastal Highway), hinzu kommen Wasserrutschen und ein einfallsreich gestalteter Minigolfplatz.

Baedeker TIPP Siebter Himmel für Minigolfer

Das harmlosteste Vergnügen, das Ocean City zu bieten hat: Minigolf, zu Hause noch auf langweiligen, bröckelnden Bahnen betrieben, wurde hier zum Happening erhoben. Man puttet sich durch Ritterburgen und Mondlandschaften, vorbei an Wasserfällen, Killer-Walen sowie Dinosauriern – und schwingt das Eisen sogar in einem untergegangenen U-Boot. Jede Anlage ist noch extravaganter als die andere. Zu den schönsten gehören: Jungle Golf (30th St. u. Coastal Highway, ☎ 410/289-5495), Old Pro Underwater Golf (68th St. und Coastal Highway, ☎ 410/524645), Old Pro Castle Golf (28th St. und Coastal Highway, ☎ 410/289 92 86).

Aktivitäten

Shopping Die auf dem Festland kurz vor der Brücke nach Ocean City liegenden Ocean City Factory Outlets (Rte. 50) bestehen aus rund 40 Textilgeschäften, die Designerware von Tommy Hilfiger, Mikasa, Reebok, Osh Kosh etc. zu Niedrigstpreisen verkaufen.

***Golf** Ein knappes Dutzend Golfplätze im Umkreis einer halben Autostunde haben Ocean City den Beinamen "Myrtle Beach of the Mid-Atlantic" eingebracht. Viele empfangen auch Nicht-Mitglieder, die Gebühren liegen zwischen 25 und 80 Dollar. Empfehlenswert: Bay Club (9122 Libertytown Rd., Berlin; 18 Löcher, Klubhaus, Golfstunden), Eagle's Landing Golf Course (12367 Eagle's Nest Rd., Berlin; 18-Loch-Green mit schönem Blick auf die Sinepuxent Bay) und River Run (11605 Masters Lane, Berlin; 18-Lochanlage in idyllischer Landschaft).

Hochseeangeln Weißer und blauer Marlin sind die bevorzugten Beutefische der auf Hochseeangler spezialisierten Motorboote, die in Ocean City von der Shantytown Pier (unweit Rte. 50) und weiter nördlich von der Bahia Marina aus (zwischen 21st und 22nd Street) in See stechen. Ein Tag auf See kostet, Lizenzen und Angelgerät eingeschlossen, bis zu 100 Dollar.

Am Boardwalk von Ocean City

***Beach Life** Der schöne Sandstrand ist 16 km lang und bis zu 100 m breit. Schwimmen, Surfen, Beachvolleyball und das Steigenlassen bunter Drachen sind hier die beliebtesten Freizeitaktivitäten. Von Mai bis Mitte September herrschen angenehme Wassertemperaturen.

Segeln, Parasailing zu Lande und zu Wasser, Windsurfing, Jetskiing: In der Bahia Marina (s.o.) sind alle Wassersportgeräte zu mieten.

Ocean City (Fts.)
Wassersport

Umgebung von Ocean City

*Berlin

Die bevorzugte Basis für alle Badeurlauber, die sich nach dem Rummel von Ocean City gern in die Stille eines viktorianischen Städtchens (2600 Einw.) zurückziehen. Der Bummel auf der von gusseisernen Straßenlaternen gesäumten Main Street führt zurück in die Zeit der Pferdedroschken; hübsche Antiquitäten- und Kunsthandwerksläden laden zum unverbindlichen Stöbern ein. Das Atlantic Hotel im Herzen Berlins, ein herrlich altmodisches Hotel im Fin-de-Siècle-Stil, ist mit seinem Restaurant und seiner Bar der soziale Mittelpunkt des Städtchens und zugleich die beste Unterkunft vor Ort. Hier wurde "Runaway Bride" mit Julia Roberts und Richard Gere gedreht.

Mittagessen auf der Terrasse des Atlantic Hotel in Berlin

Oxford

l 3

Einwohnerzahl: 700

Allgemeines

Oxford ist die am wenigsten vom Tourismus geprägte Stadt unter den architektonischen Schmuckstücken der ▶ Eastern Shore. Für viele ist es auch die schönste: Auf einer kleinen in die Chesapeake Bay reichenden Halbinsel gelegen, bietet das von alten Plantagen und weiten Getreidefeldern umgebene Städtchen herrliche, im Federal Style erbaute Villen unter alten Bäumen und schöne Blicke auf die hier vorbeifließenden Flüsse Choptank und Tred Avon. Alles wirkt aufeinander abgestimmt, die Insignien der amerikanischen Massenkultur konnten hier nicht Fuß fassen: Ausdruck einer Bürgerschaft, die sich für die Erhaltung ihres historischen Erbes einsetzt.

Geschichte

Die ersten englischen Siedler ließen sich um 1660 auf der Halbinsel nieder. Schnell zum Flecken Oxford zusammengewachsen, erhielt der Ort 1683 den entscheidenden Auftrieb, als ihn die Maryland General Assembly zum offiziellen "port of entry" der Kolonie kürte, Londoner Reeder und Kaufleute hier Filialen einrichteten und englische Adlige im Umland ausgedehnte Tabakplantagen gründeten. Bis zum Unabhängigkeitskrieg hundert Jahre später war das gegenüber gelegene Annapolis Oxfords einzige Konkurrentin. Nach dem Unabhängigkeitskrieg geriet man jedoch, wie die meisten anderen Städte der Chesapeake Bay, in das Kielwasser der aufstrebenden Me-

Oxford
(Fortsetzung)
Geschichte

tropole Baltimore, die auch den Handel mit Tabak und Sklaven an sich riss. Um 1900 machte Oxford erneut von sich reden, dieses Mal dank der begehrten Chesapeake-Auster, die hier angelandet und verarbeitet wurde. Bis in die 1950er-Jahre floss der Dollar, dann wurde durch die Überfischung der Bay der Geldhahn zugedreht. Dass im heutigen Oxford von einer Krise nichts zu sehen ist, verdankt das Städtchen dem "alten Geld": Die mit Tabak und Austernfischerei reich gewordenen Familien leben hier noch immer, lassen ihr Vermögen jedoch längst in Baltimore für sich arbeiten.

Oxford-Bellevue-Ferry

Dies ist die älteste, ununterbrochen betriebene Fähre der USA. 1683 eingerichtet, transportiert sie ihre Passagiere seit mehr als 300 Jahren von Oxford aus über den Tred Avon River nach Bellevue. Von hier nach St. Michaels sind es nur noch elf Kilometer. Die beschauliche Überfahrt (alle 25 Min.) dauert zehn Minuten und bietet einen schönen Blick auf die historischen Häuser und Mansions von Oxford (geöffnet: von Juni bis August Mo.–Fr. 7^{00}–21^{00}, Sa./So. 9^{00}–21^{00} Uhr, von März bis November Mo.–Fr. 7^{00}–Sonnenuntergang, Sa./So. 9^{00}– Sonnenuntergang).

Die Oxford-Bellevue-Ferry legt ab.

Bellevue Store

Eine Attraktion für sich, bietet dieser Antiquitätenladen (5592 Poplar Lane) neben Möbeln und Haushaltsgegenständen aus drei Jahrhunderten sehr schönes Kunsthandwerk und Volkskunst aus der Umgebung.

St. Mary's City | I 4

Einwohner: 5000

Allgemeines

Der Ort, an dem Maryland vor fast 400 Jahren entstand, liegt heute abseits der Metropolen und Hauptverkehrswege. Auf engem Raum zusammengefasste Geschichte und die herrliche Lage am Horseshoe Bend des St. Mary's River sowie zahlreiche weitere Sehenswürdigkeiten in der Umgebung entschädigen jedoch für diesen Abstecher. Das historische Städtchen, das bis 1695 als Hauptstadt Marylands diente und danach im Dunkel der Geschichte verschwand, wurde in den 70er-Jahren von Historikern und Archäologen restauriert und lockt heute als "living museum" Besucher aus aller Welt herbei.

Geschichte

Zwei Namen begegnen dem Besucher immer wieder: "The Ark" und "The Dove". An Bord dieser beiden Schiffe segelten 1634 rund 140 englische Kolonisten unter Leonard Calvert, einem Bruder Lord Baltimores, über den Potomac River in den St. Mary's River und gründeten auf den Resten einer verlassenen Indianersiedlung St. Mary's City, die erste Hauptstadt der Kolonie Maryland. Zu gleichen Teilen katholisch und protestantisch, war dies zugleich eine der ersten Gemeinden Amerikas, die religiöse Glaubensfreiheit als Grundrecht postulierte. Nach der Verlegung der Hauptstadt nach Annapolis versank St. Mary's City in einen Dornröschenschlaf, aus dem es erst am Ende des 20. Jahrhunderts vorsichtig geweckt wurde.

Geschichte (Fortsetzung)

****Historic St. Mary's City – erste Kolonie Marylands**

Wo 1634 die ersten Einwohner Marylands landeten, haben Geschichtswissenschaftler die wichtigsten Gebäude der ersten Hauptstadt rekonstruiert. Das beeindruckende Freilichtmuseum in der schönen Marschlandschaft des St. Mary's River gibt diese Forschungsergebnisse wieder (SR-5; geöffnet: von April bis November Mi.–So. 10^{00}–17^{00} Uhr). Einen historischen Überblick vermittelt das Besucherzentrum. Sehenswert sind v.a. die Godiah Spray Tobacco Plantation, die Rekonstruktion einer Tabakplantage des 17. Jahrhunderts, und Governeur's Fields mit der schummrigen Taverne Farthing's Ordinary und dem wieder aufgebauten Old State House, das den Zustand von 1675 zeigt.

Umgebung von St. Mary's City

***Sotterley Plantation**

Noch immer in Betrieb, vermittelt das elegante Hauptgebäude der 1711 am Ufer des Patuxent River gegründeten Sotterley Plantation interessante Einblicke in den Alltag der Tabakpflanzer im vorrevolutionären Amerika. Teile des mit Originalmöbeln eingerichteten Haupthauses sind zu besichtigen, frei zugänglich sind auch das Räucherhaus und einige der ehemaligen Sklavenunterkünfte (Hollywood, MD, Rte. 245; nur nach Voranmeldung: ☎ (301) 373 22 80).

*Point Lookout State Park

Wackelige Piers mit einsamen Anglern und die schönsten Picknickplätze des Bundesstaats: Mit diesen Bildern eines gelungenen Wochenendes wirbt dieser aus Feucht- und Waldgebieten bestehende Naturpark (ganzjährig geöffnet) im äußersten Süden Marylands um Besucher. Wo während des Unabhängigkeitskrieges Aussichtsposten jede Bewegung der britischen Marine in der Chesapeake Bay per Kurierreiter George Washington meldete, sorgen heute Badestrände, schöne Wanderwege und ein Bootsverleih für Kurzweil. Ein hübscher Campingplatz bietet Übernachtungsmöglichkeiten. Der Campingplatz gilt übrigens als verhext: Angeblich werden immer wieder die Geister konföderierter Soldaten, von denen hier rund 4000 in Kriegsgefangenschaft starben, gesichtet. Bei der über 250 m langen Hauptpier legen täglich moderne Ausflugsschiffe ab: Die "Capt. Tyler" und ihr kleineres Schwesterschiff, die "Mary Jo Tyler", verbinden Point Lookout mit Smith Island (▶ Crisfield) in der Chesa-

Am Sandstrand von Point Lookout

St. Mary's City (Fts.)

peake Bay. Die Überfahrt dauert 1½ Stunden (Reservierung bei Capt. Alan Tyler unter ☎ 410/4252771).

St. Michaels

I3

Einwohner: 1300

*Ferienort an der Chesapeake Bay

Mit roten Ziegeln gedeckte Stadthäuser im georgianischen Stil sowie die vor dem Chesapeake Bay Marine Museum ankernden historischen Segler verleihen St. Michaels koloniales Ambiente. Repräsentative Herrensitze an der Peripherie erinnern an eine weltgewandte Oberschicht, die sich im 19. Jahrhundert an Fuchsjagden und Bootsrennen ergötzte.

Der Krieg von 1812 dominiert die Stadtgeschichte. Nach mehreren zurückgeschlagenen Angriffen der Briten führten die Bewohner 1813 ein britisches Korps in die Irre, indem sie alle Lichtquellen am Boden löschten und dafür alle verfügbaren Laternen hoch in die Bäume hängten. Die im Zwielicht angreifenden britischen Kanoniere verwechselten die Lichter mit der Stadt und verfehlten ihr Ziel – daher der Kosename "The Town That Fooled The British", der auf manchen Schildern zu lesen ist. Das Städtchen auf der Bay Hundred Peninsula hat Höhen und Tiefen erlebt. Im 19. Jahrhundert ein blühendes Zentrum des Schiffsbaus und bedeutender Handelsumschlagplatz, geriet die Stadt durch die Einweihung der Chesapeake Bay Bridge 1951 in Vergessenheit.

In den 80er-Jahren entdeckten Touristen aus der Capital Area das ruhige Städtchen für sich, auch der Erfolgsroman "Chesapeake" von James Michener verhalf St. Michaels zu neuer Popularität. Heute gilt das Städtchen auf der Bay Hundred Peninsula mit seinem lebhaften Jachthafen und den geschmackvollen Läden an der Talbot Street als typisches Chesapeake-Bay-Städtchen, das sich sein reiches maritimes Erbe bewahrt hat.

Interessante Exponate befinden sich im Leuchtturm des Chesapeake Bay Museums.

Sehenswertes in St. Michaels

****Chesapeake Bay Maritime Museum**
Rund um den beeindruckenden, achteckigen Leuchtturm von 1879 scharen sich über 20 historische Gebäude, die allesamt das maritime Erbe der Chesapeake Bay verkörpern. Man kann Bootsbauern bei der Arbeit zuschauen und in der 4000 Fachbücher umfassenden Bibliothek so gut wie alles über die Bay nachlesen. Highlight des Museums ist jedoch die größte Sammlung historischer Chesapeake-Boote in den USA: 80 der für die Krabben- und Austernfischerei in der Bay charakteristischen Boote sind hier aufgedockt oder liegen vor Anker. Vom so genannten Chesapeake Bay Log Canoe, dem schlanken Rennsegler mit den drei Segeln, bis hin zu den eleganten Zweimas-

Chesapeake Bay Maritime Museum (Fortsetzung)

tern mit dem V-förmigen Rumpf, den "skipjacks", mit denen die "watermen" zu den Austernbänken fuhren, sind alle jemals speziell für die Bay entwickelten Bootstypen zu besichtigen (Mill Street, Navy Point: geöffnet: von Juni bis August tgl. 9^{00} – 18^{00}, von März bis Mai und September bis Dezember tgl. 9^{00} – 17^{00}, sonst tgl. 9^{00} – 16^{00} Uhr). Auf dem Veranstaltungskalender des Museums steht u.a. das karnevalsähnliche "Traditional Boat Race Festival" im September und das "Mid-Atlantic Small Craft Festival" im Oktober.

Aktivitäten

Sightseeing auf Fahrrädern wird in St. Michaels immer beliebter. Mieten kann man sie in den meisten Unterkünften; ein- und mehrsitzige Drahtesel auch Hafen (St. Michaels Town Dock Marina)

Baedeker TIPP Vom Wasser aus...

...präsentiert sich St. Michaels von seiner Schokoladenseite. Patriot Cruises (Crab Claw Dock, neben dem Maritime Museum) organisiert einstündige Kreuzfahrten auf dem Miles River und in der Bay: Der altmodische kleine Dampfer namens "Patriot" (Abb.) mit Aussichtsdeck, legt viermal täglich ab (von April bis Oktober: 11^{00}, 12^{30}, 14^{30} und 16^{00} Uhr). Kanus, Kajaks und Dingis kann man in den Hotels mieten.

Shopping

Die schönsten Kunsthandwerks-, Kurzwaren- und Antiquitätenläden befinden sich an der Talbot Street. Vor allem "The Mind's Eye" (103 S. Talbot St.) mit Designerobjekten und schönem Kunsthandwerk ist einen Besuch wert.

Umgebung von St. Michaels

Tilghman Island

22 km südwestlich von St. Michaels endet die Rte. 33. Jenseits der Knapps Narrows genannten Meerenge liegt Tilghman Island, ein flaches, 5 x 1 km großes Inselchen, das die Chesapeake Bay vom nördlichen Mündungsbereich des Choptank River trennt. Auf die Insel gelangt man mittels einer alten Zugbrücke, und unmittelbar darauf erlebt man ein lebendiges Stück Bay-Geschichte: Unweit der Brücke liegen in Dogwood Harbour die meisten der noch arbeitenden Austernfischerboote der Bay, die "Skipjacks". In den übrigen Häfen der Insel ankern Hunderte weitere vom Einsatz in der Bay gezeichnete Krabben- und Fischerboote. Auch wenn sich inzwischen viele weiße Segeljachten unter die verbeulten "Pötte" mischen und Seafood-Restaurants und Hotels den Bedürfnissen der Besucher entgegen kommen, sieht es auf der Insel heute noch so aus wie früher fast überall in der Bay. Angeblich sprechen viele der Insulaner noch den alten mittelenglischen Dialekt ihrer Vorfahren, die sich zu Beginn des 18. Jahrhunderts hier niederließen.

Aktivitäten

Mit einigen Englischkenntnissen und ausreichend Taktgefühl ist es durchaus möglich, für einen oder mehrere Tage auf einem der Austernfischer in Dogwood Harbor anzuheuern. Die "watermen" zahlen in Naturalien: Austern, Krabben und was sich sonst an Delikatessen in den Netzen befindet. An Bord der "HM Krentz" braucht

St. Michaels, (Fortsetzung)

man dagegen nicht mit anzufassen: Der schlanke historische "Skipjack", auf Gäste gut vorbereitet, segelt täglich mit interessierten Besuchern zu den Austernbänken hinaus (Capt. Ed Farley, ☎ 410/7456080). Ein ganz besonderes Segelerlebnis verspricht auch die "Lady Patty", eine bauchige Ketch mit zwei Masten, die 1935 vom Stapel lief und in allen Gewässern zwischen Kuba und der Bay segelte (Reservierung unter ☎ 1-800/690080).

Solomons

I 3

Einwohner: 500

Allgemeines

An langen Sommerwochenenden kann es schon einmal eng werden in dem hübschen Fischerhafen. Stop-and-Go herrscht dann auf der kurzen Main Street, Alternativen gibt es nicht: Der ältere Teil des Ortes liegt auf einer Insel am Ende der Rte. 2, im Mündungsbereich des Patuxent River in die Chesapeake Bay. Während der Woche ist es jedoch ruhiger, und dann offenbart der Ort, der erst vor 20 Jahren von der Seglergemeinde als Jachthafen entdeckt wurde, seine Reize. Vor 130 Jahren um einen Naturhafen herum angelegt, spaziert man auf der Main Street an kleinen weißen und grauen Holzhäuschen vorbei, in denen sich Ausrüsterläden, einfache Restaurants und Coffee Shops eingerichtet haben. Wasser, Boote und Piers mit Anglern sind immer und überall zu sehen: Ein Anblick, der den Fuß vom Gaspedal nehmen und tief durchatmen lässt.

***Calvert Marine Museum**

17 Aquarien und Bassins mit den tierischen Bewohnern der Chesapeake Bay und des Patuxent River, dazu Schiffsmodelle, die Kiefer ausgestorbener Haiarten und Ausstellungen zur wechselvollen Geschichte der Bay machen den Besuch dieses hervorragend gestalteten Museums (geöffnet: tgl. 10⁰⁰–17⁰⁰ Uhr) zu einem Erlebnis. Einen schönen Blick über Stadt und Insel hat man von der Spitze des 1883 errichteten, zum Museum gehörenden Drum Point Lighthouse. Im Museum können auch Tickets für Hafenrundfahrten mit der "Wm. B. Tennison", dem ältesten Passagierschiff der Bay, erworben werden.

Riverwalk

Bilderbuch-Blicke aufs Wasser und interessante Fotomotive – vor allem an der Krabbenfischer-Pier – lohnen das Flanieren auf dieser hübschen Promenade. Wen es aufs Wasser hinauszieht, kann in einem der Ausrüsterläden ein kleines Motorboot mieten.

Aktivitäten

Die Gewässer um Solomons sind ein Paradies für Petrijünger. Barscharten, Bluefish, Makrelen, Flundern und zahlreiche andere Fischarten: Alles da, was die Herzen der Sportangler höher schlagen lässt! Im Hafen von Solomon warten auf Profis und Amateure gleichermaßen vorbereitete Charterboote auf Kundschaft. Meist sind Angelgerät und Lizenzen im Preis inbegriffen.

Umgebung von Solomons

***Battle Creek Sanctuary**

Am besten stattet man diesem Schutzgebiet bereits auf der Anreise einen Besuch ab. 1957 von Naturschützern eingerichtet, ist dieses

Im Hof des Solomons Victorian Inn

Feuchtgebiet bei Prince Frederick der nördlichste Lebensraum der sonst viel weiter südlich vorkommenden Zypresse. Trockenen Fußes wandelt man auf einem schönen Plankenweg durch eine urweltliche, von Farnen und Wildblumen geprägte Sumpflandschaft. Eichhörnchen und bunte Vögel jagen durchs Geäst der stattlichen Zypressen, harmlose Schlangen und bunt schillernde Amphibien tummeln sich im grün-schwarzen Wasser (Grays Rd., Prince Frederick; geöffnet: von April bis September Di.–Sa. 10^{00}–17^{00}, So. 13^{00} bis 17^{00}, sonst Di.–Sa. 10^{00}–16^{30}, So. 13^{00}–16^{30} Uhr).

***Battle Creek Cypress Swamp Sanctuary**
(Fortsetzung)

Virginia

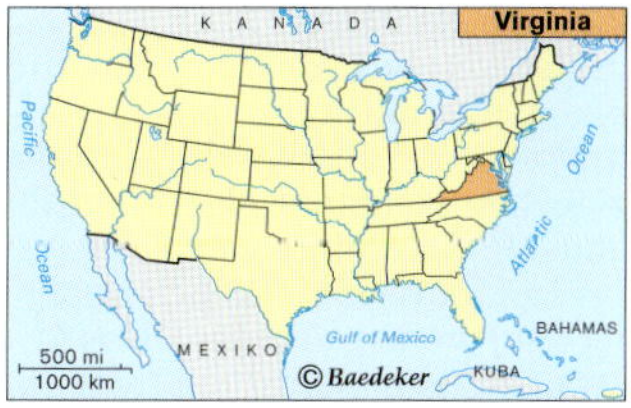

Fläche: 102 558 km²
Bevölkerungszahl: 7,1 Mio.
Hauptstadt: Richmond
Beiname: Old Dominion
Abkürzung: VA

Allgemeines

Virginia *ist* Amerika. Zumindest behaupten dies zahlreiche amerikanische Historiker und verweisen auf die wechselvolle Geschichte des Bundesstaats. Tatsächlich beginnt die Erfolgsstory der USA in Virginia, hier endete der amerikanische Unabhängigkeitskrieg, hier fanden mit 123 Schlachten die meisten Kämpfe des unseligen Bürgerkrieges statt. Gerade Virginia wird von der Geschichte bestimmt: Keine Stadt, kein Dorf, kein Fluss und kein Gebirgszug, der nicht irgendeine Rolle in einem der Kriege gespielt hätte, und wo nicht zumindest eine Bronzetafel Jahreszahl, Datum und mitunter sogar Uhrzeit eines schicksalhaften Ereignisses festhält und den Reisenden zum Innehalten auffordert.
Kriegshelden, Explosionen, Kapitulationen allerorts, aber keine Sorge: Virginia ist alles andere als ein vaterländisches Freilichtmuseum. Hier trifft der agrarische Süden den industriellen Norden, vermischt sich das genießerische, langsamere Tempo des "Old South" mit dem unternehmerischen Leistungsdenken Neuenglands. Gerade diese Spannungen sind es, die Virginia zu einem attraktiven Reiseziel machen. Von den alten Tabak- und Baumwollplantagen am James River bis zu den nüchternen Bürotürmen der Hauptstadt Richmond, von den isolierten Bergdörfen in den Blue Ridge Mountains und im Shenadoah Valley bis zum Baderesort Virginia Beach: Virginia hat viele schöne Gesichter. Wer jedes persönlich kennen lernen will, muss viel Zeit mitbringen.

Lage, Naturraum und Klima

Vormittags durch nordische Nadelwälder und nachmittags durch feuchtheiße Zypressensümpfe zu wandern, ist in Virginia nicht ungewöhnlich. Ungewöhnlich ist nur, dass man dies alles auf so engem Raum tun kann. Kaum größer als Portugal, weist der wie ein unregelmäßiges Dreieck geformte Bundesstaat drei topografische Zonen auf.
Die Appalachen, von Georgia heraufziehend, sind Virginias Rückgrat. Sie bilden die Staatsgrenze im Westen. Vor Ort hat man es jedoch mit anderen Namen zu tun. Zwei Höhenzüge verlaufen hier in südwestlicher Richtung, die meist nur wenige Kilometer breiten und bis zu 1700 m hohen Blue Ridge Mountains und, weiter west-

◂ **Möglichst authentisch soll die Vergangenheit in Colonial Williamsburg wieder aufleben.**

Lage, Naturraum und Klima (Fortsetzung)

lich, die niedrigeren Alleghany Mountains. Dazwischen liegt das Shenandoah Valley, eine bis zu 50 km breite, fruchtbare Oase in der rauen Bergwelt, die sich von Staunton bis Harpers Ferry (West Virginia) erstreckt.

Der kultivierte Gegenpol zu den rauen Appalachen und ihren oft isolierten Dörfern ist das Piedmont. Es erstreckt sich als fruchtbare, landwirtschaftlich intensiv genutzte Hochebene vom Potomac River im Norden bis nach North Carolina im Süden und senkt sich in Ost-West-Richtung langsam auf Meereshöhe. Im Osten Virginias bildet eine mitunter noch immer sumpfige, "Tidewater" genannte und von drei Halbinseln zerklüftete Küstenebene eine Pufferzone zwischen Piedmont einer- und Chesapeake Bay und Atlantikküste andererseits. Zahlreiche Flüsse – einst die Wege der weißen Siedler ins Landesinnere – fließen durch das Piedmont der Bay zu, darunter der Potomac und der James River.

Frühjahr und Herbst sind die angenehmsten Reisezeiten – wenngleich Virginia auch während der Sommermonate von der feuchten Hitze der Südstaaten verschont bleibt.

Geschichte

Zu Beginn des 17. Jahrhunderts wird das Küstengebiet Virginias von der Powhatan-Liga beherrscht, einem losen Zusammenschluss von rund 30 algonquinsprachigen Stämmen zwischen Potomac und North Carolina. 1607 treffen diese in palisadenbewehrten Dörfern lebenden Ureinwohner zum ersten Mal auf weiße Siedler: Drei von der Londoner Virginia Company ausgerüstete englische Schiffe, die "Godspeed", "Sarah Constant" und die "Discovery", segeln mit 104 Siedlern den James River hinauf und ankern am 14. Mai 1607 50 km stromaufwärts. Die nach dem englischen König benannte Siedlung Jamestown wird die erste englische Siedlung in Nordamerika und Mittelpunkt der Kolonie Virginia, die ihren Namen nach der "Virgin Queen" Elizabeth I. erhielt.

Jamestown, die ersten britische Niederlassung in der Neuen Welt

Die ersten Jahre sind alles andere als einfach. Interne Streitereien und landwirtschaftliche Fehlplanungen verursachen Hungersnöte, Überfälle der anfangs freundlich gesinnten indianischen Nachbarn demoralisieren die Kolonisten. Dass die Kolonie überlebte, wird vor allem dem Abenteurer John Smith zugeschrieben. Unter seinem Kommando, unter dem militärische Disziplin eingeführt und die indianischen Nachbarn als Verbündete behandelt wurden, übersteht die Kolonie die nächsten Winter. Wenig später ehelicht Siedler John Rolfe die Häuptlingstochter Pocahontas (▶ Berühmte Persönlichkeiten), es wird erstmals Tabak angebaut, die ersten Sklaven aus Afrika eingeführt, und zudem kommen weitere Siedler aus England. 1634 zählt die Kolonie 5000 Menschen, darunter Tabakbauern, Handwerker, Kaufleute. Das Projekt Virginia ist erfolgreich. Die Powhatan wehren sich mit Überfällen – 1644 töten sie mehrere Hundert Siedler – gegen den Landhunger der Kolonisten, vergebens. Vernichtungsfeldzüge, Infektionskrankheiten und Verträge verdrängen sie bereits um 1650 fast ganz von der Bildfläche.

Das Zauberwort heißt Tabak. Die adligen Plantagenbesitzer und verbündete Londoner Kaufleute diktieren die Preise, protegiert von Charles II., der Virginia unter seinen Höflingen aufteilt. Ein Aufstand kleiner Tabakbauern unter Nathaniel Bacon, die so genannte Bacon Rebellion, schlägt 1676 hohe Wellen, bleibt langfristig jedoch folgenlos. Bereits um 1700 hat sich eine Elite von Großgrundbesitzern herauskristallisiert, die nicht nur märchenhafte Gewinne aus

Landkarte von Virginia aus dem beginnenden 17. Jahrhundert. Die Vorlage dafür stammte von John Smith, rechts oben kann man den Indianerhäuptling Powhatan erkennen.

Geschichte (Fortsetzung)

ihren Plantagen scheffelt, sondern auch mit Bodenspekulation und Sklavenhandel Profit macht. 1699 wird die Hauptstadt von Jamestown nach Williamsburg verlegt.

Derweil expandiert die Kolonie nach Westen. Nach 1700 lassen sich deutsche und schottische Auswanderer im Shenandoah Valley nieder. Schon bald gibt es Konflikte mit Neu-Frankreich. Hilfsgesuche, die Westausdehnung militärisch zu stützen, verhallen in London ebenso ungehört wie die immer lauteren Forderungen Virginias nach "no taxation without representation". Der Unmut der Virginians über die Knebelpolitik des Mutterlandes gipfelt in einer Rede, die Patrick Henry 1775 in Richmond hält und deren letzter Satz heute zu den meistzitierten in Virginia zählt: "I know not what course others may take; but as for me, give me liberty, or give me death."

Vom Krieg bleibt Virginia zunächst verschont. Prominente Virginians nehmen jedoch maßgeblich Einfluss auf die Entwicklung der Dinge. 1776 verfasst der Pflanzer und Politiker Thomas Jefferson (▶ Baedeker Special S. 176/177) die Unabhängigkeitserklärung. Der Redner Patrick Henry wird zum Nachfolger des verjagten britischen Statthalters Lord Dunmore gewählt. George Washington wird Oberkommandierender der Kontinental-Armee. Erst drei Jahre nach Kriegsausbruch erlebt Virginia die ersten Kriegshandlungen: 1779 segeln britische Kriegsschiffe auf dem James River tief nach Virginia hinein und beginnen mit dessen Besetzung. Die

Geschichte (Fortsetzung)

Hauptstadt wird nach Richmond verlegt, jedoch im Januar 1781 von britischen Truppen niedergebrannt. Doch wenig später wendet sich schließlich das Blatt, und im Oktober zwingen 10 000 Amerikaner und 8000 verbündete Franzosen unter General Lafayette das in Yorktown eingekreiste britische Korps unter General Lord Cornwallis zum Abzug.

Virginia wird der 10. Bundesstaat der USA

1788 tritt Virginia als zehnter Bundesstaat der Vereinigten Staaten von Amerika bei. Vier der ersten fünf US-Präsidenten sind Virginians: George Washington (1789 – 1797), Thomas Jefferson (1801 bis 1809), James Madison (1809 – 1817) und James Monroe (1817 – 1825). Ihr Heimatstaat erlebt nun das, was Hollywood im 20. Jahrhundert in vielen Kostümschinken à la "Vom Winde verweht" verklärt hat: Großgrundbesitzer geben auf ihren Plantagen rauschende Bälle, wo elegante "southern belles" ihren Kavalieren schöne Augen machen und kultivierte Gentlemen tagespolitische Ereignisse diskutieren. Ein Dauerthema ist die Sklaverei. Während die industrialisierten Nordstaaten die Sklaverei ablehnen, wird diese von Virginia und den übrigen Südstaaten befürwortet: Ihre Plantagenwirtschaft wäre ohne die Zwangsarbeit afrikanischer Sklaven, die um 1800 ein Drittel der Bevölkerung ausmachen, undenkbar. Während der nächsten 60 Jahre spitzt sich das Problem immer mehr zu, entwickeln sich der Norden und der Süden immer stärker auseinander. Am 19. April 1861 tritt Virginia aus der Union aus und schließt sich den konföderierten Staaten von Amerika an.

Die nächsten vier Jahre sind für den nördlichsten der Südstaaten verheerend: Virginia, nur einen Tagesritt von Washington entfernt, wird Frontstaat. 1863 verlässt der Westen als West Virginia das Staatsgebiet. In Virginia zählt man die meisten Schlachten des Bürgerkriegs. Der Staat erlebt zwischen der ersten Feldschlacht am 21. Juli 1861 bei Manassas und der Kapitulation von General Robert E. Lee am 12. April 1865 bei Appomatox vom Massaker bis zur Taktik der verbrannten Erde den Krieg in seiner ganzen Bandbreite. Danach ist die alte Welt der Virginians zerstört. Alle großen Städte liegen in Trümmern. Die Wirtschaft ist am Boden, fast 400 000 Sklaven sind plötzlich freie Menschen. 1870 findet Virginia wieder Einlass in die Union, aber es dauert noch 30 Jahre, bis es seine Kriegsschulden abbezahlt – der Kohleabbau in Südwest-Virginia hilft dabei – und seine Wirtschaft angekurbelt und auf gesunde Füße gestellt hat.

Mit der Gleichberechtigung der nunmehr freien Afroamerikaner hingegen nimmt sich der Staat Zeit: Bis in die 50er-Jahre des 20. Jahrhunderts ist Rassenintegration hier wie in den übrigen alten

Baedeker TIPP Virginia Civil War Trails

Urlauber auf den Spuren des Bürgerkriegs können sich bei ihren Touren an dem nebenstehenden Schild orientieren, mit dem für den Krieg relevante Stätten und sogar Reiserouten markiert wurden. Sie orientieren sich meist an bedeutenden Feldzügen wie z. B. "Lee vs. Grant: the 1864 Campaign" (von Frederick nach Petersburg) oder "Lee's Retreat" (von Petersburg zum Appomatox Court House). Informationen erhält man in den Visitor Centers.

Südstaaten nur ein Wort, halten restriktive Verordnungen und halblegale rassistische Vereinigungen wie der Ku-Klux-Klan den schwarzen Bevölkerungsteil vom öffentlichen Leben fern.

Geschichte (Fortsetzung)

Die beiden Weltkriege stärken Virginias Wirtschaft weiter: Die Werften der Hampton Roads florieren und fördern zugleich eine blühende verarbeitende Zubringerindustrie. Die Landwirtschaft setzt nunmehr auf Erdnüsse, Obst und Getreide. Nach dem Zweiten Weltkrieg setzt sich der Aufschwung fort, aber das Rassenproblem bleibt. Als der US Supreme Court 1954 die Rassentrennung in den Schulen für verfassungswidrig erklärt, dreht Virginia allen integrierten, von öffentlicher Hand finanzierten Schulen den Geldhahn zu. Erst der 1965 erlassene Civil Rights Voting Act kann endgültig mit der Segregation aufräumen.

An der Schwelle zum dritten Jahrtausend hat Virginia den Sprung vom rückständig-ländlichen zum modernen, überwiegend städtisch geprägten Bundesstaat geschafft. Zwei Drittel der Bevölkerung leben in Städten, 1990 wählten die Virginians erstmals einen Afroamerikaner auf den Gouverneursposten. Das Schönste ist jedoch geblieben: der Charme des Alten Südens.

Bevölkerung

Drei Viertel der Virginians leben in Städten oder urbanen Ballungsgebieten. Am dichtesten besiedelt sind der Korridor zwischen Washington DC und Richmond sowie die Hampton Roads. Hohe Bevölkerungsdichten finden sich auch in Fredericksburg, Lynchburg, Charlottesville und Roanoke. Weite Teile des Piedmont und der Südwesten sind überaus ländlich geblieben. Drei Viertel der Bevölkerung sind weißer Hautfarbe, 20 % bezeichnen sich als Afroamerikaner. Letztere leben v. a. in Richmond und im Piedmont. Die restlichen 5 % entfallen auf Latinos und Asiaten. Rund 15 000 oder 0,2 % der Bevölkerung sind Indianer.

Offener Rassismus gehört weitgehend der Vergangenheit an. Zwar zeigt sich der Alte Süden hin und wieder von seiner weniger schönen Seite, z. B. wenn ein Politiker im Alleingang die konföderierte Kriegsflagge zur offiziellen Fahne Virginias machen will und die nachfolgende Diskussion erneut Gräben öffnet. Offensichtlicher ist die tiefe Religiosität vor allem im Süden des Staats. Wortgewaltige Evangelisten wie Jerry Falwell in Lynchburg beherrschen die Kirchen und – zumindest sonntags- – die Radiostationen, mit sinnigen Sprüchen wie "God is like Alka Seltzer – He's such a relief". Auf großen Werbetafeln neben der Straße werben Methodisten, Baptisten und Presbyterianer für ihre Gottesdienste.

Wirtschaft

Mit der Hauptstadt der mächtigsten Nation der Welt vor der Haustür steht Virginias wichtigster Arbeitgeber fest: Der Regierungsapparat in Washington. Die verarbeitende Industrie wird angeführt vom Schiffsbau, Tabakverarbeitung, chemische Industrie und Holzproduktion folgen. Besonders stark ist Virginia in den Zukunftstechnologien: Vor allem im Norden sowie in Charlottesville und Blacksburg haben sich in den letzten zehn Jahren zahlreiche Hightech-Firmen niedergelassen. Noch immer bedeutend ist die Kohleförderung im Südwesten.

Der Tourismus ist zur wichtigsten Einnahmequelle im Dienstleistungssektor aufgestiegen. Die Landwirtschaft ist stark mechanisiert und wird, wie im Rest der Welt, von immer weniger, immer größeren Betrieben bestimmt. Größte Devisenbringer sind hier die

Wirtschaft (Fortsetzung)

Milchwirtschaft und der Obstanbau. Weit abgeschlagen folgt der Fischfang in der Chesapeake Bay.

Freizeit, Tourismus

Virginia hat bislang acht US-Präsidenten hervorgebracht und pflegt sein Erbe aus dem Bürgerkrieg mit einer Detailbesessenheit, die den historisch interessierten Besucher begeistert. Wo eine berühmte Persönlichkeit geboren wurde, zur Schule ging, eine Rede hielt, verhaftet oder erschossen wurde, existiert eine nationale Gedenkstätte oder zumindest eine Bronzetafel. Noch mehr gilt dies für die Schlachtfelder aus dem Bürgerkrieg. Stets gibt es ein Besucherzentrum, das den Hergang der Schlacht minutiös rekonstruiert. Alle Gedenkstätten besitzen die bedeutungsschwere Aura eines Wallfahrtorts, an dem Amerikaner aus Nord und Süd der Gefallenen gedenken.

Peaks of Otter am Blue Ridge Parkway ist ein beliebter Ausflugsort.

Dabei hat Virginia mehr als Schlachtfeld-Tourismus zu bieten. Die Appalachen im Westen sind ein Paradies für Outdoorfans jeglicher Richtung. Beispielsweise ist der berühmte, dem Kamm der Blue Ridge Mountains folgende Skyline Drive vor allem im Herbst ideal für Radwanderungen. Wer die Herausforderung liebt, kann die Mountainbiketrails der Mt. Rogers National Recreation Area im Südwesten in Angriff nehmen. Oder zu Fuß die über 800 km Wanderwege des Shenandoah National Park ablaufen und Trails unterschiedlichster Schwierigkeitsgrade versuchen.
Ein Kontrastprogramm lässt sich nur wenige Autostunden weiter östlich bestreiten. Die Chesapeake Bay ist das Eldorado der Segler und Angler, die hier mündenden Flüsse, allen voran der James River, sind Tummelplätze für Kajak- und Kanufahrer.

Einwohner: 10 000

Allgemeines

Den Überlieferungen der Shawnee und Cherokee zufolge verbot Manitou seinen Kindern, sich in diesem Garten Eden westlich der Blue Ridge Mountains niederzulassen, da er befürchtete, das leichte Leben dort würde sie allzu bequem werden lassen. Die weißen Siedler kannten diese Legende nicht und gründeten eine Stadt, die heute zu den schönsten im Südwesten Virginias zählt. Kunstsinnig und geschichtsbewusst, hat sie ein angenehmes Ambiente kultiviert, dass von Mega Malls und anderen Symptomen des amerikanischen Mainstream ungestört blieb.
Der 20 Blocks umfassende "historic district" rund um die Main Street ist die Hauptattraktion der Stadt. Hier lohnt sich das Stöbern in Kunsthandwerks- und Antiquitätenläden sowie der Besuch von Workshops, hier laden bunte Flugblätter zu Festivals, Ausstellungen und Dichterlesungen ein. Die Nähe zu den Bergen macht Abingdon darüber hinaus zu einem guten Ausgangspunkt für Outdoortrips in die Umgebung.

Geschichte

Bevor Siedler die ersten festen Häuser bauten, kreuzten sich hier die Wege von Indianern und Trappern: Shawnee-Krieger aus dem Ohio-Tal und Cherokees aus dem Süden jagten in der Gegend, der legendäre Pfadfinder Daniel Boone kampierte 1760 nicht weit von der heutigen Stadt. Im Jahre 1774 wurde ein Fort gebaut, um die Siedler der Region vor Indianerüberfällen zu schützen. Vier Jahre später wurde dann die Stadt gegründet und nach Martha Washingtons Geburtsort im englischen Oxfordshire benannt.
In der Folgezeit entwickelte sich Abingdon zum Handels- und Verkehrsknotenpunkt Südwest-Virginias. Vom Bürgerkrieg blieb es bis 1864 verschont. In diesem Jahr besetzten Unionstruppen unter General George Stoneman die Stadt und zerstörten alle öffentlichen Gebäude.

Sehenswertes in Abingdon

***Barter Theatre**

1933, auf dem Höhepunkt der Weltwirtschaftskrise, eröffnet der arbeitslose Broadway-Schauspieler Robert Porterfield in einer leer stehenden Kirche ein Theater fürs Volk. Bezahlen lässt er sich und sein Ensemble mit Naturalien: Es sei besser, so steht es in der Theaterchronik, in Virginia zu essen als am Broadway zu hungern. Das Konzept "Ham for Hamlet" überzeugt, die Farmer bezahlen mit Gemüse, Milch- und Fleischprodukten für europäische und amerikanische Theaterproduktionen.
Die Theaterchronik vermerkt stolz, am Ende der ersten Saison neben vier Dollar in bar unter anderem auch zwei Fässer Marmelade eingenommen zu haben. Seitdem haben namhafte Schauspieler das später zum State Theatre of Virginia geadelte Barter beehrt, allen voran Gregory Peck, Ernst Borgnine und Kevin Spacey. Heute reicht die Palette der Produktionen von William Shakespeare bis Tennessee Williams, und das Niveau ist trotz erstaunlich niedriger Ticketpreise nach wie vor sehr hoch (133 W. Main St., Reservierung unter ☎ 540/628 39 91).

The Arts Depot

Untergebracht in einem stillgelegten Warenlager der Norfolk and Southern Railroad, schlägt hier das kreative Herz der Region. In den lichten hohen Räumen stellen die zur "Depot Artists Association" zusammengeschlossenen Maler und Performance-Künstler der Umgebung zeigen ihre Werke, in angeschlossenen Workshops lassen sie sich gern bei der Arbeit zuschauen (314 Depot Square; geöffnet: Do.–Sa. 11⁰⁰–15⁰⁰ Uhr).

William King Regional Arts Center

Als Partner des renommierten Virginia Museum of Fine Arts (► Richmond) stellt diese hervorragende Kunstgalerie auch die Arbeiten bundesweit bekannter amerikanischer Künstler aus. Sehenswert sind jedoch vor allem die Ausstellungen zur regionalen Kunst der Appalachen. Für so manchen viel versprechenden jungen Künstler war das Arts Center das Sprungbrett zur großen Karriere in New York oder Los Angeles (415 Academy Drive; geöffnet: Di. 10⁰⁰–21⁰⁰, Mi.–Fr. 10⁰⁰–17⁰⁰, Sa./So. 13⁰⁰–17⁰⁰ Uhr).

Weitere Sehenswürdigkeiten

Das 1859 von Architekt James Field für seine Frau und acht Kinder erbaute Fields-Pen House (208 W. Main St.; geöffnet: von April bis Dezember Mi.–Sa. 13⁰⁰–16⁰⁰ Uhr) ist mit Originalmöbeln eingerichtet und ermöglicht einen Einblick in den Alltag einer Mittelklassefamilie in Virginia kurz vor dem Bürgerkrieg. Den gesamten Block gegenüber dem Barter Theatre nimmt das traditionsreiche Luxushotel Camberley's Martha Washington Inn ein (150 Main St.). Im Jahre 1832 für General Francis Preston als Privatresidenz errichtet, diente der Prachtbau von 1858 an der United Methodist Church als Mädchenschule. 1934 brachte Bob Porterfield seine Schauspieler im Martha Washington College unter. Ein Jahr später wurde die Mädchenschule in ein Luxushotel mit 51 Zimmern und zehn Suiten umfunktioniert.

Heute gilt das Hotel als architektonisches Schmuckkästchen. Vor allem der "Grand Ballroom" mit seinen Kaminen aus Marmor und Originalgemälden lohnt die Besichtigung. Kasseler, Schnitzel und andere deutsche Gerichte kann man im ältesten Haus der Stadt verzehren: The Tavern (222 E. Main St.) ist Abingdons bestes Restaurant und befindet sich in einem 1779 als Taverne und Postkutschenstopp gebauten Haus.

Baedeker TIPP **Wiege der Countrymusic**

Touristen kaum bekannt, wahren Countryfans jedoch der Heilige Gral: Die Carter Family Fold, eine große, bis zu 900 Gäste fassende Scheune mit hart gestampftem Erdboden, wo jeden Samstag von 19⁰⁰ bis 23⁰⁰ Uhr waschechter Appalachen-Bluegrass gespielt wird. Betrieben wird der rustikale Schuppen von der legendären Carter-Familie, die in den 1920er-Jahren die ersten Countrysongs auf Platte aufnahm, Johnny Cash, A. P. Carter und Sara Carter zu ihren Mitglieder zählt und Klassiker wie "Will the circle be unbroken" und "Bury me under the weeping willow" hervorbrachte.

Die Carter Family Fold liegt bei Maces Spring an der Rte. 615, ca. 45 km südwestlich von Abingdon (☎ 540 / 386 94 80).

Umgebung von Abingdon

*Mount Rogers National Recreation Area

20 Autominuten südöstlich von Abingdon gelangt man auf der schönen Rte. 58 in alpin anmutendes Hochland: Dieses zum George Washington and Jefferson National Forest gehörende Erholungsgebiet weist mit dem Mt. Rogers (1718 m) den höchsten Punkt Virginias auf. Dichte Nadelwälder und Bergwiesen be-

stimmen die Landschaft, durch die Amerikas berühmtester Fernwanderweg, der Appalachian Trail (▶ Baedeker Tipp S. 149), führt. Auch andere Trails laden zu mehrtägigen Wanderungen ein, darunter der Iron Mountain Trail (81 km) und der steile Virginia Creeper Trail (54 km), der als Eisenbahntrasse nach North Carolina begann und heute von Wanderern, Mountainbikern und Reitern benutzt wird. Herrliche Tageswanderungen bieten u.a. der schwierige Rowland's Creek Falls Trail (19 km) und der etwas leichtere Rushing Waters Circuit (24 km). Sieben schön gelegene Campingplätze (Mai – September) bieten einfache Übernachtungsmöglichkeiten. In Abingdon und in Damascus am Parkeingang können Mountainbikes gemietet werden.

Mount Rogers National Recreation Area (Fortsetzung)

Big Stone Gap — c 6

Einwohner: 5000

***Idyllisch gelegene Kleinstadt in den Appalachen**

Einfach und herzlich das Städtchen, rau die sie umgebende Bergwelt: Big Stone Gap im Südwesten Virginias kommt dem Hollywood-Klischee vom isolierten Nest in den tiefsten Appalachen sehr nahe. Kohlebergwerke und Eisenhütten, lange die wichtigsten Arbeitgeber, haben den Ort geprägt – ein ausgeprägter Lokalpatriotismus und Countrymusic ihn nach dem Kohleboom in die Gegenwart gerettet. In den Kneipen von Big Stone Gap klimpern Banjo und Gitarren à la "Coal Miner's Daughter", und im June Tolliver Playhouse wird mehrmals täglich "The Trail of the Lonesome Pine" aufgeführt, ein Rührstück mit einem kräftigen Schuss Lokalkolorit. Es wurde sogar zum "Official State Outdoor Drama of Virginia" erhoben.

Southwest Virginia Museum

Untergebracht in einem zweigeschossigen, etwas düsteren Stadthaus aus dem Jahre 1880, erzählt dieses Museum von der Kohlegewinnung und vom Traum einiger Yankee-Geschäftsleute, aus Big Stone Gap das Pittsburgh des Südens zu machen. Historische Fotos und Haushaltsgegenstände aus dem Alltag der Bergleute erinnern an ihr hartes Leben in den Appalachen (W First St. u. Wood Ave.; geöffnet: Memorial Day – Labor Day Mo. – Do. 10^{00} – 16^{00}, Fr. 9^{00} – 16^{00}, So. 13^{00} – 17^{00} Uhr, sonst tgl. außer montags).

****June Tolliver Playhouse**

Was Oberammergau die Passionsspiele, ist Big Stone Gap die rührselige Geschichte vom armen Appalachen-Mädchen, das sich in einen weltgewandten Ingenieur von der Ostküste verliebt. "The Trail of the Lonesome Pine" wurde Ende des 19. Jahrhunderts von John Fox jr., einem Sohn der Stadt, geschrieben und ist eine sentimentale Liebeserklärung an die Menschen der Appalachen. Von einer hochmotivierten Laientruppe mit viel Humor und noch mehr Countrymusic in der 38. Saison gespielt, bietet dieses unter freiem Himmel aufgeführte Stück einen schönen Schlüssel zum Verständnis der Region (Clinton Ave.; geöffnet Juni – August: Do., Fr., Sa. 20^{00} Uhr). Wer nach dem Theaterbesuch auf den Geschmack gekommen ist, mag sich anschließend das in der Nähe liegende Wohnhaus der Heldin June anschauen. 1890 lebte sie vorübergehend in dem im viktorianischen Stil erbauten June Tolliver House (Jerome u. Clinton Sts.; geöffnet: Di. – Sa. 10^{00} – 17^{00}, So. 14^{00} – 18^{00} Uhr).

Umgebung von Big Stone Gap

***Natural Tunnel State Park**

15 Autominuten südlich von Big Stone Gap erreicht man auf der US-23 ein kleines Naturwunder. Im Natural Tunnel State Park hat sich der Stock Creek im Laufe der Jahrmillionen durch den Kalkstein gefressen und einen 280 m langen Tunnel hinterlassen. Der Südeingang öffnet sich zu einem kreisrunden, von 50 m hohen Wänden umgebenen Kessel, in den man per Sessellift gelangt. Der Tunnel selbst wird noch von einer alten Kohleeisenbahn benutzt, so dass man nur mit einer geführten Tour hinein kommt (US-23 und Rte. 871; geöffnet: Memorial Day – Labor Day Mo.–Fr. 10^{00} bis 17^{00}, Sa.–So. 10^{00}–18^{00} Uhr).

Blacksburg f 5

Einwohner: 40 000

Allgemeines

Nach der langen Fahrt durch die immer steileren Blue Ridge Mountains erwartet man nicht gerade eine muntere Universitätsstadt, und doch: Mitten in den Appalachen liegt Blacksburg zu Füßen steiler, dicht bewaldeter Berge und begrüßt den Reisenden mit Kaffeehaus-Atmosphäre und leger gekleideten jungen Menschen.
Die Virginia Polytechnic Institute and University, kurz "Virginia Tech", prägt die Stadt: Mehr als die Hälfte der Einwohner, nämlich 26 000 Studenten, sind an den acht Colleges eingeschrieben. Ihr Zentrum, der von ehrwürdiger Neogotik umgebene Campus, liegt inmitten der Stadt und signalisiert Traditionsbewusstsein.
Hinter den Kalksteinmauern entpuppt sich die "Virginia Tech" jedoch als einer der Motoren der amerikanischen Computerforschung: Ein jährliches Forschungsbudget von über 100 Mio. Dollar fließt u.a. in die Entwicklung der Kommunikationstechnologien. So stellte sich Blacksburg bereits Anfang der 1990er-Jahre als eine der ersten Gemeinden Amerikas als "Electronic Village" komplett ins Internet und hat seitdem Vorreiterfunktion bei der Anwendung neuer Medien.

Geschichte

Im Jahre 1748 gründeten englische, schottisch-irische und deutsche Siedler die Siedlung Draper's Meadow. Isoliert und mehrere Tagesreisen von der Zivilisation entfernt, fiel die Neugründung bereits sieben Jahren später einem Shawnee-Angriff zum Opfer. Nur vier Kolonisten überlebten den Angriff. Im Juli 1775 verschleppten die Shawnee einige Siedlerfrauen über die Berge nach Kentucky. Mary Draper Ingles gelang die Flucht. Ende November wurde sie bei Radford gefunden: Sie hatte einen 1000-km-Marsch durch die Wildnis hinter sich. Und damit einen Platz im Olymp der Nachgeborenen, die das Drama in Radford alljährlich als "The Long Way Home" auf die Bühne bringen.
Im Jahre 1772 gründete Colonel William Preston das Anwesen Smithfield Plantation, 1798 wurde Blacksburg auf Land vermessen, das der Pflanzer William Black gestiftet hatte. Die Universität mit 43 Studenten folgte schließlich 1872. 130 Jahre danach ist sie der größte Arbeitgeber im Südwesten, und Blacksburg zählt laut Umfrage landesweit zu den 20 Städten mit dem höchsten Lebensstandard.

In der Küche der Smithfield Plantation

*Smithfield Plantation

Heute am Rand des Campus gelegen, war diese schöne Plantage mit dem weißen, von einem Mansardendach gekrönten Haupthaus zur Zeit ihrer Gründung eine Insel in der Wildnis. 1773 von William Preston aus Nordirland erbaut und nach seiner Frau Susannah Smith benannt, wurde die Plantage in den 60er-Jahren des 20. Jahrhunderts in Stand gesetzt und vermittelt heute mit seinem kostümierten Personal, seinen Palisaden und Wirtschaftshäusern einen lebhaften Eindruck vom damaligen Alltag an der Grenze der Zivilisation (1000 Smithfield Plantation Rd.; geöffnet: von April bis Dezember Do.–So. 13^{00}–17^{00} Uhr).

Umgebung von Blacksburg

Mountain Lake Resort

Eine knappe halbe Autostunde auf der US-460 und der Rte. 700 in nordwestlicher Richtung erreicht man von Blacksburg aus eines jener alten Berghotels, von denen es nur noch wenige in Amerika gibt. Das 1936 ganz aus grauem Feldstein am Ufer eines klaren Bergsees und fern der Städte gebaute Mountain Lake Resort vereint uramerikanisches Traditionsbewusstsein und rustikalen Charme. Gestressten Großstädtern dient es als Refugium, outdoorbegeisterte Gäste nutzen es als Basis für Wander- und Mountainbike-Touren in die Umgebung.
Weltweit berühmt wurde das Mountain Lake Resort 1986 als Drehort des Kinohits "Dirty Dancing" mit Patrick Swayze und Jennifer Grey.

Blue Ridge Parkway

d–h 4–6

**Eine der Traumstraßen Amerikas

Während der Weltwirtschaftskrise in den 1930er-Jahren als Arbeitsbeschaffungsmaßnahme begonnen, gehört der Blue Ridge Parkway heute zu den Traumstraßen Amerikas. 750 km lang und kurvenreich verbindet er den ▶ Shenandoah National Park in Virginia mit dem Great Smoky Mountains National Park in North Carolina. Dabei bietet er immer wieder fantastische Ausblicke nach Osten und Westen, vor allem im rund 1000 m hohen Abschnitt zwischen Waynesboro und ▶ Roanoke, der als schönster Teil des Parkway gilt. 347 km des Parkway gehören zu Virginia. Auffahrten befinden sich bei Waynesboro, Bucanan, ▶ Natural Bridge und Roanoke. Die zweispurig angelegte Straße darf auch von Bussen und Wohnmobilen befahren werden. Entfernungsangaben ("mileposts"), helfen bei der Einschätzung der zurückgelegten Entfernung: Milepost 0 steht am Nordende bei Waynesboro, Milepost 469 am Südende in North Carolina.

Naturfreunde treffen auf dem zu Virginia gehörenden Abschnitt vor allem auf Kiefern- und Fichtenarten sowie die mächtige Hemlock-Tanne. Zwischen Roanoke und den Smoky Mountains blühen im Frühsommer wilde Azaleen am Straßenrand, während verschiedene Ahornarten im Herbst die Wälder am Parkway in eine Gelb- und Rotorgie verwandeln. Den größeren der tierischen Anwohner begegnet man v.a. morgens und abends: Schwarzbären, Weißwedelhirsche und die sehr seltenen Wildkatzen bevorzugen die Dämmerung für ihre Abstecher auf Straße und Parkplätze. Begegnungen mit Streifenhörnchen und Waschbären sind dagegen fast unvermeidlich, v.a. auf den Picknickplätzen. Die Höchstgeschwindigkeit von 45 Meilen ist selbst außerhalb der Stoßzeiten im Juli und August kaum zu bewältigen: Kurvenreich und unübersichtlich,

lässt der Parkway gerade mal 40 Meilen zu. Der Virginia-Abschnitt verfügt über vier Campingplätze, und zwar in Otter Creek (Milepost 61), Peaks of Otter (Milepost 86), Roanoke Mountain (Milepost 120) und Rocky Knob (Milepost 167). Mehr Bequemlichkeit bieten drei einfache Hotels am Parkway: Die Peaks of Otter Lodge (Milepost 86), die Blue Ridge Country HI-AYH (Milepost 214.5) und die Doe Run Lodge (Milepost 189).

Allgemeines (Fortsetzung)

An Besucher gewöhnt: Weißwedelhirsch

Einige gute Besucherzentren informieren und unterhalten. Das Humpback Rocks Visitor Centre (Milepost 5.8) beherbergt eine kleine Ausstellung über die lange isolierten Farmen der Umgebung und unterhält eine aus mehreren Gebäuden bestehende, im Stil jener Epoche rekonstruierte Farm. Gegenüber dem Besucherzentrum führt ein kurzer, aber steiler Trail (Milepost 6) zur Felsenspitze Humpback Rocks, die einen fantastischen Rundumblick bietet. Abkühlung verschaffen etwas weiter die beiden Bergseen der Sherando Lake Recreation Area. Die höchsten Wasserfälle östlich des Mississippi warten am Ende des Crabtree Falls Trail, den man über die vom Parkway abzweigende Rte. 56 erreicht. Bei Milepost 29 gibt es ein einfaches Restaurant. Das Besucherzentrum am James River Overlook (Milepost 63.3) beschäftigt sich mit dem historischen James River and Kanawha Canal, dessen 90 Hebeschleusen im 19. Jahrhundert fast 300 Meter Höhenunterschied überwanden. Eine der Schleusen wurde restauriert und ist zu besichtigen. Die Peaks of Otter Recreation Area (Milepost 86) bietet sich für eine Mittagspause an. Der Blick vom Restaurant der rustikalen Peaks of Otter Lodge (Abb. S. 166) hinab ins Shenandoah Valley regt den Appetit an, ein Besucherzentrum informiert über Geologie, Fauna und Flora. Sechs Hikingtrails beginnen bei der Lodge, zwei davon erklimmen die Sharp Top und Flat Top Mountains. Unweit der Lodge überquert der Appalachian Trail den Parkway. Etwas später (Milepost 120.3) ermöglicht ein 6 km langer Rundweg quer über den Roanoke Mountain einen herrlichen Blick auf die in einem Kessel liegende Stadt Roanoke. Der steile Roanoke Mountain Summit Trail führt von hier aus auf die Spitze des Berges. Eine schöne Tagestour von Roanoke aus ist die Rocky Knob Recreation Area (▶ Roanoke, Umgebung) mit steilen Trails und fantastischen Aussichten.

Nähere Informationen: Blue Ridge Parkway, Nat. Park Service, 199 Hemphill Knob Road, Asheville, NC 28801-3417, ☎ (828) 2714779, FAX (828) 2714313, www.ups.gov/blri/

Breaks Interstate Park — d 5

Allgemeines

Der von Virginia und Kentucky gemeinsam betriebene State Park liegt am Rand des Cumberland Mountain Plateau in Südwest-Virgi-

◂ **Herbstfarben am Blue Ridge Parkway**

Baedeker TIPP Feuchtfröhliches Vergnügen

Erst aus-, dann anziehen, und zwar warme Wollsachen und darüber Gummihosen und Jacken. Dann die nackten Füße in Gummischuhe gesteckt, die Schwimmweste und den Helm übergestreift und das Paddel in die Fäuste: Los geht's, und zwar mit einem erfahrenen Führer, durch die Klasse-III und -IV-Stromschnellen des Russel Fork River, der zu den Rafting-Paradiesen der Ostküste zählt. Trotz aller Vorsichtsmaßnahmen ist man am Ende trotzdem nass, aber das "Rendezvous mit den ungezähmten Naturgewalten" ist alle Ungemach wert (Wahoo's Adventures, ☎ 800/444-RAFT).

nia. Hier hat der Russell Fork River den tiefsten Canyon östlich des Mississippi in den Fels des Pine Mountain gegraben. "The Breaks" ist 8 km lang und bis zu 530 m tief.
Vier Beobachtungsplattformen und das neue Rhododendron-Restaurant bieten dramatische Ausblicke vom Rand des Canyons in die dunkel gähnende Tiefe. Vom tosenden Russell Fork River hört man hier oben so gut wie nichts. Rund 20 km Hikingtrails führen kreuz und quer durch den Park (SR-80; geöffnet: tgl. 7^{30} – 18^{00} Uhr).

Charlottesville h 4

Einwohner: 45 000

***Nette Universitätsstadt, im Zeichen Thomas Jeffersons**

Charlottesville, von den Einheimischen "C-ville" genannt, ist nur der Einwohnerzahl nach eine Kleinstadt. Dem Gefühl nach ist es eine Hochburg der schönen Künste und der feinen Lebensart, garniert mit dem Charme des Alten Südens, der einen beim Flanieren auf den von Magnolien gesäumten Alleen einwickelt. Charlottesville hat Dinge, um die es im ganzen Staat beneidet wird. Zunächst die Lage: Eine halbe Autostunde weiter westlich ragt das Outdoor-Mekka der Blue Ridge Mountains auf, zwei Autostunden Richtung Osten bietet der Atlantik unbegrenzte Wassersportmöglichkeiten. Dann die Architektur: Charlottesville besitzt einige der schönsten Gebäude des Ostens, nicht wenige davon gehören zur University of Virginia, einer der angesehensten Universitäten des Landes. Die liberale Studentenszene mit ihren Kaffeehäusern und Yogazentren bringt die Stadt mühelos mit ihrer patriotischen Begeisterung für ihren berühmtesten Bürger in Einklang: Charlottesville war und ist Thomas Jeffersons Stadt (▶ Baedeker Special S. 176/177). Verfasser der Unabhängigkeitserklärung, US-Präsident und Allround-Genie, hat Jefferson mehr als 40 Jahre seines Lebens auf seinem Gut Monticello bei Charlottesville verbracht und der Stadt während dieser Zeit nicht zuletzt mit der Universitätsgründung seinen Stempel aufgedrückt. Auch sein Traum vom "academical village", von wo aus das aufgeklärte Gedankengut Europas Amerika erobern sollte, ist nach wie vor lebendig: Mit Menschen aller Hautfarben auf den Straßen, einer multikulturellen Gastronomie und einer weltoffenen Bürgerschaft macht "C-Ville" der Vision des großen Jefferson 180 Jahre später alle Ehre.

Geschichte

Lange bevor hier das erste feste Haus entstand, war dieser Teil Zentral-Virginias den Indianern und weißen Trappern bekannt. Die Erschließung der Region nahm erst 1762 ihren Anfang. Am 23. Dezember verfügte die Virginia General Assembly die Gründung einer Stadt an der Three Notched Road, die Richmond mit dem Shenandoah Valley verband. Benannt nach Charlotte-Sophia von Mecklenburg-Strelitz, der jungen Braut Georges III., wuchs das schachbrettartig angelegte Charlottesville zunächst als Markt für die umliegenden Farmen und Plantagen. Die Gründung der Virginia University 1819, die Ankunft der Eisenbahn 1850 sowie ihre Anbindung an das Shenandoah Valley 1859 fördern Handel und Wandel der Stadt. Der Bürgerkrieg zieht – abgesehen von einer kurzen Besetzung durch Colonel Sheridan Anfang 1865 – an Charlottesville vorbei. 1888 erhält Charlottesville, nunmehr auf 4200 Bewohner angewachsen, die Stadtrechte. Banken und Transportunternehmen verlegen ihren Sitz hierher und sorgen vor allem nach dem Zweiten Weltkrieg für Hochkonjunktur. In den 1950er-Jahren zeigt das Erbe der Sklaverei ein letztes Mal sein wahres Gesicht, als die Stadtväter gegen die von Washington verfügte Rassenintegration an den Schulen klagen. In den 1960er-Jahren wird die Universität größter Arbeitgeber der Stadt, zugleich entwickelt sich Monticello, Jeffersons Landsitz vor den Toren der Stadt, zu einer der größten Touristenattraktionen des Bundesstaats.

Geschichte (Fortsetzung)

Sehenswertes in Charlottesville

University of Virginia (Abb. S. 18)

Die Universität begann als "Mr. Jeffersons" Lieblingsprojekt: Außerhalb der Stadt gelegen, sollte sie eine von der Kirche unabhängige, vom Staat finanzierte Denkfabrik werden. 1819 legte Jefferson den Grundstein seines "academical village", fortan überwachte er den

Auf dem Universitätsgelände in Charlottesville

Ein Multitalent

Mit kaum einem ihrer 43 Präsidenten können sich die Amerikaner in dem Maße identifizieren wie mit Thomas Jefferson. Für seine Landsleute stieg er zur Ikone auf, ihre Bewunderung erhob seinen Wohnort Monticello zur Pilgerstätte, sein Konterfei schmückt Kaffeebecher, T-Shirts und Andenken aller Art.

Der Gebildete

Am 13. April 1743 wurde er als erstes Kind seiner Eltern geboren, später wurde er als Gouverneur der Erste seines Heimatstaates Virginia, dann als Präsident der Erste der Vereinigten Staaten von Amerika – für die Bewohner von Charlottesville und Umgebung ist **Thomas Jefferson** immer noch die Nummer Eins. Da er ein guter Schüler war, besuchte er im alter von 15 Jahren eine weiterführende Lateinschule und studierte anschließend Jura an der Universität in Williamsburg in Virginia. Ganz im Stil europäischer Universalgelehrter las er aber auch über griechische und römische Geschichte, Literatur, Kunst und Kultur. Darüber hinaus interessierte er sich für Naturwissenschaften, v.a. Biologie und Landwirtschaft, und schulte in Disputen mit Professoren und Kommilitonen seine Rhetorik. All diese Wissensgebiete blieben für ihn ein Leben lang von großer Bedeutung.

Der Landwirt

Durch den frühen Tod seines Vaters erbte Jefferson schon in jungen Jahren die elterlichen Ländereien. Nach Abschluss seines Studiums ließ er sich als Rechtsanwalt nieder und bewirtschaftete zudem die Plantagen. Er begann genauestens Buch zu führen über landwirtschaftliche Arbeiten, Erträge und neue Züchtungen, über Ausgaben und Einnahmen, über seine Hausangestellten und Sklaven sowie über das Wetter.
Seinem Faible für Architektur entsprechend plante und baute er seit 1769 ein eigenes Haus im klassischen Palladio-Stil – Monticello sollte sein großer Traum werden, allerdings auch eine ewige Baustelle.

Der Patriarch

Über seine musikalische Ader fand der Geige spielende Thomas Jefferson seine Frau, denn die junge Witwe Martha Wayles Skelton war eine gute Harfenistin. 1772 heirateten sie und führten zehn Jahre lang ein harmonisches Eheleben. Nur neun Monate nach der Hochzeit kam die Tochter Martha auf die Welt, sechs Jahre später ein zweites Mädchen, Mary. Geschwächt von weiteren vier Geburten – die Kinder lebten nur kurze Zeit – starb Martha Jefferson 1782 mit nur 33 Jahren. Dieser Schicksalsschlag traf Thomas Jefferson hart. Zeit seines Lebens war er für seine Töchter ein engagierter Vater und später für seine dreizehn Enkel ein liebevoller Großvater.
Auch am Schicksal seiner Sklaven nahm er persönlichen Anteil. Schon immer kursieren hartnäckig Gerüchte, die sagen, Jefferson habe ein Liebesverhältnis mit der Sklavenschönheit Sally Hemmings gehabt. Ob er oder vielleicht einer seiner Verwandten der Vater von Sally Hemmings Kindern war, ist nach wie vor nicht bewiesen. Damals wohnten

25 junge Männer seiner Familie in der näheren Umgebung von Monticello. Er selbst hat nie wieder geheiratet und lebte den Zeitgenossen zu Folge äußerst ehrenwert.

Der Politiker

Als einer der führenden Köpfe Virginias wurde Thomas Jefferson 1769 in das dortige Abgeordnetenhaus gewählt. Als Delegierter Virginias nahm Jefferson 1775 am Kontinentalkongress teil und entwarf im folgenden Jahr die Unabhängigkeitserklärung. Sie wurde zur Grundlage der Loslösung der nordamerikanischen Kolonien vom englischen Mutterland. Jefferson gilt seitdem als einer der Väter der Vereinigten Staaten. Von 1779 bis 1781 vertrat Jefferson als Gouverneur seinen Heimatstaat Virginia.
Bald nach dem Tod seiner Frau ging Jefferson als Gesandter der USA nach Paris und wurde dort Augenzeuge der Französischen Revolution. Fünf Jahre ermöglichte er seinen Töchtern eine europäische Schulbildung, studierte selbst Kunst und Kultur und reiste durch Frankreich, Italien, Deutschland und die Niederlande. Im Jahre 1790 wurde er von George Washington mit dem Amt des Innen- und Außenministers beauftragt, seitdem unterbrachen nur kurze Pausen seine Arbeit im Machtzentrum der USA: 1797 wurde er Vizepräsident unter John Adams und 1801 selbst zum Präsidenten gewählt. Zwei Wahlperioden lang führte er die Geschicke seines Landes, dessen Territorium sich in dieser Zeit durch den Kauf Lousianas verdoppelte.
Selbst als Präsident blieb Jefferson ein bescheidener Mann, der stets ein offenes Haus führte und anregenden Diskussionen anstelle von festlichen Banketten den Vorzug gab.

Der Planer

Jefferson erstrebte immer das Beste und verfolgte dabei hohe politische, wissenschaftliche und ästhetische Ideale. Seine Interessen waren äußerst vielfältig:
Von seinem Frankreich-Aufenthalt brachte er nicht nur kistenweise Bücher und Kunst mit, sondern auch europäische Pflanzen. Er konstruierte einen mechanischen Kopierapparat und baute Monticello immer wieder nach neuen Ideen um.
Über seinem persönlichen Glück stand für Jefferson jedoch das Allgemeinwohl, vor allem die Bildung lag ihm am Herzen. So legte er z.B. den Grundstock zur berühmten Library of Congress durch die Spende seiner umfangreichen Privatbibliothek.
Sein größtes Projekt war jedoch die Gründung der Universität von Virginia in Charlottesville. Er versuchte, durch die optimale Anordnung und Ausstattung der Universitätsgebäude ideale Studienbedingungen zu schaffen. Tatsächlich kann man hier dem Geist Jeffersons besser nachspüren als in Monticello. Dort schwelgen täglich Besucherscharen in der vermeintlich authentischen Jefferson-Welt, von der wegen hoher Schulden schon bald nach seinem Tod nicht mehr viel übrig war. Trotzdem streicheln die Besucher heimlich über Tische, Stühle, Treppengeländer – denn für sie schwebt hier des Geist von Jefferson.

University of Virginia (Fortsetzung)

Fortgang der Bauarbeiten per Fernrohr von seinem Landsitz Monticello aus. 1825 wurde der Lehrbetrieb mit 68 Studenten und zehn Lehrern aufgenommen: Heute gilt die "UVA" als führend in den Fächern Anglistik/Amerikanistik, Wirtschaft, Medizin und Jura. Erst in den 1970er-Jahren öffnete sich die traditionell konservative Lehranstalt auch Frauen und farbigen Studenten.
Die ältesten Teile der Universität befinden sich im Westen der Stadt. Hier stehen um einen geschorenen Rasen, der als "The Lawn" bezeichnet wird, die Originalgebäude des ursprünglichen "academical village", darunter die von Jefferson entworfene, dem Pantheon in Rom nachempfundene Rotunde (geöffnet: tgl. 9^{00} – 16^{45} Uhr) sowie zehn zur Inspiration der Studenten in verschiedenen Stilen errichtete Pavillons. Mit interessanten Anekdoten angereicherte Touren über den Campus bucht man im University Information Center (Ivy Rd., ☎ 804/ 924 7166).

Bayly Art Museum

Einen Steinwurf von der Rotunde entfernt, stellt dieses hervorragende, zur Universität gehörende Museum v.a. amerikanische Maler des frühen 19. Jahrhunderts aus. Die bedeutende Sammlung umspannt fünf Jahrhunderte europäischen Kunstschaffens. Wanderausstellungen machen mit großen Namen wie Picasso und Rodin von sich reden (Rugby Rd.; geöffnet: Di. – So. 13^{00} – 17^{00} Uhr).

Downtown Mall

Rast von der "Tour de Force" durch so viel amerikanische Kultur und Geschichte verheißt diese hübsche Fußgängerzone. Zwischen 2nd St. E. und 6th St. E. bietet die W. Main Street eine charmante Idylle mit Kaffeehäusern, Gartenrestaurants und kleinen Parks, in

Hauptanziehungspunkt bei Charlottesville: Monticello, das Anwesen Thomas Jeffersons

denen Wasserspiele plätschern. Kleine Shops verkaufen biologische Seife und Räucherstäbchen, in Secondhand-Buchläden biegen sich die Regale unter linker Literatur. Charlottesvilles schönste Denkmäler sind auch nicht weit. An der Ecke von Main und Ridge Street stehen die Forscher Lewis und Clark. Beide wurden unweit Charlottesville geboren und leiteten die von Jefferson angeregte Expedition, die Amerika zu Beginn des 19. Jahrhundert den Westen öffnete. Robert E. Lee, der berühmteste Konföderierten-General, reitet auf seinem Pferd "Traveler" an der Ecke Jefferson und 1st St. E, während sein Vertrauter "Stonewall" Jackson ein paar Blocks weiter (Jefferson u. 4th St. E) über die Lebenden wacht.

Downtown Mall (Fortsetzung)

Umgebung von Charlottesville

****Monticello – Anwesen Thomas Jeffersons**

Die meisten Besucher kommen nur aus einem Grund nach Charlottesville: Monticello, von herrlichen Gärten umgeben, von Dichtern besungen. Der Landsitz des dritten US-Präsidenten William Jefferson genießt eine ähnliche quasireligiöse Verehrung wie die schillernde Persönlichkeit seines Hausherrn. 5 km südöstlich von Charlottesville thront die elegante Villa, die einst auch Mittelpunkt einer Plantage war, auf einer Anhöhe und blickt hinab auf die Stadt. 40 Jahre lang baute Jefferson, der den strengen georgianischen Stil verabscheute, an dem 1809 fertig gestellten Haus. Die elegante, von einem Portikus und einer großen Kuppel geschmückte Architektur zeigt eine Mischung aus italienisch-palladianischen und Louis-XVI-Stilelementen, die noch heute begeistert. Auch das Innere reflektiert das rastlose Genie seines Schöpfers: Von der geräumigen Eingangshalle mit ihren Landkarten und Mitbringseln der Lewis-und-Clark-Expedition über das strategisch zwischen Arbeits- und Umkleidezimmer platzierte Bett – kostbare Zeit zu vergeuden war Jefferson ein Graus – bis hin zu dem von ihm entwickelten "Polygraf", mit dem er seine Briefe gleich kopierte, ist Monticello in jeder Hinsicht Produkt seines über die Maßen talentierten Schöpfers.

Dass der Staatsmann, Philosoph und Erfinder auch weniger vorbildliche Seiten hatte, damit müssen sich auch Jeffersons Bewunderer auseinandersetzten. So lehnte er die Sklaverei zwar theoretisch ab, besaß jedoch zugleich rund 200 Sklaven. Es heißt sogar, er habe mit einer Sklavin – der anfangs 14-jährigen Sally Hemmings – ein Verhältnis gehabt, aus dem bis zu seinem Tod 1826 fünf uneheliche Kinder hervorgingen. Bewiesen ist dies allerdings nicht.

Im Monticello Visitors Center unterhalb der Villa – von hier geht es mit Shuttlebussen hinauf – informiert ein Film den Besucher über den Politiker Jefferson. Eine Ausstellung beschreibt den Alltag auf Monticello (geöffnet: von März bis Oktober tgl. 8^{00}–17^{00}, sonst 9^{00} bis 16^{30} Uhr, nur geführte Touren).

Baedeker TIPP

Erlesene Weine in stilvoller Umgebung

Kein geringerer – wie könnte es in Virginia auch anders sein ? – als Thomas Jefferson regte den Weinanbau in der Region an. Der berühmte Wein-Connaisseur, der seine Kenntnisse aus Paris mitgebracht hatte, experimentierte auf Monticello mit verschiedenen Rebsorten. 180 Jahre später ist Jeffersons Pionierarbeit in das renommierte Monticello Wine & Food Festival gemündet. Zwölf Weingüter aus der Umgebung öffnen Anfang Oktober im eleganten Boar's Head Inn (200 Ednam Drive, ☎ 804 / 296 2181) ihre besten Flaschen.

Charlottesville, Umg. (Fts.)
***Ash Lawn-Highland**

Jeffersons Nachbar im Süden war James Monroe. Der Politiker und spätere fünfte US-Präsident residierte mit seiner Familie von 1799 bis 1823 auf der Plantage Highland, gerade 4 km von Monticello entfernt. Jefferson half Monroe beim Entwurf des Haupthauses und stellte Gärtner für die Anlage der Obstgärten zur Verfügung. Highland – spätere Besitzer fügten den Namen Ash Lawn bei – hat jedoch nichts von der Eleganz Monticellos und wirkt erheblich bodenständiger. Bis heute ist es ein funktionierender Farmbetrieb. Sehenswert ist das mit zeitgenössischen Möbeln eingerichtete Haupthaus und Monroes Schaukelstuhl, den der Geist des Präsidenten angeblich hin und wieder zum Schaukeln bringt (James Monroe Parkway-Rte. 795; geöffnet: von März bis Oktober tgl. 9⁰⁰–18⁰⁰, sonst 10⁰⁰–17⁰⁰ Uhr).

***Walton's Mountain Museum**

"Gute Nacht, John-Boy! Gute Nacht, Jim-Bob!" Wer kennt sie nicht, die Schlussformel der beliebten TV-Familienserie "Die Waltons"! Die Idee zur Serie, die sechs Emmys und sechs Golden Globes erhielt und von der 211 Episoden produziert wurden, hatte Hollywood-Drehbuchautor Earl Hamner jr. Selbst ein Sohn des Piedmont, formte er seine Charaktere Personen aus seiner Kindheit nach. 1992 errichteten Waltons-Fans in dem 400-Seelen-Nest Schuyler zu Füßen der Blue Ridge Mountains das Museum zur Serie – mit Erfolg. Rekonstruktionen der beliebtesten Filmsets – darunter das Zimmer von John-Boy, wo er seine ersten Schreibversuche unternahm, die Küche mit den langen Bänken und der Laden von Ike Godsey – laden ein zu nostalgischen Ausflügen in die gute alte Zeit, als die Filmfamilie Walton die Wirtschaftskrise mit traditionellen amerikanischen Werten wie Fleiß und Gottesfürchtigkeit meisterte (Schuyler, Rte. 617; geöffnet: von März bis November tgl. 10⁰⁰–16⁰⁰ Uhr).

John-Boy's Room

***Barboursville Vineyards**

20 Autominuten nördlich von Charlottesville liegt in den Ausläufern der Blue Ridge Mountains, der wohl schönste Picknickort in der Region. Die säulengeschmückte Fassade des achteckigen, 1884 niedergebrannten Hauses zierte einst die von Thomas Jefferson entworfene Residenz von Gouverneur James Barbour. Nebenan liegt das Weingut Barboursville Vineyards, und eine Flasche Pinot Grigio oder Cabernet Sauvignon veredelt den Nachmittag eines lauen Spätsommertags (Rte. 20 u. Rte. 23; geöffnet: Mo.–Sa. 10⁰⁰–17⁰⁰, So. 11⁰⁰–17⁰⁰ Uhr).

Chesapeake Bay Bridge-Tunnel — L 5

Allgemeines

Wo ein Wille ist, da ist auch ein Weg. Dass dieser selbst über das offene Meer führen kann, bewiesen amerikanische Ingenieure Anfang der 1960er-Jahre. Nach sechsjähriger Bauzeit wurde 1964 der

Chesapeake Bay Bridge

offiziell auf den Namen Lucius J. Kellam Jr. Bridge-Tunnel getaufte Brücken-Tunnel-Komplex dem Verkehr übergeben. Das 28 km lange Meisterwerk der Technik überspannt seither die Mündung der Chesapeake Bay und erspart dem Autofahrer den zeitraubenden Weg um die Bay. Die technischen Daten sind auch ein Vierteljahrhundert später beeindruckend: 800 000 t Beton und 55 000 t Stahl wurden verbaut und vier künstliche Inseln als Brückenköpfe für die beiden jeweils anderthalb Kilometer langen Tunnel aufgeschüttet. Bis heute haben 67 Mio. Autos diese zu den "seven engineering wonders of the modern world" gezählte Brücke passiert. Bis 1998 wurden zwei weitere Fahrbahnen hinzugefügt, um der bis zu 15 000 PKWs pro Tag Herr zu werden. Das Anhalten auf der Strecke ist streng verboten. Wer sich auf der offenen See den Wind um die Nase wehen lassen möchte, kann auf Sea Gull Island, der südlichsten der künstlichen Inseln, aussteigen, einen Snack mit Meeresblick genießen und anschließend auf einer 200 m langen Pier den Petrijüngern bei der Arbeit zuschauen.

Allgemeines (Fortsetzung)

Chincoteague Island

▶ Eastern Shore

Cumberland Gap National Historic Park

b 6

Allgemeines

Einer jener legendären Orte, die den amerikanischen Mythos von der Frontier und dem Neuanfang im Westen begründen halfen: Die durch Erosion entstandene tiefe Kerbe in diesem besonders zerklüfteten Teil der Appalachen öffnete zwischen 1775 und 1810 rund 300 000 Siedlern den Weg nach Kentucky und ins Tal des Ohio. Vor den Weißen benutzten Großwild und Kommandos der Shawnee und Cherokee den Pass. 1750 wurde er von Thomas Walker entdeckt: Die bis dahin jede Westausdehnung der Kolonien blockierende Mauer der Appalachen hatte damit einen Durchgang gefunden.

Cumberland Gap National Historic Park (Fortsetzung)

1775 trieb der Pfadfinder Daniel Boone die so genannte Wilderness Road, einen für Siedler und Reiter gleichermaßen gangbaren Trail, über den Pass. 225 Jahre später ist der heute zwischen Kentucky, Virginia und Tennessee liegende Pass noch immer von rauer Wildnis umgeben. Während der Autoverkehr auf der US-25 in Tunneln unter dem Berg fließt, führt der auch "Boone's Trace" genannte historische Trail, obwohl kaum erkennbar, noch immer durch das Cumberland Gap. Derzeit wird er von Archäologen in Stand gesetzt, bis zum Jahr 2010 soll er wieder aussehen wie zu Boones Zeiten. Bis dahin können Besucher auf Trails unterschiedlichster Schwierigkeitsgrade diesen schönen Park erkunden. Empfehlenswert sind v.a. der Ridge Trail (33 km, zwei Tage, Camping) mit seinen Ausblicken auf die von Hemlock-, Kiefern- und Eichenwälder bedeckte Wildnis sowie der mit dem Auto auf einer 6,5 km langen Straße erreichbare Pinnacle Overlook. Wie das Frontiersleben um 1800 aussah, zeigt eindrucksvoll Hensley Settlement. Die Rekonstruktion einer Pioniersiedlung – zu sehen sind Blockhäuser, Scheunen und Palisaden – liegt einen Halbtagesmarsch vom Besucherzentrum entfernt am Ostrand des Parks (Visitor Center, Middlesboro, Kentucky; geöffnet: tgl. 8⁰⁰ – 17⁰⁰ Uhr).

Eastern Shore — I/m 4/5

***Idyllische Halbinsel an der Chesapeake Bay**

Wer von Süden her anreist, erlebt womöglich einen Kulturschock. Nach dem modernen Baderesort Virginia Beach (▶ Hampton Roads Area S. 193) und dem technischen Meisterwerk des ▶ Chesapeake Bay Bridge-Tunnel wähnt man sich auf der anderen Seite der Bay um 50 Jahre zurückversetzt. Rostige Pickup-Trucks rumpeln mit Gartengerät und Düngersäcken über stille Landstraßen. Häuser sind mit wildem Wein überzogen. In Orten mit Namen wie Onancock schaut man fremden Gesichtern bis zur Stadtgrenze hinterher. Der südliche Zipfel der Delmarva-Peninsula – die zu Delaware, Maryland und Virginia gehörende Halbinsel trennt die Chesapeake Bay vom Atlantik – lag lange isoliert vom Rest der Welt. Selbst die Brücken haben das nicht wirklich geändert: Der Verkehr fließt auf der Interstate I-13 weitgehend an den 50 000 Menschen der Eastern Shore vorbei.

Nicht wenige Besucher schätzen das: Wer die Interstate verlässt, will in der Regel Ruhe und die Beschaulichkeit des ländlichen Lebens genießen, und zwar von hübschen kleinen B&Bs aus, die in viktorianischen Städtchen liegen oder an tief ins Land schneidenden kleine Flüßchen. "Bayside" oder "seaside" spielt dabei keine Rolle: Von keiner Stelle aus ist das beruhigende Blau des Meeres oder der Bay mehr als 15 km entfernt. Mit frischem Obst und Gemüse von den Straßenständen und fangfrischen Köstlichkeiten der Fischer lebt man gesund und preiswert und kann die hiesigen Highlights umso intensiver genießen: die beschaulichen Marschen, an denen John Smith 1608 vorbeisegelte, mit ihren zahllosen See- und Wattvogelarten, Cape Charles mit seinem hübschen "historic district", das verschlafene Eastville mit "Debtor's Prison", und natürlich Chincoteague Island, wo alljährlich Ende Juni die Wildpferde von Assateague Island zusammengetrieben und versteigert werden.

Bootsanlegestelle bei Willis Wharf auf der Eastern Shore ▶

Sehenswertes auf der Eastern Shore

Eastern Shore of Virginia National Wildlife Refuge

Stille, von Kanälen durchzogene Marschen und beschauliche Kanutouren führen durch ein Refugium für Wasser- und Zugvögel: Das 1984 als Rastplatz für Zugvögel am Südzipfel der Eastern Shore eingerichtete Schutzgebiet hat sich seither zum Geheimtipp für "bird watcher" des ganzen Landes entwickelt. Besucher des 310 ha großen Schutzgebietes unweit der Chesapeake-Bay-Brücke begegnen verschiedenen Reiherarten und Ibissen und – während der Zugvogelwanderungen von August bis November – zahllosen, z.T. tropischbunten Singvogelarten. Das Besucherzentrum liegt gleich neben der Brückenauffahrt. Von hier aus führt ein schöner Lehrpfad zu einer 20 m hohen Beobachtungsplattform. Tiefer in das Schutzgebiet vorstoßen kann man per Kanu oder Kajak. Die schwimmenden Untersätze können in Cape Charles (s. u.) gemietet werden.

Cape Charles

Bis in die 1950er-Jahre war das 1884 als Endstation der Eisenbahnlinien aus New York und Philadelphia gegründete Städtchen der größte Hafen zwischen Norfolk und Maryland. Im Hafen lagen Austern- und Krabbenfischer, Auto- und Eisenbahnfähren sicherten die Verbindung zu den Hampton Roads. Der 1964 eingeweihte Chesapeake Bay Bridge-Tunnel stellte Cape Charles ins Abseits, aber vor allem Sportangler und Yachtbesitzer haben das Städtchen bis heute am Leben erhalten. Der größte Teil von Cape Charles steht heute unter Denkmalschutz: Rund 500 Häuser in sämtlichen zwischen 1880 und 1920 üblichen Stilen errichtet, bilden einen der größten "historic districts" an der Ostküste.
Ein Spaziergang auf den nach Früchten und berühmten Virginians benannten Straßen sollte auch beim Cape Charles Museum and Welcome Center (Rte. 184; geöffnet: von April bis November Do. bis So. $10^{00}-17^{00}$ Uhr) am Ortseingang vorbeiführen. Vergilbte Fotos und schöne Schiffsmodelle zeichnen hier die Blütezeit des Städtchens nach.

Eastville

1715 als Bezirkshauptstadt gegründet, präsentiert sich das Städtchen als koloniales Schmuckstück. Vom gepflegten Green vor dem historischen Old Courthouse (Courthouse Square) aus lassen sich die umliegenden, liebevoll restaurierten Gebäude in aller Ruhe erkunden. Die Einwohner sind besonders stolz darauf, dass sich ihre Vorfahren 1752 als Erste in den Kolonien gegen die Knebelsteuern des Mutterlandes zur Wehr setzten. Ihr 1731 errichtetes Gerichtsgebäude enthält zudem das älteste Archiv der USA: Seit 1632 bis heute kontinuierlich geführt, hat es Mäuse, Ratten und Brände heil überstanden. Das Haus daneben beherbergt das "Clerk's Office". Ein kleines Museum bewahrt hier neben alten Gebrauchsgegenständen auch Fußketten für Sklaven auf. Das "Debtor's Prison" unweit davon ist nach wie vor an seinen vergitterten Fenstern zu erkennen. Öffentlich zugänglich sind alle drei Gebäude leider nicht.

Onancock

An diesem Ort haben Indianer englische Siedler angeblich zuerst mit der Kartoffel bekannt gemacht. Das war 1621, und die weißen "Testesser" sollen sich anfangs schwer mit den ihnen unbekannten Erdäpfeln getan haben. 1680 wurde die heute 1500 Einwohner zählende Stadt am Onancock Creek als Port Scarbourgh gegründet, aber bald in Onancock ("nebliger Ort") umbenannt. Auf Grund sei-

Onancock (Fortsetzung)

nes Naturhafens und der Dampfschifffahrt mauserte sich der Ort im 19. Jahrhundert zur geschäftigen Hafenstadt.
Hübsche B&Bs, historische Hotels und schattige Alleen machen Onancock zur angenehmen Zwischenstation. Durchreisende sollten auf jeden Fall Kerr Place (69 Market St.; geöffnet: von März bis Dezember Di.–Sa. 10^{00}–16^{00} Uhr) einen Besuch abstatten. 1799 vom schottischen Kaufmann John S. Kerr im Federal Style erbaut, gehört das zweigeschossige Steinhaus unweit des Yachthafens zu den schönsten Häusern der Eastern Shore. Die Virginia Historical Society – sie unterhält hier ein Büro und vermietet die romantischen Räumlichkeiten für Hochzeiten – hat Kerr Place mit zeitgenössischen Möbeln, Musikinstrumenten und herrlichen Gemälden ausgestattet. Gemütliche Unterkünfte und Restaurants findet man entlang der "historic waterfront". An der Onancock Wharf warten Charterboote auf Sportangler, hier liegt auch die kleine Passagierfähre "Capt. Eulice", die Unterehmungslustige nach Tangier Island bringt, vor Anker.

*Tangier Island

Alle Jahre wieder machen die Bewohner dieses mitten in der Chesapeake liegenden Eilands bundesweit Schlagzeilen. Zuletzt 1998: Hollywoodstar Paul Newman hatte die Insel als Drehort für seinen Film "Message in a Bottle" auserkoren und mit dem Scheckbuch gewunken. Die frommen Insulaner, die eine neue Pier hätten brauchen können, lehnten jedoch ab. Begründung: Die Sprache der Akteure des bereits ab 12 Jahren freigegebenen Films sei religiös und sexuell anstößig. Newman musste sich einen anderen Drehort suchen.

So kann man sich sein Taschengeld aufbessern: Verkauf von Kerzen in Muschelschalen auf Tangier Island.

Tangier Island, 5 km lang, 1½ km breit und nur wenige Kilometer vom Festland entfernt, liegt dennoch in einer anderen Welt. Die 700 Bewohner haben ihren auf Krabbenfischerei basierenden Lebensstil und selbst ihren altertümlichen, an Mittelengland erinnernden Dialekt bewahrt, auch wenn Fähren von Crisfield (s. Maryland) und Onancock (s. o.) täglich Besucher bringen. Zu sehen gibt

Tangier Island (Fortsetzung)

es nicht viel, es ist vielmehr die Atmosphäre in diesem autofreien Ort, die ihre Reize hat, und die aus endloser Marsch- und Schilflandschaft bestehende Inselwelt, in der Motorboote das einzige Verkehrsmittel sind. Wer sich ein paar Tage in einem der einfachen Guesthouses einquartiert – unbedingt vorbuchen – hört vielleicht eine der skurrilen Inselgeschichten oder schließt Freundschaft mit einem der Krabbenfischer, die abends in ihren Vorgärten ihre Ausrüstung reinigen.

Anreise

Von ► Crisfield (Maryland) kann man mit der “Steven Thomas” von Tangier Island Cruises (ganzjährig, Mo.–Sa. 12³⁰ Uhr), von Onancock mit der “Captain Eulice” von Tangier-Onancock Cruises (Juni bis September 10⁰⁰ Uhr) nach Tangier Island gelangen.

Chincoteague Island

m 4

*Highlight der Eastern Shore

Zweifellos das Highlight der Eastern Shore: 11 km lang und kaum mehr als 2 km breit, ist die vom gleißenden Blau des Atlantiks und vom Grün der Salzmarschen dominierte Sandinsel im Windschatten der größeren Assateague Island (► Maryland) vor allem wegen ihrer Wildpferde, der “Chincoteague Ponies”, berühmt. Sandstrände laden zu besinnlichen Wanderungen am Atlantik ein. In den vom rauen Seewind gebeugten Kiefernwäldchen und in den Prielen und Marschen zwischen Insel und Festland begegnet man nicht nur den fotogenen kleinen Pferden, sondern auch Weißwedelhirschen, Reihern, Schwänen und anderen Wattvogelarten.

Baedeker TIPP Main Street Shop

Auf dem Weg durch Chincoteague zum National Wildlife Refuge (oder auf der Rückfahrt) sollte man am Main Street Shop (Ecke Maddox Blvd. / Main Street) einen Stopp einlegen. Hier kann man nicht nur wunderbare Kaffeespezialitäten probieren, sondern auch in den hübschen Souvenirs und Kunsthandwerkprodukten stöbern.

Die Anfahrt ist allerdings ein Spießrutenlauf durch einen Reklamewald: Derart viele Werbeflächen wie entlang des Chincoteague Causeway begegnet man sonst nirgends im ländlichen Virginia. Im gleichnamigen, parallel zur Westseite der Insel verlaufenden Ort beruhigen sich die aufgebrachten Sinne jedoch. Kleine, höchstens zweigeschossige Hotels, B&Bs in alten Krabbenfischerhäusern und zünftige Restaurants mit Blick auf die Marschen laden zum erholsamen Aufenthalt ein.

Geschichte

Die Inselchronik befasst sich vor allem mit zwei Kapiteln: den Wildpferden und dem Heldenmut der Insulaner während des Bürgerkriegs. Danach ist wohl nur Legende, dass die Chincoteague Ponies Nachkommen spanischer Pferde, die sich auf einer Galeone befanden, die im 16. Jahrhundert vor der Insel sank. Wahrscheinlicher ist, dass sie von Pferden abstammen, die englische Kolonisten im 18. Jahrhundert auf der Insel vor königlichen Steuereintreibern versteckten. 1861 entschieden sich die Insulaner für den Verbleib in der Union und schlugen mehrere Angriffe ihrer konföderierten Nachbarn vom Festland zurück. Austern und Muscheln sind von jeher die Haupterwerbsquellen der Insulaner, hinzu kommt "crabbing", die Krabbenfischerei in der flachen Chincoteague Bay.

Chincoteague Island (Fts.)

Die Tradition des jährlich Ende Juli stattfindenden Pferde-Auftriebs stammt aus Kolonialtagen: Die Siedler trieben die Wildpferde bei Niedrigwasser von Assateague nach Chincoteague Island und sonderten Fohlen und Einjährige für die Auktion in Chincoteague aus. Heute wird der "Roundup" (▶ Baedeker Tipp S. 188) von der Freiwilligen Feuerwehr organisiert und ist ein beliebtes Spektakel mit Volksfestcharakter.

Oyster & Maritime Museum

Liebevoll zusammengetragen, bietet die Ausstellung dieses urigen kleinen Museums mit alten Fotos, Muschelsammlungen und Leuchtturmlinsen einen Querschnitt aus 400 Jahren Inselgeschichte (7125 Maddox Blvd.; geöffnet: Memorial Day – Labor Day tgl. 10⁰⁰ – 17⁰⁰ Uhr).

*** Nasa Visitor Center**

Kurz vor Chincoteague Island passiert der Besucher auf der SR-175 die Runways, weiße Satellitenschüsseln und Antennenanlagen der National Aeronautics and Space Administration's Wallops Flight Facility. Öffentlich zugänglich ist dagegen das Nasa Visitor Center am rechten Straßenrand. Mit ausgedienten Satelliten und allerlei Erinnerungsstücken aus dem Weltraum informiert es über die Forschungsprogramme der Nasa. In unregelmäßigen Abständen zünden Techniker kleine Modellraketen. Die Termine erfährt man am Schalter (SR-175; geöffnet: Juli bis Labor Day tgl. 10^{00} – 16^{00}, sonst Do. – Mo. 10^{00} – 16^{00} Uhr).

*** Chincoteague National Wildlife Refuge**

Das Schutzgebiet auf der vorgelagerten Assateague Island wurde 1943 zum Schutz hier rastender Zugvögel eingerichtet und umfasst mit Salz- und Süßwassermarschen, Kiefern- und Laubwäldern sowie Seen und Tümpeln eine für den Besucher zu jeder Jahreszeit interessante Anlage. Ornithologen haben hier über 300 Vogelarten gezählt. Reiher, Ibisse, Möwen, verschiedene, hier besonders leicht zu beobachtende Greifvogelarten und im Herbst die aus dem Norden kommenden Schneegänse begeistern viele Vogelfreunde. Die berühmtesten der 44 Säugetierarten des Schutzgebiets sind zweifellos die rund 300 Wildpferde der Insel. Obwohl diese an Besucher gewöhnt sind, ist es dennoch streng untersagt, sie zu streicheln: Jedes Jahr werden allzu mutige Touristen getreten oder gebissen. Am leichtesten begegnet man ihnen auf dem "Wildlife Loop", einer 3 mi / 5 km langen, auch bei Radfahrern beliebten Autostraße, und auf dem Wanderern und Radlern vorbehaltenen "Woodland Trail" (2½ km). Hinter dem Besucherzentrum (geöffnet: tgl. 9^{00} – 17^{00} Uhr) geht der Wald in endlos erscheinende Sandstrände über.

Wildpferde – die Hauptattraktion Chincoteague Islands.
Viele halten sie für Nachkommen jener Pferde, die sich aus dem Wrack einer spanischen Galeone an Land retteten. Wahrscheinlicher ist jedoch, dass englische Siedler die Vorfahren der "Ponies" vor Steuereintreibern auf der Insel versteckten.

Baedeker TIPP **Wildpferde-Roundup**

Am letzten Mittwoch im Juni sieht Chincoteague Island das größte Spektakel des Jahres: Als Cowboys verkleidete Feuerwehrmänner treiben die Herde auf der zu Virginia gehörenden Inselhälfte zusammen und durch einen Kanal zum Memorial Park. Dort werden die besten der Wildpferde ausgesondert und versteigert. Die "Pony Swim and Auction" zieht alljährlich 50 000 Schaulustige an. Wer in dieser Zeit in der Gegend weilt, tut gut daran, seine Unterkunft im Voraus zu buchen.

Aktivitäten auf Chincoteague Isl.
Dem Verkehr im Refuge entgeht man am besten per Fahrrad: Die Hälfte aller Trails des Schutzgebiets wurden speziell für Radfahrer eingerichtet. Ein Radweg führt vom Ort Chincoteague – hier kann man Räder mieten – zum Wildlife Refuge. Tom's Cove Hook Area im äußersten Süden der Insel ist im Übrigen ein 8 km langer Badestrand mit Umkleidemöglichkeiten.

Fredericksburg

j 4

Einwohner: 20 000

***Heimatort George Washingtons und Schauplatz verheerender Kämpfe im Bürgerkrieg**

Selten schneiden amerikanische Städteplaner die Gegenwart so energisch von der Vergangenheit ab wie in Fredericksburg: Ein breiter Gürtel aus Wäldchen und hübschen Villen trennt die gesichtslosen Shopping Malls und Kongresshotels von dem aus 40 Blocks bestehenden "National Historic District" unten am Rappahanock River und schafft damit gewissermaßen zwei Städte. Von Interesse ist natürlich vor allem die Altstadt. Schachbrettmusterartig am Ende des schiffbaren Rappahanock angelegt, konzentriert sie sich fußgängerfreundlich um die Caroline Street und ist ein Geschichte atmendes Ensemble herrlicher Stein- und Holzhäuser im Schatten alter Magnolienbäume. Mehrere Dutzend hervorragender Antiquitätenläden locken Käufer aus der Bundeshauptstadt herbei, trendige Coffeeshops vermitteln weltoffenes Flair. Alle Sehenswürdigkeiten der Stadt drehen sich um berühmte Amerikaner und den Bürgerkrieg: Erbittert umkämpft, wechselte das auf halbem Weg zwischen Washington und der alten Südstaaten-Kapitale Richmond liegende Fredericksburg nicht weniger als sieben Mal seine Zugehörigkeit.

Geschichte

Zwar wurde bereits um 1676 ein Fort zum Schutz der Siedler an der Biegung des Rappahanock gebaut, doch erst die Gründung der Stadt im Jahre 1728 brachte die Erschließung der strategisch wichtigen Stelle in Schwung. Benannt nach dem Prince of Wales, entwickelte sich die Siedlung am bis hier schiffbaren Rappahanock River rasch zu einer blühenden Hafenstadt: Landwirtschaftliche Produkte des Umlands – Getreide, Obst, Gemüse und natürlich Tabak – wurden flussabwärts geschafft. Plantagenbesitzer, unter ihnen George Washington (▶ Berühmte Persönlichkeiten), der in Fredericksburg vorübergehend zur Schule ging, Rechtsanwälte, darunter James Monroe, der fünfte US-Präsident, und Ärzte gaben in der feinen Gesellschaft den Ton an. Thomas Jefferson und andere prominente Virginians verfassten in Fredericksburg das "Virginia Statute of Religious Freedom", das später der amerikanischen Verfassung als erster Zusatzartikel beigefügt wurde. Während des Bürgerkriegs geriet der Rappahanock zur Demarkationslinie zwischen Nord und Süd und Fredericksburg zum erbittert umkämpften Bollwerk des

Südens gegen die auf Richmond zumarschierenden Unionstruppen. Zwischen 1862 und 1863 erlebte die Stadt vor ihrer Haustür einige der blutigsten Schlachten des Krieges, darunter am 13. Dezember 1862 die Schlacht von Fredericksburg, die allein 18 000 Soldaten das Leben kostete und die Stadt in Schutt und Asche legte. Nach dem Krieg begann ein langsamer Niedergang, der erst mit der Steigerung des Lebensstandards, ähnlich wie in den außerhalb liegenden Metropolen, und der Restaurierung historischer Strukturen in den 1970er-Jahren erfolgreich gestoppt werden konnte. Die detailgetreu restaurierten Gebäude besichtigt man am besten mit Hilfe der Broschüre "Walk through History", die im Fredericksburg Visitor Center (706 Caroline St.) ausliegt.

Geschichte (Fortsetzung)

Sehenswertes in Fredericksburg

*Hugh Mercer Apothecary Shop

Die hübsche Fassade des Häuschens an der Ecke (1020 Caroline St.; geöffnet: von März bis November tgl. 9^{00} – 17^{00}, sonst 10^{00} – 16^{00} Uhr) trügt: Der Besuch der Arztpraxis des Mr. Mercer ist kein Zuckerschlecken! Die "Sprechstundenhilfe" Mercers, der auch George Wa-

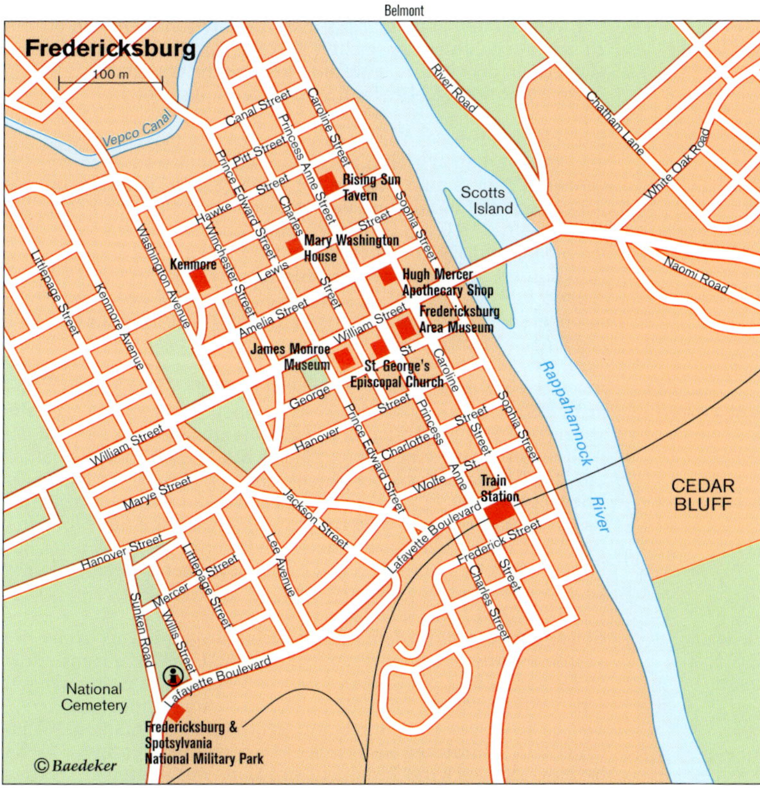

Bekannt für seine schönen Stuckarbeiten: Kenmore

Hugh Mercer Apothecary Shop (Fortsetzung)

shington behandelte, führt Pillen drehend und in zeitgenössischer Tracht durch das Instrumentarium eines Landarztes vor 200 Jahren. Von Geräten zum Aderlass über Amputationsklemmen bis hin zu lebenden Blutegeln reichte Mercers Palette. Hingegen bieten Mercers Naturheilmittel eine aufschlussreiche Begegnung mit dem lange verschüttet gebliebenen Wissen der Volksmedizin.

Rising Tun Tavern

Ein Schild neben der Tür besagt, dass Bier dreimal so teuer ist wie ein Bett. Ist man erst einmal eingetreten, weiß man auch warum: Schließlich muss man sich die mit Stroh gefüllte Matratze und das Badewasser mit mindestens vier Mitschläfern teilen. Die Rising Sun Tavern wurde 1760 von George Washingtons jüngerem Bruder Charles gebaut und 1792 in einen Postkutschen-Stopp mit Gasthaus umfunktioniert. Ältere, in zeitgenössischen Magdkostümen steckende Damen führen durch die restaurierten Räumlichkeiten und geben launige Anekdoten aus dem Reisealltag um 1800 zum Besten (1306 Caroline St.; geöffnet: tgl. 9^{00} – 17^{00} Uhr).

***Fredericksburg Area Museum and Cultural Center**

In einem mit roten Ziegeln gedeckten Haus untergebracht, das gusseiserne Treppengeländer besitzt, laden die Ausstellungen dieses ansprechenden Museums zu einem Bummel durch fast 300 Jahre Stadtgeschichte ein. Von herrlichen Standuhren und Gemälden aus den Häusern der Oberschicht über Waffen aus dem Bürgerkrieg bis hin zu beklemmend wirkenden Ku-Klux-Klan-Insignien aus den 1950er-Jahren vermittelt dieses Museum einen Überblick über drei aufregende Jahrhunderte amerikanischer Geschichte (907 Princess Anne St.; geöffnet: von März bis November Mo.–Sa. 10^{00} – 17^{00}, So. 13^{00} – 17^{00}, sonst Mo.–Sa. 10^{00} – 16^{00}, So. 13^{00} – 16^{00} Uhr).

St. George's Episcopal Church

Gleich neben dem Fredericksburg Area Museum liegen zwei weitere interessante Gebäude. Beachtenswert sind die Tiffanyfenster der St. George's Episcopal Church. Das würdevolle, 1851/52 im neugotischen Stil errichtete Gebäude an der Kreuzung Princess Anne St./George St. ist das alte Courthouse (geöffnet: Mo.–Fr. 8^{00} – 16^{00} Uhr). Unter den zahlreichen historischen Dokumenten in seinem Archiv befindet sich auch das Testament von Mary Washington.

In die Geschichte ging er ein dank der nach ihm benannten Monroe-Doktrin (1823): Darin verbaten sich die USA alle europäischen Interventionen in die Politik Amerikas, was später zur US-amerikanischen Hegemonie auf dem Kontinent führte. Bevor er als fünfter US-Präsident (1817 – 1825) nach Washington kam, arbeitete der junge James Monroe von 1786 bis 1792 als Anwalt in Fredericksburg. Das ihm gewidmete, etwas abseits der Straße liegende Museum enthält die wohl größte Sammlung an Monroe-Memorabilia der USA. Gezeigt werden u.a. persönliche Gegenstände aus seiner Zeit im Weißen Haus und als amerikanischer Gesandter in Paris – darunter die Anzüge und Kleider, die er und seine Frau am Hof Napoleons trugen – sowie der Schreibtisch, auf dem er die Monroe-Doktrin verfasste (908 Charles St., geöffnet: von März bis November tgl. 9⁰⁰ – 17⁰⁰, sonst tgl. 10⁰⁰ – 16⁰⁰ Uhr).

James Monroe Museum

Unweit vom James Monroe Museum liegt eines der vielen für George Washington relevanten Gebäude der Capital Region: In dem vom Sohn für seine Mutter gekauften Haus verbrachte Mary Ball Washington ihre letzten Lebensjahre, holte sich der Sohn den Segen seiner Mutter, bevor er sich als erster Präsident der Vereinigten Staaten vereidigen ließ. Das kleine Museum beherbergt persönliche Gegenstände der Präsidentenmutter, darunter Porzellan mit dem Siegel der Washingtons. Sehenswert ist auch der hübsche Garten, dessen Sonnenuhr so zuverlässig wie vor 200 Jahren funktioniert (1200 Charles St.; geöffnet: von März bis November tgl. 9⁰⁰ bis 17⁰⁰, sonst 10⁰⁰ – 16⁰⁰ Uhr).

***Mary Washington House**

Einst außerhalb der Stadt gelegen, heute nur wenige Blocks von der historischen Altstadt entfernt: Kenmore, einst Mittelpunkt einer Tabakplantage, beherbergt einige der schönsten Stuckarbeiten der USA. In den 1770er-Jahren von George Washingtons Schwager Fielding Lewis im Georgian Style erbaut, besticht das heute von weitläufigen Rasenflächen umgebene Kenmore Manor durch seine eleganten Räume und sein Dekor. Als ästhetischer Höhepunkt gelten die Stuckarbeiten im Dining Room, die griechische Fabeln zitieren (1201 Washington Ave.; geöffnet: von März bis Dezember Mo. – Fr. 10⁰⁰ – 17⁰⁰, So. 12⁰⁰ – 17⁰⁰, sonst Mo. – Sa. 10⁰⁰ bis 16⁰⁰, So. 12⁰⁰ – 16⁰⁰ Uhr).

****Kenmore Plantation and Gardens**

Baedeker TIPP Stilecht schlafen

Der beste Abschluss nach einem Bummel durch die amerikanische Geschichte ist eine Nacht im Kenmore Inn. Das elegante, um 1775 von einem Schwager George Washingtons gebaute Haus ist heute ein mit zeitgenössischem Mobiliar eingerichtetes Hotel mit hervorragender Küche und aristokratischem Südstaaten-Ambiente. Eines der Gästezimmer ist unter "Americas 100 most beautiful rooms" aufgelistet (Kenmore Inn, 1201 Washington Ave., ☎ 540 / 373 33 81).

Das Anwesen eines großen amerikanischen Malers deutscher Abstammung liegt auf der anderen Seite des Rappahanock in Falmouth. Belmont, ein herrlicher, im späten 18. Jahrhundert im Georgian Style errichteter Herrensitz hoch über dem Fluss, gehörte von 1916 bis 1932 dem Landschafts- und Porträtmaler Gari Melcher (1860 – 1932). Gemälde und Drucke des Malers, der auch die Wandmalereien im Missouri State Capitol ausführte und auf den die Gründung des Virginia Museum of Fine Arts in Richmond zurückzuführen ist, zieren die meisten der schönen Räume. Das von Mel-

***Belmont**

Belmont (Fortsetzung)

cher 1924 hinzugefügte Studio – hier hängen Porträts von Mark Twain und "Teddy" Roosevelt – wurde so belassen wie zu Lebzeiten des Künstlers (224 Washington St., Falmouth; geöffnet: von März bis November Mo.–Sa. 10^{00}–17^{00}, So. 13^{00}–17^{00}, sonst Mo.–Sa. 10^{00} bis 16^{00}, So. 13^{00}–16^{00} Uhr).

Umgebung von Fredericksburg

**Fredericksburg and Spotsylvania National Military Park

Mit über 100000 im Umkreis von 20 km gefallenen Soldaten hält Fredericksburg einen traurigen Rekord in den Annalen des Bürgerkriegs. Zwischen 1862 und 1864 erlebte die Stadt vier wichtige Schlachten unmittelbar vor ihren Toren: Fredericksburg (Dezember 1862), Chancellorville (Mai 1863), Wilderness (Mai 1864) und Spotsylvania Court House (Mai 1864). Der Mittelpunkt des Parks befindet sich im Chatham Manor auf der anderen Seite des Rappahanock River in Falmouth. Jedes der Schlachtfelder unterhält ein eigenes Besucherzentrum, das minutiös Strategien und Schlachtverlauf beschreibt. Eine Zeit sparende Übersicht über alle Schlachten liefert jedoch das Fredericksburg Battlefield Visitor Center (1013 Lafayette Blvd.; geöffnet: tgl. 8^{30}–18^{00} Uhr) am Südrand des "National Historic District". Hier ist u.a. auch die offizielle Broschüre des National Park Service erhältlich. Sie beschreibt eine 120 km lange, mit 16 Stopps versehene Autofahrt zu den Schlachtfeldern und wichtigen, mit dem Kriegsgeschehen in Zusammenhang stehenden Orten.

*George Washington Birthplace National Monument

Ein amerikanischer Wallfahrtsort: 37 mi/61 km östlich von Fredericksburg, am Südufer des Potomac River, wurde der erste Präsident der Vereinigten Staaten auf der elterlichen Pope's Creek Plantation geboren. Zu diesem Zeitpunkt hatte die Familie bereits tiefe

Kürbisstand zu Halloween bei Fredericksburg

Wurzeln in der Neuen Welt: George Washingtons Urgroßvater John war bereits 1657 hier an Land gegangen. 1731 heiratete dessen Enkel Augustine Mary Ball, ein Jahr später erblickte der kleine George das Licht der Welt. Ein Feuer am ersten Weihnachtsfeiertag 1779 zerstörte das 1726 von Augustine gebaute Haupthaus, so dass nur Vermutungen über das ursprüngliche Aussehen angestellt werden können. Ein im Stil von Farmhäusern des frühen 18. Jahrhunderts rekonstruiertes und mit zeitgenössischem Mobiliar eingerichtetes "Memorial House" fängt jedoch mitsamt Hühnern, Enten und anderem Vieh die Atmosphäre, in welcher der junge Washington heranwuchs, gekonnt ein. Zu sehen sind außerdem Originalfundamente und der Familienfriedhof, auf dem 32 Familienmitglieder, darunter Georges Vater, Großvater und Urgroßvater, begraben wurden (SR-3; geöffnet: tgl. 9[00]–17[00] Uhr).

George Washington Birthplace National Monument (Fortsetzung)

Great Dismal Swamp National Wildlife Refuge

I 5/6

Allgemeines

Dieses Schutzgebiet zwischen Virginia und North Carolina ist besser als sein Name: Der Great Dismal Swamp präsentiert sich heutzutage weder düster noch niederdrückend. Auf alten "logging roads" kann man das von dunklen Kanälen durchzogene Torfmoor zu Fuß oder per Mountainbike erkunden. Auf einem 1½ km langen Plankenweg, dem "boardwalk trail" (Washington Ditch Rd.), erforscht man trockenen Fußes einen aus Sicht der Biologen besonders reizvollen Abschnitt. Insgesamt ziehen sich 224 km Trails kreuz und quer durch den Sumpf. Solcher Luxus blieb Col. William Byrd versagt: Um die Grenze zwischen Virginia und North Carolina zu bestimmen, vermaß er 1728 das Feuchtgebiet und gab ihm nach Beendigung dieser – offensichtlich höchst unangenehmen Arbeit – seinen Namen. 1763 organisierten Geschäftsleute um George Washington und Patrick Henry die forstwirtschaftliche Ausbeutung des Sumpfes. Bis 1976 wurde hier Holz geschlagen und somit die Fläche des Feuchtgebiets durch Trockenlegung um die Hälfte reduziert. Der 3000 acres große und bis zu 2 m tiefe Lake Drummond liegt im Herzen des Sumpfes. Die geisterhaft wirkenden Silhouetten der efeubehängten Zypressen am Ufer und seine kaffeebraune Farbe verleihen ihm besonders während der Dämmerung eine unheimliche Aura. Wacholder, roter Ahorn, Pappeln und dichtes, aus wildem Wein und Dornengebüsch bestehendes Unterholz erschweren die Beobachtung von Großwild: Schwarzbären, Luchs, Weißwedelhirsche und Otter sind hier zu Hause. Leichter begegnet man Vögeln und Echsen: Über 200 Vogel-, 21 Schlangen- und 56 Amphibienarten leben hier (Rte. 32, südlich von Suffolk; geöffnet: tgl. 8[00]–17[00] Uhr).

Hampton Roads Area

I 5/6

***Meerenge an der Chesapeake Bay mit interessanten Städten und berühmten Museen**

Was wie eine Straße durch landschaftliche Idylle klingt, ist tatsächlich alles andere als das: Hampton Roads bezeichnet sowohl die Meerenge, durch die James River, Nansmond River und Elizabeth River in die Chesapeake Bay fließen, als auch die gesamte Küstenregion im äußersten Südosten Virginias. Letztere kann dem aus dem geruhsamen Piedmont kommenden Besucher einen Schock verset-

Allgemeines (Fortsetzung)

zen: Eine Betonwüste begrüßt ihn mit krakenartig in alle Himmelsrichtungen strebenden Freeways, im Tiefflug über die Köpfe donnernden Navy-Jets und hässlichen Industrieanlagen. Von den in bunten Broschüren beschworenen romantischen Anfängen Amerikas ist zunächst nichts zu sehen. Wo 1607 die "Susan Constant", die "Godspeed" und die "Discovery" mit 143 englischen Siedlern vorbeisegelten, um die erste feste Siedlung in Nordamerika zu gründen, leben zu Beginn des dritten Jahrtausends anderthalb Millionen Menschen in einer Ansammlung von Siedlungen, die von Williamsburg im ▶ Historic Triangle bis hinunter nach Virginia Beach reicht. Norfolk, Portsmouth, Hampton, Newport News und Virginia Beach sind zusammengewachsen und kaum noch als eigenständige Städte zu erkennen. Keine Frage: Wirtschaftlich betrachtet boomt die Hampton Roads Area. Hier befinden sich der größte Kohlehafen und die weltweit größte private Werft. Die US-Navy unterhält hier den größten Marinestützpunkt der Welt, die Hälfte ihrer Angestellten stehen direkt oder indirekt auf der Lohnliste des Verteidigungsministeriums.

Die Rolle als wirtschaftliches und militärisches Zentrum Virginias hat sich auch touristisch niedergeschlagen. Zahlreiche Museen beschäftigen sich mit militärischen und technischen Themen. Allerdings genießen die Hampton Roads auch einen hervorragenden Ruf bei Kunstfreunden, Gourmets und historisch interessierten Besuchern: So zählen das Mariner's Museum in Newport News und das Virginia Marine Sciences Museum in Virginia Beach zu den besten ihrer Art im ganzen Land. Virginia Beach, Virginias quirliges Baderesort am Atlantik, zerstreut mit seinen über 60 km langen Sandstränden und einem Freizeitangebot, das keine Wünsche offen lässt, jede böse Erinnerung an Staus und Stop-and-Go-Verkehr auf den Highways.

Newport News

l 5

Allgemeines

Auf der von den Einheimischen schlicht "the peninsula" genannten Halbinsel, zwischen James und York River gelegen, dreht sich in Newport News (180 000 Einw.) von jeher alles ums Meer. Die fünftgrößte Stadt Virginias und fünf Generationen ihrer Bewohner haben eines gemeinsam: die größte Werft der Welt in Privatbesitz. Seit dem 19. Jahrhundert produziert die Newport News Shipbuilding and Dry Dock Company Kriegsschiffe, U-Boote und Flugzeugträger für die US-Marine. Bis zu 20 000 Einwohner standen zeitweise auf ihrer Gehaltsliste. Die Stadt, die nach Christopher Newport, dem Kapitän der "Discovery", benannt wurde, verfügt über kein nennenswertes Zentrum – Gründe für einen längeren Aufenthalt liegen zwei Autominuten von der I-64 entfernt.

**Mariner's Museum

Ein Tag ist nicht genug, um alle Ausstellungen dieses herrlichen, der Schifffahrt in der Chesapeake Bay und auf den Sieben Meeren gewidmeten Museums gebührend zu würdigen. Das

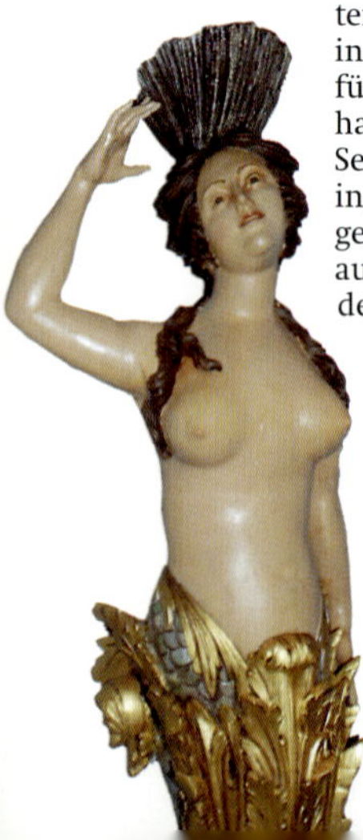

Galionsfigur "Meerjungfrau mit Muschel" – Früher meinten die Seeleute, eine unbekleidete Frau könne das stürmische Meer besänftigen.

von einem weitläufigen Park umgebene Mariner's Museum beherbergt die größte maritime Sammlung der USA. Die Ausstellungen, in lichtdurchfluteten Galerien oder stimmungsvoll beleuchteten Kammern untergebracht, befassen sich mit der Entwicklung von Navigation, Schiffbau und Kartografie, zeigen historisch wertvolle Logbücher, Seekarten und Navigationsinstrumente. In weitläufige Hallen sind komplette Schiffe zu sehen, darunter die schönen, "runabouts" genannten Motorboote der 1950er-Jahre und die kaum noch zu sehenden Fischerboote der Chesapeake Bay, die "Skipjacks". Zu den Highlights zählen die Ausstellungen "Defending the Seas", wo mit Hilfe rekonstruierter Schlachtschiffdecks die Geschichte der US-Marine erzählt wird, und die Crabtree Collection. Sie enthält 16 wunderschöne Schiffsmodelle, die von der romischen Galeere bis zum modernen Schulschiff die Geschichte des Segelschiffs nacherzählen. 28 Jahre benötigte der Schnitzer August F. Crabtree für diese Arbeit. Hochinteressante Wanderausstellungen runden den Besuch ab (I-64, Ausfahrt 258 A, 100 Museum Drive; geöffnet: tgl. 10⁰⁰–17⁰⁰ Uhr).

Mariner's Museum (Fortsetzung)

***Virginia Living Museum**

Ein Öko-Museum mit Touch Pools, Fauna und Flora des James River rekonstruierenden Landschaftsmodellen, Aquarien, Volieren und einem Plankenweg durch eine Seen- und Schilflandschaft: Das Virginia Living Museum bietet einen unterhaltsamen Querschnitt durch die Tier- und Pflanzenwelt des Bundesstaats. Wer bislang Reiher, Seeadler oder Luchse nur aus der Ferne oder gar nicht sehen konnte, hat hier die Gelegenheit, einen Schnappschuss für daheim zu machen (I-64, Ausfahrt 258 A, 524 J. Clyde Morris Blvd.; geöffnet: von Labor Day bis Juni Mo.–Sa. 9^{00}–17^{00}, So. 12^{00}–17^{00}, sonst So. bis Mi. 9^{00}–18^{00}, Do.–Sa. 9^{00}–21^{00} Uhr).

Virginia War Museum

Die Hallen dieses Museums bewahren über 60 000 Exponate auf, mit denen sich die Amerikaner und ihre Gegner seit 1775 bekämpft haben. Die Palette der Ausstellungsstücke reicht von Propaganda-Plakaten und Samuraischwertern über Vorderlader und Maschinenpistolen bis hin zu Panzern und Raketenabwehrstellungen. Die Rolle der USA im Golfkrieg und während des Balkan-Konflikts wird ebenso dargestellt wie die farbiger Amerikaner während der beiden Weltkriege (I-64, Ausfahrt 263 A Richtung Huntington Park, 9285 Warwick Blvd.; geöffnet: Mo.–Sa. 9^{00}–17^{00}, So. 13^{00}–17^{00} Uhr).

Hampton l 5

***Küstenstadt mit vielen interessanten Sehenswürdigkeiten**

Das die Nordufer der Hampton Roads bewachende Hampton (146 000 Einw.) wirbt mit seiner ereignisreichen Vergangenheit um Besucher. 1610 an der Stelle einer Siedlung der Kecoughtan-Indianer gegründet, gilt es als die am längsten ohne Unterbrechung besiedelte englischsprachige Stadt der USA. 1620 gingen hier die ersten 20 afrikanischen Sklaven an Land. Die Piratenplage um 1700 störte Hamptons Wachstum nur vorübergegend: Die Köpfe gefangener Seeräuber wurden auf Pfähle gespießt und zur Abschreckung am Eingang der Wasserstraße aufgestellt, darunter angeblich auch der Kopf des berüchtigen Piraten Edward Teach alias Blackbeard. Im Unabhängigkeitskrieg und im Krieg von 1812 zerstört, erlebte Hampton während des Bürgerkriegs, nunmehr durch mächtige

Hampton (Fortsetzung)

Forts gesichert, die erste Seeschlacht zweier Panzerschiffe. Im März 1862 beschossen sich die "USS Monitor" und die "CSS Merrimac" in Sichtweite der Stadt, jedoch ohne Folgen. In der jüngeren Vergangenheit machte Hampton als wichtiges NASA-Forschungszentrum auf sich aufmerksam.

***Fort Monroe & Casemate Museum**

Nach US-Präsident James Monroe benannt, ist Fort Monroe am Eingang der Hampton Roads die größte Festung der USA. Während des Bürgerkriegs war es zugleich der wichtigste nicht von den Konföderierten eroberte Stützpunkt der Union im Süden. 6000 Mann Besatzung hielten damals in "Fort Freedom" die Unionsflagge hoch. Im Jahre 1862 sahen sie von den Mauern aus das historische Gefecht zwischen der "USS Monitor" und der "CSS Virginia", das als "Battle of the Ironclads" in die Geschichte eingehen sollte. Bis 1834 fertig gestellt, sollten mehrere Meter dicke Mauern und bis zu 50 m breite Wassergräben Angriffe zu Wasser und zu Lande abwehren. Bedeutende Zeitgenossen waren hier stationiert, darunter Edgar Allan Poe (1828/29) und Robert E. Lee (1831–34), der spätere Südstaaten-General. Nach der Kapitulation der Südstaaten saß Jefferson Davies, der Präsident der Konföderation, hier vorübergehend in Haft. Besucher können innerhalb des Casemate Museums, das die aufregende Geschichte des Forts dokumentiert, seine Zelle besichtigen und von den Wällen aus den Blick über die stark befahrene Wasserstraße hinüber nach Norfolk genießen (Rte. 258; geöffnet: tgl. 10^{30} bis 16^{30} Uhr).

****Virginia Air & Space Center**

Das vom NASA Langley Research Center betriebene Virginia Air and Space Center erinnert mit seinen wagemutig geschwungenen Dächern an einen Maikäfer im Landeanflug. Das Bild passt zur Mission dieses Ortes: Die 30 m hohen Hallen bewahren Jets und Raumschiffe auf, welche die Sternstunden der amerikanischen Luft- und Raumfahrt verkörpern. Höhepunkte der Sammlung sind die Apollo-12-Kommandokapsel, ein drei Milliarden Jahre alter Brocken Mondgestein und ein Meteorit vom Mars. Ein IMAX-Kino zeigt das Weltall in einem berauschenden Film (I-64, Ausfahrt 267, 600 Settlers Landing Rd.; geöffnet: tgl. 10^{00}–17^{00} Uhr).

Exponate im Air & Space Museum

***Hampton University Museum**

Dieses im ehrwürdigen Huntington Building der Hampton University untergebrachte Museum schließt den Kreis, an dessen Anfang jene 20 Afrikaner stehen, die 1620 als erste Sklaven nordamerikanischen Boden betraten. Die heute bedeutendste Hochschule für Afroamerikaner und Native Americans begann nach dem Bürgerkrieg als Berufsschule für all jene Schwarzen, die während des Kriegs Schutz in Fort Monroe gefunden hatten.

Berühmte Absolventen sind der afroamerikanische Bürgerrechtler Booker T. Washington (1856–1915) und Susan LaFlesche Picotte,

Amerikas erste Ärztin indianischer Herkunft. Das Museum dokumentiert die Emanzipationsbemühungen dieser ethnischen Gruppen und zeigt über 9000 Gegenstände afroamerikanischen und indianischen Kunstschaffens (I-64, Ausfahrt 267, Hampton University's County Street; geöffnet: Mo.–Fr. 8⁰⁰–17⁰⁰, Sa./So. 12⁰⁰–16⁰⁰ Uhr).

Hampton University Museum (Fortsetzung)

Norfolk

I 5/6

*Lebendige Küstenstadt mit dem erstaunlichen Nauticus-Museum

Was die übrigen Städte der Hampton Roads kaum oder nicht haben, Norfolk (235 000 Einw.) hat es: eine ansprechende Downtown. Die I-64 führt den von Hampton (s.o.) anreisenden Besucher über die Wasserstaße Hampton Roads bis unmittelbar vor die aus glitzernden Bürogebäuden bestehende Skyline. Hervorragende Restaurants, Bars, Kaufhäuser und eine zum Bummeln einladende Waterkant mit Grünanlagen und Coffeeshops macht die zweitgrößte Stadt des Staats selbst für jene, die nur die Sandstrände von Virginia Beach vor Augen haben, zu einem lohnenden Aufenthalt.

Geschichte

Norfolk wurde 1682 gegründet, nachdem ansässige Indianer den hervorragenden Naturhafen am Zusammenfluss von Elizabeth und James River für 10 000 Pfund Tabak abgetreten hatten. Zwanzig Jahre später nahm Norfolk bereits am berühmt-berüchtigten Dreieckshandel zwischen Europa, Afrika und Amerika teil. Die strategisch günstige Lage wurde der Stadt nur vorübergehend zum Verhängnis: 1776 legten englische Kriegsschiffe unter dem Kommando von Lord Dunmore sie zwar in Schutt und Asche, wenige Jahre später war Norfolk jedoch wieder auferstanden, als Schiffsbauzentrum und Umschlagplatz für Tabak und landwirtschaftliche Güter aus dem Landesinnern. 1862 fiel Norfolk den Unionstruppen in die Hände. Nach Kriegsende wuchs die Stadt weiter. Von den 1880er-Jahren an brachte die Norfolk & Western Railroad Kohle aus den Appalachen in Norfolks Lagerhäuser und machte die Stadt zum größten Kohlehafen der USA. Um die Jahrhundertwende begannen Munitionsfabriken und die US-Marine sich hier niederzulassen, eine Entwicklung, die Norfolk bis heute zum größten Marinestützpunkt der USA gemacht hat. Trotz des Endes des Kalten Kriegs konnten Millionenbeträge in die Sanierung der Innenstadt und in neue Touristenattraktionen wie das unmittelbar an der Küste thronende National Maritime Center, das "Nauticus", investiert werden.

Nauticus: interaktives Entertainment

**Nauticus

1994 nach mehrjähriger Bauzeit und Querelen um die Baukosten von über 52 Mio. Dollar eröffnet, ist das zum Hafen

Norfolk, Nauticus (Fortsetzung)

hin ausgerichtete Nauticus National Maritime Center Norfolks Hauptattraktion. Hightech-Exponate und interaktives Entertainment auf vier Etagen informieren und unterhalten Besucher jeden Alters mit Themen wie Schiffsbau, Navigation und Welthandel. Virtual-Reality-Spiele simulieren brenzlige Situationen an Bord eines modernen Kriegsschiffs, das Nauticus Theatre zeigt herrliche Unterwasserfilme wie "The Living Sea" und gibt nach jeder Vorstellung einen schönen Panoramablick auf den Hafen frei. Demnächst wird das Nauticus um eine weitere Attraktion bereichert: Die "USS Wisconsin", mit fast 300 m Länge und 2900 Mann Besatzung das größte jemals gebaute Schlachtschiff, ging im Frühjahr 2001 unmittelbar neben dem Nauticus dauerhaft vor Anker und kann besichtigt werden (One Waterside Drive; geöffnet: Memorial Day – Labor Day tgl. 10⁰⁰ – 17⁰⁰, sonst Di. – Sa. 10⁰⁰ – 17⁰⁰, So. 12⁰⁰ – 17⁰⁰ Uhr).

Douglas MacArthur Memorial

Fünf Gehminuten vom Nauticus entfernt liegt die Gedenkstätte des liebevoll "Big Mac" genannten Generals Douglas MacArthur (1880 bis 1964). Untergebracht in der alten City Hall und drei weiteren Gebäuden und umgeben von einer hübschen Grünanlage, beherbergt sie alle persönlichen und beruflichen Erinnerungsstücke des Generals, der sich während des Zweiten Weltkriegs im Pazifik und später im Koreakrieg auszeichnete und 1945 auf dem Schlachtschiff Missouri (s.o.) die japanische Kapitulationserklärung entgegennahm. Ein kurzer Film fasst unkritisch das Wirken des Generals zusammen. Unter der Rotunde wurde der Kriegsheld bestattet (MacArthur Square; geöffnet: Mo. – Sa. 9⁰⁰ – 17⁰⁰, So. 11⁰⁰ – 17⁰⁰ Uhr). Einen Steinwurf vom Memorial entfernt lädt seit 1999 das riesige Kaufhaus MacArthur Center mit Läden, Restaurants und Kinos auf mehreren Etagen zum Konsumieren ein.

Hermitage Foundation Museum

3 mi/5 km nördlich der quirligen Downtown scheint die Zeit stehen geblieben zu sein: Zwischen 1908 und 1932 bauten William und Florence Sloane an ihrer idyllischen Sommerfrische am Lafayette River. Heute beherbergt das englische Tudor-Eleganz ausstrahlende Haus eine der größten privaten Sammlungen asiatischer Kunst in den USA (7637 North Shore Rd.; geöffnet: Mo. – Sa. 10⁰⁰ – 17⁰⁰, So. 13⁰⁰ – 17⁰⁰ Uhr).

Norfolk Naval Base

Die sich über 24 km am Elizabeth River erstreckende Norfolk Naval Base ist die Heimat der amerikanischen Atlantikflotte und gilt als größter Marinestützpunkt der Welt. Die Statistik belegt diesen Superlativ: Bis zu 80 Kriegsschiffe können an den 14 Piers vor Anker liegen, 150 Jets können die Hangars aufnehmen. 3100 Schiffe lotsen die Hafenmeister jährlich zum Stützpunkt, 100 000 Flüge pro Jahr bzw. 275 Flüge fertigt der Control Tower täglich ab. Am Naval Tour & Information Center (9079 Hampton Blvd.) beginnen 45-minütige geführte Touren. Gezeigt werden Ausbildungszentren und, falls sie gerade im Hafen liegen, U-Boote und Flugzeugträger. Aushänge im Besucherzentrum weisen darauf hin, welche der Kriegsschiffe gerade zu besichtigen sind.

****Chrysler Museum of Art**

Das kunstsinnige Wall Street Journal zählte es zu den 20 besten Kunstmuseen des Landes: Eine umfangreiche, von präkolumbischer über griechisch-römische bis zur asiatischen und islamischen Kunst reichende Sammlung bestätigt dieses Urteil. Mehr als einen

Im Chrysler Museum: Paul Gauguins "Frühlingserwachen" (1890/91)

Norfolk, Chrysler Museum of Art (Fts.)

Blick wert sind vor allem die Arbeiten von Edward Hopper und anderen amerikanischen Malern (245 W. Olney Rd.; geöffnet: Di.–Sa. 10⁰⁰–17⁰⁰, So. 13⁰⁰–17⁰⁰ Uhr).

*Norfolk Botanical Gardens

Die Oase, nach der manche gesucht haben werden: Die zwischen Norfolk International Airport und Lake Whitehurst eingeklemmten Norfolk Botanical Gardens sind ein 155 Acres großes Blumen- und Pflanzen-Paradies. Nicht weniger als 250 Azaleenarten erfreuen das Auge, auch gibt es hier die meisten Rhododendren im Osten der USA. Zwanzig Themengärten zwingen den Besucher, Prioritäten zu setzen. Soll sich dieser zunächst die 4000 Rosen im "Rose Garden" anschauen und dann den "Four Seasons Garden" mit seinen herrlich leuchtenden Kamelien? Oder soll er sich im Boot durch dieses zu jeder Jahreszeit schöne Blütenmeer schippern lassen? Der Norfolk Botanical Garden ist der einzige des Landes, wo dies alles möglich ist. Einen Teil der insgesamt fast 20 km langen Wege kann man allerdings auch bei einem Spaziergang erkunden (I-64, Ausfahrt 279 auf Norview Ave., 6700 Azalea Garden Rd.; geöffnet: Mitte April–Mitte Oktober tgl. 9⁰⁰–19⁰⁰, sonst 9⁰⁰–17⁰⁰ Uhr).

Aktivitäten

Shopping im MacArthur Center und Nightlife in den angesagten Läden am und um den Waterside Drive: Langeweile kommt in Norfolk bestimmt nicht auf. Wer es klassisch mag, dem bieten die Chrysler Hall und das moderne SCOPE Center (beide 415 St Paul's Blvd.) Broadway Shows und Aufführungen des Virginia Symphony Orchesters. Hafenrundfahrten sind die beliebteste Aktivität zu Wasser: Ausflugsdampfer legen täglich von den Piers am Waterside Drive zu Touren zu den Werften und zur Norfolk Naval Base ab.

Portsmouth   l 6

Allgemeines

Umzingelt von Ladekränen und riesigen Lagerhäusern liegt am Elizabeth River die "Olde Town" von Portsmouth (104 000 Einw.), ein architektonisches Kleinod mit 200 Jahre alten Häuschen und hüb-

Portsmouth (Fortsetzung)

schen Alleen. Die hiesige Schiffbautradition reicht weit zurück: Schon 1620 suchte die Krone englische Matrosen zum Bleiben und zum Schiffbau zu bewegen, aber erst 1752 wurde an der Stelle gegenüber von Norfolk offiziell die Stadt Portsmouth gegründet. 1767 gab die Gosport-Werft den Startschuss für die Portsmouth bis heute dominierende Industrie: Bald waren die Werften der Stadt so beschäftigt, dass, wie ein Zeitzeuge berichtet, man zu Fuß über den Elizabeth River nach Norfolk gehen konnte. Von den Bombardements des Unabhängigkeitskrieg erholte sie sich schnell und produzierte 1799 das erste amerikanische Kriegsschiff, die "USS Chesapeake". Im Bürgerkrieg wechselte Portsmouth mehrere Male die Fronten, wobei jedes Mal die Werften niedergebrannt und alle Schiffe versenkt wurden. Die Konföderierten hoben die gesunkene Fregatte "Merrimac", beschlugen sie mit Eisen und sandten sie als "CSS Virginia" von hier aus gegen die ebenfalls gepanzerte "USS Monitor". 1892 lief hier mit der "USS Texas" das erste amerikanische Schlachtschiff, 1922 der erste amerikanische Flugzeugträger, die "USS Langley". Bis heute sind die Norfolk Naval Shipyards der größte Arbeitgeber in Portsmouth.

Portsmouth Naval Shipyard Museum

Eindrucksvoll am Ende der High Street am Elizabeth River gelegen, zeichnet dieses Museum mit Gemälden, Schiffsmodellen – darunter eines der "CSS Virginia" – und Uniformen die Geschichte der US-Marine nach und beschäftigt sich mit dem Schiffsbau (High St.; geöffnet: Di.–Sa. 10^{00}–17^{00}, So. 13^{00}–17^{00} Uhr).

Portsmouth Lightship Museum

Dieses zum Naval Shipyard Museum gehörende Museum ist in einem alten Feuerschiff untergebracht, das am Ende des London Boulevard vor Anker liegt. Die 1915 in Dienst gestellte "Portsmouth" wies für mehrere Jahrzehnte Schiffen den Weg um die trügerischen Sandbänke der Hampton Roads und wurde für Besucher detailgetreu restauriert (London Slip; geöffnet: Di.–Sa. 10^{00}–17^{00}, So. 13^{00}–17^{00} Uhr).

Aktivitäten

Dampferfahrten zählen auch in Portsmouth zu den lohnenswertesten Aktivitäten. Die "Carry B Harbor Tour" (Abfahrt: North Landing, 6 Crawford Parkway, tgl.) ist eine zweistündige Fahrt an Bord des Raddampfers "Carry B" und führt u.a. an der ältesten Werft der USA vorbei, zu der Stelle, wo sich 1862 die "Monitor" und die "Virginia" beschossen. Die moderne "Capt. Rudy Thomas" unternimmt vierstündige Kreuzfahrten in der Chesapeake Bay bis nach Crisfield und läuft auch Tangier Island an (▶ Crisfield).

Virginia Beach

L 6

***Eldorado für Sonnenhungrige**

Über 50 km lange Sandstrände haben für 11000 Hotelzimmer gesorgt – 5000 davon mit Blick auf den Atlantik. Ein über 5 km langer Plankenweg, der "boardwalk", begleitet den Strand von der 1st bis zur 40th Street. Den Rest ahnt man: Über Virginia Beach (425 000 Einw.), bis 1970 noch eine mittlere Stadt von 170 000 Einwohnern, brach in den Jahren danach der Strandtourismus herein. Zwischen 1980 und 1990 verdoppelte sich die Einwohnerzahl, und zu Beginn des dritten Jahrtausends ist Virginia Beach nicht nur die größte Stadt des Bundesstaats, sondern auch die am schnellsten wachsende. Endlos scheinende Doppelreihen riesiger Hotels verdecken am Strand den Blick aufs Wasser, Blechlawinen fließen – zumindest von Juni bis Ende August – die Atlantic und Pacific Avenues entlang. Landeinwärts bedeckt ein Schachbrettmuster gesichtsloser Wohngebiete die trocken gelegten Feuchtgebiete. Anfang der 1990er-Jahre mit einem Riesenaufwand familiengerecht hergerichtet, ist Virginia Beach – das ist die gute Nachricht – sicherer als andere amerikanische Städte dieser Größe. Ein paar Tage wert ist das an Daytona in Florida erinnernde Baderesort allemal – nicht zuletzt auch wegen des Virginia Marine Sciences Museum, das als das beste dieser Art im ganzen Land gilt. Die Orientierung ist denkbar einfach: Die nummerierten Straßen verlaufen in Ost-West-, die namentlich benannten Straßen in Nord-Süd-Richtung.

Strandleben in Virginia Beach

Geschichte

Wo die Chesapeake Bay in den Atlantik mündet, markiert ein Kreuz aus Granit ihren ersten Landgang: 1607 warfen die "Susan Constant", "Godspeed" und "Discovery" vor Cape Henry Anker, und die 104 Siedler spürten zum ersten Mal nach entbehrungsreicher Überfahrt wieder sicheren Boden unter den Füßen, bevor sie ihre Fahrt den James River hinauf fortsetzten und mit Jamestown die erste dauerhafte englische Siedlung in Nordamerika gründeten. Die erste Siedlung innerhalb der heutigen Stadtgrenzen entstand 1621 am Ufer der Lynnhaven Bay, doch blieb das Gebiet bis weit ins 19. Jahrhundert relativ dünn besiedelt. Angesichts der vielen Schiffbrüche vor der Küste wurde 1791 als Wegweiser für Schiffe unterwegs in die Chesapeake Bay das Cape Henry Lighthouse errichtet. Ende des 19. Jahrhunderts entdeckten die Städter aus Norfolk und Washington das touristische Potenzial der hiesigen Strände: 1883

Virginia Beach (Fortsetzung)

wurde das erste Strandhotel gebaut, 1906 erhielt Virginia Beach die Stadtrechte. Den ersten entscheidenden Wachstumsschub bekam die Stadt während des Zweiten Weltkriegs mit der Ansiedlung der Oceana Naval Air Station. Den zweiten Aufschwung brachten Anfang der 80er-Jahre internationale Hotelketten wie Hilton und Sheraton in die Stadt.

****Virginia Marine Science Museum**

Das etwas landeinwärts im Süden der Stadt am Ufer des Rudee Inlet liegende Museum (717 General Booth Blvd.; geöffnet: tgl. 9^{00} und 17^{00} Uhr) ist ein touristisches Muss. Verspielte Seehunde in einem großen Bassin halten den Besucher noch vor der Kasse auf. Drinnen warten Ausstellungen zur Unterwasserfauna und -flora vor der Küste, in der Bay und den Feuchtgebieten entlang der Küste Virginias. Die Aquarien fassen insgesamt über 2,7 Mio. l Wasser, das größte ist das Norfolk Canyon Aquarium mit rund 1,1 Mio. l Salzwasser. Es beherbergt neben fast allen in den Küstengewässern lebenden Fisch- und Korallenarten auch fünf Haifischarten. Im "Owls Creek Salt Marsh Building" kann man munteren Fischottern bei ihren Kapriolen zuschauen, während ein offenes Bassin im Hauptgebäude eine völlig andere Erfahrung bietet: Die hier durch das flache Wasser gleitenden Rochen schwimmen so dicht unter der Oberfläche, dass man sie mühelos streicheln kann! Komplettiert wird der kurzweilige Besuch durch eine Bootsfahrt zu den Delfinen vor Cape Henry: Die vom Museum betriebene "Miss Virginia Beach" legt von Juni bis September vom Virginia Beach Fishing Center (Rudee Inlet, 200 Winston Salem Ave.; geöffnet: Mo.–Sa.) aus zum "dolphin watching" ab.

Old Coast Guard Station Museum

Tückische Sandbänke, schwere Herbststürme und leere Küsten: Eine unheilvolle Kombination, die bis zum 19. Jahrhundert zahllose Schiffbrüche und viele Menschenleben forderte. 1874 nahm daher in Virginia Beach der United States Life-Saving Service seinen Dienst auf. 1878 baute er die Seatack Station, deren Rettungsleute, die berühmten "surfmen", bis zur Schließung der Station 1969 viele Hundert Seeleute aus Seenot retteten. Seitdem ist die von einem Aussichtsturm gekrönte Seatack Station ein Museum, das mit historischen Schwarz-Weiß-Fotos die Geschichte der dramatischsten Schiffsbrüche erzählt und sich im zweiten Stockwerk der Bedrohung der Küsten durch deutsche U-Boote im Zweiten Weltkrieg widmet (24th St. u. Atlantic Ave.; geöffnet: Memorial Day – 1. Oktober Di.–Sa. 10^{00} bis 17^{00}, So. 12^{00}–17^{00} Uhr).

Adam Thoroughgood House

In den 20er-Jahren des 17. Jahrhunderts ließ sich der aus der englischen Grafschaft Norfolkshire stammende Adam Thoroughgood am Westufer der Lynnhaven Bay nieder und baute später dieses gedrungene, aus grauem Feldstein errichtete Haus. 1957 wurde es komplett restauriert und die vier kleinen Räume mit Möbeln im Stil der Pionierszeit eingerichtet. Das vom Chysler Museum in Norfolk verwaltete Häuschen gehört zu den ältesten existierenden Steinhäusern Nordamerikas (1636 Parish Rd.; geöffnet: von Januar bis März Di.–Sa. 12^{00}–17^{00}, sonst Di.–Sa. 10^{00}–17^{00}, So. 12^{00}–17^{00} Uhr).

Cape Henry Memorial

Manchmal gelangt man nur mit Ausweis zur Gedenkstätte Cape Henry. Sie liegt auf dem Gelände der US-Army-Base Fort Story, der

Posten fragt vielleicht nach der "ID". Ein Steinkreuz steht an der Stelle, an der am 26. April 1607 nach viermonatiger Überfahrt einige der 104 Passagiere unter dem Befehl von Kapitän Christopher Newport an Land gingen und zum Dank für die gelungene Überfahrt ein hölzernes Kreuz errichteten. Ebenfalls erinnert wird hier an die "Battle of the Capes" am 15. September 1781, als eine französische Flotte unter Admiral Comte de Grasse unmittelbar vor Cape Henry britische Kriegsschiffe in ein Seegefecht verwickelte. Diese hatten Verstärkung für den von amerikanischen Revolutionstruppen unter George Washington in Yorktown eingeschlossenen Lord Cornwallis bringen sollen. Die Franzosen siegten, und Cornwallis' Kapitulation am 19. Oktober bedeutete das Ende des amerikanischen Unabhängigkeitskrieges (Shore Drive, Fort Story Military Reservation; geöffnet: tgl. 8^{00} – 17^{00} Uhr).

Am historischen Aussichtspunkt von Cape Henry

Virginia Beach, Cape Henry Memorial (Fortsetzung)

***Old Cape Henry Lighthouse**

Nicht weit vom Cape Henry Memorial führt ein romantischer Hohlweg zu diesem schönen alten Leuchtturm. 1792 wurde der 34 m hohe, achteckige Leuchtturm in Betrieb genommen. Bis 1872 wies er Schiffen den Weg in die Chesapeake Bay, wenig später übernahm ein höherer, in Sichtweite stehender Leuchtturm diese Aufgabe. Seitdem ist er als Old Cape Henry Lighthouse ein nationales Denkmal – und mit seinen schwindelerregenden Wendeltreppen hinauf zum Leuchtfeuer eine echte Herausforderung (Shore Drive, Fort Story; geöffnet: von November bis März 10^{00} – 16^{00}, sonst 10^{00} – 17^{00} Uhr).

Back Bay National Wildlife Refuge

Das 8000 Acres große Schutzgebiet am Südrand von Virginia Beach zeigt die Küste wie sie vor der Ankunft der Europäer ausgesehen haben mag: Marschen, Dünenlandschaften und windzerzauste Wäldchen lassen den Trubel von Virginia Beach schnell vergessen. 1938 zum Schutz der in den Wintermonaten hier rastenden Zugvögel eingerichtet, besteht der Park aus einem Küstenstreifen und einer Handvoll flacher Inseln in der Back Bay. Zu Spitzenzeiten zählen Vogelbeobachter hier bis zu 300 Vogelarten. Im Frühjahr rasten hier v.a. Singvögel, im Winter fallen bis zu 10 000 Schneegänse aus Kanada ein. Ein Besucherzentrum informiert über Fauna und Flora, schöne Trails ziehen kreuz und quer durch den Park (4005 Sandpiper Rd.; geöffnet: Mo. – Fr. 9^{00} – 16^{00}, Sa. / So. 9^{00} – 16^{00} Uhr).

Vergnügungsparks

Minigolfplätze sind der letzte Schrei: Der Ball wird durch feuerspeiende Vulkane geputtet und vorbei an schnappenden Krokodilen. Vergnügungen dieser und ähnlicher Art finden sich an der Atlantic Avenue zwischen 15th und 30th Streets. Aus der Masse kleiner und großer Vergnügungsparks ragen zwei besonders heraus. Der Ocean Breeze Water Park (849 General Booth Blvd.; geöffnet: von Mai bis September tgl. 9^{00} – 18^{00} Uhr) bietet mit 13 Wasserrutschen, einem Wellenbad und vielen anderen feucht-fröhlichen At-

Baedeker TIPP

Wo die Nacht zum Tag wird

Was wäre der Beach ohne die Bar, den Nachtklub, die Disko? Natürlich hat auch Virginia Beach ein Nachtleben, in dem es vor T-Shirts und Sonnenbränden nur so wimmelt und der Schweiß in Strömen fließt. Hier die angesagtesten Läden: The Abyss (1065 19th St., ☎ 757/4220748), von Beach Crowd frequentierte Disko; The Jewish Mother (3108 Pacific Ave., ☎ 757/4225430), bekannt für seine Jazz- und Bluesabende; Desperado's (315 17th St., ☎ 757/4255566), Countrymusic.

traktionen Spaß für die ganze Familie – ohne "sand and jellyfish", wie die Werbung verspricht. Hinzu kommen eine Baseball-Simulationsanlage und eine Gokart-Bahn. Gleich vier Gokart-Bahnen für verschiedene Altersgruppen bietet der Fun Spot Action Park (962 Virginia Beach Blvd.; geöffnet: von Mai bis Oktober tgl. 9⁰⁰–18⁰⁰ Uhr).

***Angeln und Hochseefischen**

Hampton Roads Area, Virginia Beach (Fortsetzung)

Petrijünger haben die Qual der Wahl: Wollen sie die Köder auf einer der langen Piers auswerfen und abends in aller Ruhe die herrlichen Sonnenuntergänge genießen? Oder wollen sie lieber eine Motorjacht chartern und mit einem einheimischen Skipper dem kämpferischen Marlin nachstellen? Schöne Piers sind vor allem die Virginia Beach Fishing Pier (zw. 14th u. 15th Sts.) und die Lynnhaven Fishing Pier (Starfish Rd.). Hilfestellung bei der Suche nach einem geeigneten Charterboot gibt das freundliche Personal des Virginia Beach Fishing Center (s.o.).

Schwimmen

Der Strand besteht durchweg aus feinem gelbem Sand. Der Atlantik wird rasch zu tief zum Stehen, Kleinkinder sollten niemals ohne Aufsicht baden. Lifeguards patroullieren am Strandabschnitt zwischen der 2nd und 40th Street.

Historic Triangle — k/l 5/6

****Eine der Hauptattraktionen der USA: Hier entstand Amerika**

Jamestown, Williamsburg, Yorktown: Jedes Schulkind in Amerika kennt die Namen und die Daten. Selten erlebte das Land auf so engem Raum so viele für die gesamte Nation bedeutsame Ereignisse wie auf der Halbinsel zwischen James und York River. Selten war Geschichte spannender – ein Umstand, dem nicht zuletzt auch Hollywood mit zahlreichen Action-Filmen Rechnung trug. Zuletzt war es der Kinofilm "Der Patriot" (2000) mit Weltstar Mel Gibson, der siegreiche, in Lumpen gekleidete Amerikaner und den kapitulierenden General Lord Cornwallis zeigte.

Gleich zwei Mal begann hier Amerika. Im Jahre 1607 gründete ein in der Wildnis des neuen Kontinents verlorener Haufen englischer Siedler die James Town – die erste ständige Siedlung in Nordamerika! Im nahen Yorktown wurde 173 Jahre später das Ende des ersten Kapitels der amerikanischen Geschichte besiegelt: 1781 kapitulierte dort die von den alliierten Amerikanern und Franzosen eingeschlossene britische Armee und verabschiedete sich wenige Wochen später endgültig aus Nordamerika: Die Geburtsstunde der Weltmacht USA! Den beiden historischen Meilensteinen angemessen ist ein weiterer Ort: Williamsburg, die einstige Hauptstadt Virginias, verfügt mit Colonial Williamsburg über das größte und teuerste Museumsdorf der Nation. Selbst Kinder und geschichtlich weniger Interessierte verfallen dem Charme dieser komplett wieder hergerichteten Stadt, wo die Zeit im Jahre 1775, dem Vorabend des Unabhängigkeitskriegs, stehen geblieben scheint und die kostümierten Bewohner "living history" vom Feinsten bieten. Dass der Aufenthalt im historischen Dreieck zur langweiligen Geschichtsstunde verkommt, braucht man auch sonst nicht zu fürchten: Idyllische Weingüter verwöhnen den Gast, und hypermoderne Vergnügungsparks, allen voran Busch Gardens Williamsburg mit einer der größten Achterbahnen der Welt, sorgen vor allem bei Reisenden mit Kindern für Abwechslung. Reisen und Finden ist denkbar einfach: Alle Punkte des Dreiecks sind durch die Aussichtsstraße "Colonial Parkway" miteinander verbunden.

Allgemeines (Fortsetzung)

Williamsburg

k 5

Keine Frage, Williamsburg (11500 Einw.) lebt vom Tourismus. Seit Teile der in eine Art Dornröschenschlaf versunkenen, alten Hauptstadt Virginias als "Colonial Williamsburg" in Amerikas größtes Museumsdorf verwandelt wurden, rollt der Rubel. Historische Vereine und Verbände, allen voran die Colonial Williamsburg Foundation, haben sich der Pflege und Verwaltung des historischen Erbes angenommen.

Mit organisierten Touren, eigenen Hotels, Lodges, Motels, Pässen und Tarifen für jede Altersgruppe und Gelegenheit führen sie ein striktes Regiment: Niemand kann sich entziehen. Doch die von manchem als Gängelung empfundene Organisation hat auch ihre Vorteile: Es gibt einfach zu viel zu sehen, als dass man alle Sehenswürdigkeiten auf eigene Faust entdecken könnte.

**Alte Hauptstadt Virginias mit der Touristenattraktion "Colonial Williamsburg"

Die ersten Siedler ließen sich hier 1632 nieder. Ihr Middle Plantation genannter Ort bestand aus einer losen Ansammlung von Farmhäusern und Plantagen. 1699 war es mit der Beschaulichkeit vorbei: Virginias vornehme Oberschicht, zunehmend verstimmt über ihre im Sommer unerträglich schwüle und überhaupt wenig attraktive Hauptstadt Jamestown, hatte das 10 km landeinwärts gelegene Middle Plantation zum neuen politischen und gesellschaftlichen Mittelpunkt auserkoren. Benannt nach dem englischen König William, entstand alsbald eine repräsentative Kapitale mit weitläufigen Grünflächen, breiten Chausseen und prächtigen öffentlichen Gebäuden. Als Erstes wurde die Duke of Gloucester Street vermessen: 30 m breit und 1½ km lang lief sie auf das Capitol zu, dem Sitz der Kolonialregierung. Der Gouverneur residierte zehn Gehminuten entfernt im Governor's Palace, am Ende des rechteckigen, von Wohnhäusern umgebenen Palace Green. Williamsburg wurde das, was sich die vornehme Pflanzer-Aristokratie erhofft hatte: ein kultureller, mit England verbundener Mittelpunkt, wo rauschende Feste und Bälle gefeiert, Fuchsjagden veranstaltet und englische Schauspieler die neuesten Stücke aus London aufführten. Am Vorabend des Unabhängigkeitskriegs brodelte es jedoch auch in Williamsburg. Bereits 1765 wetterte Patrick Henry im House of Burgesses, dem Kolonialparlament, gegen die "tyrannischen Gesetze" Londons. Die Auflösung des störrischen House of Burgesses vier Jahre später – die "colonials" hatten den Boykott englischer Waren beschlossen – brachte nichts: Die Volksvertreter zogen kurz entschlossen zur Abstimmung in die Raleigh Tavern einen Steinwurf vom Capitol entfernt. 1775 musste Virginias letzter britischer Statthal-

Geschichte

Williamsburg (Fortsetzung)

ter, Lord Dunmore, fliehen. Patrick Henry und Thomas Jefferson regierten während der stürmischen Jahre des Unabhängigkeitskriegs Virginia als erste gewählte Gouverneure.

Dann kam das Schicksalsjahr. 1780 verlegte Jefferson die Hauptstadt zum Schutz gegen britische Kanonen nach dem 80 km entfernten Richmond: Aus der Pracht liebenden Kapitale wurde eine historische Fußnote. Es bedurfte eines kämpferischen Geistlichen mit einer tiefen Abneigung gegen Autos, um Williamsburg wieder zu beleben. 1925 rührte Rev. W. Goodwin, der das Potenzial der halb verfallenen Stadt als autofreies Museumsdorf erkannte, die Werbetrommel für seine Vision. Kein Geringerer als John D. Rockefeller wurde aufmerksam: Während der nächsten Jahre spendete er 70 Mio. Dollar für groß angelegte Forschungs- und Restaurierungsprogramme. 450 Gebäude wurden abgerissen, 500 neu gebaut. 88 Bauten wurden restauriert, den Bewohnern Wohnrecht garantiert. In den 30er-Jahren bezogen Rockefeller und seine Frau Abby Aldrich sogar eines der Häuser, Bassett Hall, um ihrem Lieblingsprojekt stets so nahe wie möglich zu sein.

Zu Beginn des dritten Jahrtausends sind die Arbeiten keineswegs beendet: Archivarbeit und archäologische Forschungen fördern immer neue Erkenntnisse zu Tage. Von der Gegenwart durch einen Grüngürtel aus Parks und Wäldchen abgeschirmt, ist das 1½ km lange und 1 km breite Colonial Williamsburg "work in progress". Aus den historischen Tavernen dringen kernige Trinksprüche, in Workshops gerben Kürschner Leder, beschlagen Schmiede Pferde, und im Courthouse wird Übeltätern der Prozess gemacht. Geschichte live und launig dargeboten: Willkommen in Williamsburg!

Tickets

"That the future may learn from the past" – Bei der Umsetzung des Mottos der Colonial Williamsburg Foundation helfen drei Tickets mit unterschiedlichem Leistungsumfang. Mit dem "Day Pass" hat man für einen Tag freien Zugang zu allen Museen und Galerien der Anlage. Der "Freedom Pass" verlängert dieses Angebot auf ein Jahr und erlaubt kostenloses Parken neben dem Besucherzentrum. Mit dem "Liberty Pass" kommt man darüber hinaus in den Genuss von Preisnachlässen bis zu 25 % bei allen Lehrveranstaltungen und Festivals sowie beim Shopping in den Läden von Colonial Williamsburg. Die Tickets sind im Colonial Williamsburg Tourist Visitor Center (zw. Rte. 132 u. Colonial Parkway, I-64, Ausfahrt 238; geöffnet: Mo.–Fr. 9⁰⁰–17⁰⁰, Sa./So. 8³⁰–18⁰⁰ Uhr) erhältlich.

Public Hospital of 1773

In jenem Jahr an der Ecke Francis und Henry Sts. als "Public Hospital for Persons of Insane and Disordered Mind" eröffnet, gilt dieses Hospiz als die erste öffentliche Anstalt für geistig Behinderte in Nordamerika. Im Innern informieren kostümierten Guides über die wenig humanen Therapiemethoden jener Zeit: Gemäß der damals verbreiteten Überzeugung, der Patient habe sich mehr oder weniger bewusst für die Geisteskrankheit entschieden, suchte man ihn mit teils barbarischen Praktiken wieder zurück auf den rechten Weg zu bringen. Käfige und gusseiserne "therapeutische" Geräte jagen nicht nur zart besaiteten Besuchern einen Schauer über den Rücken (geöffnet: Mo.–Fr. 9⁰⁰–17⁰⁰, Sa./So. 8⁰⁰–18⁰⁰ Uhr).

Menschenschlange vor dem Governor's Palace in Colonial Williamsburg ▸

Williamsburg (Fortsetzung)

***DeWitt Wallace Decorative Arts Gallery**

Durch das Public Hospital gelangt man zu dieser 1985 gebauten modernen Kunstgalerie. Von Reader's-Digest-Besitzer DeWitt Wallace mit 14 Mio. Dollar finanziert, beherbergen das lichte, zweigeschossige Atrium und die angrenzenden Galerien eine über 10 000 Exponate umfassende Sammlung englischen und amerikanischen Kunstschaffens von 1600 bis 1830, vor allem Möbel, Keramik, Silber- und Glaswaren. Sehenswert sind die Gemälde früher amerikanischer Meister, darunter ein Porträt George Washingtons von Charles Wilson Peale (Francis Ecke Henry Sts; geöffnet: Mi.–Mo. 11^{00} bis 18^{00} Uhr).

***Abby Aldrich Rockefeller Folk Art Center**

Was in den 1920er-Jahren als Zeitvertreib der Rockefeller-Gattin Abby Aldrich begann, zählt heute zu den besten Museen für Volkskunst in Amerika. Spielzeuge, Möbel, Keramik, Wetterfahnen – Mrs. Aldrich und ihre Nachfolger sammelten alles, was Talent und Inspiration verriet (Südrand Colonial Williamsburg, zw. Williamsburg Inn und Williamsburg Lodge; geöffnet: Fr.–Mi. 10^{00}–17^{00} Uhr).

College of William and Mary

Für die außergewöhnlich zahlreichen jungen Gesichter auf den Straßen von Williamsburg ist die traditionsreiche Universität am Westrand von Colonial Williamsburg verantwortlich. 8000 Studenten sind an der 1693 von King William II. und Queen Mary II. gestifteten Hochschule eingeschrieben. Die damit nach Harvard älteste Universität der USA führte als Erste Recht und moderne Sprachen

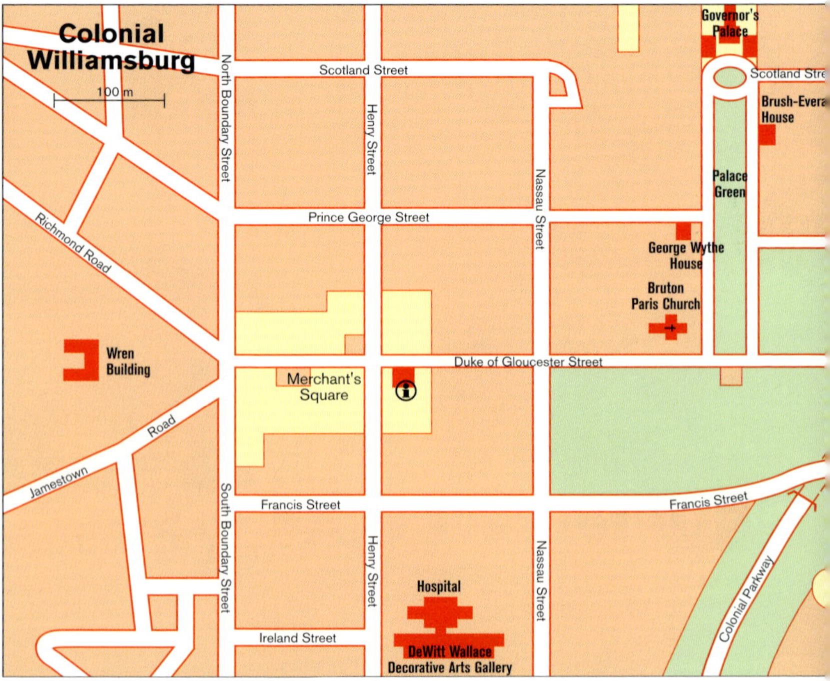

Williamsburg (Fortsetzung)
College of William and Mary

auf dem Lehrplan. Das einzige der Öffentlichkeit zugängliche Gebäude ist das 1695 erbaute Wren Building. Studentische Guides organisieren interessante, mit saftigen Anekdoten gewürzte Touren (geöffnet: Mo. – Fr. 10 00 – 17 00, Sa. 9 00 – 17 00, So. 12 00 – 17 00 Uhr).

**Colonial Williamsburg k 5

****Governor's Palace**

Mit über 600 000 Besuchern jährlich ist der rekonstruierte Sitz des Gouverneurs die beliebteste Attraktion vor Ort. Das Originalgebäude wurde 1720 von Gouverneur Spotswood bezogen und war bis 1775 die Residenz von sieben Statthaltern der britischen Krone. In diesem Jahr floh Gouverneur Dunmore vor dem Zorn bewaffneter Kolonisten, wobei er zahlreiches, heute zu sehendes Mobiliar hinterließ. 1781 brannte das Gebäude nieder. Beeindruckend ist vor allem der prachtvolle Speisesaal – die Residenz wurde eingerichtet wie zu Zeiten des Prunk liebenden Gouverneur Botetourt (1768 bis 1770) – und die Eingangshalle, in der gekreuzte Säbel und eine unter der Decke hängende Musketen-Rosette dem Bittsteller die Macht des Empire verdeutlichten.

***Capitol**

Am Ostende der Duke of Gloucester Street ragt stolz der mit roten Ziegeln gedeckte Sitz der Kolonialregierung auf. Das Originalgebäude wurde 1705 erbaut, brannte 1747 ab und wurde wieder aufge-

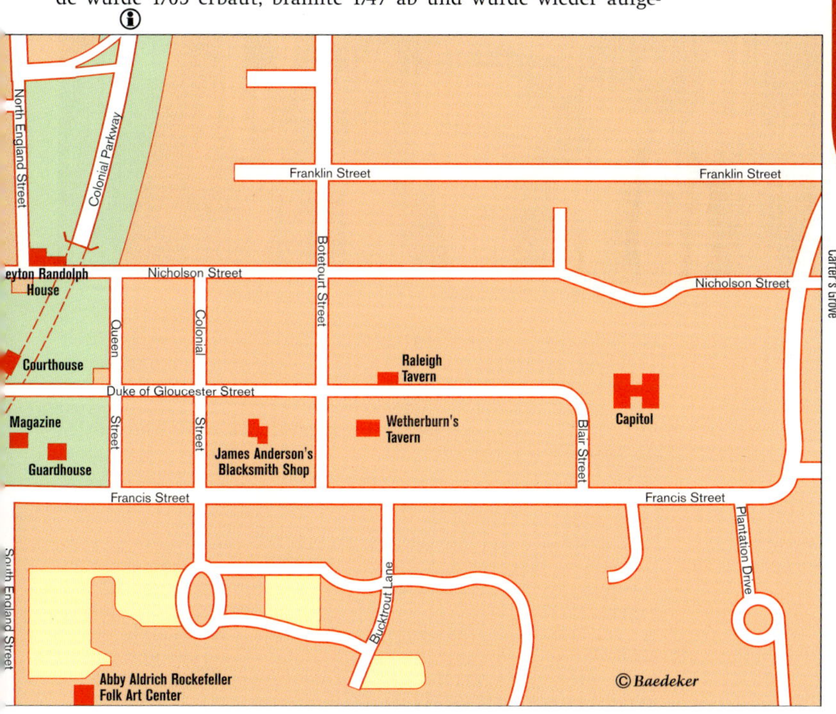

Colonial Williamsburg, Capitol (Fortsetzung)

baut. Die Rekonstruktion stammt aus dem Jahre 1945. Im Ostflügel des H-förmig angelegten Hauses trat das House of Burgesses zur Beratung von Gesetzentwürfen zusammen. Im Westflügel residierte der General Court, dessen von der Krone ernannten Richter über die von den Volksvertern eingereichten Gesetze entschieden. Im House of Burgesses hielten Thomas Jefferson und Patrick Henry ihre Brandreden gegen die "tyrannischen Gesetze" Londons. Der abendliche Zug einer kgl. Militärkapelle vom Capitol die Duke of Gloucester Street hinunter beendet jeden Tag höchst stimmungsvoll.

Touristen beim Waffenappell in Colonial Williamsburg

***Courthouse**

Ein Gerichtsdiener verliest vor dem Gerichtsgebäude das Urteil: Drei Tage am Pranger! Der arme Teufel, der einen Laib Brot gestohlen hat, wird von den Bütteln am Schandpfahl festgebunden, und nun ergießt sich der Spott der Williamsburger über ihn. An Schaulustigen aus Vergangenheit und Gegenwart fehlt es nicht bei den nachgestellten Verhandlungen, die täglich stattfinden. Das auf das Palace Green blickende Williamsburg Courthouse stammt aus dem Jahre 1770 und wurde detailgetreu restauriert.

Magazine, Guardhouse

Hier versorgten sich die Williamsburger 1775 mit den nötigen "Argumenten", bevor sie den amtierenden Gouverneur Lord Dunmore davonjagten. In dem achteckigen Gebäude mit den dicken Mauern gegenüber vom Courthouse wurden damals Waffen und Schießpulver gelagert. Nach 1780 diente das Symbol der Kolonialmacht u.a. als Stall und Tanzschule, bis es vollständig restauriert und einmal mehr mit – dieses Mal nur der Anschaulichkeit halber – Musketen und Kanonenkugeln gefüllt wurde.

Colonial Williamsburg (Fts.) Bruton Parish Church

Von Gouverneur Spotswood 1715 in Auftrag gegeben, ist diese schöne Kirche am Palace Green eine der ältesten episkopalischen Gotteshäuser der USA. Liebevoll restauriert, ruft die alte Glocke noch immer die Gläubigen zum Gebet: Die Kirche ist daher Mo. bis Sa. 9^{00} – 17^{00} und So. 12^{00} – 17^{00} Uhr zu besichtigen.

Brush-Everard House

Das Haus an der Nordostecke des Palace Green wurde 1717 gebaut und war bis 1946 durchgehend bewohnt. Ausgestattet mit Möbeln der damaligen Mittelschicht, vermittelt es einen aufschlussreichen Einblick in das Leben der kleinen Händler und Handwerker jener Zeit.

***Raleigh Tavern**

Diese nur einen Steinwurf vom Capitol an der Duke of Gloucester Street liegende Kneipe war am Vorabend des Unabhängigkeitskriegs der inoffizielle soziale und politische Mittelpunkt von Williamsburg. Hier machten die Bürger ihrer Empörung über die neuesten "intolerable acts" aus London Luft, hier brüteten Redner wie Patrick Henry und Thomas Jefferson über die nächsten Aktionen gegen die koloniale Obrigkeit. In den 30er-Jahren des 18. Jahrhunderts erbaut und 1859 abgebrannt, vermittelt die historisch genaue Rekonstruktion mit den dunklen Schankräumen, darunter dem "Apollo Ballroom", wo viele namhafte Patrioten ihren Ärger zweifellos auch im Alkohol ertränkten, einen guten Eindruck von der aufgeheizten Atmosphäre am Vorabend der Revolution.

George Wythe House

In dieser repräsentativen, um 1750 erbauten Residenz am Palace Green wohnte bis 1791 der erste Jura-Professor einer amerikanischen Universität, George Whythe. Unter den Studenten, die er am hiesigen College of William and Mary unterrichtete, waren zwei der späteren US-Präsidenten, Thomas Jefferson und James Monroe. Als Unterzeichner der Unabhängigkeitserklärung erhielt er einen Platz im amerikanischen Pantheon.

Peyton Randolph House

Das elegante Haus am Market Green gehörte dem Sprecher des House of Burgesses und Vorsitzenden der ersten beiden Kontinentalkongresse, Peyton Randolph. Die schöne Vertäfelung von einigen der sieben hellen Räume wird nach dem Geschmack der prominenten Gäste aus Frankreich gewesen sein: Die Generäle Lafayette und Rochambeau residierten hier während der Belagerung von Yorktown.

Umgebung von Williamsburg

***Busch Gardens Williamsburg**

3 mi/5 km außerhalb gelegen, gilt Bush Gardens dank seiner europäisch beeinflussten Attraktionen als Amerikas schönster Vergnügungspark. Star diverser Achterbahnen ist der "Alpengeist", der seine Gäste in skiliftähnlichen Sitzen befördert und bis auf 100 km/h und vier G beschleunigt (Rte. 60; geöffnet: von März bis Oktober 10^{00} bis 22^{00} Uhr).

Water Country USA

Unweit von Busch Gardens liegt dieser ebenfalls von der Megabrauerei Anheuser-Busch betriebene Themenpark. Wasser spielt hier die Hauptrolle: Rund 30 verschiedene Wasserrutschen, darunter feucht-fröhliche Herausforderungen wie die dunklen Tunnel

Water Country USA (Fortsetzung)

des "Aquazoid" und Speed-Slides wie der "Nitro Racer" sorgen besonders an heißen Sommertagen für willkommene Abkühlung (I-64, Ausfahrt 242B , SR-199).

***Williamsburg Winery**

Weinproben und Rundgänge über das Gut mit sachkundigen Vorträgen über "winemaking" entführen in die Welt des edlen Genusses: Die Williamsburg Winery, ihres Zeichens eines der besten Weingüter der Ostküste, ermöglicht eine angenehme Auszeit vom Historien- und Themenpark-Trubel (I-64, Ausfahrt 242A, SR-199, 5800 Wessex Hundred; geöffnet: Ostern bis Labor Day Mo.–Sa. 10 00 – 17 30, So. 12 00 – 17 30 Uhr).

Jamestown

L 5

***Älteste englische Siedlung in den USA**

Im Streit darüber, wo und wann die älteste Siedlung Nordamerikas gegründet wurde, geht es manchmal nur um Monate. Unbestreitbar die Nase vorn hat Jamestown. Im Mai 1607 von 104 englischen Siedlern im Auftrag der Londoner Virginia Company gegründet, existierte die Siedlung immerhin lang genug, um ihr einen Ehrenplatz in den Geschichtsbüchern zu sichern. Dabei schrammte sie nur knapp an einer Katastrophe vorbei: Schon 1609 waren die meisten Pioniere verhungert oder von Indianern getötet. Nur das diplomatische Geschick des Abenteurers John Smith, der mehrere Friedensabkommen mit den Powhatan-Indianern einfädelte, rettete Jamestown über die ersten Jahre. Als Hauptstadt geplant, blieb die Siedlung jedoch immer nur ein malariaverseuchtes Gebiet, wo niemand sich freiwillig niederließ. Nachdem das State House zum vierten Mal abgebrannt war, verlegte man die Hauptstadt 1699 nach Williamsburg. Jamestown wurde verlassen und verfiel.

Seit 1934 wird auf dem historischen Gelände geforscht und gegraben. Inzwischen wurde die Stelle des ersten Forts ausfindig gemacht und aus rund 160 000 Fundstücken wichtige Erkenntnisse über den Alltag der Pioniere und ihrer indianischen Nachbarn gewonnen. Das heutige Jamestown besteht aus zwei Teilen: "Jamestown Settlement" ist die palisadenbewehrte Rekonstruktion der ersten Siedlung. Die kostümierten Bewohner haben sich häuslich eingerichtet und berichten gern über ihr Leben in der Neuen Welt. Über eine kleine Brücke erreicht man Jamestown Island. Dort führt ein Rundgang im Schatten alter Bäume zu den Ausgrabungen der Originalfundamente der ersten Siedlung.

***Jamestown Settlement**

1957 wurde die heutige Siedlung errichtet, als sich das wahre Gründungsdatum zum 350. Mal jährte. Dem Rundgang vorgeschaltet ist der Besuch des hervorragenden Museums, das auf drei Etagen die Motive Englands für die Kolonisierung Nordamerikas, die Kultur der Powhatan-Indianer und die Machtverhältnisse bei der Ankunft der Siedler sowie die Stadtchronik von Jamestown behandelt. Sodann führt ein kurzer Spaziergang zunächst zum "Powhatan Indian Village". Wigwams aus Reisig gruppieren sich hier um ein Lagerfeuer. "Echte" Indianer in Leggins und Mokassins demonstrieren die Anfertigung von Pfeilspitzen und Angelhaken aus Stein oder Knochen und wissen Interessantes aus "ihrer" Glaubenswelt zu berichten. Später geht es an einem grimmig dreinschauenden Wachposten vorbei hinter die Palisaden von Jamestown. Der Geruch von Holzkohle und Pulver liegt in der Luft: Die Siedlerfrauen rühren in großen Töpfen über offenen Feuern, während die Männer der Bürgerwehr dem Besucher die Handhabung ihrer Flinten erklären. Zu besichtigen sind eine einfache Kirche, Vorratshäuser und schlichte, strohgedeckte Häuser. Durch das andere Tor geht es sodann hinunter zum Wasser. Dort liegen die Schiffe der Siedler vor Anker – man staunt, dass die nussschalengroßen Segelschiffe "Susan Constant", "Godspeed" und die nur 15 m lange "Discovery" die viermonatige Ozeanüberquerung heil überstanden haben (Colonial Parkway; geöffnet: tgl. 9 00 – 17 00 Uhr).

Mit Schiffen wie diesen erreichten die Siedler Jamestown.

Jamestown Settlement (Fortsetzung)

Jamestown Island

Im rekonstruktionswütigen Amerika eine echte Rarität: Ein Ruinenfeld! Der Spaziergang vorbei an Mauerresten und kaum erkennbaren Grundrissen erreicht jene historische Tiefe, die viele Rekonstruktionen bei aller Detailgenauigkeit vermissen lassen. Die Besichtigung beginnt im Besucherzentrum. Dort werden viele Ausgrabungsstücke, darunter Haarnadeln, Kerzenhalter, Waffen und ganze Rüstungen, gezeigt. Mit einer Wegbeschreibung der alten "James Cittie townsite" in der Hand spaziert man anschließend über jenes Gelände, das einst den Mikrokosmos einer Handvoll europäischer Siedler 9000 km fern der Heimat darstellte. Ein Teil der Siedlung liegt inzwischen unter Wasser. Sehenswert ist der halb verfallene Old Church Tower, dessen Kirche 1639 entstand und bis 1750 benutzt wurde. Unweit stehen John Smith und der Häuptlingstochter Pocahontas (▶ Berühmte Persönlichkeiten) gewidmete Denkmäler. Ein "New Towne" genanntes Areal zeigt verschiedene Ruinen, darunter das Wohnhaus von Henry Hartway, dem Gründer des College of William and Mary in Williamsburg. Steinreihen zeichnen die Grundrisse weiterer Häuser nach (Colonial Parkway, Westende; geöffnet: tgl. 8 30 – 16 30 Uhr).

Yorktown

L 5

***Stadt inmitten eines wichtigen Schauplatzes des Unabhängigkeitskriegs**

Nach dem Trubel in Williamsburg und Jamestown ist die Fahrt auf dem schönen Colonial Parkway quer über die Halbinsel nach Yorktown beinahe eine Erholung. Yorktown erlebte seinen größten geschichtlichen Augenblick im Herbst 1781, als der sich hier mit 7000 königlichen Rotröcken verschanzte General Cornwallis unter dem Bombardement der allierten Amerikaner und Franzosen kapitulie-

Yorktown (Fortsetzung)

ren musste. Danach ging die Geschichte über die vormals bedeutende Hafenstadt am York River hinweg. Selbst heute steht Yorktown, wenngleich es ausschließlich vom Tourismus lebt, im Schatten seiner attraktiveren Schwestern im historischen Dreieck.

Geschichte

Yorktown wurde 1691 gegründet und entwickelte sich rasch zu einem bedeutenden Hafen für den Tabakexport. Zu Beginn des Unabhängigkeitskrieges hatte die Stadt 2000 Einwohner. Im Oktober 1781 erlebte sie jene Schlacht, die aus den "colonials" endgültig freie Amerikaner machen sollte. Seit dem Sommer blockierten französische Kriegsschiffe bereits den Ausgang der Chesapeake Bay – für die britische Armee unter General Cornwallis, die hier einen Marinestützpunkt errichtet hatte, gab es kein Entkommen. Am 26. September hatten die Amerikaner unter George Washington, verstärkt durch ein 3000 Mann starkes französisches Expeditionskorps unter General DeGrasse und schwere französische Belagerungsartillerie, Yorktown eingekesselt: 20 000 alliierte Amerikaner und Franzosen standen 9000 Briten gegenüber. Die ersten britischen Verteidigungslinien wurden am 14. Oktober gestürmt. Am 16. Oktober ordnete Washington einen Bombenhagel an, der Cornwallis am Abend des 17. Oktober die weiße Fahne hissen ließ. Am 20. Oktober ergab sich die einst so stolze Armee ihrer Majestät den Amerikanern. Cornwallis hatte 2000 Männer verloren, Washington 300 seiner Leute. Die zweite Belagerung Yorktowns während des Bürgerkriegs wurde vorzeitig abgebrochen: Vor dem Bombardement durch Unionstruppen verließen die konföderierten Besatzer in aller Stille die Stadt.

Yorktown Visitors Center

Hinter den einst von Washingtons Truppen errichteten Erdwällen liegt heute dieses Besucherzentrum. Es zeigt zahlreiche Erinnerungsstücke an die Belagerung, u.a. Washingtons Zelt, Waffen und ein Landschaftsmodell, das den Ablauf der Belagerung verdeutlicht. Man kann sich hier geführten Touren in das 1 km entfernt gelegene Yorktown anschließen. Stationen unterwegs sind die noch gut erkennbaren Reste der britischen Verteidigungslinien, die teilweise rekonstruierte britische Fregatte "HMS Charon" und historisch wichtige Häuser in der Stadt. Patriotischer Höhepunkt der Führung ist die Besichtigung des "Surrender Field", auf dem Cornwallis offiziell die Waffen streckte. Auch an Autofahrer ist gedacht: Mittels Tonbandführungen kann man auf dem 10 km langen "Battlefield Drive" an Originalschauplätzen den Schlachthergang in aller Ruhe selbst rekonstruieren (Ostende Colonial Parkway; geöffnet: tgl. 8 30 – 17 00 Uhr).

***Yorktown Victory Center**

Mehr "action" zum selben Thema verspricht dieses Besucherzentrum. Bereits auf dem Weg zum Eingang erläutern Jahreszahlen und Ereignisse auf einem "Road to Revolution" genannten Zeitstrahl geschichtliche Zusammenhänge. Die Ausstellungen im Innern befassen sich neben der Belagerung auch mit der sozialen Stellung der Frau und der Situation der Sklaven in jener Zeit. Ein Weg führt auf der anderen Seite zu einem Feldlager der Amerikaner. "Echte" Soldaten berichten vom Militäralltag, ein Feldarzt erzählt dem schaudernden Zuhörer von Amputationen und Blutvergiftungen. Täglicher Höhepunkt der "living history"-Schau ist das Laden und Feuern einer 200 Jahre alten Kanone, wozu der Kanonier 17 Freiwillige aus dem Publikum holt (Old Route 238, Nähe Old Colonial Parkway; geöffnet: tgl. 9⁰⁰–17⁰⁰ Uhr).

Yorktown Visitor Center (Fts.)

James River Plantations

l 5/6

*Ein Hauch von Geschichte: Plantagen am James River

"Plantage" – Wer denkt bei diesem Wort nicht an Südstaaten-Romantik à la "Vom Winde verweht"? Nach der Einführung des Tabaks um 1620 teilten wohlhabende Großgrundbesitzer das fruchtbare Land am Unterlauf des James River schnell unter sich auf, um die profitträchtige Pflanze im großen Stil anzubauen. Ihre Residenzen entwickelten sich im 18. und 19. Jahrhundert zu gesellschaftlichen Mittelpunkten, die von Hunderten von Sklaven in Gang gehalten wurden. Sechs von ihnen firmieren heute als "James River Plantations" und werden von der von Richmond kommenden Rte. 5 miteinander verbunden. Fünf davon – Shirley, Westover, Evelynton, Berkeley und Sherwood Forest – sind zu besichtigen.

*Shirley Plantation

Die Fahrt nach Shirley durch endlos scheinende Soja- und Maisfelder, die einstmals Tabak erzeugten, vermittelt einen ersten Eindruck vom Leben auf der Plantage: Reich und erdverbunden war jede Plantage ein eigenes Sonnensystem. Der industrialisierte Norden schien Lichtjahre entfernt. Die heutigen Gebäude der Shirley Plantation, bereits seit 1613 bebaut und seit 1656 im Besitz der Hill-Carter Familie, wurden 1723 von Edward Hill als Hochzeitsgeschenk für seine Tochter und ihren Gatten John Carter errichtet. Der legendäre Südstaaten-General Robert E. Lee, Sohn von Ann Hill Carter Lee, verbrachte hier seine Kindheit. Die tryptichonartig angeordneten, im Queen Ann Style errichteten Gebäude liegen unmittelbar am Ufer des James River. Das Haupthaus ist mit Originalmöbeln eingerichtet. Familienporträts und Tafelsilber entführen in eine elegante, versunkene Welt (Rte. 5; geöffnet: tgl. 9⁰⁰–17⁰⁰ Uhr).

*Berkeley Plantation

Bevor man Berkeley nicht gesehen habe, habe man Virginia nicht gesehen, heißt es in einer Broschüre. Das mag etwas übertrieben

Das Speisezimmer der Berkeley Plantation

Historic Triangle, Berkeley Plantation (Fortsetzung)

klingen, doch was Traditionsbewusstsein angeht, stimmt es: Kaum ein anderer Ort ist so eng mit den Geschicken des Südens und der Nation verbunden wie diese zum James River hin ausgerichtete Plantage.

Im Jahre 1619 von Siedlern aus der englischen Grafschaft Berkeley erschlossen, kaufte die Harrison-Familie das Anwesen 1691. Das in der strengen Symmetrie des Georgian Style errichtete Haupthaus baute Benjamin Harrison IV. im Jahr 1726. Sein Sohn, Benjamin V., diente drei Amtszeiten als Gouverneur von Virginia und unterzeichnete die Unabhängigkeitserklärung. Dessen Sohn wiederum, William Henry, wurde neunter Präsident der USA, sein Enkel Benjamin Harrison schließlich 23. US-Präsident. Die Räume – Thomas Jefferson beriet William Henry bei der Innenausstattung – sind mit herrlichem zeitgenössischem Mobiliar und Zierrat eingerichtet (Rte. 5; geöffnet: tgl. 9⁰⁰ – 17⁰⁰ Uhr).

***Westover Plantation**

Um 1730 von William Byrd II, dem Gründer Richmonds, erbaut, gilt das im Georgian Style erbaute Haupthaus dank seiner einfachen und doch eleganten Proportionen als eines der schönsten Beispiele dieses Stils in Virginia. Die Lage unter alten Bäumen lockt jeden Sommer Landschaftsmaler aus ganz Amerika herbei. Die koloniale Idylle bildet den passenden Rahmen für die tragische Geschichte der bildschönen Bryd-Tochter Evelyn: Aus Gram über das Verbot ihrer katholischen Eltern, ihren protestantischen Verehrer zu heiraten, wählte sie den Freitod und kehrt seither regelmäßig wieder. Die Führer durch das mit vielen Originalmöbeln eingerichtete Manor House versichern jedoch, dass Begegnungen mit dem Geist von Lady Evelyn bislang glimpflich verliefen... (Rte. 5; geöffnet: tgl. 9 00 bis 17 00 Uhr).

Evelynton Plantation

Das mit einem schönen Portikus versehene Haupthaus wurde erst 1937 gebaut: Während der Bürgerkriegsschlacht auf den nahen Evelynton Heights brannten alle Originalgebäude nieder. Die Ironie der Geschichte: Edmund Raffin, der Evelynton 1847 von den Byrds gekauft hatte, feuerte angeblich in Fort Sumter (South Carolina) den ersten Schuss des Bürgerkriegs ab. Die Evelynton Plantation ist noch immer in Familienbesitz und mit Originalmöbeln eingerichtet (Rte. 5; geöffnet: tgl. 9 00 – 17 00 Uhr).

Sherwood Forest

Das um 1730 errichtete weiße Holzhaus mit dem spielerisch angefügten Portikus gehörte zwei US-Präsidenten. William Henry Harrison, der es 1793 geerbt hatte, starb jedoch 1840, bereits 30 Tage nach seiner Antrittsrede im Kongress. Sein Vize John Tyler übernahm Amt und Plantage und ließ 1845 einen 22 m langen Ballsaal anbauen. Auch dieser schöne Herrensitz ist bis heute in Familienbesitz und kann besichtigt werden (Rte. 5; geöffnet: tgl. 9 00 – 17 00 Uhr).

Leesburg j 2

Einwohner: 25 500

Allgemeines

Bereits im Bannkreis der Bundeshauptstadt, wird Leesburg als Schlafstadt der Washingtoner immer beliebter. Den eher kleinstäd-

tischen Charakter hat sich die nach den Vorfahren Robert E. Lees benannte Stadt unweit des Potomac River jedoch bewahrt. Ihr gepflegter “historic district“ ist ein einladendes Ensemble aus alten Kolonialhäusern mit dunklen Antiquitätenläden im Erdgeschoss und herrschaftlichen Villen auf gepflegten Rasenflächen. Leesburg gehört zu den ältesten Städten Virginias. Im frühen 18. Jahrhundert aus nicht mehr als ein paar Blockhäusern bestehend, diente es im French and Indian War als Stützpunkt der britischen Armee. Als Washington und das Weiße Haus im Krieg von 1812 in Flammen aufgingen, floh US-Präsident James Madison mit 22 Wagenladungen voller Regierungsdokumente, darunter die Unabhängigkeitserklärung und die Verfassung, hierher.
Im Herbst 1861 mussten die Nordstaaten vor den Toren der Stadt in der Schlacht von Ball's Bluff eine katastrophale Niederlage hinnehmen. Heute ist Leesburg der Mittelpunkt des ländlichen, für seine traditionellen Fuchsjagden bekannten Loudon County.

Courthouse in Leesburg

Sehenswertes in Leesburg und Umgebung

Loudon Museum

Ausstellungsobjekte zu 300 Jahren Stadtgeschichte sind hier untergebracht. Interessant ist der Besuch vor allem als Vorbereitung für den Stadtbummel: Hier liegen detailreiche Broschüren für interessante “self-guided tours” aus (16 Loudon St.; geöffnet: Mo.–Sa. 10 00 – 17 00, So. 13 00 – 17 00 Uhr).

***Morven Park**

Während der Anfahrt mutet es wie das Weiße Haus in Washington an: Man nähert sich einer prächtigen, von sattem Grün umgebenen Residenz des Greek Revival Style. Nach den Säulen des imposanten Portikus betritt man die von der Renaissance inspirierte Great Hall und bewegt sich fortan zwischen europäischen, geschmackvoll arrangierten Stilen und Trends hin und her. Morven Park, das 1781 als einfaches Farmhaus begann, wurde im Laufe der Zeit von seinen Besitzern zu einem der schönsten Landsitze Virginias ausgebaut. Letzte Hand legten Gouverneur Westmoreland Davies und seine ebenso reisefreudige wie kunstsinnige Frau um die Jahrhundertwende an.
Neben 16 kostbar dekorierten Räumen bietet das 1½ km nördlich von Leesburg liegende Morven Park zwei Museen zu nahe liegenden Themen. Das “Museum of Hounds and Hunting” im Nordflügel widmet sich allen Aspekten der seit dem 18. Jahrhundert im County betriebenen Fuchsjagd. Die “Winmill Carriage Collection” beherbergt über 100 herrliche alte Pferdekutschen (17263 Southern Planters Lane; geöffnet: von April bis Oktober Mo.–Fr. 12 00 – 17 00, Sa. 10 00 – 17 00, So. 13 00 – 17 00 Uhr).

Leesburg (Fortsetzung) Ball's Bluff Battlefield and National Cemetery

Fünf Autominuten nordöstlich von Leesburg erlebte die Union am 20. Oktober 1861 nach der Niederlage von Manassas ein weiteres militärisches Debakel: Bei der Überquerung des Potomac geriet ein 1700 Mann starker Voraustrupp der Union ins Kreuzfeuer der Konföderierten. 200 Mann fielen, 550 wurden gefangen. Die bis nach Washington treibenden Leichen waren für US-Präsident Lincoln der letzte Auslöser zur dringend notwendigen Reform seiner Armeen. Der heutige Park umfasst einen Teil des Schlachtfelds. Ein schöner, von Informationstafeln begleiteter Trail führt zu den 30 m hohen Klippen, von wo die Südstaatler die Unionstruppen beschossen (Balls Bluff Rd.; geöffnet: tgl. 8^{00} – 18^{00} Uhr).

Lexington g 4

Einwohner: 7100

***Sitz zweier bedeutender Colleges und der Gedenkstätte "Stonewall" Jacksons**

Das Städtchen im Shenandoah Valley ist einer jener Orte, an dem gestresste Doppelverdiener aus der Großstadt gerne ihren Lebensabend verbringen würden: Frische Luft, gepflasterte Bürgersteige mit altmodischen Straßenlaternen, weltmännische Boheme mit Kaffeehäusern und Musikkneipen, hübsche Alleen mit alten Häusern und freundliche Passanten – alles, was verwöhnte Kosmopoliten wünschen. Tatsächlich ist Lexington mit Kultur und Historie gesegnet wie kaum eine andere Stadt dieser Größe. Die formell grüßenden Kadetten in den grauen Ausgehuniformen studieren am angesehenen Virginia Military Institute, die jungen, in Rot und Gelb gekleideten Jogger gehören zur renommierten Washington & Lee University. Viele Prominente studierten in Lexington, u.a. der Friedensnobelpreisträger George C. Marshall und der Polarforscher Richard Byrd, zwei Südstaaten-Ikonen des Bürgerkriegs – General Robert E. Lee und Generalmayor Thomas Jonathan "Stonewall" Jackson (▶ Berühmte Persönlichkeiten) – liegen hier begraben. Heute ist Lexington, das übrigen die Kulisse für den Hollywoodfilm "Sommersby" mit Richard Gere und Jodie Foster abgab, das kulturelle und wirtschaftliche Zentrum der Region.

Baedeker TIPP: Auf Amerikas Zukunft anstoßen

Mit den kurz geschorenen Kadetten des Virginia Military Institute anstoßen und mit den Studenten der Washington & Lee University die Bush-Administration diskutieren: In den nächtlichen Hangouts des renommierten Uni-Städtchens Lexington kann man Amerikas zukünftiger Elite auf den Zahn fühlen. Beliebteste Joints, allesamt im übersichtlichen Stadtzentrum: BJ's Oasis (☎ 540/464 44 83), mit Tanzfläche, Pool und etlichen Bildschirmen; The Palm's (☎ 540/463 79 11), beliebtetser Pub seit 1975, mit Terrasse für laue Sommerabende; Southern Inn (☎ 540/463 36 12), donnerstags und freitags Livemusik.

Geschichte

1778 an der Great Wagon Road, einem alten Indianertrail, gegründet, erhielt Lexington seinen Namen nach dem Ort in Massachusetts, wo drei Jahre zuvor die erste Schlacht des Unabhängigkeitskriegs stattgefunden hatte. Alle Straßen des zunächst nur 430 x 300 m breiten Stadtgebiets wurden nach prominenten Verfechtern der Unabhängigkeit benannt. Bildung war von Anfang an ein wichtiger Wirtschaftszweig: 1790 wurde die Liberty Hall Academy gegründet, die nach einer Spende George Washingtons in Washington College und nach dem Bürgerkrieg in Washington & Lee University umbenannt wurde. 1830 schrieben sich die ersten Kadetten am neuen Virginia Military Institute ein, darunter der spätere Bürgerkriegsheld "Stonewall" Jackson. 1864 wurde das Arsenal des VMI von Unionstruppen zerstört. Die Eisenbahn sowie die damit einhergehende Bodenspekulation gaben das Startzeichen für den Sprung ins 20. Jahrhundert. Von der in den 1960er-Jahren durchs Shenandoah Valley gelegten I-81 und anderen Infrastrukturprojekten blieb Lexington dank seiner kämpferischen Stadtväter verschont: Fernverkehrsstraßen verlaufen jenseits der Stadtgrenzen, Shopping Malls gibt es nur außerhalb des historischen Stadtkerns.

Geschichte (Fortsetzung)

Sehenswertes in Lexington

*Washington & Lee University

Die weißen Kolonnaden signalisieren heilige Hallen: Der aus sattgrünem Rasen und knorrigen alten Bäumen bestehende Campus der hier kurz "W and L" genannten Privat-Uni ist dank seiner mit neoklassizistischen Säulen verzierten Gebäude ein für Fotografen besonders reizvolles Motiv. 2000 Studenten sind hier eingeschrieben, in der Regel die besten Absolventen ihrer Colleges. Robert E. Lee (1807–1870) stand ihr von 1865 bis zu seinem Tod als Präsident vor. Er ließ 1867 auf dem Campus die Lee Chapel errichten, eine kleine, romanisch inspirierte Kapelle, die, nie geweiht, ihm als Büro und Konferenzsaal diente. 1870 wurde er hier beigesetzt. Heute ein Museum, werden hier Erinnerungsstücke an den legendären Südstaaten-General aufbewahrt. Interessant ist auch das erste Porträt George Washingtons, das ihn noch in britischer Uniform zeigt (geöffnet: April bis Oktober Mo.–Sa. 9^{00}–17^{00}, So. 13^{00}–17^{00}, sonst Mo.–Sa. 9^{00}–16^{00}, So. 14^{00}–17^{00} Uhr).

*Virginia Military Institute

Fünf Gehminuten vom Campus enfernt öffnet sich Lexington dem weitläufigen, als Paradeplatz genutzen Campus des VMI. Die Militärakademie war die erste vom Staat finanzierte Lehranstalt dieser Art. 1864 wurde sie von Unionstruppen dem Erdboden gleichgemacht, aber auch die danach, teils im neogotischen Stil errichteten Gebäude strahlen Ernsthaftigkeit aus. Seit 1983 lässt das VMI auch weibliche Kadetten zu. Empfehlenswert: die "full dress parade" freitags um 16^{30} Uhr, zu der die Kadetten in akkurater Montur auf dem Campus paradieren. Das in einem bunkerähnlichen Betonklotz untergebrachte George C. Marshall Museum an der Südwestecke des Campus enthält zahlreiche Erinnerungen an den VMI-Absolventen von 1901, dessen Plan zur Neugestaltung Westeuropas nach dem Zweiten Weltkrieg dem damaligen Secretary of State den Friedensnobelpreis einbrachte (geöffnet: tgl. 9^{00}–17^{00} Uhr).

*Stonewall Jackson House

In dem einfachen, aus dem Jahr 1801 stammenden Haus lebte Thomas J. "Stonewall" Jackson (1824–1863, ▶ Berühmte Persönlichkeiten) von 1859 bis zu seinem Tod 1863. Der Generalmajor, der während des Bürgerkriegs als rechte Hand Robert E. Lees unentbehrlich war, machte sich v.a. während der Valley Campaign im Frühjahr 1862 als unkonventioneller Stratege einen Namen, als er das Shenandoah Valley den übermächtigen Unionstruppen entriss. Vor dem Bürgerkrieg lehrte der West-Point-Absolvent Taktik am Virginia Military Institute. Sein Haus wurde 1979 restauriert und in ein

Im Garten seines Wohnhauses legte "Stonewall" Jackson Blumen- und Gemüsebeete an.

Museum mit zahlreichen persönlichen Gegenständen dieses legendären Bürgerkriegshelden verwandelt (geöffnet: von Juni bis August Mo.-Sa. 9⁰⁰-18⁰⁰, So. 13⁰⁰-18⁰⁰, sonst Mo.-Sa. 9⁰⁰-17⁰⁰, So. 13⁰⁰-17⁰⁰ Uhr).

***Stonewall Jackson Memorial Cemetery**
Nach seinem glänzenden Sieg in der Schlacht von Chancellorville am 1. Mai 1863 wurde Jackson nach einem Erkundungsritt von den eigenen Wachposten tödlich verwundet. Zehn Tage später erlag er in Guinea Station bei ▶ Fredericksburg seinen Verletzungen.
Jackson, der seinen Spitznamen 1861 während der ersten Schlacht von ▶ Manassas erhielt – ein konföderierter Offizier trieb die bereits fliehenden Südstaatler mit den Worten "Dort steht Jackson wie eine Steinmauer!" ins Gefecht zurück – wurde hier mit Hunderten anderer Südstaaten-Soldaten zur letzten Ruhe gebettet. Frische Blumen und die Kriegsfahne der Konföderation erinnern an den v.a. im Süden noch heute gefeierten Soldaten (S Main Street).

Aktivitäten

Lexington kann man nicht nur zu Fuß genießen. Die Lexington Carriage Company (☎ 540/463 56 47) bietet informative, zugleich romantische Fahrten in detailgetreu rekonstruierten Pferdedroschken an. Touren (April–Oktober) starten gegenüber vom Besucherzentrum (Washington Street).

Umgebung von Lexington

Natural Bridge
Abb. (S. 259)

Die Natural Bridge (▶ Shenandoah Valley), etwa 30 km südlich gelegen, ist eines der beliebtesten Ausflugsziele von Lexington.

*The Homestead
(Abb. S. 280)

Einen Abstecher zum Nachmittagskaffee ist das einsam in den Alleghenies liegende Luxusresort "The Homestead" wert. Der Weg dorthin führt durch einen der schönsten Abschnitte, den diese zu den Appalachen gehörende Bergkette zu bieten hat. Von Lexington geht es zunächst auf der Rte. 39 in nordwestlicher Richtung zum Goshen Pass. Die liebliche Landschaft verwandelt sich zunehmend in eine raue, menschenleere Bergwelt. In vielen der verschlafenen Nester am Wegesrand gibt es Thermalquellen: Im 19. Jahrhundert kam die feine Gesellschaft Virginias per Zug und Kutsche angereist, um sich in den heißen Quellen auszukurieren. Warm Springs, ein 150-Seelen-Nest wie aus der Familienserie "Die Waltons", lohnt mit seinem Waterwheel Restaurant, einer umgebauten Wassermühle, einen Fotostopp. Danach schraubt sich die Rte. 220 in engen Serpentinen und vorbei an traumhaften Ausblicken weiter in die Appalachen. In Hot Springs jedoch stößt sie auf ein so gewaltiges Hindernis, dass die Bautrupps ihm ausweichen mussten. Wie sonst nur um die Kirche scharen sich die Häuser des Dorfes um ein gewaltiges, von einem neuenglisch inspirierten Glockenturm gekröntes Gebäude aus roten Ziegeln. Als Virginias größtes, teuerstes und ältestes Luxusresort ist "The Homestead" eine Touristenattraktion an sich. Die erste Lodge für 15 Gäste entstand bereits 1766. Während des Bürgerkriegs diente das inzwischen zum Grand Hotel erweiterte Hotel als Lazarett. Bis 1900 mehrmals erweitert, war es um die Jahrhundertwende eine komplette Anlage mit Golfplatz, Tenniscourts und eigener Bahnanbindung. Das Feuer von 1901 überstanden nur die Bäder und das Kasino. Der heute zu sehende Komplex entstand zwischen 1902 und 1973 und bietet 500 Zimmer und Suiten, sieben Restaurants sowie eine Einkaufszone. Den Nachmittagskaffee sollte man auf der Terrasse des "Café Albert" einnehmen. 160 Hiking-Kilometer in den umliegenden Bergen, neun Tennis- und drei Golfplätze, ein eigener Forellenbach zum Angeln und eines der besten Wellness-Zentren Amerikas machen den (längeren) Aufenthalt zu einem, wenn auch nicht billigen, so doch unvergesslichen Erlebnis.

The Homestead (Fortsetzung)

Baedeker TIPP Brücken am Fluss

Vielleicht sind die überdachten Brücken Virginias nicht ganz so berühmt wie die in den Neuengland-Staaten, doch auch hier gibt es einige schöne Exemplare in romantischer Umgebung, wie z. B. die Humpback Bridge (Abb.) westlich von Covington. In den Tourist Information Centers kann man die Broschüre "Virginia's Covered Bridges" mit genauen Wegbeschreibungen erhalten.

Luray — h 3

Einwohner: 4600

Allgemeines

Für den Besuch Lurays im ▶ Shenandoah Valley gibt es drei Gründe. Zunächst ist der wenig touristische Verwaltungssitz von Page County eine gute Basis für Touren im George Washington National Forest im Westen und im ▶ Shenandoah National Park im Osten. Der Hauptgrund liegt jedoch am Stadtrand: Die weitläufigen Luray Caverns gelten als größtes und schönstes Höhlensystem im Osten der USA. Die Stadt am Shenandoah River wurde 1812 von deutschen und Schweizer Siedlern gegründet. So manchem der alten Steinhäuser an der Main Street sieht man die Frontiers-Vergangenheit noch an: Dicke, tief in die Erde reichende Mauern sollten Schutz bei Indianerüberfällen gewährleisten, unterirdische Tunnel Fluchtwege sichern.

****Luray Caverns – imposante Tropfsteinhöhlen**

Auf einer steilen Trepe geht es hinab in eine der schönsten Tropfsteinhöhlen der Welt: Armeen von Stalagmiten und Stalaktiten bewachen bis zu 40 m hohe Säle, ein 170 t schwerer, gestürzter Stalaktit zwingt den schmalen Weg zu gewagten Serpentinen am Rand

Luray Caverns (Fortsetzung)

schwarz gähnender Spalten. Die aus korallenähnlichen Skulpturen bestehende Unterwasserwelt eines treffend "Dream Lake" genannten Sees entpuppt sich als Reflexion der Decke im kristallklaren, nur wenige Zentimeter tiefen Wasser.

Die einstündige Tour durch den erschlossenen, indirekt beleuchteten Teil der Luray Caverns ist eines der Highlights im Shenandoah Valley. Ein Teil der 1878 entdeckten Höhle hat es sogar ins Guiness-Buch der Rekorde geschafft: Weiche Gummiklöppel entlocken im prachtvollen Cathedral Roomder "Stalacpipe Organ", einer aus fein abgestimmten Stalaktiten bestehenden Orgel, klassische Musik. Die wie ein Xylophon klingende Orgel ist mit einer Fläche von 312 Acres die größte der Welt (Rte. 211; geöffnet: Juni bis Labor Day tgl. $9^{00}-19^{00}$, sonst $9^{00}-17^{00}$ Uhr).

Zu den Luray Caverns gehört neben Besucherzentrum und Restaurant im Übrigen auch das "Car and Carriage Caravan", ein Automuseum mit über 140 historischen Kutschen und Autos. Glanzstücke der Ausstellung sind ein 1904 Cadillac und ein 1935er-Hispano-Suiza (geöffnet: Juni bis Labor Day $9^{00}-20^{30}$ Uhr).

Die 1878 entdeckten Luray Caverns gehören zu den imposantesten Tropfsteinhöhlen im Osten der USA.

Aktivitäten

Neben Hikingtouren in den Appalachen bieten sich vor allem Kanu- und Kajakwanderungen auf dem Shenandoah River an. Der Abschnitt zwischen Luray und Front Royal gilt bei Freunden dieser Sportarten als absoluter Leckerbissen. Profiliertester Anbieter ist Shenandoah River Outfitters Inc. (6502 S. Page Valley Rd., Luray). Neben geführten Expeditionen und individuell ausleihbaren Kajaks, Kanus und Gummiflößen kann man hier auch urige Blockhütten mieten.

Lynchburg

Einwohner: 66 000

***Stadt im Herzen Virginias mit dem nahe gelegenen Poplar Forest**

Man sieht es der sich über dem James River auftürmenden Stadt schon von der Rte 29. aus an: Lynchburg hat Vergangenheit. Allein ihre Beinamen sprechen für sich: "City of Seven Hills" verspricht alte Viertel an steilen Hängen, "City of Churches" spielt auf die über 130 Gotteshäuser an und lässt Frömmigkeit erahnen. Die Werbebroschüren fassen Lynchburg unter "The real Virginia" zusammen – und haben ebenfalls Recht.

Tatsächlich liegt Lynchburg am nördlichen Ende des so genannten "bible belt", und wer an einem Sonntagmorgen hier ankommt, wird leere Straßen bemerken und volle Kirchen, in denen stimmgewaltige Prediger das Wort Gottes verkünden. Auch das Autoradio sendet ausschließlich Predigten – wenn es nicht "christian rock" spielt, die weiße Variante des schwarzen Gospel. Einer der populärsten Fernsehprediger des Landes stammt aus Lynchburg: Jerry Falwell, dessen Show "Listen America" landesweit ausgestrahlt wird, gründete hier 1971 die christlichen Werten verpflichtete Liberty University.

Baedeker TIPP **Gesellige Insel im Meer der Gläubigen**

Lynchburg ist nicht unbedingt für sein Nachtleben bekannt. Tatsächlich ist es noch gar nicht so lange her, dass Stadt und County "trocken" waren: Restaurants führten nur Nichtalkoholisches auf der Getränkekarte. Seit ein paar Jahren erst dürfen die Lynchburger Hochprozentiges genießen. Wer hier übernachtet, wird das zu schätzen wissen. Der beste Ort, einen angenehmen Abend zu verbringen, ist Percival's Isle Coffee & Tea (1208 Main St., ☎ 804 / 8473059), ein bis 22⁰⁰ Uhr lebhafter Treffpunkt von Hiesigen und Auswärtigen.

Geschichte

1757 eröffnete der 17-jährige John Lynch unweit der heutigen 9th Street einen Fährbetrieb über den James River. 1785 stellte er mit dem Bau des ersten Tabakwarenlagers die Weichen, ein Jahr später gründete er offiziell die Stadt Lynchburg. In den 1830er-Jahren erlebte der Tabakhandel seinen Höhepunkt: Die umliegenden Plantagen produzierten pro Jahr über 50 t, die auf dem 1832 eröffneten James River-Kanawha Canal nach Richmond transportiert wurden. Das Geschäft mit den braunen Blättern fuhr der Stadt das damals zweithöchste Pro-Kopf-Einkommen der Nation ein. In den 1850er-Jahren wurde Lynchburg Knotenpunkt dreier Eisenbahnen und während des Bürgerkriegs ein Zentrum der Konföderierten Staaten von Amerika. 1864 entging es durch eine Kriegslist der Zerstörung durch zahlenmäßig überlegene Unionstruppen: General Jubal Early, ein Sohn der Stadt, täuschte die Nordstaatler über die eigene Truppenstärke, indem er alle verfügbaren Züge geschäftig hin und her fahren ließ.

1865 kapitulierten die Südstaaten zwanzig Autominuten östlich von Lynchburg bei Appomatox. In den 80er-Jahren des 19. Jahrhunderts sattelte die Stadt erfolgreich von Tabak auf Textil- und Stahlverarbeitung um: Im Zweiten Weltkrieg kam der meiste wieder verwertbare Schrott aus Lynchburg. In den 1950er-Jahren schwenkte man ein weiteres Mal um, dieses Mal zu Gunsten der Elektronik. Heute sorgen Hightech-Unternehmen wie Erricsson, Babcock & Wilcox und General Electrics für die meisten Arbeitsplätze.

Sehenswertes in Lynchburg und Umgebung

***Lynchburg Museum at the Old Courthouse**

Das 1855 im Stil eines griechischen Tempels errichtete und bis 1955 als Gericht genutzte Gebäude ist das schönste Fotomotiv der Stadt: Bei Fotografen besonders beliebt ist der Blick vom Fuß der 139 Stufen zählenden Monument Terrace, einer von Kriegerdenkmälern gesäumten Treppe, hinauf zum Courthouse. In seinem Inneren beherbergt es Exponate zur Stadtgeschichte, darunter indianische Objekte, Gegenstände aus dem Quäker-Alltag und Bürgerkriegs-Memorabilia (901 Court St.; geöffnet: tgl. 10^{00} – 16^{00} Uhr). Besonders interessant ist die Ausstellung, die den gesellschaftlichen Wandel im 20. Jahrhundert dokumentiert.

Maier Museum of Art

Das auf dem Campus des Randolph-Macon Woman's College liegende Kunstmuseum mit dem schönen Portikus zeigt amerikanische Künstler des 19. und 20. Jahrhunderts. Von den Landschafts- und Porträtmalern sowie den Impressionisten des 19. Jahrhunderts bis hin zu den Realisten und Modernen des 20. Jahrhunderts beherbergt das Museum alle amerikanischen Trends und Stilrichtungen. Sehenswert sind v.a. die Arbeiten von Thomas Cole, John Sloan, Edward Hopper, Georgia O'Keefe und Andrew Wyeth (1 Quinlan St.; geöffnet: von Juni bis August Di. – So. 13^{00} – 17^{00}, sonst n. Vereinb.).

Point Of Honor

Auf der anderen Seite des in den James River mündenden Blackwater Creek thront hoch über dem Wasser das elegante Haus des Dr. George Cabell. Der Arzt und Freund von Patrick Henry ließ es 1815 im Federal Style erbauen und mit architektonischen Finessen wie achteckigen Erkern schmücken. Die Räume wurden mit zeitgenössischen Möbeln eingerichtet. Der Name erinnert an den damals geläufigeren Ehrbegriff: Bevor Cabell hier baute, duellierten sich an diesem Ort die Gentlemen der Stadt (112 Cabell St.; geöffnet: tgl. 10^{00} – 16^{00} Uhr).

Pest House Medical Museum

Geräte zum Amputieren und weiteres, eher Folterinstrumenten ähnelndes Operationsbesteck erinnern an die ursprüngliche Verwendung dieses Hauses. Dr. John J. Terrell betrieb jedoch auch eigene Forschungen: Während des Bürgerkriegs funktionierte er seine Praxis in eine Quarantänestation um und beobachtete von ansteckenden Krankheiten befallene Soldaten. Die beiden Räumen dokumentieren seine Anstrengungen und den Erkenntnisstand der Medizin um 1860 (4th und Taylor Sts.).
Einen Steinwurf vom Pest House entfernt ruhen über 2200 konföderierte Soldaten auf dem schönen Old City Cemetery.

***Thomas Jefferson's Poplar Forest**

5 mi/8 km südlich von Lynchburg liegt die wohl persönlichste Arbeit des US-Präsidenten und Multi-Talents Thomas Jefferson. Umgeben von einer schönen, mit zahlreichen Bäumen angelegten Parklandschaft liegt Poplar Forest, sein achteckiges, im spielerischen palladianischen Stil erbautes Refugium. 1773 hatte Jefferson das Land mitsamt Tabakplantage von seinem Schwiegervater geerbt. 1806 wurde mit dem Bau und der Gestaltung des Gartens begonnen. Bis 1813 erholte sich Jefferson hier von den Verpflichtungen seiner vielen Ämter. Die 1997 begonnene Restaurierung der Innenräume ist noch nicht abgeschlossen; allein die ungewöhnliche Architektur und das zauberhafte Gelände lohnen den Weg hierher

(Rte. 221, dann County Rd. 661; geöffnet: von April bis November 10^{00}–16^{00} Uhr).

Poplar Forest (Fortsetzung)

*Appomatox Court House Nat. Historic Park h 5

Wo der Bürgerkrieg sein Ende fand

Auch 140 Jahre später lastet Bedeutungsschwere über diesem Ort, der das Ende vom Traum eines zweiten amerikanischen Staates verkörpert: Hier kapitulierten die Südstaaten. Vorangegangen waren die Eroberung der Konföderierten-Hauptstadt Richmond und Petersburgs Anfang April. Robert E. Lee hatte anschließend seine erschöpfte Armee nach Westen geführt, um sie bei Danville mit der Armee von General Joseph Johnston zu vereinen. Grants Truppen waren ihm jedoch gefolgt. Am 6. April verlor Lee in der Schlacht am Saylor's Creek 7000 Mann und ein Drittel seiner Offiziere. Am 8. April sandte er einen Soldaten mit weißer Fahne durch die feindlichen Linie zu Grant. Am 9. April 1865 trafen sich die beiden berühmtesten Generäle des Bürgerkriegs in dem Nest Appomatox Court House. Grant nannte die Kapitulationsbedingungen, die Lee nach einigen Einwänden akzeptierte: Nach Auslieferung ihrer Waffen wurden alle konföderierten Soldaten amnestiert und durften unbehelligt nach Hause gehen. Salutböller der siegreichen Union verbot Grant aus Respekt vor den unterlegenen Soldaten mit den Worten: "Der Krieg ist aus. Die Rebellen sind wieder unsere Landsleute."

Vor dem Appomatox Court House, wo die Generäle Lee und Grant die Kapitulationsbedingungen aushandelten

Nach diesem Rendezvous mit der Geschichte geriet Appomatox Court House in Vergessenheit. Die Einwohner gingen fort, die Häuser zerfielen. Erst 1954 erwachte der Ort wieder zu neuem Leben, dieses Mal jedoch als detailgetreu rekonstruiertes Museumsdorf unter der Ägide des National Park Service, wo die Zeit im April 1865 stehen geblieben zu sein scheint. Mit einem kommentierten Lageplan des im County Courthouse residierenden Besucherzentrums kann man sich auf die Spuren Lees und Grants begeben.

Lynchburg, Appomatox (Fts.) Court House

Nahe dem Besucherzentrum gibt es hier ein kleines Museum mit Erinnerungsstücken an den Tag der Kapitulation. Der Grund für die wenigen echten Memorabilia wird mit zivilen Souvenirjägern am Tag der Unterzeichnung der Kapitulation erklärt. (Rte. 24, 3 mi/5 km nordöstlich von Appomatox; geöffnet: tgl. 9[00] – 17[30] Uhr).

McLean House

1862 kaufte der Bauer Wilmer McLean dieses Haus für seine Familie. Hier trafen sich Grant und Lee zur Unterzeichnung der Kapitulationsurkunde. Die spärliche Einrichtung wurde Berichten und Erinnerungen von Augenzeugen zufolge rekonstruiert. Eine Ironie des Schicksals: McLeans erstes Haus bei Manassas war bei einer der ersten Kanonaden des Bürgerkriegs zerstört worden. Daraufhin hatte der Farmer, der nichts vom Krieg wissen wollte, seine Familie nach Appomatox gebracht. 1865 klopfte der Krieg jedoch wieder an seine Tür – buchstäblich.

Manassas National Battlefield Park j 3

***Ort zweier Bürgerkriegsschlachten**

Der Name Manassas steht für zwei der schlimmsten Niederlagen der Nordstaaten im Bürgerkrieg: Nördlich der ruhigen Stadt gleichen Namens und keine 32 mi/50 km von Washington entfernt, erlebte die unverändert gebliebene, friedvolle Hügellandschaft 1861 die erste große Schlacht dieses Kriegs (“First Manassas”) und 1862 den Beginn der konföderierten Invasion im Norden (“Second Manassas”).

“Here stands Jackson as a stone wall”– so berichtete man von der Schlacht und so erhielt Jackson seinen “Ehrennamen”.

Ein Besucherzentrum informiert mit Diavorführungen, einem Museum und 3-D-Plänen über die Strategien und Schlachtverläufe. Draußen führt ein Spazierweg zur Anhöhe Henry Hill, wo General “Stonewall” Jackson hoch zu Ross über das Feld der ersten Schlacht blickt. Zwei weitere, jeweils 8 km lange und mit Hinweistafeln versehene Trails führen durch Wiesen und Wäldchen zu Brennpunkten der beiden Konfrontationen (SR 234; geöffnet: von Juni bis September tgl. 8[30] – 18[00], sonst tgl. 8[30] – 17[00] Uhr).

First Manassas

Die Uniformsammlung im Besucherzentrum spiegelt die naive Kriegsbegeisterung der ersten Wochen wider: In Ermangelung offizieller Uniformen eilten die Soldaten und Offiziere beider Seiten in farbenprächtigen, teils von Abenteuerromanen inspirierten Fantasieuniformen ins Feld. Als am 21. Juli 1861 rund 35 000 unerfahrene Unionssoldaten unter General Irvin McDowell von Washington aus in Richtung des strategisch wichtigen, von 32 000 konföderierten Soldaten unter General Pierre Beauregard und Thomas “Stonewall” Jackson bedrohten Manassas zogen, erwartete der Norden noch einen schnellen Sieg über den Süden. Mit Picknickkörben bewaffnete Schaulustige begleiteten die Truppen, um das Spektakel von den nahen Hügeln aus zu genießen. Es kam jedoch anders. Nach zehn Stunden schwerer Kämpfe traten die in Auflösung begriffenen Unionstruppen ihren Rückzug mitten durch die Zuschauer an. Am Ende des Tages blieben 5000 Gefallene zurück, 3000 Unionssoldaten, 2000 auf Seiten der Konföderierten. Folgen hatte der Sieg Beauregards kaum: Seine Truppen waren zu erschöpft, um den Nordstaatlern nachzusetzen.

First Manassas (Fortsetzung)

Ein Jahr später war die Begeisterung der Realität des Krieges gewichen. Vom 28. bis 30. August 1862 schlugen 55 000 Südstaatler unter General Robert E. Lee und Generalmajor "Stonewall" Jackson in der zuletzt in erbitterten Nahkämpfen entschiedenen Schlacht von Bull Run 62 000 Yankees unter General John Pope und brachten Virginia wieder ganz in den Besitz der Konföderation. Erleichtert wurde Lees Sieg durch Fehlentscheidungen Popes, der nach dem Bekanntwerden der Verlustzahlen (14 000 auf Unionsseite gegen "nur" 8300 auf Seiten der Südstaaten) unehrenhaft entlassen wurde.

Second Manassas

Middleburg

j 3

Einwohner: 500

Allgemeines

Der hübsche Ort auf halbem Weg zwischen Manassas und Leesburg ist ein beliebtes Wochenendziel der Washingtonians. Die sorgfältig gepflegte Main Street mit dem Spalier alter Bäume wird gesäumt von traditionsreichen Gasthäusern und Tavernen, in denen bereits George Washington und andere Führer des Unabhängigkeitskriegs abstiegen. Farmen, Ranches und kilometerlange weiße Zäune verraten Noblesse: Middleburg ist berühmt für seine von Pferdezüchtern, Fuchsjagden und alljährlich ausgetragenen Hindernisrennen geprägte gehobene Lebensart.

Geschichte

Im Jahre 1787 mit der Gründungsurkunde versehen, begann der Ort schon früher als Postkutschenstopp zwischen Alexandria und Winchester. In die Geschichtsbücher Virginias trug sich Middleburg als Zufluchtsort des berüchtigten "Gray Ghost" ein. Von 1863 bis 1865 unternahm der mit bürgerlichem Namen John Singleton Mosby (1833 – 1916) heißende Rebell von seinem Versteck in den Hügeln rings um Middleburg kühne Guerillaangriffe auf die Unionstruppen und band so mehrere Zehntausend Nordstaatler. Alle Versuche, den geisterhaft auftauchenden und wieder verschwindenden Mosby und seine hundert Reiter zu fassen, misslangen. Selbst Unions-Generäle wie Ulysses S. Grant zählten sich zu seinen Bewunderern. Nach dem Krieg ging der gelernte Rechtsanwalt Mosby in die Politik. Seine Memoiren gehörten zu den ersten amerikanischen Bestsellern.

Eine Berühmtheit für sich: das Red Fox Inn in Middleburg

Red Fox Inn

Der 1728 errichtete, zweigeschossige Feldsteinbau mit dem strahlend weißen Lattenzaun ist Amerikas

Middleburg, Red Fox Inn (Fortsetzung)

zweitältestes ohne Unterbrechung betriebenes Gasthaus. Es gilt als schönster Ort für einen Zwischenstopp weit und breit, um den sich zahlreiche historische Anekdoten ranken. 1748 stieg hier ein junger Landvermesser namens George Washington ab.
Während des Bürgerkriegs berieten im "Jeb Stuart Room" John Mosby und General J.E.B Stuart die nächsten Attacken auf Unionsverbände; auch wurde das Hotel als Lazarett benutzt. Hundert Jahre später hielt US-Präsident John F. Kennedy hier eine Pressekonferenz, und präsentierte sich Liz Taylor nach ihrer Hochzeit mit Senator John Warner der Presse.
Bis heute gilt der Speisesaal der gemütlichen 20-Zimmer-Herberge vor allem während der Fuchsjagd-Saison im Herbst als guter Ort, um Stars und Sternchen zu begegnen (2 E. Washington St. und Madison Street).

Mount Vernon

k 3

****Herrlicher Landsitz George und Martha Washingtons**

Eine Million Besucher pro Jahr: Das stattliche Anwesen hoch über dem breiten, träge der Chesapeake Bay zufließenden Potomac River ist nicht irgendeine Tabakplantage. Mount Vernon war der Familiensitz der Washingtons und gehörte von 1761 bis 1799 dem "Vater der Nation", George Washington.
1674 wurde das Landstück am Potomac River als Little Hunting Creek Plantation Georges Urgroßvater John Washington übertragen. Nach dem Tod von Georges Vater Augustine ging die Plantage zunächst auf Georges Halbbruder Lawrence über. Lawrence be-

Mount Vernon: Landsitz George Washingtons, des ersten Präsidenten der Vereinigten Staaten von Amerika

nannte den Besitz in Mount Vernon um. Nach dem Tod seiner Witwe 1761 erbte George das 2000 Acres große Anwesen. In den nächsten Jahren erweiterte Washington den Familiensitz auf 8000 Acres und machte aus Mount Vernon mit Hilfe von 300 Sklaven eine der produktivsten Plantagen Virginias. Washingtons Vision eines ruhigen Lebens als "Gentleman Farmer" ging jedoch erst gegen Ende seines Lebens in Erfüllung. 1775 wurde er für acht Jahre zum Oberbefehlshaber der Kontinentalarmee berufen, 1789 bis 1797 dient er zwei Amtszeiten lang als erster Präsident der noch jungen USA: Insgesamt weilte er nicht mehr als 15-mal auf Mount Vernon.

Landsitz Washingtons (Fortsetzung)

Mit dem Bau des Haupthauses begann Washington 1763. Vier Jahre zuvor hatte er eine junge Witwe mit zwei kleinen Kindern geheiratet, Martha Dandridge Custis. Man bezog das Haupthaus, das sich noch heute so einfach und gediegen präsentiert wie vor 200 Jahren. Mit 19 Räumen, einer kleinen Kuppel auf dem Dach und einem Säulengang an der Flussseite wirkt es so, wie sich George Washington auch selbst gern sah: Als den römisch-republikanischen Idealen der Einfachheit und Tugend verpflichteten Bürger, Bauern und Feldherrn, der nach dem Dienst für das Vaterland auf seine Scholle zurückkehrt. Weniger die Eleganz Monticellos als großbürgerliches Selbstbewusstsein strahlt das Haus aus, in dem Washington auch Prominente wie den Marquis de Lafayette empfing, der ihm den Schlüssel zur Bastille schenkte. Eingerichtet ist Mount Vernon mit zahlreichen originalen Möbeln, u.a. dem Bett, in dem Washington am 14. Dezember 1799 verstarb. Die Wirtschaftsgebäude, darunter die Sklavenunterkünfte, Ställe, die Räucherei und die Küche, sind ebenfalls zu besichtigen. Unweit vom Haupthaus wurden George und Martha Washington beigesetzt (Rte. 235, George Washington Memorial Parkway; geöffnet: von April bis August tgl. 8^{00} – 17^{00}, sonst tgl. 9^{00} – 17^{00} Uhr).

Baedeker TIPP **Dinieren im Heiligen Gral**

Kerzenlicht-Dinner mit Kellnern in zeitgenössischen Kostümen und Gerichten, nach denen sich schon George Washington die Finger leckte: Im Mt. Vernon Inn (☎ 703 / 780 00 11) geht amerikanische Geschichte quasi durch den Magen. Auf der Speisekarte: Die Lieblingsgerichte des 1. US-Präsidenten, u. a. gegrillter Truthahn und Ente mit Georges "favorite apricot sauce" – schöner lässt sich der Besuch auf Mount Vernon nicht abschließen!

Monticello

▶ Charlottesville

Petersburg

k 5

Einwohner: 37 000

Allgemeines

Ein Hauch von Melancholie umfängt den Besucher, sobald er die von ▶ Richmond kommende I-95 verlässt und auf der Sycamore Street Richtung Altstadt rollt. Ob es die Bürde der Geschichte ist – Petersburg ist gemeinhin bekannt als Ort der letzten großen Schlacht des Bürgerkriegs – oder der Tornado von 1993, der große Teile der "Olde Towne" zerstörte und der Stadt noch immer in den

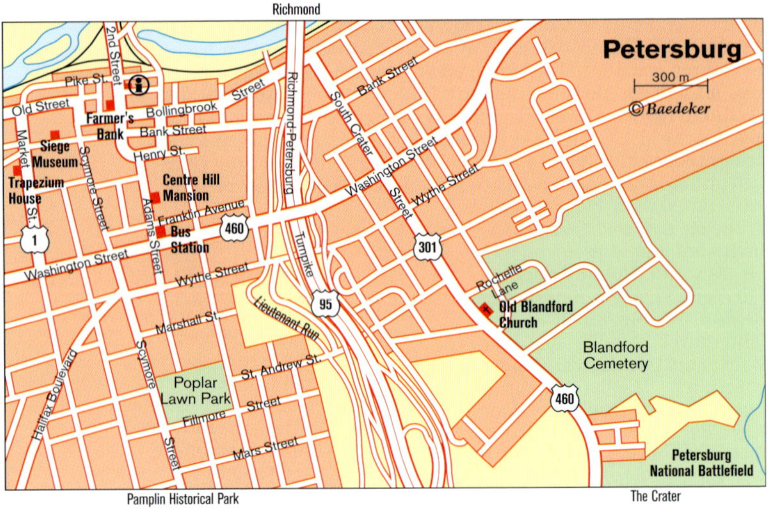

Allgemeines (Fortsetzung)

Knochen sitzt, mag dahingestellt bleiben. Viele der in prächtigen viktorianischen Steinbauten untergebrachten Geschäfte sind noch immer verwaist und grüßen mit leeren Schaufenstern. Ein Muss nicht nur für Geschichtsfans ist das heute von der verarbeitenden Industrie lebende Petersburg jedoch geblieben: Hervorragende Museen erinnern an die zehnmonatige Belagerung der Stadt durch Unionstruppen und das Leben der Zivilbevölkerung während dieser Zeit.

Geschichte

Petersburg geriet nicht erst im Bürgerkrieg ins Fadenkreuz der Militärs. Das 1645 als Fort Henry gegründete Städtchen am Appomatox River wurde bereits während des Unabhängigkeitskriegs sowohl von Briten als auch von Amerikanern bombardiert. Dennoch entwickelte sich die Stadt bis 1850 zu einem blühenden Industriestandort und Umschlaghafen für Getreide und Tabak. Die Eigenschaft als wichtiger Verkehrsknotenpunkt der Konföderation rief im Juni 1864 Ulysses S. Grant auf den Plan: Um Richmond, die nur einen Tagesritt entfernte Hauptstadt der Konföderation zu gewinnen, musste der Oberbefehlshaber aller Unionsarmeen zuvor Petersburg einnehmen. Bevor General Robert E. Lee die dort verschanzten 15 000 Südstaatler verstärken konnte, brachte Grant in einer organisatorischen Meisterleistung 75 000 Unionssoldaten vor der Stadt in Stellung. Die nächsten Aktionen waren jedoch weniger überzeugend: Unzureichende Kommunikation und der erbitterte Widerstand der inzwischen verstärkten Konföderierten verhinderten einen schnellen Sieg der Union. Beide Parteien zogen sich zurück und richteten sich auf eine Belagerung ein, die zehn Monate dauern sollte, den größten Teil der Altstadt in Schutt und Asche legte und am 2. April 1865 mit dem Befehl Lees, die Stadt zu evakuieren, endete. Petersburg und Richmond standen damit den siegreichen Yankees offen. Lee und Grant, die beiden berühmtesten Generäle des Bürgerkriegs, trafen sich eine Woche später zum ersten Mal persönlich. In Appomatox Court House unterzeichnete Lee, der noch gehofft hatte, seine Armee mit der von General Joseph Johnston in North Carolina zu vereinen, die Kapitulationsurkunde der konföderierten Staaten von Amerika. Blutzoll der Belagerung: 70 000 Soldaten, davon 42 000 Yankees und 28 000 Konföderierte.

Geschichte (Fortsetzung)

Sehenswertes in Petersburg

*Siege Museum

Vor dem Bürgerkrieg fanden unter der Kuppel des schönen, um 1840 im Greek Revival Style errichteten Gebäudes Versteigerungen statt. Heute beherbergen die ehrwürdigen Hallen drei Ausstellungen, die sich mit dem Leben der Petersburger vor, während und nach der Belagerung beschäftigen. Historische Fotos, Dokumente und Gebrauchsgegenstände spannen den Bogen von der Zeit rauschender Bälle über die Monate, wo der Preis für ein Huhn auf 50 Dollar stieg und die hungernden Eingeschlossenen Kaffee aus Mais herstellten bis zu den bitteren Jahren des Wiederaufbaus (15 W. Bank St.; geöffnet: tgl. 10⁰⁰ – 17⁰⁰ Uhr).

*Old Blandford Church

Die 1737 geweihte Kirche auf der anderen Seite der I-95 wurde 1901 zum Gedenken an die während der Belagerung gefallenen konföderierten Soldaten restauriert. Jeder der alten Südstaaten steuerte dazu ein von Louis C. Tiffany signiertes Fenster bei. Der Blandford Cemetery beherbergt neben den verwitterten Grabsteinen aus dem frühen 18. Jahrhundert die Gräber der 28 000 konföderierten Soldaten und erlebte 1866 die Feierlichkeiten zum ersten Memorial Day in den Vereinigten Staaten (111 Rochelle Lane; geöffnet: tgl. 10.00 bis 17.00 Uhr).

Centre Hill Mansion

Ein Leckerbissen für Liebhaber amerikanischer Architektur: Centre Hill Mansion, die größte Privatresidenz der Stadt, wurde 1823 zunächst im Federal Style gebaut, in den 1840er-Jahren jedoch komplett mit Elementen des Greek Revival Style ausgestattet. Die Entwicklung von Stilen und Wohnkonzepten kann im Innern weiter verfolgt werden. Zugleich atmen die mit herrlich verzierten Holzpaneelen und Stuckarbeiten geschmückten Räumen die für den Süden so charakteristische sinnliche Atmosphäre. Von besonderem Interesse ist auch der Keller: Von hier führte ein Tunnel einst bis zum Appomatox River (Centre Hill Court; geöffnet: tgl. 10.00 bis 17.00 Uhr).

***Trapezium House**

Dieses kuriose, 1817 erbaute Haus gibt die exzentrische Persönlichkeit seines Besitzers, des irischen Junggesellen Charles O'Hara wieder. Es besitzt weder rechte Winkel noch parallele Wände – angeblich, weil einer seiner Sklaven O'Hara er-

Ungewöhnliche Form: das Trapezium House

Petersburg · Virginia

Trapezium House (Fortsetzung) zählte, nur ein solches Haus bliebe wirklich vor Gespenstern verschont. (244 N. Market St.; geöffnet: von April bis Oktober tgl. 10^{00} bis 16^{00} Uhr).

Farmer's Bank Die Farmer's Bank of Virginia baute ihre Petersburg-Filiale im Jahr 1817: Das zu besichtigende Gebäude ist damit eine der ältesten erhaltenen Banken der USA. Zu sehen sind eine Gelddruckmaschine, alte Sparbücher und Dokumentationen zum Geldverkehr aus der Zeit vor 150 Jahren. Der schwere Safe befand sich während der Öffnungszeiten im Büro des Kassierers und wurde nach Ladenschluss durch den Boden in eine Gruft in der Erde versenkt (19 Bollingbrook St.; geführte Touren ab Besucherzentrum am Old Market Square).

Schauplatz der "Battle of the Crater" im Petersburg National Battlefield Park

First Baptist Church Der nüchternen Kirche in der 236 Harrison Street sieht man ihre historische Sonderstellung nicht an: 1774 öffnete sie als erste schwarze Kirche der USA ihre Pforten, beeindruckender Hinweis darauf, dass Petersburg vor dem Bürgerkrieg den höchsten Bevölkerungsanteil freier Afroamerikaner in den Südstaaten aufwies. Wenngleich das Wort "Freiheit" für sie ein relativer Begriff war, durften sie doch Eigentum besitzen und vererben und sich in eigenen Gemeinden organisieren. Gleich zwei der berühmtesten Söhne der Stadt waren schwarzer Hautfarbe. Joseph Jenkins Roberts wurde 1848 der erste Präsident des afrikanischen Staats Liberia, John Mercer Langston wurde 1888 als erster Afroamerikaner in den Kongress Virginias gewählt. Weitere Informationen zur afroamerikanischen Geschichte Petersburgs erhält man im Besucherzentrum.

Umgebung von Petersburg

***Pamplin Historical Park & Museum of Civ. War** Dieser private Themenpark südwestlich von Petersburg liegt an jener Stelle, wo Unionstruppen am 2. April 1865 die feindlichen Stellungen überrannten und so die Niederlage der Konföderierten einleiteten. Pamplin Historical Park besteht aus zwei Teilen. Das hochmoderne, von der Form der konföderierten Stellungen inspirierte Battlefield Center rekonstruiert den Verlauf der Belagerung mit Hilfe einer großen, elektronisch manipulierten Lagekarte. Das von einer Silberkuppel gekrönte National Museum of the Civil War gilt als eines der besten im Land. Es widmet sich in mehreren, multimedial aufbereiteten Ausstellungen dem Schicksal der einfachen Soldaten. Ebenfalls zur Anlage gehört Tudor Hall jenseits der Straße. Die 1812 von einem reichen Pflanzer gebaute Residenz diente während der Belagerung als Lazarett. Zwei Lehrpfade führen zu den am Besten erhaltenen Kampfstellungen des Bürgerkriegs (Duncan Rd. bzw. Rte. 670; geöffnet: tgl. 9 00 – 17 00 Uhr).

Pamplin Historical Park & National Museum of the Civil War (Fortsetzung)

Der Park besteht aus sechs Teilen, die man nacheinander per Auto oder Fahrrad besucht, einem Besucherzentrum und vielen Kilometern, inzwischen von Buschwerk und lichtem Wald überwachsenen Erdwällen. Vom Besucherzentrum führt zunächst ein schöner Lehrpfad über diverse Erdwälle zu einem gefährlichen Mörser namens "Dictator", der 250 Pfund schwere Geschosse in die Stadt feuerte. Durch einen schönen Laubwald geht es sodann zum 6 km entfernten Schauplatz der "Battle of the Crater". Um eine Schneise in die konföderierten Verteidigungslinien zu treiben, hatten auf Seiten der Union kämpfende Bergleute aus Pennsylvania in einmonatiger Wühlarbeit einen 170 m langen Tunnel bis unter die feindlichen Stellungen getrieben und dort 4 t Sprengstoff platziert. Kurz vor dem Morgengrauen des 30. Juli löste ein mutiger Soldat die größte Explosion des Kriegs aus. Zurück blieb ein von zerfetzten Leibern übersäter, 10 m tiefer Krater von 60 m Durchmesser. Angeblich entsetzte dieser Anblick die nachsetzenden Unionssoldaten so sehr, dass sie planlos in das gegnerische Feuer liefen. Ein zu Hilfe gesandtes schwarzes Regiment wurde ebenfalls niedergemetzelt. Insgesamt fielen dieser später als "Crater Fiasco" bekannt gewordenen Attacke fast 4000 Männer zum Opfer.

***Petersburg National Battlefield Park – interessante Tour über das letzte große Schlachtfeld des Bürgerkriegs**

Andere sehenswerte Stellen auf dem Schlachtfeld sind die Überreste von Fort Stedman, wo Lees letzte Offensive scheiterte, sowie City Point, wo sich Grant und US-Präsident Lincoln gegen Ende der Belagerung zwei Wochen lang berieten (Rte. 36; geöffnet: tgl. 8 30 – 17 00 Uhr).

Baedeker TIPP Auf den Spuren von Pocahontas

Auf der I-95 zwischen Petersburg und Richmond verweisen Schilder auf "The 1611 Citie of Henricus" am James River. Hier wurde einst die zweite englische Siedlung nach Jamestown gegründet – und hier lebte die indianische Häuptlingstochter Pocahontas (▶ Berühmte Persönlichkeiten), die schließlich konvertierte und später den Siedler John Smith heiratete. Der Park ist heute ein "living history museum", in dem Kindern und Erwachsenen die Situation dieser frühen Siedler näher gebracht wird, wobei das Leben mit der Natur und den Jahreszeiten eine besondere Rolle spielt. Zudem gibt es einige schöne Spazierwege und einen großen Platz zum Picknicken.

Richmond

Einwohner: 198 000

Hauptstadt Virginias

Richmond! Kaum eine andere Stadt der USA ruft so viele Assoziationen hervor wie diese. Richmond ist die Hauptstadt Virginias, aber es war ihre kurze, dafür umso heftigere Karriere als Hauptstadt der Konföderation, die ihr einen Stammplatz in den amerikanischen Geschichtsbüchern verschafft hat. Von 1861 bis zum bitteren Ende im April 1865 stand sie für den Traum von einem zweiten amerikanischen Staat und von der Erhaltung eines ländlich-feudalen Lebensstils, der dem industriell geprägten Norden völlig entgegenstand. Bei Kriegsausbruch hatte sie 100 000 Einwohner und war der kulturelle und gesellschaftliche Mittelpunkt der Pflanzer-Aristokratie. Tabak hieß damals das Zauberwort, Tabak heißt es noch immer – wenngleich heute mit Philip Morris nur eines von vielen weltweit operierenden Unternehmen in Richmond seinen Hauptsitz hat.
Vom legendären Südstaaten-Charme efeuumrankter Balkone und herrschaftlicher Häuser im Schatten alter Magnolienbäume ist während der Anfahrt auf der I-95 nichts zu sehen: Mit ihrer modernen Skyline scheint Richmond eine von vielen amerikanischen Großstädten zu sein. Wer jedoch eine Stadt erwartet, die längst vergangener Größe nachtrauert, der irrt: Die Hauptstadt Virginias blickt stolz zurück und zugleich selbstbewusst nach vorn. Während andere Städte mit Attraktionen um Touristen buhlen, verlässt Richmond sich auf angestammte Qualitäten wie Traditionsbewusstsein und südliche Lebensfreude. Mehrere Universitäten verjüngen das Stadtbild und schaffen einen Brainpool, der von zahlreichen Hightech-Firmen genutzt wird. 80 % der Einwohner sind Afroamerikaner, eine demografische Tatsache, die allein die Integration in den 1960er-Jahren vorantrieb. Eine Milliarde Dollar fließen bis 2010 in die Verschönerung der Stadt. Restaurierte Szene-Viertel wie das historische Shockoe Bottom und The Fan bieten ein Nachtleben, das dem der größeren Ostküstenstädte in nichts nachsteht. Und zwischen den Visitenkarten des erfolgreichen “Neuen Südens” erinnern herrliche alte Residenzen, Denkmäler, Schreine und Museen ohne viel Pathos an die alte Zeit.

Geschichte

Amerikas Geschichte dreht sich um Virginia, Virginia dreht sich um Richmond: So steht es selbstbewusst in einer Broschüre. Auch wenn man dem nicht vorbehaltlos zustimmen mag, eines hat die Stadt ganz gewiss: Charisma.
1609 erkundeten der Abenteurer John Smith und Kapitän Christopher Newport die Stelle am Ende des schiffbaren James River. Englische Siedler folgten, aber erst 1737 gründete der Pflanzer William Byrd (▶ Historic Triangle / James River Plantations, Westover Plantation) eine Stadt, die er nach dem englischen Richmond-on-Thames benannte. Als Handelsumschlagplatz entwickelte sich die Stadt so rasch, dass bereits 1775 die Leitfiguren der amerikanischen Unabhängigkeit, darunter George Washington, Benjamin Harrison, Thomas Jefferson und Richard Henry Lee, zur Virginia Convention zusammenfanden und Patrick Henry seine berühmte “Give me liberty or give me death”-Rede hielt. Um Virginias Hauptstadt vor britischen Kanonen zu schützen, wurde sie 1780 nach Richmond

verlegt, vergebens: Zwei Mal brannten die königlichen Rotröcke sie nieder. Wenig später war sie jedoch wieder aufgebaut, schöner als zuvor, und um 1850 hatte sie sich als Endpunkt von Eisenbahnlinien und Kanälen in den Piedmont zum florierenden Banken- und Handelszentrum und zur wichtigsten Industriestadt des Südens entwickelt.

Geschichte (Fortsetzung)

Dann kommt das Jahr 1861. Als im Frühjahr auch Virginia die Union verlässt, wird die Hauptstadt des wichtigsten der Südstaaten auch Hauptstadt der Konföderation – und Frontstadt: Nach Washington sind es gerade 160 km Entfernung. "On to Richmond!" heißt dort der Schlachtruf, mit dem die Union ihre Truppen sammelt. Zwei Mal klopft der Bürgerkrieg an die Tore der Stadt. Im Juni 1862 kann General Robert E. Lee aber in einer als "Seven Days Battles" bekannt gewordenen Reihe von Abwehrschlachten den Vormarsch der Unionstruppen unter General George B. McClellan stoppen. Schon jetzt ist vom Glanz der neuen Hauptstadt kaum noch etwas übrig. Flüchtlingskolonnen verstopfen die Straßen, Inflation

Die Skyline von Richmond, vom James River aus gesehen

beutelt die Wirtschaft, nur Spekulanten und Prostituierte machen gute Geschäfte. In der Folgezeit werden noch weitere Angriffe zurückgeschlagen. Als es im Juni 1864 wieder ernst wird, hat sich Richmond hinter zwei mit Bastionen und Forts gespickten Verteidigungsringen verschanzt. Am 3. Juni schicktUlysses S. Grant 60 000 Soldaten in einem Frontalangriff gegen die konföderierten Linien. Die Schlacht geht als blutigster Angriff des Bürgerkriegs in die An-

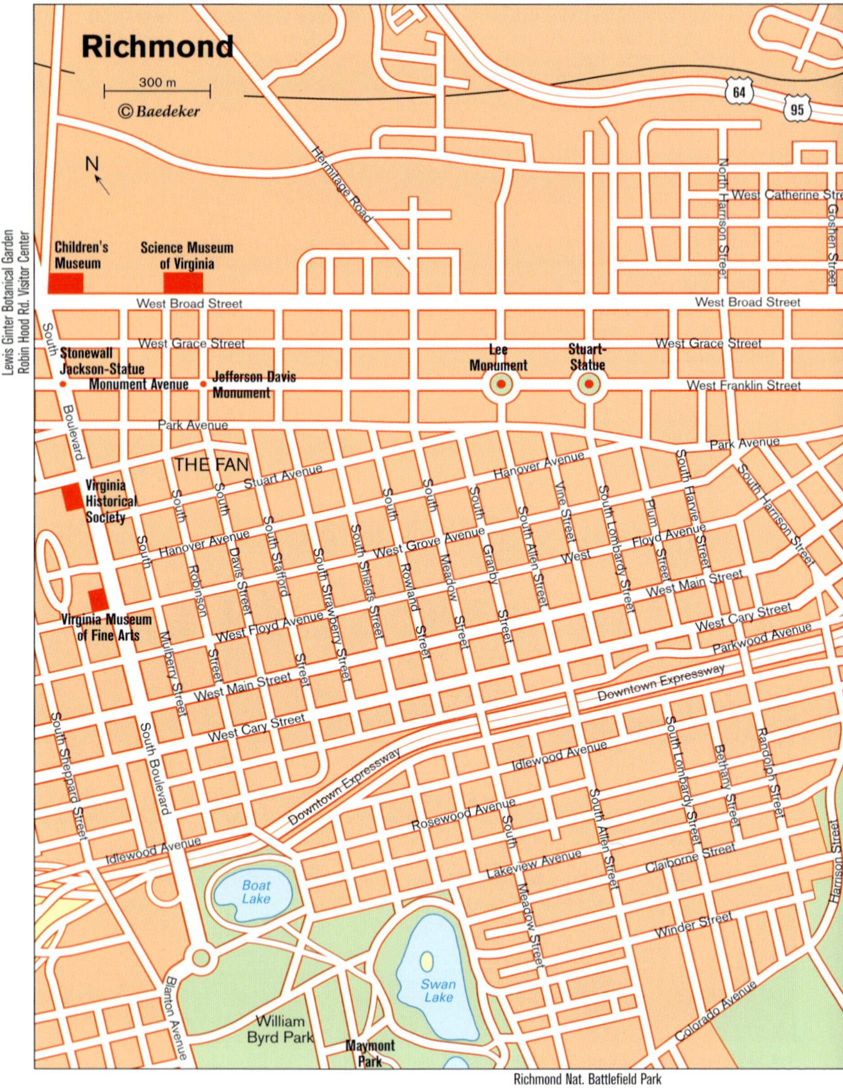

Geschichte
(Fortsetzung)

nalen ein: Innerhalb von 15 Minuten sterben 7000 Nordstaatler im Feuer der Südstaatler. Grant muss die Sinnlosigkeit weiterer Angriffe anerkennen und wendet sich mit seinen Truppen gen Petersburg. Erst als Petersburg am 2. April 1865 nach zehnmonatiger Belagerung fällt, ist der Weg nach Richmond frei. Die konföderierte Regierung unter Jefferson Davis verlässt Richmond noch am glei-

chen Tag. Am 3. April stecken die fliehenden Bewohner ihre Stadt in Brand. Am nächsten Tag trifft US-Präsident Abraham Lincoln nur noch eine Ruinenstadt an.

Die Stadt am James River erholte sich jedoch auch davon. Um die Jahrhundertwende boomt die Wirtschaft wieder, Gießereien und Tabakfabriken sind die wichtigsten Industriezweige. Während des

Geschichte (Fortsetzung)

Geschichte (Fortsetzung)

Zweiten Weltkriegs ist Richmond gar die am schnellsten wachsende Industriestadt des Landes. Die Profite fließen nach dem Krieg in eine moderne Skyline und in eine langfristig angelegte Umgestaltung der Wirtschaft. Zu Beginn des dritten Jahrtausends hat Richmond mit hochmodernen Technologieparks und biotechnischen Forschungszentren den Anschluss an das Informationszeitalter geschafft.

Orientierung

Court End, der alte Stadtkern, liegt am Nordufer des James River, an einer Biegung des Flusses. In dem Areal zwischen Capitol Square und Leigh Street befinden sich viele historisch bedeutsame Gebäude. Wer die gesamte, in "Neighbourhoods" aufgeteilte Downtown erkunden will, ist auf einen Wagen angewiesen. Die Orientierung ist jedoch kinderleicht: Mit den rund um den Capitol Square gruppierten, markanten Bürotürmen als Anhaltspunkt und einem schachbrettartig angelegten Stadtplan, den die Broad Street als Hauptverkehrsader von Ost nach West durchzieht, findet man im Handumdrehen zu allen Sehenswürdigkeiten. Parkplätze sind jedoch rar: Selbst während des Eincheckens im Hotel steht in Sekundenschnelle ein Uniformierter mit gezücktem Strafzettel neben dem Wagen.

Court End

****Virginia State Capitol**

Überragt von modernen Bank- und Bürotürmen, sitzt inmitten einer grünen Oase der alte Regierungssitz Virginias und der Konföderation. Nach Plänen von Thomas Jefferson 1785 begonnen, wurde das einem römischen Tempel im französischen Nîmes nachempfundene Capitol schon drei Jahre später bezogen. Die Rotunde, die in anderen US-Staaten als weithin sichtbares Symbol der Staatsmacht auf dem Capitol thront, wurde von Jefferson in das Gebäude integriert. Unter dieser eindrucksvollen Kuppel steht die einzige zu Lebzeiten Washingtons angefertigte Statue des ersten US-Präsidenten, ein Meisterwerk des französischen Bildhauers Jean Antoine Houdon, das den Staatsmann naturgetreu wiedergibt – bis hin zur etwas knapp sitzenden Weste. Sieben Büsten ehren weitere Virginians, die es bis ins Weiße Haus brachten.
Geführte Touren geleiten den Besucher von hier aus durch die "Old Senate Hall" und durch das bis 1906 genutzte Parlament. Dort steht eine lebensgroße Statue Robert E. Lees genau an der Stelle, wo er am 23. April 1861 das Kommando über die konföderierte Armee Nord-Virginias erhielt (Capitol Square; geöffnet: von April bis November tgl. 9^{00}–17^{00}, sonst Mo.–Sa. 9^{00}–17^{00}, So. 13^{00}–17^{00} Uhr).
Das in gotischer Strenge die Ecke Capitol und 10th Streets bewachende Gebäude ist die Old City Hall. Das alte Rathaus stammt aus dem Jahre 1894. Das repräsentative Gebäude an der Ostseite des Capitol ist Executive Mansion, die älteste ohne Unterbrechung bewohnte Gouverneurs-Residenz der USA.

***White House and Museum of the Confederacy**

Auf dem Campus der Medical College of Virginia – hoch über der Stadt – bewahren diese beiden Häuser die Erinnerung an die Konföderation. Das in einem neoklassizistischen Gebäude untergebrachte Museum of the Confederacy beherbergt die landesweit größte Sammlung konföderierter Memorabilia, darunter den Federhalter, mit dem General Lee in Appomatox die Kapitulation unterzeichnete, sowie Lees bewegenden Abschiedsbrief von der US-Armee. Andere Ausstellungen beschäftigen sich mit dem Alltag der Sklaven und freien Schwarzen vor dem Bürgerkrieg (1201 Clay St.; geöffnet: Mo.–Sa. 10^{00}–17^{00}, So. 12^{00}–17^{00} Uhr).

Im White House of the Confederancy

White House (Fortsetzung)

Das außen wie innen repräsentative Gebäude neben dem Museum war das soziale, politische und militärische Nervenzentrum der Konföderation. Hier residierte in viktorianischer Pracht Präsident Jefferson Davis mit seiner Familie. Das 1818 von einem reichen Kaufmann erbaute White House ist eigentlich grau und enthält heute neben dem offiziellen "Oval Office" die mit Originalhausrat eingerichteten Privaträume der Davis' sowie verschiedene Ausstellungsräume (s.o.).

John Marshall House

Selbst im mit Talenten verwöhnten Amerika ist diese Laufbahn etwas Besonderes: Nacheinander war John Marshall Kriegsheld, Rechtsanwalt, Botschafter in Paris und Staatssekretär. Von 1801 bis 1835 diente der Cousin Thomas Jeffersons als Oberrichter am US Supreme Court. Das Haus, das er 1788–90 im Federal Style erbauen ließ, besticht durch herrliche Holzarbeiten im Innern und schönen Hausrat aus seinem Privatbesitz (818 E. Marshall u. 9th Sts.; geöffnet: Di.–Sa. 10^{00}–17^{00} Uhr).

***Valentine Museum**

Dieses herrliche Museum vermittelt dem Neuankömmling den besten Überblick über die 400-jährige Geschichte Richmonds. Gemälde, Möbel und Hausratsgegenstände sowie über eine halbe Million historischer Fotos erwarten ihn sowie die größte Textilien-Sammlung des Südens.
Das größte Ausstellungsstück ist ein komplettes Haus. Wickham House, eine herrschaftliche Villa im Federal Style wurde 1812 von John Wickham, dem reichsten Bürger der Stadt, gebaut und lädt ein zu einem Rundgang durch verschwenderisch ausgestaltete Räume: Allein der "Oval Parlor" gehört zu den exklusiven "100 most beautiful rooms in America" (1015 E. Clay St.; geöffnet: Mo. bis Sa. 10^{00}–17^{00}, So. 12^{00}–17^{00} Uhr).

Jackson Ward

Orientierung

Jackson Ward, das alte "Little Africa", ist heute der größte der afroamerikanischen Bevölkerung gewidmete National Historic District der USA. Um 1900 erlebte das aus 40 zum Teil heruntergekomme-

Jackson Ward (Fortsetzung)

nen Häuserblocksbestehende Viertel nördlich der Leigh Street den Aufstieg einer schwarzen Elite, aus der prominente Geschäftsleute, Bankiers und Bürgerrechtler hervorgingen.

***Black History Museum and Cultural Center of Virginia**

Das im Greek Revival Style errichtete Gebäude im Herzen von Jackson Ward ist ein guter Ausgangspunkt für den Rundgang durch das andere Richmond. Verschiedene Ausstellungen zur "schwarzen" Geschichte der Stadt von der Ankunft und Versteigerung der afrikanischen Sklaven in Shockoe Slip bis zur Jazz- und Soul-Ära, während der Jackson Ward zu den Sounds von Ella Fitzgerad bis James Brown swingte. Dabei kommen auch weniger bekannte Aspekte der Stadtgeschichte zum Vorschein. (00 Clay St.; geöffnet: Di., Do. – Sa. 11 00 – 16 00 Uhr).

Maggie L. Walker National Historic Site

Die erste Frau, die in Amerika eine Bank gründete, war die Tochter einer Sklavin. Maggie Lena Walker (1867 – 1934) rief 1903 die St. Luke Penny Savings Bank ins Leben, die später mit anderen Banken zur Consolidated Bank and Trust Company, der ältesten von Afroamerikanern geführten Bank des Landes zusammengelegt wurde. Zur Gedenkstätte gehört auch ihr geräumiges Haus, in dem sie 30 Jahre mit ihren beiden Söhnen und dem Hauspersonal lebte (110 Leigh St.; geöffnet: Mi. – So. 9 00 – 17 00 Uhr).

Denkmal für Mr. Bill "Bojangles" Robinson

Der Entertainer Sammy Davis jr. setzte ihm mit dem Song "Mr. Bojangles" ein musikalisches Denkmal. Ein überlebensgroßes aus Aluminium steht an der Ecke Leigh und Adams Streets. Bill Robinson (1878 – 1949) begann seine Steptänzer-Karriere im Jefferson Hotel, ging dann zum Broadway, spielte in sechs Filmen neben dem damaligen Kinderstar Shirley Temple und 1937 im ersten afroamerikanischen Tonfilm "Harlem is Heaven". 1989 ehrte ihn der Kongress

Jackson Ward, Heimat des Musikers Duke Ellington

posthum mit der Ausrufung seines Geburtstages am 25. Mai zum National Tap Dancing Day.

Bojangles-Statue (Fortsetzung)

Baedeker TIPP **Ein Paradies zu jeder Jahreszeit**

...erwartet den Besucher im Lewis Ginter Botanical Garden nordwestlich der Innenstadt (1800 Lakeside Ave.). Entlang der sorgfältig angelegten Wege ändert der Park mit seinen 17 verschiedenen Gärten (Rosengarten, japanischer Garten, Moorlandschaft, Pinienschlucht u.v.m.) immer wieder sein Gesicht. Um alle seine Ecken in Ruhe entdecken zu können, sollte man genügend Zeit mitbringen.
Eine wahre Fundgrube ist der Souvenirshop, der von Dekorationsobjekten über Gartenliteratur bis hin zu Nippes keine Wünsche offen lässt (geöffnet: tgl. 9^{00} – 17^{00} Uhr).

The Fan

Orientierung

Boheme und Bourgeoisie, Denkmäler, Villen und Trockenreinigungen: Dieses Viertel im Westen der Downtown bietet für arme Studenten und wohlhabende Richmonder gleichermaßen Platz. Architektur-Fans wissen The Fan als eines der schönsten Schaufenster viktorianischer Architektur zu schätzen und rollen im Schritttempo mit gezückten Kameras durch die schattigen Alleen des Viertels.

*Monument Avenue

Auch wer sich bereits an anderen Denkmälern Virginias satt gesehen hat, sollte diese schöne Straße nicht versäumen. Die am Nordrand des Viertel verlaufende Monument Avenue ist ein breiter Boulevard mit einem Grasstreifen in der Mitte, den monumentale Denkmäler konföderierter Bürgerkriegshelden schmücken. Zu bestaunen sind u.a. Robert E. Lee, J.E.B. Stuart, Jefferson Davies und "Stonewall" Jackson. 1996 kam – nach langen Diskussionen – mit dem Wimbledon-Gewinner Arthur Ashe das vorläufig letzte Denkmal dazu.

Sehenswertes südlich vom Expressway

*Maymont

Weniger ein Denkmal für Richmond als eines für das so genannte "gilded age" Ende des 19. Jahrhunderts, als amerikanische Unternehmer wie die Vanderbilts und Rockefellers märchenhafte Vermögen anhäuften: Maymont, eine 100 Acres große Parklandschaft im Süden des Fan-Distrikts, ist das Vermächtnis des Ehepaares James und Sallie May Dooley. 1893 baute der im Transportwesen zum Millionär gewordene Dooley zunächst Maymont House, ein mit massiven Rundbogen versehenes Sandsteinhaus im neoromantischen Stil. Die nächsten 20 Jahre verbrachte das Ehepaar mit der Gestaltung seiner weitläufigen Gärten. Inspiriert von asiatischer Exotik und europäischen Kunststilen, setzten die Dooleys die Eindrücke ihrer Weltreisen in einen eigenwilligen, aber nie geschmacklosen Eklektizismus um. Sehenswert sind v.a. der italienische und der japanische Garten sowie die Kuriositätensammlung des Mr. Dooley

Maymont (Fortsetzung)

in Maymont House (2201 Shields Lake Drive; geöffnet: Di.–So. 10 00 – 17 00 Uhr).

***Hollywood Cemetery**

Fünf Autominuten von Maymont liegt dieser schöne Friedhof auf einer Anhöhe über dem James River. Denkmäler, Mausoleen und Marmorengel an stillen Alleen vermitteln den Eindruck einer Totenstadt. Drei Präsidenten und 22 Generäle der Konföderation liegen hier begraben. An die 18 000 beigesetzten konföderierten Soldaten erinnert eine 30 m hohe Pyramide aus Granit (Cherry u. Albermarle Sts.; geöffnet: von Mai bis Oktober 8 00 – 18 00, sonst 8 00 – 17 00 Uhr).

Richmond National Battlefield Park

Als Frontstadt und Hauptstadt der Konföderation erlebte Richmond zahlreiche Scharmützel, Gefechte und Schlachten in der unmittelbaren Umgebung. Dieser vom National Park Service betriebene Park fasst elf der wichtigsten militärischen Auseinandersetzungen auf einer 128 km langen "selfguided autotour" zusammen. Ausgangspunkt ist das neue, in einer alten Gießerei untergebrachte Besucherzentrum am James River (470 Tredegar St.; geöffnet: tgl. 9 00 – 17 00 Uhr). Fotos, Augenzeugenberichte und Landschaftsmodelle geben eine Übersicht über die Kampfhandlungen. Von hier aus kann man sich mit einer Broschüre auf die Spuren des Bürgerkriegs begeben. Kleinere Besucherzentren gibt es entlang der "autoroute" in Chimborazo – Cold Harbor, Fort Harrison und im Sommer in der Glendale Cemetery Lodge; die übrigen sind ausgeschildert und mit Audio-Infos ausgestattet. Einst befand sich in der Gegend ein Hospital, in dem zeitweise bis zu 75 000 Verwundeten gepflegt wurden.

Paul Cézanne: Portrait Victor Chocquet (1877)

Carytown

Orientierung

Westlich von Boulevard Street liegt Carytown, ein liebenswertes Wohnviertel mit über 200 kleinen, zum Teil etwas schrägen Bekleidungsläden, gepflasterten Bürgersteigen sowie gemütlichen Coffeeshops und vielen jungen Menschen.

**Virginia Museum of Fine Arts

Eine Reise um die Welt und durch die Jahrhunderte, ohne Impfungen und Reisepass: Das Virginia Museum of Fine Arts führt den staunenden Besucher zu einigen der schönsten Ergebnisse menschlichen Kunstschaffens. Die ständigen Ausstellungen umfassen die Antike, das vorkoloniale Afrika, das europäische Mittelalter, die Renaissance und den Impressionismus (Abb.), eine der besten Art noveau- und Art-déco-Sammlungen Nordamerikas sowie zeitgenössische amerikanische Kunst. Besonders sehenswert sind Andy Warhols "Triple Elvis", Picassos "Circus Life" und die Pratt-Collection kostbarer Fabergé-Eier, die unerreichte Emaillierkunst und Goldschmiedepräzision zeigen (2800 Grove Ave.; geöffnet: Di.–So. 11⁰⁰ bis 17⁰⁰, Do. bis 18⁰⁰ Uhr).

Virginia Museum of Fine Arts (Fts.)

***Virginia Historical Society**

Informativ, kreativ und spannend zugleich dokumentiert dieses Museum die wechselvolle Geschichte Virginias von der Zeit vor der Besiedlung durch die Europäer bis zu den Ereignissen der jüngsten Vergangenheit. Unter dem Titel "The Story of Virginia – An American Experience" befassen sich mehrere Ausstellungen mit den einzelnen Epochen. "Becoming Virginians" zeigt z.B. den Übergang von der englischen zur multikulturellen, mit deutschen, irischen und schottischen Elementen gemischten Gesellschaft des 18. Jahrhunderts. "Becoming Southerners" dokumentiert die Entstehung einer auf der Sklaverei basierenden Gesellschaft; "Becoming New Southerners" hingegen informiert über das so genannte Jim-Crow-System, das bis 1960 die Afroamerikaner ganz legal zu Bürgern zweiter Klasse abstempelte, ferner den Kampf der Bürgerrechtler gegen den Ku-Klux-Klan und andere rassistische Vereinigungen (428 N. Boulevard; geöffnet: Mo.–Sa. 10⁰⁰–17⁰⁰, So. 13⁰⁰–17⁰⁰ Uhr).

Shockoe Slip

Orientierung

Eingeklemmt zwischen Cary Street, den Betonpfeilern der I-95 und dem James River, haben die alten Lagerhäuser Richmonds in den 1980er-Jahren eine Renaissance erlebt. 1865 von den fliehenden Richmondern niedergebrannt, wurden sie mit Millionenaufwand wieder aufgebaut und beherbergen heute die begehrtesten Apartments sowie eine lebhafte Restaurant- und Nachtklubszene. Wo einst Sklaven aus Afrika entladen und bis zur Versteigerung in stickigen Lagerhäusern zusammengepfercht wurden, bummelt man heute auf kopfsteingepflasterte Straßen an hübschen Antiquitätenläden vorbei und genießt das Leben bei einem Capuccino in einem der vielen Coffeeshops.

Shockoe Bottom

Orientierung

Lange machte periodisch wiederkehrendes Hochwasser die Restaurierung dieses historischen Viertels unmöglich. Erst der Bau einer "flood wall" gab den Stadtsanierern grünes Licht: Heute ist das von der I-95, Broad Street und 21st Street begrenzte alte Geschäftsviertel, wo einst Tabaklagerhäuser, Papierfabriken und Gießereien standen, mit Dutzenden Restaurants, Musikkneipen und Galerien eines der begehrtesten Wohnviertel der Stadt. Einige Häuser der Antebellum-Zeit stehen jedoch noch, stille Zeugen einer längst vergangenen Epoche.

17th Street Farmer's Market

Wer am Wochenende in Richmond ist, sollte diesen zwischen Franklin und Main Sts. abgehaltenen Markt nicht verpassen. Seit 1779 bauen die Farmer aus dem Umland auf den holperigen Bürgersteigen ihre Stände auf. Unbedingt versuchen: Wassermelonen und Fleischtomaten! Dazwischen preisen Antiquitätenhändler und Kunsthandwerker ihre Waren an. Wer seine Augen offen hält, kann sicher ein Schnäppchen machen.

Shockoe Bottom Arts Center

Eine Erfolgsgeschichte: Um viel versprechenden Künstlern Arbeits- und Ausstellungsraum zu geben, kauften Rusty Davis und seine Mutter, die Künstlerin Deanna Brizendine, 1994 die Räume im Erdgeschoss dieses tristen Lagerhauses. Sieben Jahre später ist das Shockoe Bottom Arts Center ein Eldorado für über 200 Maler, Bildhauer und Fotografen, die auf drei Etagen arbeiten und ausstellen.

In der Tobacco Gallery im ersten Stockwerk wird jeden Monat das Oeuvre sieben ausgewählter Künstler vorgestellt. Gleichgültig, zu welcher Tages- und Jahreszeit man kommt: Immer geht es zu wie im Bienenstock (2001 E. Grace St.; geöffnet: Di.–Sa. 10⁰⁰–17⁰⁰, So. 13⁰⁰–17⁰⁰ Uhr).

Im ältesten Steinhaus Richmonds befindet sich heute das Poe Museum.

*Edgar Allan Poe Museum

Der Meister der Gruselgeschichte Edgar Allan Poe (▶ Berühmte Persönlichkeiten) verbrachte den größten Teil seines Lebens in Richmond: Hier wuchs er auf, heiratete und erwarb mit Beiträgen für den "Southern Literary Messenger" seine ersten Lorbeeren als Schriftsteller. Das Museum bewahrt zahlreiche persönliche Gegenstände auf und ist im "Old Stone House" von 1733, dem ältesten Gebäude der Stadt, untergebracht.

Ebenfalls zum Museum gehören das Memorial Building und der zauberhafte "Enchanted Garden", der zum Picknick auf dem Rasen einlädt (1914-16 E. Main St.; geöffnet: Di.–Sa. 10⁰⁰–17⁰⁰, So.–Mo. 12⁰⁰–17⁰⁰ Uhr).

Church Hill

Orientierung

Östlich von Shockoe Bottom schließt das Wohnviertel Church Hill an, mit seinen viktorianischen Stadthäusern für Architektur-Fans ein Schaufenster aller nach 1865 üblichen Stile und Geschmacksrichtungen. Nicht zuletzt auch der Blick über die Stadt und den James River sowie die nachbarschaftliche Atmosphäre machen auch Church Hill zu einem begehrten Wohnviertel.

***St. John's Episcopal Church**

Im Jahre 1865 vom großen Feuer verschont, ist diese schöne, 1741 geweihte Holzkirche das älteste Gotteshaus Richmonds. Eine entscheidende Begegnung mit der Geschichte hatte sie am 23. März 1775, als innerhalb ihrer Mauer die zweite Virginia Convention stattfand und Patrick Henry seine berühmte "Give me liberty or give me Death"-Rede den versammelten Patrioten entgegenschleuderte.

Wer die viel zitierte Rede einmal in voller Länge hören will, sollte sonntags um 14⁰⁰ Uhr vorbeischauen: Dann wird sie von einem "auferstandenen" Patrick Henry zum Besten gegeben (2401 E. Broad St.; geöffnet: Mo.–Sa. 10⁰⁰–16⁰⁰, So. 13⁰⁰–16⁰⁰ Uhr).

Aktivitäten in Richmond

Rafting

Abseits von Kultur und Geschichte kann man sich einen Steinwurf von der Downtown entfernt einer Floßfahrt auf dem James River anschließen. Die Stromschnellen fallen – je nach Saison und Wetterlage – in die Kategorien II–V und garantieren einen feucht-fröhlichen Spaß in munterer Gesellschaft. Vom James River Park aus kann man den bunten Gummiflößen bei der Achterbahnfahrt über die schäumenden Schnellen zuschauen. Seriöse Anbieter sind: The Richmond Raft Co (4400 E. Main St., ☎ 804/2227238) und Adventure Challenge (☎ 804/2767600).

Shopping

Mit herrlichen alten Chippendale-Möbeln oder schrillen Trendklamotten verwöhnen die Neighbourhoods den Besucher mit allerlei guten Einkaufsmöglichkeiten. Antiquitätenjäger sind am Besten in Shockoe Slip und dem benachbarten Shockoe Bottom aufgehoben. Carytown ist bekannt für seine unabhängigen Designerläden. Die großen Shopping Malls wurden auch in Richmond an die Peripherie verbannt, sind aber auf den Ausfallstraßen bequem zu erreichen.

Baedeker TIPP **Vom Winde verweht, per Achterbahn**

Nicht nur wer mit Kindern unterwegs ist, weiß die Möglichkeit eines "kulturfreien" Nachmittags unweit von Richmond zu schätzen. 20 Autominuten nördlich der Stadt warten zehn der modernsten Achterbahnen Amerikas und andere Hightecversuchungen mit Namen wie "Xtreme Skyflyer" und "Blast Coaster" darauf, unerschrockene Besucher zu begeistern. Zum Vergnügungspark Paramount's King Dominion gehört auch "Hurricane Reef", ein Wasserpark mit 20 Wasserrutschen (I-95, Ausfahrt 98, ausgeschildert; geöffnet: von April bis Oktober 10^{00}–20^{00}, von Juli bis August bis 22^{00} Uhr).

Dampferfahrten

Der Raddampfer "Annabel Lee" der Gesellschaft Spirit Cruises unternimmt im Sommer verschiedene Touren auf dem James River. Zum Angebot gehören romantische Dinner Cruises bei Sonnenuntergang und gemütliche Tagestouren flussabwärts zu den historischen Plantagenhäusern der alten Pflanzer-Aristokratie (3011 Dock St., ☎ 804/3772020; ▶ Historic Triangle, James River Plantation).

Roanoke g 5

Einwohner: 95 000

Allgemeines

Keine Bürgerkriegsheroen und Schlachtfelder, dafür umso mehr ursprüngliche Natur: Virginias Südwesten, dessen tief in die Nachbarstaaten Tennessee und Kentucky hineinreichendes Dreieck bereits auf der Karte ein optischer Sonderfall ist, steht für hohe Berge und tiefe Täler, für klare Flüsse und Bluegrass-Musik. Roanoke, in einem Kessel zu Füßen der Blue Ridge Mountains gelegen, ist die größte Stadt der Region. Die Menschen in der abseits gelegenen und von der Außenwelt isolierten Stadt galten lange als "Hillbillies". Wer sich jedoch zu einem Bummel durch die angenehme, restaurierte Altstadt aufrafft, wird feststellen, dass Roanoke seine Kritiker längst überholt hat. Rings um den historischen Market Square ertrinkt die Drehscheibe des Südwestens quasi in Cappuccino, fordert hauptstädtische Preise für – zugegebenermaßen herrliche –

Allgemeines (Fortsetzung)

Antiquitäten und lädt ein zu Schlemmereien in französischen Restaurants. Hinzu kommen sehenswerte Museen und originelle Galerien – Gründe genug für einen längeren Zwischenstopp, bei dem man sich die Zeit für einen Abstecher zum Mill Mountain Star leisten sollte. Der 33 m hohe Stern auf dem Mill Mountain ist nachts noch aus 100 km Entfernung zu sehen.

Geschichte

Passierbare "Gaps" in den Bergen und Büffeltrails durch das Shenandoah Valley machten das Tal bereits in voreuropäischer Zeit zu einem belebten Ort: Jäger folgten auf diesen Pfaden den wilden Tieren durch die Appalachen, Kriegertrupps gelangten auf ihnen zu feindlichen Wigwams. Salzlecken im Tal zogen ebenfalls Tiere und Jäger an. Die ersten weißen Siedler, meist deutsche und irisch-schottische Bauern aus Pennsylvania, kamen um 1750 hierher und nannten ihr alsbald entstehendes Gemeinwesen auf Grund der Salzlecken Big Lick. Um 1800 war der Flecken einer der Durchgangsorte der großen West-Migration. Mit Ankunft der Eisenbahn war es vorbei mit der Beschaulichkeit. 1852 kam die Norfolk mit Memphis verbindende Virginia and Tennessee Railroad und machte Big Lick zum Umschlagplatz und Warenlager. Einen wirtschaftlichen Aufschwung brachten die Kohlefunde in West-Virginia: 1881 machten Geschäftsleute aus Philadelphia den 700-Seelen-Ort zur Drehscheibe im Kohlehandel mit der Küste. Innerhalb von zwei Jahren stieg die Einwohnerzahl auf 5000, und Big Lick nannte sich fortan Roanoke, nach einem indianischen Wort für Muschelgeld. Der Aufschwung währte jedoch nur so lange wie der Kohlebergbau in West-Virginia. In den 1950er-Jahren war damit Schluss, Roanoke schlitterte in die Krise. In den 1960ern erfolgte eine Umorientierung in der Stadt, man setzte fortan auf andere Einnahmequellen. In den 70er-Jahren begann man dann mit der Restaurierung der Innenstadt. Heute sind verarbeitende Industrien, v.a. Elektronik und Textilien, die wichtigsten Wirtschaftszweige.

Sehenswertes in Roanoke

Market Square

Hier kennt jeder jeden: Die Farmer der Umgebung preisen auf diesem kleinen Platz mitten in der Stadt seit den 1880er-Jahren lautstark ihre Produkte an. Stände unter den Arkaden der Market Street bieten außerdem Virginia-Weine, Feinkost und Volkskunst an: Kurzweil und ungewöhnliche Schnäppchen sind garantiert.

*Center in the Square

Roanokes Kulturzentrum am Market Square (One Market Square) wurde 1983 eröffnet und hatte maßgeblichen Anteil an der Wiederbelebung der Innenstadt. Untergebracht in einem fünfgeschossigen Lagerhaus aus dem Jahre 1914, beherbergt es fünf kulturelle Einrichtungen auf hohem Niveau. Das Art Museum of Western Virginia (geöffnet: Di.–Sa. 10^{00}–17^{00}, So. 13^{00}–17^{00} Uhr) zeigt Volkskunst der Appalachen und, über eine Galerie erreichbar, amerikanische Kunst des 19. und 20. Jahrhunderts. Indianische Gegenstände, u.a. schöne Waffen und Kultobjekte, Hausrat deutscher Pioniere und kühn von Schwarz-Weiß-Fotos blickende Eisenbahner des 19. Jahrhunderts bietet das der Heimatgeschichte gewidmete History Museum of Western Virginia (geöffnet: Di.–Fr. 10^{00}–16^{00}, Sa. 10^{00}–17^{00}, So. 13^{00}–17^{00} Uhr) im dritten Stock.

Center in the Square (Fortsetzung)

Kinder und Junggebliebene haben alle Hände voll zu tun im Science Museum of Western Virginia (geöffnet: Mo.–Sa. 10^{00}–17^{00}, So. 13^{00}–17^{00} Uhr), das mit kreativ gestalteten, interaktiven Exponaten das Einmaleins der Naturwissenschaften erläutert. Informativ ist v.a. die "SuperNet Gallery" zum Thema Internet.

Market Square in Roanoke

Harrison Museum of African American Culture

Hier im Südwesten mussten die Schwarzen noch weit ins 20. Jahrhundert hinein auf eine höhere Schulbildung warten. Erst 1916 wurde die Harrison School eröffnet. Im Erdgeschoss dokumentiert dieses Museum in früheren Schulräumen mit Fotos, Zeitungsausschnitten und afroamerikanischer Volkskunst den langen, oft schmerzhaften Weg des schwarzen Bevölkerungsteils zur Gleichberechtigung (523 Harrison Ave.; geöffnet: Di.–Fr. 10^{00}–17^{00}, Sa.–So. 13^{00}–17^{00} Uhr).

Virginia Museum of Transportation

Der in ein Museum umfunktionierte alte Güterbahnhof von Roanoke befasst sich mit der Lieblingsbeschäftigung der Amerikaner, den verschiedenen Möglichkeiten der Fortbewegung. Alte Dampf-, Diesel- und Elektroloks und chromglänzende Oldtimer und Trucks lassen Fans das Wasser im Mund zusammenlaufen. Sehenswert ist v.a. der seltene, futuristische 1950er Studebaker Landcruiser (303 Norfolk Ave.; geöffnet: Mo.–Sa. 10^{00}–17^{00}, So. 12^{00}–17^{00} Uhr).

Umgebung von Roanoke

***Virginia's Explore Park**

Lernen und erholen heißt die Devise dieses als Museumsdorf konzipierten Freizeitparks. Unweit des Blue Ridge Parkway am Milepost 115

Baedeker TIPP Out of Roanoke

Keine Interstates, viel Grün und frische Luft: Eine halbe Autostunde südlich von Roanoke liegt ein Stück ursprüngliches Südwest-Virginia. Mit einer Ampel, behaglichen Häuschen und einer Hand voll unaufdringlicher Kunsthandwerksläden mit Espressomaschinen ist Floyd (Rtes. 221 u. 8) ein wahres Refugium. Und ein Geheimtipp für Bluegrass-Fans: Jede Freitagnacht werden in Cockram's General Store für die "Friday Night Jamboree" (18⁰⁰ – 23⁰⁰ Uhr) die Regale beiseite gerückt. Dann wird zu Fiddle- und Banjoklängen getanzt, dass die Balken nur so krachen...

liegend, bietet der Virginia's Explore Park mit einer Indianersiedlung von 1671, Frontier-Blockhütten aus den 1740ern und Farmhäusern aus der Zeit um 1850 einen ansprechend inszenierten historischen Querschnitt aus der Geschichte des Südwestens.

Wanderwege und Mountainbike-Trails ergänzen das Freizeitangebot (Roanoke River Parkway; geöffnet: von Mai bis Oktober Mo.–Sa. 10^{00}–18^{00}, So. 12^{00} bis 18^{00}, sonst Fr.–Sa. 10^{00}–18^{00}, So. 12^{00}–18^{00} Uhr).

Rocky Knob Recreation Area / Blue Ridge Parkway

Dieses Erholungsgebiet liegt am Milepost 169 des Blue Ridge Parkway und bietet neben einem Campingplatz und Hütten für Selbstversorger reizvolle Wanderwege verschiedener Länge. Sehenswert ist hier v.a. die 500 m tiefe Rock Castle Gorge, in die ein steiler, 17 km langer Trail führt.

***Booker T. Washington National Monument**

Sklaverei, Segregation und Klu-Klux-Klan: Die dunkelsten Kapitel in der Geschichte der USA spielten im Leben des Booker T. Washington eine wichtige Rolle. Im Jahre 1856 auf einer kleinen Tabakfarm, 48 km südlich von Roanoke, als Sklave geboren, studierte er nach der Befreiung am renommierten Hampton Institute (▶ Norfolk) und gründete 1881 in Alabama das Tuskegee Institute, die erste Schule für Schwarze in den Vereinigten Staaten von Amerika.

Die restaurierten Gebäude zeigen die Farm, auf der Booker T. Washington Mitte des 19. Jahrhunderts aufwuchs.

"Black Power" war damals und speziell für ihn allerdings noch undenkbar: Booker T. Washington setzte auf Kooperation und Kompromissbereitschaft – eine Haltung, die ihm vor allem nach seiner berühmt-berüchtigten Atlanta-Rede 1895, in welcher er den Führungsanspruch der Weißen vorläufig bestätigte und für eine schrittweise Integration der Schwarzen plädierte, heftige Kritik aus den eigenen Reihen einbrachte. Erst in späteren Jahren wurde der mehrfach ausgezeichnete Bürgerrechtler, der 1915 in Tuskegee starb, kompromissloser.

Die Gedenkstätte Booker T. Washington Monument an der SR-122, westlich von Smith Mountain, dokumentiert sein Leben und führt den Besucher durch die restaurierten Häuser und in die Umgebung der Farm (SR-122; geöffnet: tgl. 9^{00}–16^{30} Uhr).

Shenandoah National Park

****Nationalpark mit dem berühmten Skyline Drive**

"Shenandoah" bedeutet "Tochter der Sterne" – ein Name, der noch heute beim Anblick des sich in den klaren Bächen und Flüssen des Parks spiegelnden Nachthimmels einleuchtet. 1936 auf Betreiben von US-Präsident Herbert Hoover, der angeblich jede freie Minute zum Angeln hierher kam, gegründet, schützt der Nationalpark 300 Quadratmeilen des schönsten und mit bis zu 1300 m höchsten Abschnitts der Blue Ridge Mountains. Wasserfälle und klare Gebirgsbäche, dichte Laubwälder und die höchste Schwarzbärendichte in den Appalachen charakterisieren diesen für viele schönsten Park des Ostens. Fast ebenso berühmt wie der Nationalpark ist der Skyline Drive. Die 168 km lange Straße von Front Royal im Norden bis Waynesboro im Süden durchquert den Park der Länge nach, meist auf den Bergrücken, wobei sie immer wieder fantastische Aussichtspunkte über das Shenandoah Valley im Westen und den Piedmont im Osten passiert. Mileposts am Straßenrand geben, in Front Royal bei Null beginnend, die Entfernung an. Zahlreiche Wanderwege zweigen von der zweispurigen Straße in die Wildnis ab, die auf einen der rund 60 Gipfel, zu einem der 12 Wasserfälle oder aber über einige der schönen Wildblumenwiesen, für die der Nationalpark besonders berühmt ist, führen. Über 100 Baum- und rund 50 Farn- und Moosarten sind im Park beheimatet. Eiche, Ahorn und Hickory sind am häufigsten und verantwortlich für die herrliche Laubfärbung im Herbst. Die über 1100 gezählten Wildblumenarten blühen vor allem im Mai und Juni. Der Weißwedelhirsch ist das am leichtesten zu beobachtende Großwild: In der Regel begegnet man ihm bereits am Straßenrand. Einem Schwarzbären oder einem Luchs zu sehen, verlangt hingegen Geduld und viel Glück. Habichte, Falken und Lämmergeier kreisen über den Bergen. Dämme und aus Geäst zusammengesteckte Burgen in Sümpfen und Seen verraten die Anwesenheit einer Biberfamilie.

Berge und Täler

Hawksbill Peak (1339 m) ist die höchste Erhebung im Park, gefolgt von Stony Man (1323 m), der herrliche Ausblicke auf ► Luray und das landwirtschaftlich geprägte Patchwork im Shenandoah Valley bietet. Längere Zeit abwärts führt der den Bergkämmen folgende Skyline Drive nur bei den drei "Kerben" Thornton Gap (Milepost 31.5, US-221), Swift Run Gap (Milepost 65.7, US-33) und Rockfish Gap (Milepost 105, I-64). Diese unterteilen den Park in drei Abschnitte und bilden zugleich die Parkeingänge, an denen man seinen Obolus entrichten und Kartenmaterial erhalten kann. Bei allem Lob für den Park wird man jedoch einen Negativaspekt kaum übersehen: An Wochenenden, Feiertagen, während der Ferienmonate Juli und August und im Herbst wird der Park von Ausflüglern aus Richmond und Washington überschwemmt, während unter der Woche Wohnmobile auf großer Fahrt auf dem Skyline Drive Richtung Florida ziehen. Die Straße ist nichts für Kilometerfresser, in der Regel bleibt man weit unter dem Tempolimit von 35 Meilen. Die besten Besuchszeiten sind daher das Frühjahr, der Frühsommer und der September, letzterer besonders wegen seines klaren Wetters und kühleren, wanderfreundlichen Temperaturen.

Paradies für Hiker

Shenandoah ist ein Paradies für Hiker. Über 800 km Wanderwege ziehen sich kreuz und quer durch den Park. Zur Auswahl stehen

Shenandoah National Park (Fortsetzung)

kurze Spaziergänge zu schönen Aussichtspunkten und mehrtägige Trips auf steilen Trails. Trailkarten gibt es an den Parkeingängen und in den Besucherzentren. Man kann auch ein 160 km langes Teilstück des berühmtesten Fernwanderwegs der USA absolvieren: Der von Georgia hinauf nach Maine ziehende Appalachian Trail durchquert den Park parallel zum Skyline Drive. Im Bereich der Skyland Lodge beginnen schöne Halbtages- und Tagestouren: Stony Man Nature Trail (3,2 km; Start: Milepost 41.7) hinauf auf den felsigen Gipfel, White Oak Canyon Trail (12,8 km; Milepost 45, 46), ein spektakulärer, aber anstrengender Trail durch einen der tiefsten, von Wasserfällen begleiteten Canyons des Parks, Hawksbill Mountain Trail (4,3 km; Milepost 45.6, Hawksbill Gap Parking Area), der vorbei an 700 m tiefen Steilhängen auf den höchsten Gipfel im Park führt, sowie der Spaziergang über die baumlose Wildblumenwiese Big Meadows (Milepost 51).

Übernachtungsmöglichkeiten

Im Park stehen verschiedene Übernachtungsmöglichkeiten zur Verfügung. Die Skyland Lodge (Milepost 41.7) und die Big Meadows Lodge (Milepost 51.2) bieten mit Restaurants, modern eingerichteten Hotelzimmern und rustikalen Blockhütten eine unerwartete Auswahl. Die Lewis Mountain Cabins (Milepost 57.5) sind etwas zünftiger. Ferner unterhält der Potomac Appalachian Trail Club sieben einfache Hütten entlang des Appalachian Trail, die jedoch nur gegen Vorlage des in den Besucherzentren erhältlichen "Backcountry Camping Permit" benutzt werden dürfen. Die meisten Unterkünfte sind nur von März bis Dezember geöffnet.

Informationen

Der Park betreibt drei Besucherzentren (April bis Oktober: tgl. 9⁰⁰ bis 17⁰⁰): Dickey Ridge (Milepost 4.6), Harry F. Byrd (Milepost 51) und Loft Mountain (Milepost 79.5). Vorabinformationen: Shenandoah National Park, Superintendent, 3655 US Hwy. 211E, Luray, VA 22835-9036, ☎ (540) 999 35 00, FAX (540) 999 36 01, www.nps.gov./shen/.

Shenandoah Valley g–j 2–5

****Landschaft zwischen den Blue Ridge und den Allegheny Mountains**

Wer kennt es nicht, das Lied von der "Mountain Mama" und den "Country Roads"? John Denvers Song machte das Shenandoah Valley und die Blue Ridge Mountains in den 1970er-Jahren weltweit bekannt. Seitdem steht Virginias über 300 km langes Rückgrat für den gleichnamigen, träge gen Norden sich windenden Fluss, goldgelb wogende Getreidefelder und Maiskolbenpfeife rauchende Farmer. Für viele Amerikaner hat das Tal zwischen den Blue Ridge Mountains und den Alleghenies darüber hinaus fast mythische Bedeutung: Als "Brotkorb der Konföderation" im Bürgerkrieg heftig umkämpft, erlebte das Shenadoah Valley mehr Schlachten und Scharmützel als alle anderen Regionen Virginias.
Für den Besucher hält das Shenandoah Valley eine unterhaltsame Mischung aus historischen Sehenswürdigkeiten und Outdoor-Aktivitäten bereit. Wanderer schwärmen von den Trails im Shenandoah National Park, Autofahrer vom Skyline Drive, der den Bergkämmen des Parks folgt und herrliche Aussichten ins Tal bietet. Der Goshen Pass und die Alleghenies rund um The Homestead (▶ Lexington,

◀ **Herbstliche Berglandschaft im Shenandoah National Park**

Umgebung) bieten weitere exzellente Wandermöglichkeiten. Überall laden Bäche, Flüsse und Seen auch zum Angeln ein, während spezielle Trails allein Mountainbikern vorbehalten sind. Der Shenandoah River hat bei Raftern, Kanu- und Kajakwanderern einen guten Namen. Eine wenig touristische, für die Appalachen typische Kleinstadtatmosphäre und echte Gastfreundschaft sind weitere Gründe, etwas länger in diesem vom übrigen Virginia so unterschiedlichen "Mikrokosmos" zu verweilen.

Allgemeines (Fortsetzung)

Geschichte

Fast 300 Jahre Ackerbau haben aus der "Tochter der Sterne" ein Flickwerk aus Weiden und Getreidefeldern gemacht. Bevor sich die ersten Weißen, deutsche und irisch-schottische Farmer, im frühen 18. Jahrhundert aus Pennsylvania und Maryland kommend hier niederließen, zogen riesige Büffelherden durch das Tal, gefolgt von Jägern der Shawnee, Catawbas und Cherokee, denen der Büffel vom Fleisch bis zum Fell alles zum Leben Notwendige lieferte. Zu Beginn des Bürgerkriegs einer der wichtigsten Nahrungsmittellieferanten des Südens, erkannten die Militärs beider Seiten rasch den strategischen Wert des Tals.
Der Süden konnte hier ungehindert seine Armeen für den Marsch auf Washington in Stellung bringen, der Norden seine Vorstöße gegen Richmond vorbereiten. Bereits im Frühjahr 1862 gab General Robert E. Lee General-Mayor "Stonewall" Jackson den Befehl, das Tal mit allen Mitteln zu verteidigen. Jackson gelang es, mit seinen 17000 Soldaten bis 1864 drei Unionsarmeen, die sonst gegen Richmond marschiert wären, zu binden und in vier großen Schlachten dem Gegner schwere Verluste zuzufügen. Hohe Mobilität und unkonventionelle, auf Überraschungsangriffe spezialisierte Kommandos wurden während dieser Zeit Jacksons Markenzeichen. Nach seinem tragischen Tod in Chancellorville wendete sich das Blatt zu Gunsten der Nordstaaten. Im Sommer 1864 schickte der Oberbefehlshaber aller Unionstruppen, General Ulysses S. Grant, Generalmayor Philip Sheridan mit dem Befehl ins Shenandoah Valley, alle Dörfer und Farmen zu verstören sowie alles Vieh und Getreide zu vernichten. Diese Politik der "verbrannten Erde" und der Sieg über die Konföderierten bei Opequon nahe Winchester am 19. September 1864 vertrieb die Südstaatler endgültig aus dem Shenandoah Valley und leitete das Ende des Bürgerkriegs ein.

Winchester j 2

***Wallfahrtsort für Freunde der Countrymusic**

Die am Nordeingang zum Shenandoah Valley liegende Kleinstadt (24500 Einw.) ist v.a. im September einen Besuch wert: In den über 90 Apfelplantagen der Umgebung ist dann Erntezeit, und es zieht der Geruch von dem in Dutzenden von kleinen Fabriken produzierten "apple cider" und "apple butter" durch die Straßen, daneben werden zahlreiche Volksfeste gefeiert.
Für Freunde der Country-Musik ist Winchester geradezu ein Wallfahrtsort: Hier lebte und arbeitete in den 50er-Jahren des 20. Jahrhunderts eine gewisse Virginia Patterson Hensley. Anfang der 60er-Jahre hatte sie unter dem Künstlernamen Patsy Cline mit "I fall to pieces" und "Walkin' after midnight" ihre ersten Hits, starb aber schon 1963 bei einem Flugzeugunglück in Tennessee, noch bevor ihre Karriere richtig begonnen hatte. Im Olde Town Visitor Center

Winchester (Fortsetzung)

(2 N. Cameron St.; geöffnet: Mo.-Sa. 10 00 - 17 00, So. 12 00 - 17 00 Uhr) wurde ihr eine kleine Ausstellung gewidmet. Dort liegen Broschüren für eine "Patsy Cline Nostalgia Tour" zu allen Orten aus, die damals von der beliebten Sängerin frequentiert wurden. 1732 von deutschen und schottisch-irischen Pionieren gegründet, war Winchester im Unabhängigkeitskrieg heftig umkämpft. Während des Bürgerkriegs wechselte die strategisch günstig gelegene Stadt nicht weniger als 72-mal den Besitzer und erlebte fünf Schlachten.

Abram's Delight Museum

Fünf Generationen der Quäker-Familie Hollingsworth hinterließen in diesem Steinhaus ihre Spuren. 1754 von Isaac Hollingsworth auf den Grundmauern eines von dessen Vater Abraham 1734 gebauten Blockhauses errichtet, ist es das älteste Haus im Shenandoah Valley und mit seinem Mobiliar und Hausrat eine wirkliche Zeitmaschine zurück in die Pionierzeit (1340 S. Pleasant Valley Rd.; geöffnet: von April bis Oktober Mo.-Sa. 10 00 - 16 00, So. 12 00 - 16 00 Uhr).

Das älteste Haus im Shenandoah Valley, das Abram's Delight House

***"Stonewall" Jackson's Headquarters**

Vergilbte Schwarzweiß-Fotos, ein Gebetbuch und ein Klapptisch gehören zu den persönlichen Gegenständen, die der legendäre Südstaaten-Kommandeur der Nachwelt hinterlassen hat. Sie und viele andere Erinnerungsstücke, darunter auch alte Springfield-Gewehre, können in diesem 1854 errichteten Steinhaus, das von 1861 bis 1862 Jackson als Hauptquartier diente, bewundert werden (415 N.. Braddock St.; geöffnet: von April bis Oktober Mo.-Sa. 10 00 - 16 00, So. 12 00 - 16 00, sonst Fr.-Sa. 10 00 - 16 00, So. 12 00 - 16 00 Uhr).

***Washington's Office Museum**

Als 23-jähriger Colonel der Virginia-Bürgerwehr überwachte der spätere "Vater der Nation", George Washington (▶ Berühmte Persönlichkeiten), hier während des French and Indian War den Bau von Fort Loudon. Das alte Steinhaus beherbergt alte Landvermesser-Instrumente und ein Modell des Forts. Besonders stolz ist man auf die Blutflecken unter einem der Fenster: Sie stammen angeblich aus dem Bürgerkrieg (S Braddock u. West Cork Sts.; geöffnet: von April bis Oktober Mo.–Sa. 10^{00}–16^{00}, So. 12^{00}–16^{00} Uhr).

George Washington's Office Museum (Fortsetzung)

Front Royal

j 3

Allgemeines

Die sympathische Kleinstadt (11900 Einw.) am Shenadoah River ist für Reisende als Tor zum ▶ Shenandoah National Park und Endpunkt der Raftingtrips auf dem Fluss bedeutsam. Ausrüsterläden mit breiter Outdoor-Palette und junge Leute aus allen Teilen des Landes bestimmen daher das Straßenbild. Abends geht es jedoch auf der Main Street erheblich friedlicher zu als vor 250 Jahren. Damals nannten Durchreisende die Siedlung wegen ihrer Raufereien und rohen Sitten "Hell Town". Ihren jetzigen Namen erhielt die Stadt noch zu Kolonialzeiten, als ein kgl. Feldwebel seinen Rekruten vergeblich befahl, vor der königlichen Eiche ("front the royal oak") in der Mitte des Marktplatzes aufzumarschieren. Wahr oder unwahr, der Ort hatte seinen Namen weg und ist heute mit guten Hotels und Restaurants eine ideale Basis für Exkursionen in die Umgebung.

Belle Boyd Cottage

Das schlichte weiße Holzhaus beherbergte während des Bürgerkriegs eine schillernde Persönlichkeit: Belle Boyd, die berühmteste Spionin der Südstaaten, pflegte hier abzusteigen, wenn sie sich in Front Royal aufhielt. 1843 geboren, machte sich die ebenso schöne wie intelligente junge Frau zwischen 1861 und 1865 einen Namen als gerissene, mit allen Wassern gewaschene Agentin. Selbst in Frankreich als "belle rebelle" gefeiert, pflegte sie regen Umgang mit hochrangigen Unionsoffizieren und übermittelte während einer durchfeierten Nacht entlockte Militärgeheimnisse an die Konföderierten. Auf diese Weise gelang es "Stonewall" Jackson im Mai 1862, gleich 750 ahnungslose Unionssoldaten in Front Royal gefangen zu nehmen. Eine kleine, aber liebevoll hergerichtete Ausstellung dokumentiert das Leben dieser Frau, die 1900 in Wisconsin starb (101 Chester St.; geöffnet: Mo.–Fr. 11^{00}–16^{00} Uhr).

Warren Rifles Confederate Museum

Einen Steinwurf vom Belle Boyd Cottage entfernt werden Waffen und andere Memorabilia aufgehoben. Glanzstücke dieses kleinen Museums sind die Briefe konföderierter Soldaten an ihre Angehörigen sowie persönliche Gegenstände berühmter Südstaaten-Kommandeure, darunter Robert E. Lee und J.E.B. Stuart (95 Chester St.; geöffnet: von April bis Oktober Mo.–Sa. 9^{00}–16^{00}, So. 12^{00}–16^{00} Uhr).

Ziele in der Umgebung

Bentonville

Fünfzehn Autominuten südlich von Front Royal liegt "Rafter's Paradise": Braun gebrannte junge Leute in alten Autos mit Trailern und die Handvoll bestens ausgestatteter Ausrüster in Bentonville deuten darauf hin, dass der Shenandoah River an dieser Stelle mehr als nur träge fließendes Wasser aufzuweisen hat. Angeboten werden sowohl kurze Schnuppertrips als auch mehrtägige Wildwasser-Expeditionen.

Front Royal (Fortsetzung) Strasburg

Von deutschen Siedlern gegen Ende des 18. Jahrhunderts gegründet, trug Strasburg wegen seiner Keramik-Industrie bereits 100 Jahre später den Beinamen "Pot Town". Die letzte der sechs Töpfereien schloss zwar 1908, aber guten Geschmack schreibt das Städtchen noch immer groß: Als selbst ernannte "Antiques Capital of Virginia" bietet es über ein Dutzend hervorragender Antiquitätenhandlungen. Gleich über hundert Händler bieten ihre Waren im Massanutten Emporium (110 N. Massanutten Street), einer umgebauten Mühle, an.

Middletown

Das ruhige Städtchen an der Rte. 11 hält eine "typisch amerikanische" Sehenswürdigkeit bereit: Der Wayside Inn (Rte. 11, Nr. 7783) ist das älteste Motel der USA. 1½ km südlich von Middletown liegt das Cedar Creek Battlefield Visitors Center. Das neue Besucherzentrum steht über dem Schlachtfeld von Cedar Creek, wo am 19. Oktober 1864 General Phil Sheridan den Rückzug der Konföderierten aus dem Tal mit einem brillanten Sieg über die Truppen von General Jubal Early einleitete (8437 Valley Pike; geöffnet: tgl. 9⁰⁰ – 16⁰⁰ Uhr).

Belle Grove Plantation, ein prächtiges, 1794 von Major Isaac Hite gebautes Farmgebäude, liegt nur einen Steinwurf entfernt. General Sheridan plante hier nach der gewonnenen Schlacht von Cedar Creek seinen Feldzug der "verbrannten Erde" durch das Shenandoah Valley (geöffnet: tgl. Mo. – Sa. 10^{00} – 16^{00}, So. 13^{00} – 16^{00} Uhr).

Baedeker TIPP Gemetzel um 3^{00} Uhr

"Re-enactments", das Nachspielen historischer Bürgerkriegsschlachten, ist ein beliebter Urlaubsspaß im amerikanischen Süden: Männer und Frauen jeden Alters ziehen, kostümiert und bewaffnet, ins Feld und kämpfen und sterben für das jeweilige Vaterland. Natürlich ist alles nur Spiel und die Munition besteht nur aus Platzpatronen, aber die "Re-enactors", die oft die Identität historisch verbürgter Soldaten annehmen, sind konzentriert bei der Sache. Eines der beeindruckendsten "Re-enactments" findet am dritten Oktoberwochenende bei Middletown unweit von Winchester statt. Rund 2000 kostümierte Bürger spielen die Schlacht von Cedar Creek 1864 nach, ein Spektakel, das viele Tausend Schaulustige anzieht.

New Market h 3

Allgemeines

1746 von englischen Siedlern aus Pennsylvania gegründet, brannten knapp 120 Jahre später 247 Teenager den Namen des Ortes (1600 Einw.) am Shenandoah River ins Gedächtnis der Nation ein. Heute lebt der Ort von dieser Schlacht und veranstaltet alljährlich zum Jahrestag so genannte "re-enactments", bei denen bis zu 2000 Nord- und Südstaatler gegeneinander "kämpfen".

New Market Battlefield Historical Park

Angeblich bat Südstaaten-General John C. Breckinridge Gott um Verzeihung, bevor er die minderjährigen Kadetten des Virginia Military Institute in ▶ Lexington in die Schlacht schickte. Die Schlacht von New Market am 15. Mai 1864 war einer der letzten Siege der Konföderierten und hielt den Vormarsch von 6500 Yankees unter General Franz Sigel im Shenandoah Valley für wenige Monate auf. Berühmt wurde sie jedoch durch den Heldenmut der jungen Kadetten: Ursprünglich nur Reservisten, befahl Breckinridge sie an die Front, als sich das Blatt zu Gunsten der Union zu wenden drohte. In einem verlustreichen Sturmangriff erbeuteten die Jungen die feindlichen Kanonen und leiteten damit den

Sieg für die Südstaatler ein. Zehn Kadetten kamen bei der Attacke ums Leben, 48 erlitten schwere Verletzungen. Ein kleines Museum im Besucherzentrum (I-81, Ausfahrt 264, 8895 Collins Drive; geöffnet: tgl. 9⁰⁰–17⁰⁰ Uhr) erläutert den Schlachtverlauf. Unweit davon steht die vom VMI verwaltete Hall of Valor. Die dortigen Ausstellungen befassen sich mit den Kadetten aus Lexington und bieten ferner eine gute Zusammenfassung des Bürgerkriegs (s. o.).

New Market Battlefield Historical Park (Fortsetzung)

Harrisonburg h 3

Allgemeines

Das aus roten Ziegeln erbaute Harrisonburg (37000 Einw.) liegt im Herzen des Shenandoah Valley. Die Blue Ridge Mountains im Osten und die Alleghenies im Westen schützen die Stadt und ihr Umland vor dramatischen Wetterstürzen, so dass sich hier eine blühende, von extremen Klimaschwankungen verschonte Landwirtschaft entwickeln konnte. 1739 von frommen Methodisten unter der Führung von Thomas Harrison gegründet, hatte die Stadt, deren Einwohnerschaft in der Frage der Sezession gespalten gewesen war, am 6. Juni 1862 mit der Schlacht von Harrisonburg ebenfalls Anteil am Bürgerkrieg.
Zu Beginn des dritten Jahrtausends ist Harrisonburg ein Verkehrsknotenpunkt und besitzt eine der produktivsten Vieh- und Milchwirtschaften innerhalb der USA. In der Geflügelzucht ist Harrisonburg auf nationaler Ebene ebenfalls an vorderster Stelle mit dabei. Mehrere quirlige Farmer's Markets in der Umgebung bilden sehenswerte Schaufenster der ländlich geprägten Kultur des Shenandoah Valley. Neben den Maiskolbenpfeife rauchenden Farmern aus den Touristenbroschüren wird man hier auch den schwarz gekleideten Alt-Mennoniten in ihren Pferdedroschken begegnen: Rund um Harrisonburg leben noch etwa 1000 Familien, ähnlich den Amischen in Pennsylvania, ein gottesfürchtiges Leben ohne Elektrizität, Auto und Telefon. Der Profit aus der Landwirtschaft floss im Übrigen schon früh in die Bildung: In Harrisonburg sind gleich vier Hochschulen beheimatet, darunter die James Madison University mit 11500 und die Eastern Mennonite University mit 1500 Studenten.

***Virginia Quilt Museum**

Patchwork als Kunstform: Mehrere Hundert ausgestellter Tagesdecken, genannt "Quilts", zerstreuen diesbezüglich alle Zweifel. Ursprünglich ein Notbehelf, nähten die Pioniersfrauen aus Geldmangel alle verfügbaren Stofffetzen zu warmen Decken zusammen. Im Laufe der Zeit entwickelte sich daraus eine eigene Handarbeit und die Quilts zu wertvollen und zugleich prestigeträchtigen Objekten, denen nicht zuletzt auch bei Hochzeiten, Geburtstagen und anderen Zeremonien wichtige soziale Funktionen zukamen (301 S. Main St.; geöffnet: Mo., Do.–Sa. 10⁰⁰–16⁰⁰, So. 13⁰⁰–16⁰⁰ Uhr).

Life Science Museum

Interessanter noch als die Reptilien- und Insektensammlung dieses kleinen, aber feinen Museums auf dem Campus (Eingang: 17 Grace St.; geöffnet: von September bis Juni Mo.–Fr. 9⁰⁰–15⁰⁰, Sa. 9⁰⁰–12⁰⁰ Uhr) ist die Atmosphäre auf dem Gelände der James Madison University .

Ziele in der Umgebung

Das Städtchen Dayton (900 Einw.) ein paar Autominuten auf der Rte. 42 südwestlich von Harrisonburg bietet zwei Gründe für einen

Harrisonburg, Dayton (Fortsetzung)

Besuch. Der Dayton Farmer's Market (Rte. 42; geöffnet: Do.–Sa. 9⁰⁰–18⁰⁰ Uhr) ist ein traditionsreicher, auch von Alt-Mennoniten besuchter Wochenmarkt. Das Shenandoah Valley Folk Art & Heritage Center (115 Bowman Rd.; geöffnet: von Mai bis Oktober Mo.–Sa. 10⁰⁰–16⁰⁰, So. 13⁰⁰–16⁰⁰ Uhr) widmet sich der Volkskunst des Tals und zeigt eine animierte Wandtapete, die "Stonewall" Jacksons Shenandoah-Kampagne von 1862 wiedergibt.

***Natural Chimney Regional Park**

Sieben zwischen 20 und 40 m hohe, vereinzelt stehende Kalksteinfelsen bilden diesen interessanten Park unweit Bridgewater. Spazierwege und ein Campingplatz bieten weitere Gründe zum Verweilen (I-81, Ausfahrt 240, Richtung Bridgewater; geöffnet: tgl. 9⁰⁰ bis Sonnenuntergang).

Staunton h 4

***Eine der ältesten Städte westlich der Blue Ridge Mountains**

Manch andere Stadt im Shenandoah Valley sähe heute so aus, wäre sie nicht im Bürgerkrieg niedergebrannt worden. Dem Verwaltungssitz Staunton (25 000 Einw.) blieb dieses Schicksal erspart. An die steilen Ausläufer der Blue Ridge Mountains geschmiegt, umfängt er den Besucher mit viktorianischer, meist ziegelgedeckter Architektur, mit engen Straßen und vier- bis sechsgeschossigen alten Stadthäusern, an deren Wänden verwaschene Werbesprüche für Dünger und Nahrungsmittel, die an die Blütezeit um 1900 als Eisenbahnerstadt erinnern. Wer es sich leisten konnte, baute sein repräsentatives Heim an den Hängen über der Stadt.

Staunton ist eine der ältesten Städte westlich der Blue Ridge Mountains. Im Jahre 1732 ließ sich die erste Siedlerfamilie hier nieder, 1747 wurde Staunton vermessen und offiziell gegründet. 1787 brachten sich Thomas Jefferson und die Regierung Virginias hier vorübergehend vor den Briten in Sicherheit. Die Ankunft der Central & Ohio Railroad 1801 und der Virginia Central Railroad 1854 verwandelte den Ort in ein boomendes Handelszentrum. Während des Bürgerkriegs dienten die öffentlichen Gebäude als Hospitäler. Ein groß angelegtes, andauerndes Restaurierungsprogramm hat das historische, von Church und Coulter Street begrenzte Bahnhofsviertel Wharf Area in ein herrlich nostalgisches Stück Stadtgeschichte, komplett mit Kopfsteinpflaster, Kaffeehäusern, kleinen Galerien und Antiquitätengalerien, verwandelt.

Baedeker TIPP – Shakespeare in den Appalachen

Angesichts des europäisch wirkenden Ambientes nicht ganz unpassend: Im Herbst 2001 eröffnete die berühmte Schauspieltruppe Shenandoah Shakespeare in Staunton ein eigenes, dem englischen Dichterfürsten gewidmetes Zentrum mit zwei Bühnen. Im "Blackfriar's Playhouse" und im "Globe", das Shakespeares Originalbühne von 1614 nachempfunden wurde, werden die Schauspieler, wie es eine Kritik so schön formulierte, die Spinnweben aus dem elizabethanischen Drama klopfen (10 South Market St., ☎ 540 / 885 55 88).

***Woodrow Wilson Birthplace & Museum**

Der 28. Präsident der Vereinigten Staaten wurde 1856 in diesem neoklassizistischen Gebäude geboren. Eingerichtet wie zu Wilsons Jugendjahren, beherbergt das Museum zeitgenössisches Mobiliar und zahlreiche persönliche Gegenstände des US-Präsidenten, darunter seinen Wagen, einen seltenen 1919 Pierce-Arrow (18-24 Coulter St.; geöffnet: tgl. 9⁰⁰–17⁰⁰ Uhr).

Am Stadtrand gedenkt Staunton seines reichen kulturellen Erbes. Im 18. Jahrhundert siedelten englische, schottisch-irische und deutsche Farmer im Shenandoah Valley. In den nächsten 200 Jahren verschmolzen sie zu der heutigen amerikanischen Bevölkerung. Drei der vier Farmen dieses schönen Freilichtmuseums wurden Stein für Stein aus der alten Heimat importiert. So stammt das deutsche Gehöft aus dem Rheinland, während das englische Anwesen einst im englischen West Sussex stand. Kostümiertes und gut informiertes Personal führt über die schöne Anlage (I-81, Ausfahrt 222; geöffnet: tgl. 9[00] – 17[00] Uhr).

***Museum of American Frontier Culture**

Die bunten Broschüren preisen sie als eines der sieben Weltwunder. Gardemaß hat sie allemal: 71 m hoch und fast 30 m breit, ist das vom kleinen Cedar Creek in den Kalkstein gefressene Loch zumindest das eindruckvollste Naturdenkmal im Shenandoah Valley. Aber fast noch eindrucksvoller als diese natürliche Brücke – heute führt die Rte. 11 darüber – ist der hemmungslose Touristenrummel, der rundherum entstanden ist.

****Natural Bridge – erstaunliches Naturdenkmal inmitten einer leicht verkitschten Umgebung**

Die Treppe hinab zur 36 km südlich von Lexington liegende Natural Bridge bewacht z.B. das Natural Bridge Inn & Conference Center, das außer einem Hotel, Gift Shops und Karussels auch ein makaber wirkendes Wachsfigurenkabinett mit fast 200 berühmten Virginians aufweist. Hier werden auch die Tickets für die nahe gelegenen Natural Bridge Caverns, die zu den tiefsten im Osten zählen, verkauft. Es gibt auch einen Tierpark: Der Natural Bridge Zoo beherbergt neben den üblichen Tieren auch den größten Streichelzoo Virginias (I-81, Ausfahrt 180, Rte. 11; geöffnet: tgl. 8[00] – Sonnenuntergang).

Die Natural Bridge hat eine Höhe von über 70 Metern.

Praktische Informationen

Praktische Informationen von A bis Z

Hinweis zu den 800er-Nummern Die im Folgenden angegebenen gebührenfreien 800er-Telefonnummern können nur innerhalb der USA angewählt werden.

Alkohol

Achtung! Die Gesetze und Bestimmungen zum Alkoholkonsum sind in den USA Sache der einzelnen Bundesstaaten und variieren daher entsprechend. An Personen unter 21 Jahren wird kein Alkohol verkauft und ausgeschenkt. Wein, Bier und Spirituosen sind nur in Spezialgeschäften (Liquor Stores) erhältlich. Sonntags ist der Verkauf von Alkoholika erst nach 13⁰⁰ Uhr erlaubt. Autofahren unter Alkoholeinfluss wird sehr streng geahndet. Es gilt die 0,0-Promillegrenze.

Anreise

Start- und Zielflughäfen Die Anreise nach Washington DC erfolgt in der Regel mit dem Flugzeug. Die wichtigsten Abflughäfen im deutschsprachigen Raum sind Frankfurt am Main, Düsseldorf, München, Hamburg, Berlin, Stuttgart, Zürich und Wien. Das mit weitem Abstand bedeutendste Luftdrehkreuz ist der internationale Flughafen Washingtons, der Dulles Airport, 42 km westlich der Hauptstadt in Virginia gelegen. Preiswerter sind oftmals Flüge von und nach BWI, dem Baltimore-Washington International Airport, 15 km südlich von Baltimore und 45 km nordöstlich von Washington.

Umfassende Flugangebote Folgende Fluggesellschaften bzw. Flugallianzen bieten täglich zeitsparende Verbindungen zwischen Flughäfen im deutschsprachigen Raum und dem Mittleren Westen an: Star Alliance (Deutsche Lufthansa, United Airlines, SAS, Air Canada), One World (American Airlines, British Airways), Delta Air Lines, US Airways, Continental Airlines und Icelandair.

Günstig buchen Im internationalen und inneramerikanischen Flugverkehr herrscht ein erhebliches Tarif-Wirrwarr. Man sollte nicht den erstbesten Flug buchen, denn viele Fluggesellschaften bieten eine breite Palette von Sondertarifen an. Ziemlich günstig können das ganze Jahr über Jugendliche, Studenten und Senioren fliegen. Am teuersten sind Flüge während der Hauptferienzeiten, an Wochenenden sowie in Zeitspannen, die Feiertagsbrücken einschließen.
Als günstige Alternative erweist sich bisweilen die Anreise über das europäische Ausland, besonders via Brüssel, Amsterdam, London

◂ **An der Küste werden leckere Meeresfrüchte serviert.**

und auch Paris. Der Zubringerflug von einem deutschen, österreichischen oder schweizerischen Flughafen ist zumeist im Preis enthalten. Wer den Transatlantik-Flug mit einer US-Fluggesellschaft unternimmt, kann in den Genuss preisgünstiger Rundreise- und Ausflugs-Tarife kommen. Mit einem "Air Pass" bzw. mit diversen Coupons kann man auch andere Ziele in den USA besuchen. Preisvergleiche und eine gute Beratung lohnen in jedem Fall.

Günstig buchen (Fortsetzung)

Ärztliche Hilfe

Ärzte und Medikamente

Die medizinische Versorgung ist bestens ausgebaut, auch die Versorgung mit Medikamenten ist kein Problem. Touristen, die regelmäßig ein bestimmtes Medikament einnehmen müssen, sollten eine Rezeptkopie mitführen, damit ein amerikanischer Arzt das Rezept notfalls erneuern kann.

Versicherungsschutz

Problematisch für Touristen aus Europa können die Kosten einer Behandlung werden. Vor allem ein Krankenhausaufenthalt kann extrem teuer werden. Vor einer Reise in die USA sollte man daher mit seiner Kranken- und Unfallversicherung Rücksprache halten, wie weit sich deren Schutz auch bei einem USA-Aufenthalt erstreckt. In den meisten Fällen empfiehlt sich der Abschluss einer Reisekranken- und einer Reiseunfallversicherung.

Notruf

☎ 0 (Vermittlung, Operator) bzw. 911 (Notruf, Ambulanz, Polizei)

Apotheken

Drugstore, Pharmacy

Amerikanische Drugstores und Pharmacies ähneln eher deutschen Drogeriemärkten oder sind gar kleine Kaufhäuser mit einem vielfältigen Angebot. Auch in vielen Filialen großer Supermarktketten sind Drugstores eingerichtet, in denen fachkundiges Personal Arzneimittel aller Art verkauft. Frei zugänglich in Regalen findet man darüber hinaus oft ein sehr großes Sortiment an Medikamenten, die in Deutschland verschreibungspflichtig sind.

Öffnungszeiten

Die Drugstores bzw. Pharmacies sind zumeist von 9^{00} bis 18^{00} Uhr geöffnet; einige auch bis 21^{00} Uhr oder noch länger. Rund um die Uhr sind die Apotheken in den durchgehend geöffneten Supermärkten zugänglich. Außerhalb der normalen Öffnungszeiten gibt es keinen speziellen Nachtdienst. Notfalls muss man sich an das nächstgelegene Krankenhaus wenden. Sie sind durchgehend geöffnet und verfügen über eigene Apotheken.

Auskunft

Visit USA Committee

Die USA haben derzeit keine nationale Fremdenverkehrsbehörde und damit auch keine touristische Auslandsvertretung. Es sind Bemühungen im Gang, eine Nachfolgeorganisation ins Leben zu rufen. Derzeit gibt es nur einen gebührenpflichtigen Telefonservice des Visit USA Committee Germany, bei dem aber nur Adressen und Telefonnummern abgefragt werden können (s. unten).

Auskunft (Fortsetzung)

USA · Capital Region

Visit USA Committee Germany e.V.
Postfach 5825
D-65048 Wiesbaden
☎ (0190) 78 00 78
www.usa.de

Informationen zur Capital Region
www.capitalregionusa.com

Washington DC

Washington DC Convention and Visitors Association
1212 New York Ave.
Washington, DC
2005-3992; USA
☎ (202) 789 70 00
FAX (202) 789 70 37
www.washington.org

Maryland

Maryland Department of Business & Economic Development
Lewensesteeweg 613
B-1930 Zaventem
☎ (003 22) 757 63 90
FAX (003 22) 757 63 91
www.mdisfun.org

Maryland Office of Tourism Development
217 E. Redwood St.
Baltimore, MD 21202
☎ (410) 767 34 00
FAX (410) 333 66 43
www.mdisfun.org

Virginia

Fremdenverkehrsamt Virginia
Steinweg 3
60313 Frankfurt
☎ (069) 29 19 23
FAX (069) 29 19 04
www.virginia.org

Virginia Tourism Corporation
901 E. Byrd Street
Richmond, VA 23219-4048
☎ (804) 786 20 51
FAX (804) 786 19 19
www.virginia.org

Autohilfe

AAA ("Triple A")

Der AAA ist der größte Automobilklub der USA. Mitglieder von Automobilklubs im deutschsprachigen Raum (u.a. ADAC, ÖAMTC, TCS) können die Dienste von "Triple A" zu einigermaßen günstigen Konditionen in Anspruch nehmen.

Pannenhilfe und Notruf

Entlang einiger Autobahnen und Mautstraßen sind Notrufsäulen aufgestellt. Wer mit einem ▶ Mietwagen eine Panne hat, sollte sich zuerst mit seiner Mietwagenfirma in Verbindung setzen. Ansonsten erhält man unter folgenden Telefonnummern Hilfe.

AAA-Pannenhilfe
☎ 800-AAA-HELP
☎ 800-222-43 57

Polizei, Rettungsdienst, Feuerwehr
☎ 911

Bahnreisen

Amtrak

Die Fahrgastbetreuung und Fahrplangestaltung für den Personenverkehr auf der Schiene organisiert das Unternehmen Amtrak. Für das Streckennetz und das rollende Material tragen aber nach wie

Amtrak (Fortsetzung)

vor unterschiedliche Eisenbahngesellschaften Verantwortung. Amtrak bietet verschiedene Rundreisepässe an, die jedoch nur außerhalb der USA zu günstigen Tarifen eingekauft werden können. Diese Bahnpässe haben 15 oder 30 Tage Gültigkeit.

Amtrak
Union Station
60 Massachusetts Ave., N. E.
Washington, DC 20002
☎ 800-USA-RAIL
FAX (202) 906 22 11
www.amtrak.com

In Deutschland:
Amtrak-Verkaufsagentur
c/o DB Reisezentrum
Worringerstr. 16
40211 Düsseldorf
☎ (02 11) 1749 66 70
FAX (02 11) 3 68 05 30

Bed & Breakfast (B & B)

Man darf sich von der Bezeichnung nicht täuschen lassen: Bed & Breakfast ist in den USA eine relativ teure Angelegenheit und hat wenig mit der vielleicht aus Großbritannien oder Irland bekannten, eher preiswerten Übernachtungsmöglichkeit bei Familien zu tun. Die Preise beginnen bei ca. 80 $ und können bis zu 250 $ reichen – dafür kommt man aber auch in einem kleinen, oftmals denkmalgeschützten Gebäude unter, das nur wenige, aber zumeist sehr geschmackvoll eingerichtete Zimmer besitzt. Rechtzeitige Reservierung ist ratsam. Unter dem Stichwort ▶ Hotels sind auch einige hübsche B & Bs genannt.

Bed & Breakfast Accommodations Ltd. of Washington DC
PO Box 12011
Washington, DC 20005
☎ (202) 328 35 10
FAX (202) 328 38 85

Bed & Breakfast of Maryland / The Traveller in Maryland
PO Box 2277
Annapolis, VA 21404
☎ (202) 518 60 66
FAX (410) 263 48 41

Virginia Division of Tourism Reservation Service
☎ (800) 934 91 84

Amanda's B & B Reservation Service
☎ (800) 899 75 33

Behindertenhilfe

Hinweis

Die Bauvorschriften sind in den USA ausgesprochen behindertenfreundlich. Öffentliche Gebäude, Verkehrsanlagen wie z. B. Flughäfen und Kreuzfahrthäfen sowie Beherbergungsbetriebe und Lokale sind behindertengerecht ausgestattet. Überall gibt es besonders ausgewiesene Behindertenparkplätze. Auch zahlreiche Attraktionen bieten besondere Dienste für Behinderte (handicapped persons) an. In den großen Vergnügungsparks kann man Rollstühle ausleihen. Viele Hotels und Motels verfügen über behindertengerecht eingerichtete Zimmer. Der Hotel- und Reiseratgeber "Handicapped-Rei-

Behindertenhilfe (Fortsetzung)

sen" für Körperbehinderte erscheint im FMG-Verlag, Postfach 1547, D-53005 Bonn, ☎ (0228) 616133 bzw. 9 63 69 90.

Deutschsprachiger Raum

BSK-Reisehelferbörse
Altkrautheimer Straße 17
74238 Altkrautheim / Jagst
☎ (0 62 94) 6 83 02, 6 83 03

Bundesarbeitsgemeinschaft der Clubs Behinderter und ihrer Freunde
Eupener Straße 5
55131 Mainz
☎ (0 61 31) 22 55 14

Verband aller Körperbehinderten Österreichs
Lützowgasse 24 – 28
1140 Wien
☎ (01) 9 11 32 25 und 9 14 55 62

Schweizerische Arbeitsgemeinschaft für Körperbehinderte (SAK)
Feldeggstrasse 71
8032 Zürich
☎ (01) 2 51 05 31

USA

Society for the Advancement of Travel for the Handicapped
www.sath.org
Allgemeine Informationen sowie eine Liste mit Web-Adressen zu einzelnen Reisezielen und -veranstaltern.

Wheelchair Getaways
WG verleiht behindertengerecht ausgestattete Fahrzeuge.
☎ (800) 637 75 77

Busreisen

Greyhound

Mehrere Unternehmen unterhalten in der Capital Region ein weitmaschiges Busliniennetz. Im deutschsprachigen Raum ist sicherlich die Firma Greyhound, Inc. am bekanntesten. Im Allgemeinen gut ausgestattete Greyhound-Busse befahren Linien zwischen allen wichtigen Städten. Bedeutende Drehkreuze sind Chicago, Detroit und Cleveland.

International Ameripass

Greyhound bietet für Nicht-US-Bürger den preisgünstigen "International AmeriPass" an, der wahlweise für 7, 15, 30 oder 60 Tage gültig ist. Mit ihm kann man das gesamte Streckennetz befahren, doch lohnt sich der Pass auch für einzelne Regionen. Es empfiehlt sich, den Pass bereits zu Hause über ein Reisebüro zu erwerben. In den USA bekommt man ihn nur zu einem höheren Preis.

Greyhound Lines
☎ (800) 231 22 22
www.greyhound.com

Camping

Campingplätze

Standard auf US-Campingplätzen ist eine Parzelle mit Stellplatz (Campsite), Tisch, Bank und Feuerstelle. Auf privaten Campingplätzen sind saubere sanitäre Anlagen selbstverständlich. Oft sind zusätzliche Einrichtungen wie Lebensmittelmärkte, Swimming Pools usw. vorhanden. Auf vielen Plätzen kann man auch Blockhütten mieten. Auf staatlichen Campingplätzen, beispielsweise in National Parks und State Parks, kann man sehr preiswert und zudem meist in schöner Umgebung übernachten. Dafür müssen allerdings erhebliche Abstriche bezüglich Ausstattung und Komfort hingenommen werden.

Campingplätze (Fortsetzung)

Reservierungen

Die Campingplätze werden vor allem in den Hauptferienzeiten sowie an verlängerten Wochenenden stark frequentiert. Eine rechtzeitige Buchung von Stellplätzen wird dringend angeraten.

Wildes Campen

Freies oder wildes Campen ist in den USA verboten. Ausnahmen müssen bei Kommunalverwaltungen beantragt werden.

Campingplatz-Verzeichnisse

Aktuelle Campingplatz-Verzeichnisse gibt es bei den Touristenbüros der einzelnen Bundesstaaten (▶ Auskunft), beim Automobilklub AAA (▶ Autohilfe) und beim Campingplatz-Verband "Kampgrounds of America" (KOA).

Kampgrounds of America
PO Box 30558
Billings, MT 59114
☎ (406) 248 74 44
www.koa.com

National Recreation Reservation Service
maps.ReserveUSA.com

Virginia Campground Association
2101 Libby Ave.
Richmond, VA 23230
☎ (804) 288 30 65 oder
(800) 552 22 25

Department of Natural Resources
State Forest Park Service
Tawes State Office Bldg. E-3
580 Taylor Ave.
Annapolis, MD 21401
☎ (410) 260 81 00
FAX (410) 260 81 11
www.dnr.state.md.us
camping reservations:
☎ 1-888-432-2267

Diplomatische und konsularische Vertretungen

US-Vertretungen

In Deutschland
Botschaft der USA
Neustädtische
Kirchstr. 4 – 5
10117 Berlin
☎ (030) 2 38 62 90
FAX (030) 2 38 62 90

Generalkonsulat der USA
Kennedydamm 15 – 17
40476 Düsseldorf
☎ (02 11) 4 70 61 23
FAX (02 11) 43 14 48

Generalkonsulat der USA
Siesmayerstr. 21
60323 Frankfurt am Main
☎ (069) 75 35-0
FAX (069) 75 35 23 00

Generalkonsulat der USA
Alsterufer 27 – 28
20354 Hamburg
☎ (040) 41 17 10
FAX (040) 41 17 12 22

Generalkonsulat der USA
Wilhelm-Seyfferth-Str. 4
04107 Leipzig

Diplomatische und konsularische Vertretungen (Fortsetzung)

☎ (03 41) 2 13 84-0
FAX (03 41) 2 13 84 17

Generalkonsulat der USA
Königinstr. 5
80539 München
☎ (0 89) 28 88-0
FAX 2 80 23 17

In Österreich
Botschaft der USA
Gartenbaupromenade 2 / 4
1010 Wien
☎ (02 22) 3 13 39

Generalkonsulat der USA
Gisela-Kai 15
5020 Salzburg
☎ (06 62) 2 86 01

In der Schweiz
Botschaft der USA
Jubiläumsstr. 93
3005 Bern
☎ (0 31) 43 70 11

Generalkonsulat der USA
Zollikerstr. 141
8008 Zürich
☎ (01) 55 25 66

Vertretungen in den USA

Embassy of the Federal Republic of Germany
4645 Reservoir Rd. N.W.
Washington, DC 20007-1998
☎ (202) 298 81 41
FAX (202) 298 42 49

Embassy of Austria
3524 International Court N.W.
Washington, DC 20008
☎ (202) 895 67 00
FAX (202) 895 67 73

Embassy of Switzerland
2900 Cathedral Ave. N.W.
Washington, DC 20008-3499
☎ (202) 745 79 00
FAX (202) 387 25 64

Elektrizität

110 Volt

In den Vereinigten Staaten werden 110 Volt Wechselstrom in die Leitungen eingespeist. Weiterhin ist zu beachten, dass die Frequenz im Gegensatz zu Deutschland (50 Hz) bei 60 Hertz liegt. Wer elektrische Geräte nach europäischer Norm (220 Volt Wechselstrom) mitbringt, braucht einen Zwischenstecker (Adapter), den man am besten schon zu Hause erwirbt. Diese Zwischenstecker sind aber auch in einschlägigen Geschäften (Abteilung “Appliances”) erhältlich.

Essen und Trinken

Herzhaft bis exotisch

Die US-amerikanische Küche ist für Mitteleuropäer etwas gewöhnungsbedürftig. Dies fängt an beim deftigen amerikanischen Frühstück mit gebratenem Speck, Eiern, Bratkartoffeln und Pfannkuchen und hört nicht auf beim watteartigen Brot bzw. beim nur schwach gerösteten und dünn gebrühten Kaffee. Dennoch muss man sich von der Vorstellung lösen, dass Hamburger, Ketchup, Hot Dogs und Chips das einzig Originelle der amerikanischen Küche sind – im Gegenteil: In Restaurants mit “amerikanischer” Küche speist man nicht selten hervorragend, vor allem Fleisch und Fisch. Regionale Spezialitäten gibt es durchaus, und in guten Bars ist selbst der Hamburger eine schmackhafte, frisch zubereitete Angelegenheit. Wer dennoch Probleme mit der US-amerikanischen Küche hat, dem stehen zahlreiche Restaurants offen, die Spezialitäten der französischen, italienischen, deutschen, chinesischen und japanischen Küche anbieten.

Mahlzeiten

Das Frühstück nimmt man am besten in einem "coffee shop" oder in einem Schnellrestaurant zu sich. Zum normalen amerikanischen Frühstück gehören ein Glas Grapefruit- oder Orangensaft, Kaffee, Ei (gekocht, gebraten als Spiegel-/"sunny side up" bzw. Rührei/"scrambled" oder Omelette), gebratene Speckscheiben ("bacon") oder Bratwürstchen ("sausages"), Bratkartoffeln ("hashbrowns"), Pfannkuchen mit Ahornsirup ("pancakes") und natürlich Toastbrot mit Butter und diversen Konfitüren ("jam"). Auf vielen Frühstücksbuffets findet man Corn Flakes und Milch, auch frisch zubereitetes Müsli, frisches Obst und diverse Joghurtsorten. An Sonn- und Feiertagen ist der Brunch (Verbindung von Frühstück und Mittagessen) sehr beliebt, bei dem meist ab 11⁰⁰ Uhr große und vielfältig bestückte Buffets auf die Hungrigen warten.
Zur Mittagszeit wird gewöhnlich ein leichtes Essen ("lunch") eingenommen, z.B. Salate, Kurzgebratenes und Gemüse. Die tägliche Hauptmahlzeit ist das Abendessen ("dinner"). Es kann recht opulent ausfallen: Diverse Fleisch- und Fischgerichte mit allerlei Beilagen und Garnituren stehen auf dem Speiseplan. In einigen Lokalen versucht man, die Gäste mit abwechslungsreichen "dinner shows" zu unterhalten.

Spezialität der Küstenregion: Frische Meeresfrüchte

Wer Fisch und Meeresfrüchte in vielerlei Variationen mag, ist an der Küste der Capital Region goldrichtig. Besonders bekannt sind die "crab cakes", kleine Pastetchen aus Krabbenfleisch, die wie Frikadellen leicht angebraten werden, und Austern, die Chesapeake Bay Oysters, die mit etwas Zitronensaft gegessen werden. In Maryland werden in einem typischen Crabhouse Schalentiere unaufgebrochen auf einer Platte serviert. Die Austern, Krabben, Krebse, Muscheln und Garnelen sind meist mit Zeitungs- oder Packpapier bedeckt. In dieses werden die Schalen, nachdem man die Tierchen "geknackt" und gegessen hat, einfach eingewickelt und abgeräumt.

Southern Cuisine

Zur klassischen Küche des Südens gehören knusprig gebackenes Hühnchen, eine dicke Scheibe gebackener Virginia-Schinken oder auch geräucherte "barbecue ribs". Geradezu ein Zeremoniell ist das Barbecue (BBQ), bei dem allerlei Fleisch auf dem Holzkohlengrill gegart wird, meist Schweinefleisch, aber auch Hühnchen und Rind. Dazu gibt es verschiedenes Gemüse, fast immer eine "baked potato" (Pellkartoffel mit Crème fraîche) oder Maisbrot. Ein traditionelles Festtagsessen – vor allem am Thanksgiving Day – ist Truthahn ("turkey"). Wer kein Fleisch essen möchte, kann sich jederzeit auch eine "vegetarian plate" bestellen mit einer Auswahl von drei bis vier Gemüsesorten; meist gehören Okra, Mais und Erbsen dazu.
Süßspeisen sind hier besonders beliebt, z.B. "pecan pie" (Kuchen mit Pekannüssen) oder "banana pudding" (Bananenpudding). Nicht zu vergessen "pancakes" (Pfannkuchen) mit Ahorn-Sirup, "cheese cake" (eine Art Käsekuchen) und "muffins" (u.a. Blueberry Muffins). Bei einigen Fleisch- und Gemüsegerichten wird auch ein wenig Zucker oder Honig beigemischt, z.B. bei "honey-roasted ham" (in Hönig gerösteter Schinken) oder "sweet-potato soufflé" (Soufflé aus Süßkartoffeln).
Im Süden wird nicht nur ein wenig anders gekocht, die Portionen sind ziemlich groß und das Essen an sich ist weniger formell. Sehr

Das blaue Wunder

Andernorts eine rare Delikatesse gehören in der Capital Region Muscheln, Krebse, Krabben und Austern ganz selbstverständlich auf die Speisekarte. Vor allem rund um die Chesapeake Bay bekommt man die Meeresfrüchte fangfrisch und in unzähligen Variationen serviert. Die berühmten Blue Crabs sind in Maryland besonders beliebt – eine kecke Krabbe hat man sogar zum Maskottchen des Tourismus gewählt.

Wandervögel und Panzerknacker

Rund 16 000 Tonnen **Blue Crabs** werden heute jährlich aus der Chesapeake Bay gefischt, doch noch vor hundert Jahren lag die Fangquote um ein Drittel höher. Explodierende Bevölkerungszahlen und die Umweltverschmutzung haben den Fischereigründen der Chesapeake Bay zugesetzt. Ihren Namen haben die Krebse von ihrem grünlich-blau schimmernden Panzer, den sie im Laufe ihres zwei- bis dreijährigen Lebens bis zu 20-mal aufknacken und abwerfen. Diese Anstrengung ist Voraussetzung für das Wachstum: Jede neue Schalenhülle ist um ein Drittel größer als die alte. Die kapitalsten Blue Crabs können nach vielen Schalenwechseln eine Breite von 35 cm erreichen. Das hintere Beinpaar des Krebses ist auffällig verbreitert. Mit diesen “Rudern” macht er sich mobil und kann täglich bis zu 6 km zurücklegen. Die aktivsten Wandervögel bringen es monatlich auf 150 Kilometer. Kein Wunder, dass bei einem der legendären Blue Crab Festivals, dem Hard Crab Derby in Crisfield, jährlich die schnellsten Krebse gekürt werden. Die Teilnehmer kommen mit ihren Besitzern von weit her, um den begehrten Governor's Pokal nach Hause tragen zu können. Ein Krebs soll sogar extra von Hawaii zu diesem Wettbewerb angereist sein.

Software oder Hardware?

Meistens landen Blue Crabs mit harter Schale auf den Tellern, besondere Spezialitäten werden jedoch aus den **Soft-shell Crabs** zubereitet. Dabei handelt es sich um Blue Crabs, die gerade ihren alten Panzer abgeworfen und ihren neuen noch nicht ausgehärtet haben. Landen sie als junge Krebse in den Netzen der Fischer, sind sie komplett essbar: Gebraten mit Petersilie oder gedünstet mit Graubrot – immer jedoch mit Zitrone – gelten sie als die “Klassiker” der Küche Marylands. Ihren Artgenossen mit Panzer, den **Hard-shell Crabs**, muss man regelrecht zu Leibe rücken. Hat man die harte Schale erst einmal entfernt, kann man das zarte und aromatische Krebsfleisch zu vielfältigen Köstlichkeiten verarbeiten.

Kuchen, Käse, Cracker

Das legendärste Rezept sind die Maryland **Crab Cakes**: Für diese Kuchen, eher Puffer, wird das Krebsfleisch mit Bröseln von Weißbrot oder salzigen Crackern, Mayonnaise, Salz, Pfeffer, Senf und Worcester-Sauce vermischt und in heißem Öl ausgebacken. 1963 kam es

Fangfrische Blue Crabs aus der Chesapeake Bay

zu handfesten Protesten wegen der schlechten Qualität des Nationalgerichts in der Kantine des Parlaments in Annapolis. Die damalige First Lady von Maryland soll das Problem mit ihrem privaten Crab-Cake-Rezept gelöst haben: Angeblich werden in der Volksvertretung von Annapolis seitdem Krabbenküchlein nach diesem Rezept hergestellt.

Als **Hot Crab Dip** kommt in Maryland ein Krebsauflauf auf den Tisch, serviert mit Crackern als Beilage: Das Krebsfleisch wird mit Frischkäse, saurer Sahne, Mayonnaise und für die Schärfe mit Worcester-Sauce, Senf, Knoblauchsalz und Paprikapulver vermischt und mit Käse überbacken. In Maryland wird zu Meerestieren gerne Bier getrunken, und so wundert es nicht, dass ein Rezept empfiehlt, die Krebse zu gleichen Teilen in Weißweinessig und Bier zu garen. Vornehm kommt im Vergleich dazu der **Imperial Crab** daher: Wiederum wird Krebsfleisch mit Mayonnaise vermischt und mit Salz, Worcester-Sauce, Piment, Kapern und scharfer Chilisauce gewürzt. Diese Mischung wird auf Muschelschalen (echte oder aus Keramik) verteilt, jeweils mit einem Teelöffel Mayonnaise garniert und im Ofen überbacken. Großer Beliebtheit erfreut sich auch die **Crab Soup**: Auf der Grundlage einer Geflügelbrühe wird aus Tomaten, Mais, Kartoffeln, Zwiebeln und Sellerie eine cremige Suppe gekocht, die mit weißschimmernden Krebsfleischstückchen serviert wird.

Gesundes Familienessen

Durchschnittlich enthält eine Blue Crab 60 g Krebsfleisch, das sind 14 % ihres Gesamtgewichtes. Die größten Fleischstückchen liegen hinter den "Ruderbeinen", besonders kernig ist das Scherenfleisch. Krebsfleisch ist nicht nur schmackhaft, sondern auch ein wertvolles Nahrungsmittel: Blue Crabs enthalten viele Vitamine und wichtige Mineralien wie Calcium, Zink, oder Eisen sowie besonders hochwertige Proteine, sind jedoch extrem fettarm. Was gibt es also Schöneres als in einem Restaurant direkt an der Küste mit guten Freunden oder gemütlich zu Hause am großen Tisch mit der ganzen Familie ein ordentliches Krebsessen zu veranstalten? Am urigsten wird so ein Essen, wenn die Krebse selbst gefangen wurden, was auch für Touristen entlang der Küste der Chesapeake Bay angeboten wird: Gestandene Krebsfischer erzählen von ihren kapitalsten Exemplaren oder geheimen Fangtricks. So manches Seemannsgarn wird dann gesponnen und den Greenhorns eine ordentliche Blue Crab aufgebunden...

Essen und Trinken (Fortsetzung)

beliebt sind Cafeterien und "family-style"-Restaurants, wo manchmal auch Gruppen, die nicht zusammengehören gemeinsam an einem langen Tisch sitzen und von großen Platten essen. Für viele Familien in den Südstaaten gehört das gemeinsame Gebet vor dem Essen dazu; d.h. bei Restaurantbesuchen muss man nicht einstimmen, bei privaten Einladungen gehört dies allerdings zum guten Ton. Wenn das Essen dann auf den Tisch kommt, ist es meist noch höllisch heiß. Vorsicht!

Zum traditionellen "soul food", d.h. zur afroamerikanischen Küche, gehören all die bereits beschriebenen Gerichte kombiniert mit z.T. exotischen Fleisch (u.a. Innereien und Schweinsfüße). Diese Angewohnheit stammt noch aus der Sklavenzeit. Ebenso Okra, ein Gemüse, das von Sklaven aus Afrika nach Amerika gebracht wurde.

Nicht-alkoholische Getränke

Für Amerikaner beginnt der Tag mit Kaffee, Espresso oder Cappuccino. In der Regel ist er nur schwach geröstet und oft dünn gebrüht. Neuerdings findet man auch Straßencafés nach europäischem Muster. Zum Frühstück bekommt man des Öfteren Orangensaft. Sehr verbreitet ist Eistee (gesüßt oder ungesüßt), zudem Coca-Cola, 7-Up, Root Beer etc. Zu jeder Mahlzeit erhält man ein Glas Leitungswasser mit gestoßenem Eis. Wer ein richtiges Tafelwasser möchte, bestelle "sparkling water" (mit Kohlensäure versetztes Tafel- oder Mineralwasser) oder "mineral water" (oftmals nur stilles Mineralwasser).

Alkoholische Getränke

Zum Abendessen wird manchmal Wein getrunken. Dabei ist zu beachten, dass Wein (selbst Rotwein!) in den USA oftmals gekühlt serviert wird. Eisgekühlt ist auch das Bier (beer), das in den USA nicht nach dem deutschen Reinheitsgebot gebraut wird. Es enthält deutlich weniger Alkohol als vergleichbare deutsche Biere (3 – 3,5 Vol.%). Immer beliebter werden "Light"-Biere mit 1 – 1,5 Vol.% Alkohol. Bars halten in der Regel mehrere Flaschen- und Fassbiere ("draft") bereit. Importiertes europäisches Bier ist ungleich teurer als US-Marken. Bevorzugte Spirituosen, die nur in bestimmten Geschäften ("liquor store") erhältlich sind und in Bars nur zu bestimmten Zeiten genossen werden dürfen, sind Whiskey ("whiskey"; Bourbon, Scotch, Canadian, Rye, Irish, Blended), Gin, Wodka, Brandy (Branntwein), Rum, Wermut ("vermouth") und Likör ("cordial").

Feiertage

Nur wenige Feiertage

In den USA gibt es wenige offizielle Feiertage und selbst an diesen sind mit Ausnahme von Thanksgiving Day, Ostersonntag, Weihnachten und Neujahr viele Geschäfte geöffnet. Banken, Behörden, Schulen und einige Restaurants bleiben geschlossen. An hohen christlichen Festen (Ostern, Pfingsten, Weihnachten) gibt es keine zweiten Feiertage. Fällt ein Feiertag auf einen Sonntag, so ist der darauf folgende Montag frei. Die Mehrzahl der offiziellen Feiertage wird jährlich neu datiert und zur Verlängerung der Wochenenden auf einen Montag vor oder nach dem eigentlichen Feiertag verlegt.

Feiertage in den ganzen USA

1. Januar: New Year's Day
3. Montag im Januar: Martin Luther King Jr Day
3. Montag im Februar: Presidents' Day

Karwoche: Good Friday (Karfreitag; nur regional)
Letzter Montag im Mai: Memorial Day (Heldengedenktag)
4. Juli: Independence Day (Unabhängigkeitstag)
1. Montag im September: Labor Day (Tag der Arbeit)
2. Montag im Oktober: Columbus Day (Kolumbus-Gedenktag)
1. Dienstag im November (nur Wahljahr): Election Day (Wahltag)
11. November: Veteran's Day (Veteranentag)
4. Donnerstag im November: Thanksgiving Day (Friedens- und Erntedankfest)
25. Dezember: Christmas Day (Weihnachten)

Feiertage in den ganzen USA (Feiertage)

Ferienwohnungen

Vom Condo bis zur Luxusvilla

In der Capital Region sind in den letzten Jahren einige Ferienwohnungen (Apartments, Condominiums) errichtet worden. Die Palette reicht von der luxuriösen Ferienvilla mit eigenem Bootsanleger bis zur einfachen Ferienwohnung mit Seeblick. Es handelt sich zumeist um kleine, mehrere Zimmer umfassende, möblierte Wohnungen, die besonders vorteilhaft sind, wenn man mit mehreren Personen reist. Diese haben voll eingerichtete Küchen, aber gegenüber Hotels den Nachteil, dass sie einen mehrtägigen Aufenthalt der Gäste erfordern (Minimum: 2 – 5 Übernachtungen). Jährlich aktualisierte Verzeichnisse halten die lokalen und regionalen Fremdenverkehrbüros (▶ Auskunft) bereit.

Filmen und Fotografieren

Problemlos, aber teuer

In allen größeren Städten gibt es Fotolabors, die Filme in wenigen Stunden entwickeln. Dort erhält man auch rasch Farbabzüge. Allerdings: Film- und Fotomaterial ist in einigen Gebieten der USA erheblich teurer als beispielsweise in Deutschland. Es lohnt sich daher, einen ausreichenden Vorrat an Filmmaterial von zu Hause mitzubringen.

Flugverkehr

Flughäfen

Die wichtigste Luftverkehrs-Drehscheibe der Capital Region ist Washingtons internationaler Flughafen, der Dulles International Airport, der 42 km westlich der Hauptstadt im Staat Virginia liegt. Bedeutend ist aber auch der Baltimore-Washington International Airport in Maryland, südwestlich von Baltimore, aber nur eine Fahrstunde von Washington DC entfernt. Sehr verkehrsgünstig liegt hingegen der nationale Flughafen, der Ronald Reagan Washington National Airport. Neben den großen gibt es noch eine ganze Reihe kleinerer Airports, die zumindest in das nationale Luftliniennetz gut eingebunden sind.

Wartezeiten bei der Einreise

Bei der Einreise muss man oft mit sehr langen Wartezeiten bei der Passkontrolle, bei der Gepäckausgabe und beim Zoll rechnen.

Nahverkehrsanschlüsse

Alle Flughäfen sind gut an die lokalen und regionalen Nahverkehrsnetze angeschlossen. Zwischen den Flughäfen und den Stadt-

Flugverkehr (Fortsetzung)

zentren bzw. den größeren Hotels und Autovermietern verkehren in kurzen Abständen Pendelbusse (Shuttles). Die genauen Abfahrtstellen der Busse erfährt man beim Wachpersonal an den Ausgängen der Fluganfunftsebenen.

Fluggesellschaften

An den oben genannten Flughäfen sind praktisch alle führenden nordamerikanischen und europäischen Fluggesellschaften vertreten. Die meisten großen Airlines kooperieren mit kleineren Regionalfluggesellschaften, die zahlreiche Ziele außerhalb der städtischen Ballungszentren anfliegen.

Air France
☎ 800-237-2747
American Airlines
☎ 800-433-73 00
America West
☎ 800-235-92 92
Austrian Airlines
☎ 800-588-83 99
British Airways
☎ 800-AIRWAYS
Continental
☎ 800-525-02 80
Delta Air Lines
☎ 800-221-12 12
Deutsche Lufthansa
☎ 800-645-38 80
KLM/Northwest Airlines
☎ 800-225-25 25
LTU
☎ 800-888-02 00
Sabena
☎ 800-955-20 00
Swissair
☎ 800-221-47 50
United Airlines
☎ 800-241-65 22
US Airways
☎ 800-428-43 22

Geld

Währung

Die Währungseinheit der USA ist der US-Dollar (US-$). Außer Geldscheinen im Nennwert von 1, 2, 5, 10, 20, 50, 100 US-Dollar (im internen Bankverkehr gibt es auch größere Noten) sind Münzen im Wert von 1 (Penny), 5 (Nickel), 10 (Dime), 25 (Quarter) Cents, seltener von 50 Cents (half-dollar) und 1 Dollar im Umlauf.

Wechselkurse

1 USD (US-$)	= 1,10 EURO	1 EURO	= 0,92 USD (US-$)
1 USD (US-$)	= 1,63 CHF (sfr)	1 CHF (sfr)	= 0,61 USD (US-$)

Dollars: Kaum zu unterscheiden

Es empfiehlt sich, schon vor dem Abflug Geld zu tauschen und sich mit ausreichend Kleingeld (Münzen und kleine Scheine) einzudecken. In den USA ist ausländisches Bargeld wenig willkommen, so dass man seine Reisekasse möglichst aus Kreditkarte, Dollar-Reiseschecks und einigen Dollars in bar für den Anfang zusammenstellen sollte.

Die Ein- und Ausfuhr ausländischer und amerikanischer Zahlungsmittel unterliegt im Allgemeinen keinen Beschränkungen. Eine Deklaration ist erforderlich, wenn mehr als 10 000 US-$ eingeführt werden. Dies gilt auch für gemeinsam reisende Familien.

Geldwechsel

In den internationalen Flughäfen gibt es Bankfilialen, in denen man Devisen gegen US-Dollar eintauschen kann. Auch in Touristenzentren akzeptieren manche Banken ausländisches Bargeld. In Hotels sollte man allerdings kein Geld tauschen, da der Wechselkurs dort erheblich schlechter als bei den Banken ist.

Geldwechsel (Fortsetzung)

Reiseschecks

Es wird empfohlen, vor dem Abflug Dollar-Reiseschecks (Traveller's Checks) zu kaufen, die wie Bargeld gehandhabt werden und in aller Regel anstandslos von Hotels, Restaurants und Geschäften gegen Vorlage des Reisepasses oder des Führerscheins akzeptiert werden. Bei Diebstahl oder Verlust der Schecks kann man bei den Filialen der ausstellenden Firmen unter Vorlage des Kontrollblatts sofort Ersatz für die verlorengegangenen Schecks erhalten.

Kreditkarten (Credit cards)

Das häufigste Zahlungsmittel, sei es in Hotels, Restaurants und allen Arten von Geschäften, ist die Kreditkarte. Beim Mieten von Autos ist sie zur Kautionsleistung unerlässlich. Wer die USA besucht, sollte sich eine der gängigen Karten anschaffen. Am weitesten verbreitet sind Mastercard/Eurocard, Visa, American Express, Diners Club. Wer eine Kreditkarte mit persönlicher Geheimnummer (PIN) besitzt, kann an Geldautomaten (ATM = Automated Teller Machine) problemlos Geld abheben.

EC-/Maestro-Karten

Das bargeldlose Zahlungssystem Maestro ermöglicht dem Inhaber einer EC-Karte bzw. Bankcard mit dem blauroten Maestro-Signet deren Einsatz an EC-/Maestro-Kassen bzw. EC-/Maestro-Geldautomaten, die es inzwischen in vielen Orten der Ostküste gibt. Bei Zahlungen per Karte direkt an der Kasse fallen Kosten von etwa 1% des Umsatzes an.

Banken

Ansonsten erhält man auch gegen Vorlage der Karte und des Reisepasses am Bankschalter Bargeld. Fast in jedem großen Einkaufszentrum und an Flughäfen findet man zumindest eine Bankfiliale bzw. einen Geldautomaten. Die Banken sind im Allgemeinen Mo. – Fr. 10^{00} – 15^{00}, Do. oder Fr. bis 18^{00} Uhr geöffnet. An Wochenenden und Feiertagen sind nur die Bankschalter in den internationalen Flughäfen geöffnet.

Hotels

Großes Angebot

Das Angebot an Übernachtungsmöglichkeiten in der Capital Region ist recht groß – in allen Preiskategorien. Es handelt sich oft um Anlagen, die ihren Gästen höchstmöglichen Standard zu relativ hohen Preisen bieten. Natürlich gibt es überall auch billigere Unterkünfte. Zumeist sind dies sehr einfache Motels und Touristenhotels, die sich keiner besonders günstigen Lage erfreuen und oftmals in größerer Entfernung von Badestränden oder touristischen Attraktionen angesiedelt sind.

Resorts

Als luxuriöse Ferienanlagen mit allen möglichen Freizeit- und Sportmöglichkeiten bieten sich die Resorts dar. Diese oft im Stil von Ferienklubs geführten Hotelkomplexe verfügen über eigene Badestrände, Tennis- und Golfplätze, Pferdekoppeln usw., bieten Unterhaltung der gehobenen Art und sind in der Regel sehr teuer.

Hotels

Richtige Hotels findet man in der Regel in den Innenstädten bzw. an landschaftlich besonders reizvollen Stellen. Die bedeutenderen Häuser sind durch Zubringerdienste mit den nächsten Flughäfen verbunden. In den großen Hotels gibt es Passagen bzw. Galerien mit Boutiquen, Friseurgeschäften, Kosmetiksalons sowie mit Schal-

Großes Angebot (Fortsetzung) tern von Fluggesellschaften, Mietwagenunternehmen, Reisebüros und Sightseeingunternehmen. In vielen Fällen sind auch Restaurants, Snackbars oder Coffeeshops angegliedert.

Motels Auf die Bedürfnisse von Autotouristen sind die Motels zugeschnitten. Sie sind zumeist an Ausfallstraßen errichtet, verfügen über Parkplätze in Zimmernähe und je nach Komfort auch über Swimmingpools und Sportplätze. Allerdings lässt der Service in solchen Häusern manchmal zu wünschen übrig.

Preiskategorien und Kosten Als unverbindlichen Richtwert für ein Doppelzimmer pro Übernachtung kann man rechnen:
Luxushotels (L): über 200 $
Sehr komfortable Hotels und Motels (L/M): 130 – 220 $
Häuser mit gutem Komfort (M): 100 – 160 $
Preiswerte Hotels und Motels (M/E): 65 – 110 $
Sehr preiswerte Häuser (E): 35 – 80 $
Zu den Übernachtungskosten muss man die Steuern und Abgaben hinzurechnen, die bis zu 15 % des Nettobetrages ausmachen können. Für Kinder, die im selben Zimmer mit den Eltern wohnen, fallen keine weiteren Kosten an; für zusätzliche Erwachsene beläuft sich der Zuschlag auf 5 – 20 $. Viele Hotels bieten Wochenendtarife an, die z. T. erheblich unter den Normalpreisen liegen.

Service Das Frühstück ist selten im Übernachtungspreis inbegriffen, wird aber oft in benachbarten Coffee Shops bzw. Restaurants angeboten. In manchen Beherbergungsbetrieben sind Frühstückszimmer bzw. -büffets mit Selbstbedienung eingerichtet. Die Mehrzahl der Hotels und Motels verfügt über Zimmer mit Bad und Dusche, Klimaanlage, Telefon, Radio und Farbfernseher. Viele Hotels, vor allem die größeren und luxuriösen, haben ein oder mehrere Restaurants, deren Preise sich nach der jeweiligen Hotelkategorie richten. Zimmerschlüssel werden nicht an der Rezeption abgegeben, sondern mitgeführt. Die Hotels haben Safes (entweder bei der Rezeption oder im Zimmer), in denen man Wertsachen deponieren kann.

Zimmerreservierung Es ist ratsam, Hotel- bzw. Motelübernachtungen im Voraus über die "800"-Nummern zu buchen, die die meisten Hotels besitzen. Unterkunftsverzeichnisse (Accomodation Guide) können bei den örtlichen Fremdenverkehrsbüros (► Auskunft) angefordert werden.

Hotel- und Motelketten

Die großen amerikanischen Hotelketten Hilton, Holiday Inn, Ramada usw. unterhalten an vielen attraktiven Plätzen in den USA Beherbergungsbetriebe. Einige Ketten haben Vertretungen in Deutschland, Österreich und in der Schweiz, bei denen Übernachtungsgutscheine (Vouchers) zu günstigen Tarifen angefordert werden können. Auch über Reisebüros können Hotelgutscheine bezogen bzw. Zimmer im Voraus gebucht werden.

Best Western
☎ 800-780-7234
www.bestwestern.com

Comfort Inn
☎ 800-228-5150
www.choicehotels.com

Hotel- und Motelketten (Fortsetzung)

Days Inn
☎ 800-325-25 25
www.daysinn.com
Econo Lodge
☎ 800-446-69 00
www.econolodge.com
Four Seasons
☎ 800-819-50 53
www.fourseasons.com
Hilton
☎ 800-445-86 67
www.hilton.com
Holiday Inn
☎ 800-465-43 29
www.basshotels.com
Howard Johnson
☎ 800-446-46 56
www.hojo.com
Hyatt
☎ 800-233-12 34
www.hyatt.com
Inter-Continental
☎ 800-327-02 00
www.inter-conti.com
Marriott
☎ 800-228-92 90
www.marriott.com
Motel 6
☎ 800-4MOTEL6
www.motel6.com
Quality Inn
☎ 800-228-51 51
www. qualityinn.com
Radisson
☎ 800-333-33 33
www.radisson.com
Ramada
☎ 800-228-28 28
www.ramada.com
Red Roof Inns
☎ 800-843-76 63
www.redroof.com
Ritz Carlton
☎ 800-241-33 33
www.ritzcarlton.com
Rodeway
☎ 800-228-20 00
www.rodeway.com
Sheraton
☎ 800-325-35 35
www.sheraton.com
Super 8
☎ 800-800-80 00
www.super8.com
Travelodge
☎ 800-578-78 78
www.travelodge.com

Ausgewählte Unterkünfte

Hinweis

Da in Washington DC und der Capital Region eine große Auswahl an Übernachtungsmöglichkeiten besteht, sind im Folgenden lediglich einige besonders empfehlenswerte Unterkunftsmöglichkeiten aufgelistet. In diesen Hotels oder B&Bs lohnt sich der Aufenthalt über das reine Übernachten hinaus, weshalb sie meistens auch etwas teurer sind. Die angegebenen Preise sind Richtpreise für ein Doppelzimmer.

Abingdon, VA

Camberley's Martha Washington Inn
150 W. Main St.
☎ (540) 628 3161
FAX (540) 628 76 52
Historisches Hotel aus rotem Ziegel, im Herzen der Stadt gegenüber des Barter Theatre. Restaurant mit guter amerikanischer Küche. Kat. L/M.

Annapolis, MD

Flag House Inn
26 Randall St.

☎ (410) 280 27 21
info@flaghouseinn.com
Fünf Zimmer und eine Suite in viktorianischem Stadthaus im Herzen von Annapolis. Kat. M.

Jonas Green House B & B
124 Charles St.
☎ (410) 263 58 92
FAX (410) 263 58 95
Hübsches B & B in einem um 1690 erbauten Feldsteinhaus. Kat. M / E.

William Page Inn
8 Martin St.
☎ (410) 626 15 06
FAX (410) 263 48 41
www.williampageinn.com
Stimmungsvolle Herberge von 1908, mit viktorianischem Mobiliar eingerichtet. Kat. E – M.

Baltimore, MD

Admiral Fell Inn
888 S. Broadway
☎ (410) 522 73 77
FAX (410) 522 07 07
Acht zusammenhängende alte Stadthäuser bilden dieses stimmungsvoll verwinkelte Inn im historischen Hafenviertel Fells Point. Kat. M – L.

Celie's Waterfront B & B
1714 Thames St.
☎ (410) 522 23 23
FAX (410) 522 23 24
Große Zimmer mit Blick auf die alten Piers im Hafen. Kat. L / M.

Days Inn
100 Hopkins Place
☎ (410) 576 10 00
FAX (410) 576 94 37
Preiswertes Hotel am Inner Harbour, gediegene Qualität. Kat. L / M.

Harbour Court Hotel
550 Light St.
☎ (410) 234 05 50
FAX (410) 659 59 25
Luxuriöses Hotel am Inner Harbour, mit Pool, Sauna und Fitnessstudio. Kat. L

Berlin, MD

The Atlantic Hotel
2 N. Main St.
☎ (410) 641 35 89
www.atlantichotel.com

Herrliches viktorianisches Hotel, Drehort für Szenen in dem Film "Die Braut, die sich nicht traut" ("Runaway Bride") mit Julia Roberts und Richard Gere. Kat. M / E – L / M.

Blue Ridge Parkway, VA

Peaks of Otter Lodge
PO Box 489
Bedford, VA 24523
☎ (540) 586 10 81
FAX (540) 586 44 20
www.peaksofotter.com
Sehr nett ist diese unprätentiöse Lodge am friedlich gelegenen Abbott Lake (Rte. 664, Milepost 86). Alle Zimmer haben eine eigene Terrasse oder einen Balkon. Die Lodge und das dazugehörige Restaurant sind als Ausflugsziel besonders beliebt, vor allem das Seafood-Buffet am Freitagabend. Kat. M / E.

Cape Charles, VA

Bay Avenue Sunset B & B
108 Bay Avenue
☎ (757) 331 24 24
Viktorianisches B & B mit Blick auf die Sonnenuntergänge über der Chesapeake Bay. Kat. M / E.

Charlottesville, VA

English Inn of Charlottesville
2000 Morton Drive
☎ (804) 971 99 00
FAX (804) 977 80 08
Verkehrsgünstig gelegenes Inn im englischen Tudor-Stil, Pool, Sauna. Kat. M / E.

Holiday Inn – Monticello
1200 5th St.
☎ (804) 977 5100
FAX (804) 293 52 28
Verlässliche Qualität, guter Service. Kat. M / E – E.

Chincoteague Island, VA

Island Resort and Spa
4391 Main St.
☎ (757) 336 3141
FAX (757) 336 14 83
Neues Resort mit Blick über die Schilflandschaft des Intracoastal Waterway. Kat. M / E – L / M.

The Inn at Poplar Corner and the Watson House
4240 Main St.
☎ (757) 336 15 64
FAX (757) 336 57 76
Die beiden hübschen, einander gegenüber liegenden viktorianisch anmutenden Gebäude sind zwar weitgehend historisch möbliert, verfügen aber doch über moderne Bäder mit Whirlpool und Dusche. Kat. M.

Cumberland, MD

Inn at Walnut Bottom
120 Greene St.
☎ (301) 777 00 03
FAX (301) 777 82 88
Stimmungsvoller, aus zwei viktorianischen Stadthäusern bestehender Inn mitten in "Historic Cumberland". Kat. M / E – L / M.

Eastern Shore, VA

Colonial Manor Inn
84 Market Street,
Onancock, VA
☎ (757) 787 35 21
Eine heimelige Atmosphäre herrscht im Colonial Manor Inn, ca. 5 Blocks vom Hafen entfernt. Kat. E

Easton, MD

The Tidewater Inn
101 E. Dover St.
☎ (410) 822 13 00
FAX (410) 820 88 47
www.tidewaterinn.com
Gelungene Rekonstruktion eines viktorianischen Luxushotels, nostalgisches Ambiente, hervorragendes Restaurant. Kat. M – L / M

Frederick, MD

Red Horse Motor Inn
996 W. Patrick St.
☎ / FAX (301) 662 02 81
Sauberes Motel (Kennzeichen rotes Pferd!) nördlich von Frederick an der Kreuzung der Rtes. 40 und 15. Kat. E – M / E.

Fredericksburg, VA

Holiday Inn Select Fredericksburg
2801 Plank Rd.
☎ (540) 786 8321
FAX (540) 786 0397
Modernes Hotel dieser Mittelklasse-Kette, verkehrsgünstig an der I-95 gelegen. Kat. 2

Hot Springs, VA

The Homestead
US-220
☎ (540) 839 1776
FAX (540) 839 7670
www.thehomestead.com

Virginias schönstes Resort, versteckt in den Appalachen, bietet 500 Zimmer und Suiten, sieben Restaurants und eine Einkaufszone (s. S. 220/221). Am Rande des Hotelgeländes liegt der Ort Hot Springs. Kat. L/M–L.

Lexington, VA

Maple Hall Country Inn
3111 N. Lee Highway
☎ (540) 463 2044
FAX (540) 463 6693
Stilvoll schlafen in historischem Plantagengebäude, mit Blick auf das Hügelland um Lexington. Kat. M.

Lynchburg, VA

Ramada Inn & Conference Center
3436 Odd Fellows Rd.
☎ (804) 847 44 24
FAX (804) 846 49 65
Modernes, im neoklassizistischen Stil erbautes Hotel mit Pool, günstige Lage. Kat. M.

Norfolk, VA

James Madison Hotel
345 Granby St.
☎ (757) 622 66 82
FAX (757) 623 59 49
www.jamesmadisonhotel.com
Modernes Hotel in der Nähe des MacArthur Centers. Kat. M/E–M.

Norfolk Waterside Marriott Hotel
232 E. Main St.
☎ (757) 627 42 00
FAX (757) 628 64 52
Preiswertes Luxushotel mit Blick auf den Elizabeth River. Kat. M.

Page House Inn
323 Fairfax Ave.
☎ (757) 625 50 33
FAX (757) 623 94 51
www.pagehouseinn.com
Norfolks einziges B&B, in georgianischem Gebäude, mit Liebe zu historischen Details eingerichtet. Kat. M–L/M.

Ocean City, MD

Dunes Manor Hotel
28th St. und Baltimore Ave.
☎ (410) 289 1100
www.dunesmanor.com
Am Strand gelegen, pinkfarbener Klotz mit viktorianischem "Häubchen"-Dach. Kat. L/M.

Lighthouse Club Hotel
56th St. at the bay
☎ (410) 524 54 00
Das luxuriöse Hotel (35 Suiten) im Stil eines traditionellen Leuchtturms der Che-

sapeake Bay mit acht Ecken lässt kaum Wünsche offen. Kat. M–L/M.

The Breakers
3rd St. u. Boardwalk
☎ (410) 289 9165
Viel Motel für wenig Geld, Strandnähe. Kat. M/E.

Richmond, VA

Linden Row Inn
100 E. Franklin St.
☎ (804) 783 70 00
FAX (804) 648 75 04
Viergeschossiges, 1840 im Greek-Revival-Stil erbautes Stadthaus mit hübschem Innenhof und Restaurant. Geräumige Zimmer. Kat. M–L/M.

Mr. Patrick Henry's Inn
2300 - 02 E. Broad St.
☎ (804) 644 13 22
Drei mit Liebe zum Detail eingerichtete Zimmer mit Kamin. Kat. M/E–M.

The Berkeley Hotel
1200 E. Cary St.
☎ (804) 780 13 00
FAX (804) 648 47 28
www.berkeleyhotel.com
Stilvolles Hotel im historischen Shockoe-Slip-Distrikt, europäische Eleganz. Kat. L/M.

The Jefferson Hotel
Franklin u. Adams Sts.
☎ (804) 788 80 00
FAX (804) 225 03 34
www.jefferson-hotel.com
Erstes Hotel am Platz: Herrliches Haus im Beaux-Arts-Stil, mit herrschaftlicher Lobby in Rotunde und eleganter Treppe, die angeblich als Vorlage für "Vom Winde verweht" diente. In den etwas klein geratenen Zimmern verbreiten Himmelbetten und alte Gemälde sinnliche Südstaaten-Atmosphäre. Kat. M–L.

The William Catlin House Bed & Breakfast
2304 E. Broad St.
☎ (804) 780 3746
Schöner Inn im historischen Church Hill District. Kat. M/E.

Roanoke, VA

Patrick Henry Hotel
617 Jefferson St.
☎ (540) 345 88 11
FAX (540) 342 99 08
Unter Denkmalschutz stehendes altes Grand Hotel mit Kristallleuchtern und Blattgold in der Lobby. Kat. M–L/M.

The Hotel Roanoke & Convention Center
110 Shenandoah Ave.
☎ (540) 985 59 00
FAX (540) 853 82 64
www.doubletreehotels.com
Über hundert Jahres altes, im englischen Tudor-Stil gebautes Luxushotel. Kat. L/M–L.

Staunton, VA

Frederick House
28 N. New St.
☎ (540) 885 4220
FAX (540) 855 5180
Aus fünf viktorianischen Stadthäusern bestehender Inn im Herzen der Stadt. Kat. M–L/M.

St. Michaels, MD

The Parsonage Inn
210 N. Talbot St.
☎ (410) 745 55 19

Viktorianisches Haus (1883) mit geschmackvoll eingerichteten Zimmern. Kat. M–L/M.

Virginia Beach, VA

Barclay Cottage Bed & Breakfast
400 16th St.
☎ (757) 422 19 56
Hübscher Inn in ehemaliger Schule. Kat. M/E.

Church Point Manor House
4001 Church Point Rd.
☎ (757) 460 2657
FAX (757) 460 2845
Hübscher, liebevoll eingerichteter Inn mit Pub ud Restaurant. Kat. M–L/M.

Days Inn Oceanfront
Atlantic Ave. und 32nd. St.
☎ (757) 428 7233
FAX (757) 491 1936
Moderner Klotz, allerdings mit Meeresblick und erschwinglich. Kat. M/E–L.

Washington DC

RUND UM DIE NATIONAL MALL:

Capitol Hill Suites
200 C Street, SE
☎ (202) 543 60 00
FAX (202) 547 26 08
Metro: Capitol South
Nur Suiten. Preiswert, deshalb von jungen Praktikanten bevorzugt. Kat. L/M.

Center City Travelodge Hotel
1201 13th Street, NW
☎ (202) 682 53 99
FAX (202) 371 96 24
Metro: McPherson Square
Gesichtslos, dafür jedoch sauber und preiswert. Kat. M/E.

Crowne Plaza
14th & K Streets, NW
☎ (202) 682 01 11
FAX (202) 682 95 25
www.basshotels.com/crowneplaza
Metro: McPerson Square
Beaux-Arts der 1920er-Jahre: günstig liegendes Luxushotels mit über 300 Zimmern. Kat. L.

Hay-Adams Hotel
1 Lafayette Square, NW
☎ (202) 638 66 00
FAX (202) 638 27 16
www.hayadams.com
Metro: Farragut North
Traditionsreiches Hotel in Sichtweite des Weißen Haus. Kat. L/M–L.

Jefferson Hotel
1200 16th St. NW
☎ (202) 347 220
FAX (202) 331 79 82
Metro: Farragut North

Feines Hotel an der 16th Street, sehr beliebt bei Politikern. Gediegenes Ambiente, sehr gutes Restaurant. Kat. L/M–L.

Loews L'Enfant Plaza
480 L'Enfant Plaza, SW
☎ (202) 484 10 00
FAX (202) 646 44 56
www.loewshotels.com/lenfanthome.html
Metro: L'Enfant Plaza
Stilvoll im Zentrum der Macht; viele Zimmer mit Blick auf Mall und Capitol. Kat. L.

Red Roof Inn
500 H St., NW
☎ (202) 289 59 59
FAX (202) 289 07 54
www.redroof.com
Metro: Gallery Place
Modernes Hotel der Billig-Kette, unweit Chinatown, solide und mit vielen Sonderangeboten. Kat. M/E–E.

Washington International American Youth Hostel
1009 11th St., NW
☎ (202) 737 23 33
FAX (202) 737 15 08
www.hiayh.org
Metro: Center
250-Betten-Hostel unweit des Washington Convention Center. Kat. E.

FOGGY BOTTOM, DUPONT CIRCLE UND GEORGETOWN:

Allen Lee Hotel
2224 F St., NW
☎ (202) 331 12 24
www.allenleehotel.com
Das Badezimmer wird geteilt, deswegen so preiswert. Kat. E.

Brickskeller Inn
1523 22nd St., NW
☎ (202) 293 18 85
FAX (202) 293 09 96
Metro: Dupont Circle
Einfache Herberge, berühmt für 850 Biersorten im "Brickkeller Saloon". Kat. M/E.

Four Seasons
2800 Pennsylvania Ave., NW
☎ (202) 342 04 44
FAX (202) 944 20 76
www.fourseasons.com
Metro: Foggy Bottom, weiter mit Bussen 32, 35
Herrliches Fünf-Sterne-Hotel in einer ruhigen Seitenstraße Georgetowns. Kat. L.

Governor's House Hotel
1615 Rhode Island Ave., NW
☎ (202) 296 2100
FAX (202) 3310227
Metro: Dupont Circle
Geschmackvolles historisches Ambiente einmal etwas preiswerter. Kat. M.

Hotel Lincoln Suites
1823 L St., NW
☎ (202) 223 43 20
www.lincolnhotels.com
Metro: Farragut North
Angenehmes Suiten-Hotel zu vernünftigen Preisen. Kat. M.

Hotel Lombardy
2019 Pennsylvania Ave., NW
☎ (202) 828 26 00
FAX (202) 872 0503
Sympathische Bleibe mit italienischem Dekor. Kat. M–L..

River Inn
924 25th St., NW
☎ (202) 337 76 00
FAX (202) 337 65 20
www.theriverinn.com
Metro: Foggy Bottom
Unweit Georgetown: Breitgefächerte Klientel. Kat. M.

Tabard Inn
1739 N St., NW
☎ (202) 785 12 77
FAX (202) 785 6173
Metro: Dupont Circle
Auf drei viktorianische Stadthäuser verteilter Gasthof, mit schönen, individuell gestalteten Zimmern und Vintage-Mobiliar. Kat. M/E–M.

The Mansion on O Street
2020 O St., NW
☎ (202) 496 2000
Metro: Dupont Circle
Alte verrückt eingerichtete 100-Zimmer-Villa, kein Zimmer ist wie das andere. Kat. M.

ADAMS-MORGAN:

Washington International Backpackers
2451 18th St., NW
☎ (202) 667 76 81

Hotels in Washington DC (Fortsetzung)

Metro: Dupont Circle
In Adams-Morgan: fünf Schlafräume mit Etagenbetten, mit 20 $ pro Nacht die billigste Bleibe der Hauptstadt. Kat. E.

Williamsburg, VA

Williamsburg Inn
137 Francis St.
☎ (757) 229 10 00
FAX (757) 220 70 96
Eines der schönsten Hotels Virginias: Historisches Luxushotel mit 62 Zimmern und Suiten; Golf, Tennis, Spa; am Rand von Colonial Williamsburg. Kat. L.

Colonial Houses and Taverns
Colonial Williamsburg
☎ (757) 565 84 40
FAX (757) 565 84 44
www.colonialwilliamsburg.org
Mitten in Colonial Williamsburg: Schlafen in einem von über 20 restaurierten Häusern aus dem 18. Jahrhundert. Kat. M–L.

Liberty Rose B & B
1022 Jamestown Rd.
☎ (757) 253 12 60
www.libertyrose.com
Romantische Bleibe mit geschmackvoll dekorierten Zimmern. Kat. M/E–L/M.

Jugendunterkünfte

Allgemeines

Spezielle Jugendunterkünfte findet man in den USA in der Regel nur dort, wo mit einem erhöhten Aufkommen an jungen Touristen zu rechnen ist. Dies gilt in besonderem Maße für die großen und bekannten Städte, für College- und Hochschulstandorte sowie für die von Jugendlichen bevorzugten Ziele.

HI – AYH National Office
733 15th Street NW., Suite 840
Washington, DC 20005
☎ (202) 783 61 61
FAX (202) 783 61 71
www.hiayh.org

Y' Ways International
224 E. 47th Street
New York, NY 10017
☎ (212) 038 28 99
FAX (212) 038 31 61

Jugendherbergen (American Youth Hostels)

Der US-amerikanische Jugendherbergsverband Hostelling International – American Youth Hostels (HI-AYH) ist dem Internationalen Jugendherbergsverband angeschlossen und stattet seine Häuser nach dessen Normen aus. Sie sind in aller Regel von 7^{30} – 10^{00} und 16^{30} – 23^{00} Uhr geöffnet, in Großstädten länger.
Die Preise bewegen sich zwischen 10 und 25 $ pro Nacht. Ein internationaler Jugendherbergsausweis wird nicht immer verlangt, um sicherzugehen, sollte man sich dennoch einen solchen besorgen.

Warnung

Wie überall gibt es auch unter den Jugendherbergen "schwarze Schafe", die in keiner Weise den HI-AYH-Normen entsprechen und diesem Verband auch nicht angehören. Die echten Jugendherbergen erkennt man am dreieckigen HI-Logo mit dem üblichen Haus- und Baum-Symbol.

YMCA · YWCA

In allen größeren Städten können sich junge Menschen in Sachen Unterkunft an die christlich orientierten, dem deutschen CVJM entsprechenden Verbände YMCA (Young Men's Christian Association) und YWCA (Young Women's Christian Association) wenden, deren Beherbergungsbetriebe jedoch meist ausgebucht, mitunter auch nicht ganz preiswert sind.

YMCA · YWCA (Fortsetzung)

Während der Hochschulferien kann man oftmals recht preisgünstig in Studenten- und Dozentenwohnheimen logieren. Detaillierte Informationen halten die Fremdenverkehrsstellen (▶ Auskunft) bzw. die Hochschulverwaltungen der in Frage kommenden Orte bereit.

Studentenwohnheime (dorms)

Literaturempfehlungen

Romane und Krimis

Anonymous: Mit aller Macht. Heyne 1997.
Spannender Thriller vom unaufhaltsamen politischen Aufstieg des Südstaaten-Gouverneurs Jack Stanton. Das Buch erzeugte einigen Wirbel, da Parallelen zu Bill Clinton unübersehbar waren. Es erschien in den USA unter dem Namen "Primary Colours" und wurde mit John Travolta und Emma Thompson verfilmt.

Michener, James A.: Die Bucht. Droemer Knaur 1983.
Interessante Schicksale und historische Entwicklungen an der Chesapeake Bay – ein Roman zum Schmökern in bester Michener-Tradition.

Roosevelt, Elliott: Murder in the Map Room (An Eleanor Roosevelt Mystery). St. Martin's Press 1999.
Empfehlenswerter Krimi einer Serie aus der Feder des Sohns von Franklin Delano Roosevelt, bei der die First Lady Verbrechen im Weißen Haus auf die Schliche kommt.

Styron, William: The Confessions of Nat Turner. Vintage Books 1993.
Mit dem Pulitzer-Preis ausgezeichnet; schildert den moralischen Niedergang eines Mannes während einer Sklavenrebellion 1831.

Tyler, Anne: Die Reisen des Mr. Leary. Heyne 2002.
Tyler beschreibt in dieser netten Beziehungsgeschichte, wie Macon Leary, der sein Leben fest im Griff zu haben scheint, nach einer Ehekrise vollkommen neue Seiten an sich kennen lernen und erstaunliche Erfahrungen machen muss. Wurde mit Kathleen Turner, Geena Davis und William Hurt in der Hauptrolle verfilmt.

Vidal, Gore: Burr. btb/Goldmann 2001.
Lebensgeschichte eines schwarzen Schafes der amerikanischen Gründerelite, der unter Thomas Jefferson zum Vizepräsidenten aufstieg.

Sachbücher

Bernstein, Carl und Bob Woodward: All the President's Men. Touchstone Books 1994.
Spannende Beschreibung der beiden Reporter der "Washington Post", wie sie den Watergate-Skandal aufdeckten. Zurzeit leider nur in englischer Sprache erhältlich. Auch diese Geschichte wurde verfilmt ("Die Unbestechlichen", 1978); die Rollen der Journalisten spielten Dustin Hofman und Robert Redford.

Literatur-empfehlungen (Fortsetzung)

Gerste, Ronald D.: Die First Ladies der USA. Von Martha Washington bis Hillary Clinton. Pustet 2000.
Keine Einzelporträts, schildert die "weibliche Seite" der amerikanischen Geschichte.

Heideking, Jürgen: Die amerikanischen Präsidenten. 41 historische Porträts von George Washington bis Bill Clinton. C.H. Beck 1995.
Panorama der amerikanischen Geschichte, verdeutlicht an biografischen Porträts der einzelnen Präsidenten mit einer Bewertung ihrer Amtszeit.

Vidal, Gore: Washington D.C. Abacus-Verlag 1994.
Darstellung der amerikanischen Politik vom New Deal bis zur McCarthy-Ära.

Biografien und Autobiografien

Nicolaisen, Peter: Thomas Jefferson. Rowohlt-TB-Verlag 1995.
Schildert das Leben des dritten Präsidenten der Vereinigten Staaten. U.a. formulierte er die Unabhängigkeitserklärung und gab der amerikanischen Architektur wichtige Anstöße.

Washington, Booker T.: Up from Slavery. Penguin Books 1986.
Gehört zu den besten und bekanntesten Autobiografien der USA: von der Kindheit als Sklave in Virginia zum Leben als Geschäftsmann, Aktivist und Pädagoge.

Bildband

Heeb, Christian und Christine Metzger: Traumziel Amerika. Washington. Zwischen Kapitol und Chesapeake Bay. C.J. Bucher 1996.
Schöne Aufnahmen der amerikanischen Hauptstadt in all ihrer Vielfalt, mit der Chesapeake Bay, einem Eldorado für Wassersportler und Naturfreunde.

Maße · Gewichte · Temperaturen

Temperaturen

In den Vereinigten Staaten werden Temperaturen in Fahrenheit angegeben.
Umrechnung:
°C = 5 × (°F - 32) : 9
°F = 1,8 × °C + 32

Verhältnis:
°C : °F = 5 : 9
°F : °C = 9 : 5

Längenmaße

1 inch (in; Zoll) = 2,54 cm
1 cm = 0,39 in
1 foot (ft; Fuß) = 30,48 cm
10 cm = 0,33 ft
1 yard (yd; Elle) = 91,44 cm
1 m = 1,09 yd
1 mile (mi; Meile) = 1,61 km
1 km = 0,62 mi

Flächenmaße

1 square inch (in^2) = 6,45 cm^2
1 cm^2 = 0,155 in^2
1 square foot (ft^2) = 9,288 dm^2
1 dm^2 = 0,108 ft^2
1 square yard (yd^2) = 0,836 m^2
1 m^2 = 1,196 yd^2
1 sq. mile (mi^2) = 2,589 km^2
1 km^2 = 0,386 mi^2
1 acre = 0,405 ha
1 ha = 2,471 acres

Raummaße

1 cubic inch (in^3) = 16,386 cm^3

Raummaße (Fortsetzung)

1 cm^3 = 0,061 in^3	1 l = 1,057 qt
1 cubic foot (ft^3) = 28,32 dm^3	1 gallon (gal) = 3,787 l
1 dm^3 = 0,035 ft^3	1 l = 0,264 gal
1 cubic yard (yd^3) = 0,765 m^3	
1 m^3 = 1,308 yd^3	

Flüssigkeitsmaße

1 gill = 0,118 l
1 l = 8,474 gills
1 pint (pt) = 0,473 l
1 l = 2,114 pt
1 quart (qt) = 0,946 l

Gewichte

1 ounce (oz; Unze) = 28,35 g
100 g = 3,527 oz
1 pound (lb; Pfund) = 453,59 g
1 kg = 2,205 lb
1 stone = 6,35 kg
10 kg = 1,57 stone

Mietwagen (Rent-A-Car)

Preise

Einige Autovermieter bieten ihre Fahrzeuge zu interessanten Preisen an, wobei die Wochenpauschalen besonders günstig sind. Man lasse sich jedoch nicht von den extrem niedrigen Grundmieten blenden. Vielmehr achte man auf einen ausreichenden Versicherungsschutz (Haftpflicht, Kasko, Selbstbeteiligung). Versicherungspakete können recht teuer sein. Zudem fallen noch die Steuern des jeweiligen Staates und eventuell sogar Flughafensteuern (airport taxes) an, letztere jedoch nur bei Benutzung eines Airport Shuttle (Autobusdienst) vom Flughafen zum Autovermieter. Generell gilt: Wer einen Mietwagen schon von zu Hause aus reserviert, zahlt deutlich weniger als bei der Miete erst nach der Ankunft.

Führerschein, Mindestalter

Wer ein Fahrzeug anmieten will, muss einen nationalen oder international anerkannten Führerschein (driver's licence) vorlegen können und i.d.R. mindestens 21 Jahre alt sein. Einige Unternehmen überlassen ihre Fahrzeuge auch 18-Jährigen, allerdings verlangen sie dafür einen entsprechend kostspieligen "underaged"-Tarif.

Übergabe

Zwar hat jede Mietwagenfirma ihren Schalter am Flughafen, das Auto selbst erhält man jedoch woanders. Vom Flughafen zur Mietstation wird man mit einem Shuttle Bus gebracht. Ist das bestellte Auto nicht verfügbar, so hat man Anrecht auf ein Fahrzeug der nächsthöheren Klasse. Dies kann auch durch "upgrade coupons" erreicht werden, die von einzelnen Reisebüros und Fluggesellschaften ausgegeben werden. Vor der Abfahrt vom Gelände des Autovermieters sollte man sich über den Zustand des überlassenen Fahrzeuges vergewissern und entdeckte Mängel umgehend anzeigen. Im Übrigen gelten in einzelnen US-Bundesstaaten besondere Vorschriften in Sachen Mietwagen. Man erkundige sich rechtzeitig!

Kaution

Fahrzeuge werden von den Mietwagenfirmen nur gegen eine Kaution abgegeben, die bei den meisten Vermietern durch Vorlage einer Kreditkarte als gegeben gilt. Mit Bargeld kommt man hier nicht weit bzw. man müsste horrende Summen vorleisten.

Versicherungen

Die Autovermieter bieten viele verschiedene Versicherungen an, die man nicht alle abschließen muss. Zur Begriffsklärung:

Mietwagen (Fortsetzung)

CDW (Collision Damage Waiver): Haftungsbefreiung für Unfallschäden am Fahrzeug (dringend empfohlen)
LDW (Loss Damage Waiver): Haftungsbefreiung bei Fahrzeugverlust
PAI (Personal Accident Insurance): Insassenunfallversicherung
PEC (Personal Effect Coverage): Reisegepäckversicherung
LIS bzw. SLI: Haftpflicht-Zusatzversicherung, mit der die Haftpflichtsumme der ohnehin bestehenden gesetzlichen Haftpflichtversicherung erhöht wird

Mietwagenfirmen (Auswahl)

Alle namhaften Autovermieter unterhalten gebührenfreie Telefondienste (Hot Lines), deren Nummern aus den aktuellen Telefonbüchern vor Ort ersichtlich sind. Über diese 800er-Nummern kann man Reservierungen vornehmen lassen. Fast alle Firmen unterhalten Vertretungen auf den internationalen Flughäfen, in großen Hotels sowie in den Innenstädten und Urlauberzentren. Natürlich gibt es noch eine Unzahl lokaler Vermieter, deren Telefonnummern man den Yellow Pages entnehmen kann. Allerdings können die Fahrzeuge hier nicht mehr im allerbesten Zustand sein.

Alamo
☎ 800-GO ALAMO
Avis
☎ 800-230-4898
Budget
☎ 800-527-07 00
Dollar
☎ 800-800-40 00
Hertz
☎ 800-654-31 31
National
☎ 800-CAR-RENT
Thrifty
☎ 800-THRIFTY

Autoverkauf mit Rückkaufgarantie

Wer sich mit dem Gedanken trägt, längere Zeit bzw. längere Strecken in den USA zu reisen, für den könnte der Kauf eines Autos interessant sein. Kaufmöglichkeiten bestehen im ganzen Land, Probleme kann es nur beim Wiederverkauf geben. Wer sichergehen will, kann schon von Deutschland aus einen Wagen mit Rückkauf-Garantie erwerben.

Transatlantic Automobile Export Inc.
Rossinistr. 11
D-49565 Bramsche
☎ (0 54 61) 6 20 60

Swiss-Am Drive S. A.
Badstraße 15
CH-5400 Baden
☎ (0 56) 218 0 21
FAX (0 56) 218 0 23

National Parks · State Parks (Auswahl)

Geschützte Gebiete

In der Capital Region stehen zahlreiche Gebiete unter Schutz. Dabei wird unterschieden in Naturparks bzw. Naturschutzgebiete (National bzw. State Park, National bzw. State Forest, National bzw. State Wildlife Refuge oder Preserve, National Seashore etc.), denkmalgeschützte Flächen (National bzw. State Monument, Historic Site, Archaeological Site) und Erholungsparks (National bzw. State Recreational Area).

Beabsichtigt man den Besuch mehrerer Nationalparks, so empfiehlt sich der Kauf eines "Golden Eagle Pass". Dieser kostet derzeit 50 $ und gewährt freien Eintritt in alle Nationalparks während eines Kalenderjahres. Dieser Pass ist an den Parkeingängen bzw. in den Besucherzentren (Visitor Centers) erhältlich.

Golden Eagle Pass

In vielen Parks gibt es Übernachtungsmöglichkeiten in Motels, Lodges und Cabins (Hütten); rechtzeitige Reservierung wird empfohlen.

Übernachtung

National Park Service Headquarters
Director
1849 C Street NW
Washington DC 20240
☎ (202) 208 6843
www.nps.gov

National Capital Region
Regional Director
National Park Service
1100 Ohio Drive, SW
Washington DC 20242
☎ (202) 619 72 56

Virginia

Assateague Island National Seashore and Chincoteague National Wildlife Refuge (NP)
☎ (757) 336 65 77 (AINS)
☎ (757) 336 61 22 (CNWR)

Assateague Island National Seashore bzw. Chincoteague National Wildlife Refuge erreicht man von der Rte. 13 über die Rte. 175. Aktivitäten: Beobachtung der Wildpferde und Vögel, Angeln, Bootfahren, Wandern und Radfahren.

Blue Ridge Parkway (NP)
☎ (540) 298 03 98
Verläuft 214 Meilen in Virginia und mehr als 400 km in North Carolina. Geschichtsträchtige Gegend voller wunderschöner Wildblumen. Aktivitäten: Fahrradfahren, Mountainbiking, Wandern, Angeln und Campen.

Breaks Interstate Park (SP)
☎ (540) 865 4413
Der Park mit der tiefsten Schlucht östlich des Mississippis liegt an der Grenze zwischen Virginia und Kentucky – und ist von der I-81 aus leicht zu erreichen. Von Abingdon aus gelangt man auf der Rte. 19 und der Rte. 80 hierher. Aktivitäten: Wandern, Schwimmen, Wildwasser-Rafting

Claytor Lake (SP)
☎ (540) 643 25 00
Liegt abseits der I-81 bei Pulaski. Aktivitäten: Wandern, Bootfahren, Schwimmen und Camping.

Douthat (SP)
☎ (540) 862 8100
Liegt abseits der I-64 (auf der Rte. 629 ca. 11 km Richtung Norden. Aktivitäten: Schwimmen und Angeln; zudem kann man die wundervolle Bergwelt genießen.

Fairy Stone (SP)
☎ (540) 930 24 24
Kann man vom Blue Ridge Highway aus auf den Rtes. 58, 57 und 8 aus erreichen. Aktivitäten: Schwimmen, Angeln, Bootfahren im See, Wandern und Campen (Holzhütten vorhanden).

First Landing (SP)
☎ (757) 412 23 00
Der Parks abseits der Rte. 60 bei Cape Henry weist eine interessante Küstenlandschaft auf; zudem kann man sich im Chesapeake Bay Center informieren. Aktivitäten: Radfahren, Wandern.

George Washington & Jefferson National Forests (NP)
☎ (540) 265 51 00
www.fs.fed.us/gwjnf
Zu diesem Nationalpark kann man von mehreren Stellen der I-81 und des Shenandoah Valley aus gelangen. Hier kann man mehr als 3200 km Wanderwege und die Mount Rogers National Recreation Area erkunden. Aktivitäten: Jagen, Angeln, Bootfahren, Mountainbiking, Skifahren sowie Reiten.

Grayson Highlands (SP)
☎ (540) 579 70 92
Den Park nahe der Grenze zu North Carolina (Rte. 58) verfügt über hohe Berggipfel und einige Reitwege; zudem kann man hier wunderbar wandern und campen.

Kiptopeke (SP)
☎ (757) 331 22 67
Erreicht man von der Rte. 13 über die Rte. 704. Aktivitäten: Vogelbeobachtung, Angeln, Wandern und Schwimmen.

Natural Tunnel (SP)
☎ (540) 940 26 74
Aktivitäten: Schwimmen und Camping. Von der I-81 gelangt man über die Rte. 23 north nach Gate City, dann eine Meile östlich auf der Rte. 871.

Pocahontas (SP)
☎ (804) 796 42 55
Fahrt auf der I-95, dann Rte. 288 north, Rte. 10 east und Rte. 655. Aktivitäten: Bootfahren, Radfahren, Wandern, Schwimmen und Camping.

Shenandoah National Park (NP)
☎ (540) 999 35 00
Vom Skyline Drive aus zu erreichen. Aktivitäten: Wandern auf dem Appalachian Trail, Reiten, Fahrradfahren, Drachenfliegen und Camping.

Shot Tower and New River Trail (SP)
☎ (540) 699 67 78
Der 57 Meilen lange Weg folgt einer stillgelegten Eisenbahnstrecke. Aktivitäten: Wandern, Radfahren, Reiten, Angeln und Camping.

Smith Mountain Lake (SP)
☎ (540) 297 60 66
In dem großen See kann man gut schwimmen, um ihn herum führen Wanderwege. Campingmöglichkeiten sind vorhanden. Den Park erreicht man über die Rte. 460 (Rte. 122 south zur Rte. 608 East und dann Rte. 626 South).

Westmoreland (SP)
☎ (804) 493 88 21
Liegt nördlich von Montross bei der Rte. 3. Aktivitäten: Bootfahren, Schwimmen und Angeln im Potomac.

Maryland

Assateague State Park & National Seashore (SP)
☎ (410) 641 21 20 (ASP)
☎ (410) 641 14 41 (NS)

Liegt südlich von Ocean City an der Rte. 611 south, abseits der Rte. 50 east. Aktivitäten: Beobachten der Ponies und Wildvögel, Bootfahren, Angeln und Camping.

Blackwater National Wildlife Refuge (SP)
☎ (410) 228 26 77
V.a. wegen der Zugvögel bekannt; liegt 20 km südlich von Cambridge.

Catoctin Mountain Park (SP)
☎ (301) 271 31 80
Hierher gelangt man auf der Rte. 77 west abseits der Rte. 15. Ein 40 km langer Trail führt durch verschiedene Landschaften.

Chesapeake & Ohio Canal National Historical Park (SP)
☎ (301) 739 42 00
Geschichtsträchtige Gegend bei Harpers Ferry; schöne Wanderwege und Campingmöglichkeiten.

Green Ridge State Forest (SP)
☎ (301) 478 31 24
Östlich von Flintstone, abseits der I-68 gelegen. Interessante Tierwelt und einige gute Wanderwege.

Gunpowder Falls State Park (SP)
☎ (410) 592 28 97
Liegt nördlich von Perry Hall an den Flüssen Little und Big Gunpowder River. Aktivitäten: Wandern, Angeln, Paddeln und Camping.

Point Lookout State Park (SP)
☎ (301) 872 53 89
Befindet sich an der Rte. 5 bei Scotland. Aktivitäten: Bootfahren, Wandern, Angeln und Camping.

Savage River State Park (SP)
☎ (301) 895 54 53
Marylands größter staatlicher Forst südlich der Rte. 50 und New Germany. Aktivitäten: Wandern, Reiten, Mountainbiking.

Notdienste

Notruf

Entlang einiger Interstates und viel befahrener Überlandstraßen sind Notrufsäulen aufgestellt. Im Notfall kann man von jedem Telefon aus die "0" wählen und sich vom Operator mit der Polizei, der Ambulanz oder der Feuerwehr verbinden lassen. Man nennt seinen Namen und seinen Standort sowie die Art des Notfalls.

Autopanne

Mitglieder der großen europäischen Automobilklubs (gültigen Mitgliedsausweis mitführen!) wenden sich an die American Automobil Association (AAA).

Notarzt, Polizei, Feuerwehr
☎ 911

AAA
☎ 1-800-AAA-HELP

Öffnungszeiten

Ladengeschäfte, Shopping Malls

Die meisten Ladengeschäfte sind in der Regel Mo.–Fr. 10^{00}–18^{00} Uhr geöffnet. In größeren "Shopping Malls" (Ladenstraßen, Passagen) kann man von Mo. bis Sa. 10^{00}–21^{00} Uhr einkaufen. Manche

Öffnungszeiten (Fortsetzung) Geschäfte öffnen auch an Sonn- und Feiertagen für einige Stunden ihre Türen.

Banken Die Geldinstitute haben Mo. – Fr. 10^{00} – 15^{00}, Do. oder Fr. bis 18^{00} Uhr geöffnet.

Post (US Mail)

Postdienst Die US Mail ist nur für die Brief- und Paketbeförderung (auch Geldüberweisungen) zuständig. Der Telefon- und Telegrammdienst ist privaten Gesellschaften übertragen.

Porto Briefporto innerhalb der USA: 32 Cents je Unze (28 g)
Postkarte nach Europa: 50 Cents
Luftpostbrief nach Europa: 1 $ (maximal 1 Unze/28 g)
Aerogramm: 50 Cents

Briefmarken Briefmarken erhält man in Postämtern sowie an Automaten in Flughäfen, Bahnhöfen, Busstationen, Hotel-Lobbies und Drogerien.

Postämter Die durch eine US-Flagge gekennzeichneten Postämter sind zu folgenden Zeiten geöffnet: Mo. – Fr. 9^{00} – 17^{00} bzw. 18^{00}, Sa. 8^{00} – 12^{00} Uhr. Kleinere Poststationen halten eine Mittagspause ein.

Briefkästen Briefkästen sind an ihrer blauen Farbe mit der weißen Aufschrift "US Mail" und einem stilisierten Adler zu erkennen.

Rauchen

Rauchverbote Das Rauchen ist in den Vereinigten Staaten seit einiger Zeit sehr verpönt. Die meisten Fluggesellschaften haben bereits Rauchverbote verfügt und in vielen öffentlichen Einrichtungen darf ebenfalls nicht mehr geraucht werden. In den Restaurants sind große rauchfreie Zonen und nur noch kleine Bereiche für Raucher ausgewiesen. Beim Betreten eines Lokals wird man gefragt, ob man Raucher oder Nichtraucher ist.

Reisedokumente

Reisepass Für einen Besuch der Vereinigten Staaten benötigt man einen Reisepass, der mindestens noch sechs Monate über das geplante Abreisedatum aus den USA gültig sein muss.

Eingeschränkte Visumspflicht Grundsätzlich verlangen die US-Behörden von jedem Besucher ein Visum. Die Visumspflicht ist u.a. aufgehoben für Bürger der EU-Staaten (mit Ausnahme Griechenlands) und der Schweizerischen Eidgenossenschaft, die als Touristen, Transit- oder Geschäftsreisende in die Vereinigten Staaten von Amerika einreisen möchten. Diese Personen müssen jedoch vor der Ankunft in den USA das Formular I-94W ausfüllen, das man bereits während des Fluges oder der Überfahrt bzw. bei der Landeinreise via Mexiko oder Kanada vom Einwanderungsbeamten erhält. Reisende, die in ihrem Pass bereits ein unbegrenztes B-1- oder B-2-Visum eingetragen haben, brauchen das Formular nicht auszufüllen.

Eingeschränkte Visumspflicht (Fortsetzung)

Ein Visum ist nach wie vor für folgende Personengruppen erforderlich: Personen, die sich länger als 90 Tage in den USA aufhalten wollen, Studenten, Journalisten, Austausch-Besucher, Regierungsbeamte auf Dienstreisen, Flugzeugbesatzungen und Verlobte amerikanischer Bürger. Entsprechende Anträge erhält man bei den US-amerikanischen Botschaften und Generalkonsulaten (▶ Diplomatische und konsularische Vertretungen).

Finanzielle Mittel

Bei der Grenzkontrolle müssen genügend finanzielle Mittel nachgewiesen werden können, die ausreichen, um einen USA-Aufenthalt bestreiten bzw. ein Rückreiseticket besorgen zu können.

Impfbestimmungen

Ein Impfzeugnis wird nur dann verlangt, wenn man aus gefährdeten Gebieten in die USA einreist. Es ist in jedem Falle ratsam, sich vor Reiseantritt beim zuständigen Konsulat über die neuesten Vorschriften zu erkundigen.

Hunde

Wer seinen Hund in die USA mitnehmen will, hat ein tierärztliches Gesundheits- und Tollwutimpfzeugnis vorzulegen, das einen Monat vor der Abreise ausgestellt sein muss und nicht länger als ein Jahr gilt. Aktuelle Vorschriften teilen die Botschaften und Generalkonsulate mit.

Reisezeit

Die Monate September bis November sind die trockensten und damit die angenehmste Reisezeit: Bei gemäßigten Temperaturen lässt sich die Farbenpracht der Laubbäume im "Indian Summer" genießen. Mit einer täglichen Sonnenscheindauer von sieben Stunden bieten sich auch die Monate März bis Mai für einen Urlaub an. Die Obstbaumblüte, vor allem die legendäre Kirschblüte in Washington, ist die Naturattraktion dieser Jahreszeit. Vom Memorial Day (letzter Montag im Mai) bis Anfang September ist Ferienzeit. Viele Amerikaner nutzen diese Zeit zu Reisen in ihre Hauptstadt und zu den geschichtsträchtigen Orten der USA. Besonders am Unabhängigkeitstag, dem 4. Juli, ist Washington DC Hauptreiseziel. Auch die Küsten der Chesapeake Bay und die Sandstrände des Atlantiks sind mit ihren Freizeitmöglichkeiten im Sommer stark frequentiert. Die Naturschönheiten des Blue Ridge Parkways und des Shenandoah National Parks locken vor allem im Herbst und Frühjahr Besucher an.

Restaurants

Essen gehen in den USA

In Washington DC und der Capital Region gibt es nicht nur recht viele Restaurants, sondern auch eine breite Palette von nationalen Küchen. Besonders zu empfehlen sind in der Küstenregion die zahlreichen auf Fisch, Schalen- und Krustentiere (seafood) spezialisierten Restaurants, in denen man vielerlei Spezialitäten probieren kann. Preisgünstig, aber nicht unbedingt gut, speist man in den Schnellrestaurants (z.B. Burger King, Kentucky Fried Chicken,

McDonald's). Bessere Speiselokale, zu denen man auch jene der Familien-Restaurantkette "Dennys" zählen kann, findet man überall dort, wo besonders viele Touristen auftreten, also in der Nähe größerer Ferienanlagen bzw. Großhotels. Sehr gute, aber auch sehr teure Restaurants gibt es oftmals in den herausgeputzten historischen Stadtzentren, an den Marinas sowie in der Nachbarschaft von Luxushotels. In den meisten Lokalen werden Kreditkarten und American-Express-Reiseschecks neben Bargeld akzeptiert. In der Regel wartet man am Eingang oder der Rezeption auf eine Platzzuweisung durch das Bedienungspersonal; normalerweise wird man auch gefragt, ob man Raucher oder Nichtraucher ist.

Preiskategorien

Die nachstehend aufgelisteten Restaurants sind in drei Kategorien unterteilt: L = luxuriös, teuer, M = Mittelklasse, gehobene Preislage, E = relativ einfache Lokale mit annehmbaren Preisen.
Für einen Hauptgang ist zu rechnen mit:
L = 25 $ und mehr, M = 15 – 30 $, E = weniger als 15 $.

Abingdon, VA

The Dining Room at Camberley's Martha Washington Inn
150 W. Main St.
☎ (540) 628 3161
Am besten vorher reservieren: Elegantestes Restaurant im Südwesten Virginias, internationale Küche. Kat. M.

The Tavern
222 E. Main St.
☎ (540) 628 1118
Speisen im ältesten Haus der Stadt: Über der Tür steht 1779, auf der Speisekarte Steaks, Seafood und Kasseler Rippchen. Kat. M.

Annapolis, MD

49 West
49 West St.
☎ (410) 626 97 96
Nettes Restaurant an der Ecke West u. Cathedral Sts., Pub-Küche, abends Livemusik. Kat. M.

Riordan's Saloon & Restaurant
26 Market Square
☎ (410) 263 54 49
www.riordans.com
Frische Meeresfrüchte, Pasta und große Salatteller, mit Blick auf die Docks. Kat. E.

Baltimore, MD

Bertha's
Broadway und Lancaster Sts.
☎ (410) 327 57 95
Traditionsreiche Bar, mit angeschlossener Grillstube. Kat. M.

Dalesio's
829 Eastern Ave.
☎ (410) 539 19 65
Italiener mit verblichenem Charme, Spezialität: natürlich Pasta. Kat. M.

Faidley's
400 W. Lexington St.
(im Lexington Market)
☎ (410) 727 48 98
In dieser mit über hundert Markt- und Imbissständen größten Markthalle Baltimores bietet Faidley's die besten "crab cakes" der Stadt feil. Kat. E.

Joy America Café
800 Key Hwy. (im American Visionary Museum)
☎ (410) 244 65 00
Aussicht auf den Inner Harbour: Elegante Verbindung zwischen würziger Südstaaten- und leichter California Cuisine. Kat. M.

Cape Charles, VA

Sting-Ray's Restaurant
26507 Lankford Hwy. (Rte. 13)
☎ (757) 331 25 05
Seafood und Steaks in umgebautem Exxon-Truckstop: Besitzer "Sting"-Ray Haynie begrüßt jeden Gast persönlich. Kat. E.

Tastefully Yours, Too
307 Mason Ave.
☎ (757) 331 19 50
Von zwei Nonnen betriebene Essstube mit italienischer Küche, empfehlenswert: Tortellinisuppe. Kat. M.

Charlottesville, VA

Blue Ridge Brewing Co.
709 W. Main St.
☎ (804) 977 00 17
Geräucherte Forelle, Pastagerichte und vor Ort in großen Kesseln gebrautes "Afton Ale": Ein Pub für Seh- und Geschmacksnerven gleichermaßen. Kat. M.

Southern Culture
633 W. Main St.
☎ (804) 979 19 90
Cuisine des Südens, also Exotisches wie Cajun-Rezepte und Deftiges wie Virginia-Räucherschinken. Kat. M.

Chincoteague Island, VA

Etta's Channel Side Restaurant
7452 E. Side Dr.
☎ (757) 336 56 44
Weiträumiger Speisesaal mit Blick auf den Assateague Channel, Spezialität: Hausgemachte Crab Cakes. Kat. E.

Cumberland, MD

The Oxford House
118 Greene St.
(im Inn at Walnut Bottom)
☎ (301) 777 7101
Gediegene internationale Küche; besonders empfehlenswert: "Chicken Annapolis". Kat. M.

Frederick, MD

Brewer's Alley
124 N. Market St.
☎ (301) 631 00 89
Ideenreiche Cajun-Küche aus Louisiana, Spezialität: Gumbo und Boudin-Wurst. Kat. M.

Fredericksburg, VA

La Petite Auberge
311 William St.
☎ (540) 371 27 27
Angenehme Überraschung: Fein abgestimmte französische Küche in kultivierter Umgebung. Kat. M.

Sammy T's
801 Caroline St.
☎ (540) 371 20 08
Pub-Gerichte mit netten Extras wie Apfel-Cheddar und Tofu-Burgern. Kat. M.

Lexington, VA

Wilson-Walker House Restaurant
30 N. Main St.
☎ (540) 463 30 20
Eleganz in altem Gemäuer von 1820: Neue amerikanische, mit Himbeer- und Honigvinaigrette arbeitende Küche. Virginia-Weine. Kat. M.

Lynchburg, VA

Meriwether's Market Restaurant
4925 Boonsboro Rd.
☎ (804) 384 33 11

Sehr gute, z.T. ausgefallene Gerichte aus frischen Produkten der Region. Sehr schmackhaft ist das leichte Menü, das zwischen Lunch und Dinner angeboten wird. Kat. M.

Norfolk, VA

Freemason Abbey Restaurant & Tavern
209 W. Freemason St.
☎ (757) 622 39 66
Originell: Hummer, Krabben, Steaks und Ribs in einer Abtei aus dem 19. Jh. Kat. M.

La Galleria Ristorante
120 College Rd.
☎ (757) 623 39 39
Rund um den Pizza-Ofen: Norditalienische Spezialitäten zu live dargebotener Piano-Musik. Kat. E.

The Blue Hippo
147 Granby St.
☎ (757) 533 96 64
Blaue und gelbe Wände kitzeln das Auge, fantasievolle, entfernt an Louisiana erinnernde Gerichte den Gaumen. Kat. E.

Ocean City, MD

Christopher's Tutti Gusti
33rd St. u. Coastal Hwy.
☎ (410) 289 33 18
Italienische Küche aus der Toskana, hervorragend: die hausgemachten Fettucini. Kat. M.

Jonah & the Whale
26th St. at the boardwalk

☎ (410) 524 27 22
Sehr gutes Seafood-Buffet in einer ursprünglichen Walfängerkneipe. Kat. M.

The Hobbitt
81st St at the Bay
☎ (410) 524 81 00
Eines der wenigen guten Restaurants im von Fastfood-Läden beherrschten Ocean City. Elegante Atmosphäre, ideenreiche Seafood- und Hühnchengerichte. Kat. M–L.

Oxford

Robert Morris Inn
PO Box 70
314 N. Morris Street
☎ (410) 226 51 11
FAX (410) 226 57 44

Das Inn am Tred Avon River wurde bereits 1710 errichtet; sein Restaurant ist für die schmackhaften und liebevoll zubereiteten Gerichte bekannt, besonders die "crab cakes", von denen James Michener sagte, sie seien die besten an der Eastern Shore. Der Speisesaal ist mit Kristalllüstern und Wandgemälden geschmückt; etwas ungezwungener geht es im Taproom oder der Tavern zu. Kat. M–L.

Richmond, VA

Du Jour
5806 Grove Ave.
☎ (804) 285 13 01
Eines der besten Restaurants der Stadt: Cuisine française, hervorragende Weinkarte, schöne Terrasse. Kat. M.

Havana '59
16 N. 17th St.
☎ (804) 649 28 22
Kubanisches Barbecue, vor allem kubanische Drinks und Cocktails mitten in Shockoe Bottom. Kat. M.

Hill Café
2800 E. Broad St.
☎ (804) 648 03 60
Gemütliche Atmosphäre, ausladende Wein- und Bierkarte. Zu empfehlen: Entenbrust und diverse Pastagerichte. Kat. E.

P. G. T. Beauregard's Thai Room
103 Cary St.
☎ (804) 644 23 28
Seit vielen Jahren die unangefochtene Nummer 1 in Thai-Cuisine. Kat. M.

Richbrau Brewing Company
1214 E. Cary St.
☎ (804) 644 30 18
Pub und Brauerei unter einem Hut. Fish n' Chips und hausgemachtes Bier. Kat. E.

Strawberry Street Café
421 N. Strawberry St.
☎ (804) 353 68 60
Alles marktfrisch zubereitet; legendär: die in einer Badewanne untergebrachte Salatbar. Kat. E.

The Hard Shell
1411 E. Cary St.
☎ (804) 644 53 41
Shockoe Slip: Einheimische essen hier ihren Hummer. Kat. M.

The Tobacco Company
1201 E. Cary St.
☎ (804) 782 95 55
Meeresfrüchte, Steaks und Filets Mignons in renoviertem Tabak-Lagerhaus, dazu jede Menge Live-Entertainment. Kat. M.

Roanoke, VA

Carlos' Brazilian & International Cuisine
312 Market St.
☎ (540) 345 76 61
Klassisches Bistro-Dekor und leise Samba-Musik, dazu exotisch gewürzte brasilianische Spezialitäten. Kat. M.

Outback Steakhouse
4380 Franklin Rd.
☎ (540) 776 32 38
Steaks, Ribs und riesige Salatteller in zünftiger Wildwest-Atmosphäre. Kat. M.

St. Michaels, MD

Carpenter Street Saloon
Talbot u. Carpenter Sts.
☎ (410) 745 51 11
Treffpunkt der "locals", gute Burger und Sandwiches. Kat. M.

Bistro St. Michaels
403 S. Talbot St.
☎ (410) 745 91 11
Ein bisschen Paris: Raffinierte Bistro-Küche und exquisite Weinkarte. Nur eine Handvoll Tische, daher unbedingt vorher reservieren. Kat. M.

Staunton, VA

The Pullman Restaurant
Old C & O-Depot
☎ (540) 885 66 12
Zum Restaurant umfunktionierter Bahnhof aus den 1880er-Jahren, mit Original-Dekor. Burger, Steaks und Cajun-Gerichte. Kat. M.

NATIONAL MALL · DOWNTOWN:

Capital Grille
601 Pennsylvania Ave., NW
☎ (202) 7376200
Metro: National Archives
Exzellente Fleisch- und Fischgerichte, aber noch interessanter: Todernste Kongressmänner und Big Business beim Einfädeln neuer Deals. Kat. M.

Coco Loco
810 7th St., NW
☎ (202) 2892626
Metro: Gallery Place
Mexikanische Tapas, brasilianische "churrasqueria"-Fleischteller: Von Mittwoch bis Samstag, wenn das halbe Restaurant in einen Nachtklub verwandelt wird, helfen heiße Salsa-Rhythmen beim Verdauen. Kat. M.

Georgia Brown
950 15th St. NW
☎ (202) 6372077
Sehr gute Südstaaten-Küche. Wird gerne von der afroamerikanischen Elite der Stadt besucht. Sehr beliebt ist der Brunch am Sonntag, untermalt von R & B-Musik. Kat. M.

Havana Breeze
1401 K St., NW
☎ (202) 7891470
Metro: McPherson Square
Ein Stückchen Kuba im Schatten von Uncle Sam: Würzige Spezialitäten von der Zuckerinsel, im oberen Stockwerk Schwoof zu Son und Salsa. Kat. M.

Manhattan Deli
801 Pennsylvania Ave., NW
☎ (202) 7372211
Metro: National Archives
Pizzas, Pancakes und leichte Mahlzeiten: Guter Ort zum Auftanken während einer Museumstour an der Mall. Kat. E.

Red Sage
605 14th St., NW
☎ (202) 6384444
www.redsage.com
Metro: Metro Center
Nur einen Block vom Weißen Haus entfernt: Moderne, mehrfach ausgezeichnete amerikanische Küche auf mehreren Etagen, Millionen Dollar teures Dekor. Kat. M–L.

Reeves Restaurant & Bakery
1306 G St., NW
☎ (202) 6286350
Metro: Metro Center
Seit 1886 in Betrieb: Washingtons beste Bäckerei – unbedingt den "world famous" Erdbeerkuchen probieren, daneben gute Hühnchengerichte. Kat. E.

Stoney's
1307 L St., NW
☎ (202) 3479163
Metro: National Archives
Seit über drei Jahrzehnten gut besuchte Essstube Einheimischer und – angeblich auch – hungriger Geheimagenten. Hausgemachte Burger und gigantische Sandwiches. Kat. M.

FOGGY BOTTOM, DUPONT CIRCLE, GEORGETOWN:

Aquarelle
2650 Virginia Ave., NW
☎ (202) 2984455
Metro: Foggy Bottom
Im berühmt-berüchtigten Watergate-Hotel gelegen, mit schönem Blick auf den Potomac River. Moderne amerikanische Küche, v.a. Wildbret und Pasteten. Gut vor dem Besuch des nahe gelegenen Kennedy Center. Kat. M.

Citronelle
3000 M St., NW

☎ (202) 625 21 50
Laut Condé Nast Traveler Magazine eines der 50 "most exciting restaurants" der Welt: Gelungene Fusion amerikanischer und französischer Küche, freundlich-elegantes Ambiente. Kat. M.

City Lights of China
1731 Connecticut Ave., NW
☎ (202) 265 66 88
Metro: Dupont Circle
Seit vielen Jahren eines der besten chinesischen Restaurants. Kat. M.

Enriqueta's
2811 M St., NW
☎ (202) 338 77 72
Älter als die meisten Restaurants in Georgetown, bietet Enriqueta's mexikanische, dem amerikanischen Geschmack nicht angepasste Spezialitäten. Kat. M.

Kinkeads
2000 Pennsylvania Ave., NW
☎ (202) 296 77 00
Metro: Foggy Bottom
Nur vier Blocks vom Weißen Haus entfernt: Immer voll, immer gut. Exotisch gewürztes Seafood, herrliche Austernbar. Kat. E–M.

Lulu's New Orleans Café
1217 22nd St., NW
☎ (202) 861 58 58
Metro: Foggy Bottom
Nachbarschaftstreff, der mit Katzenwels und Jambalaya typische Cajun Cuisine auf den Tisch bringt. Kat. M.

Old Glory All American Barbecue
3139 M St., NW
☎ (202) 337 34 06
Wie der Name bereits sagt: Steaks, Ribs und Chicken, und zwar bis zum Abwinken..

Ristorante Piccolo
1068 31st St. NW
☎ (202) 342 74 14
Die romantische Garten-Trattoria in Georgetown ist genau der richtige Ort für eine besondere Verabredung oder eine Geburtstagsfeier. Kat. M.

Sholl's Colonial Cafeteria
1990 K St., NW
☎ (202) 296 30 65
Metro: Farragut West
Eine Institution bei Einheimischen wie Besuchern: Mahlzeiten "wie bei Muttern", mit frischem Gemüse und hausgemachtem Nachtisch. Kat. M.

Sushi-Ko
2309 Wisconsin Ave., NW
☎ (202) 333 41 87
Metro: Farragut West
Japanische Delegationen auf Staatsbesuch beziehen hier ihr Sushi. Auch interessante japanisch-amerikanische "fusion"-Gerichte. Kat. M.

Williamsburg, VA

The Jefferson Restaurant
1453 Richmond Rd.
☎ (757) 229 22 96
Seit 1950 eine feste Institution: Hier gibt es traditionelle Südstaaten-Küche, mit opulenten Reis- und Fischgerichten. Kat. M.

Restaurants in Williamsburg (Fortsetzung)	**Aberdeen Barn** 1601 Richmond Rd. ☎ (757) 229 66 61	Die besten Ribs der Stadt, ebenfalls zu empfehlen: Shrimps "Dijon".

Shopping

Washington DC

Shopping in Washington DC ist nicht gerade das Wichtigste beim Besuch dieser Stadt, doch man kann hier leicht einige schöne Souvenirs finden. Da bieten sich beispielsweise Banknotenschnipsel aus dem Bureau of Engraving and Printing an, Drucke der Unabhängigkeitserklärung oder Panda-Teddys als Erinnerung an einen Besuch im National Zoo. Eine sehr schöne Auswahl bieten die Museumshops: Ihr Angebot reicht von Flugzeugmodellen und gefriergetrockneter Astronautennahrung im Air and Space Museum bis zu ausgefallenem handgefertigten Schmuck im Museum of American Art. Der Laden des Textile Museums scheint vor lauter besonderen Stoffen und farbenfrohen Webarbeiten aus aller Welt fast überzuquellen. Preiswerte Drucke verkauft die National Gallery of Art, die Renwick Gallery Glasarbeiten und anderes Kunsthandwerk und im American History Museum findet man Typisches aus allen Regionen des Landes, egal ob Ahornsirup aus Vermont, Keramik der Navajos oder Kunstobjekte der Inuit. Hier und in den vielen Buchläden der Stadt kann man sich zusätzlich mit interessanter Literatur eindecken.

Eine wunderbare Auswahl an Stoffen im Laden des Textile Museums

In Adams-Morgan, vor allem entlang der 18th Street, gibt es viele ausgefallene Modegeschäfte, Musikläden und ab und zu Straßenstände. Ethnische Objekte, hauptsächlich aus Afrika werden in der New U Area (U Street NW / 14 St.) angeboten. Interessante Kunstgalerien sind in der Gegend um den Dupont Circle zu finden. In Georgetown entlang der M Street NW sieht man witzige Boutiquen, aber auch Ladenketten (Body Shop, Victoria's Secret etc.) und am Georgetown Park eine riesige Mall (3222 M St. NW). Weitere empfehlenswerte Malls sind die Union Station, The Pavillion at the Old Post Office und Potomac Mills, 20 km südlich der Stadt an der I-95.

Produkte der Capital Region

In den Städten der Capital Region gibt es viele Läden und Malls (Geschäftszentren), wo man nahezu alle Waren erstehen kann, doch die Gegend ist weniger für besondere Angebote und spezielle Güter bekannt. Zu den typischeren Produkten gehören Appalachian Crafts, d.h. Kunsthandwerk, das in den Bergen oder an der Eastern Shore hergestellt wird. Bei einer Fahrt in die Berge kann man kleine Läden und Kunsthandwerker aufsuchen; dort findet man dann v.a. Schnitzereien, Quilts, Körbe, Keramik und Volkskunst. Das Allegheny Highlands Arts and Crafts Center in den Appalachen bei Clifton Forge (Virginia) ist dabei besonders zu empfehlen. In West-Maryland zeigt das Spruce Forest Artisan Village die Arbeit der ansässigen Töpfer, Weber, Holzschnitzer und Glaskünstler. Wer allerdings in Washington DC bleibt, kann solche Erzeugnisse auch im Appalachian Spring Store in der East Hall der Union Station finden. An der Eastern Shore kann man sich nach Geschäften und Werkstätten umsehen, die Schnitzereien (meist Wildvögel) anbieten. Beliebte Souvenirs aus Virginia und Teilen von Maryland sind auch Lebensmittel, beispielsweise geräucherter Schinken (smoked country ham), eingelegtes Obst sowie Holunderwein.

Produkte der Capital Region (Fortsetzung)

Wer Markenware (Tommy Hilfiger, Ralph Lauren, Levi's, Wrangler usw.) ziemlich preiswert ergattern möchte, der sollte die Factory Outlets aufsuchen. Im Gegensatz zum hiesigen Fabrikverkauf, wo oft nur die Ware eines einzigen Herstellers an die Frau bzw. an den Mann gebracht wird, sind in amerikanischen Factory Outlets Artikel mehrerer Markenhersteller zu haben. An vielen Hotelrezeptionen liegt Prospektmaterial diverser Factory Outlets aus.
Besonders beliebt ist die Potomac Mills Value Outlet Mall in Woodbridge (Virginia) mit mehr als 200 Geschäften und Prime Outlets bei Hagerstown in Maryland. Weitere Prime Outlets gibt es in einer Vorstadt Baltimores abseits der I-95, in Williamsburg, Queenstown und Perryville.

Factory Outlets (Fabrikverkaufsstellen)

Sport

Zuschauersport

Die beliebtesten Zuschauersportarten in der Capital Region sind American Football, Baseball, Basketball und Eishockey. Football und Basketball werden besonders von Highschools und Universitäten gefördert, was ihre Vorrangstellung in diesen Sportarten erklärt. Für Europäer wegen seiner komplizierten Regeln oft undurchschaubar ist der Baseball ein durch und durch amerikanisches Phänomen, aus dessen Fachsprache bereits einige Metaphern entlehnt wurden: "Getting to first base" etwa bedeutet soviel wie "eine Chance haben".
Der europäische Fußball (Soccer) ist trotz der 1994 und 1999 in den USA abgehaltenen Weltmeisterschaften der Männer und der Frauen noch weit davon entfernt, eine Massensportart zu werden; allerdings wurden in den letzten Jahren vermehrt Jugendmannschaften gebildet. Washington DC hat mittlerweile ein eigenes Fußballteam (DC United), das im RFK Stadium spielt. Auch viele andere Profimannschaften verfügen über treue Fans, z.B. die Baltimore Orioles (Baseball), die Washington Redskins und die Baltimore Ravens (beide Football). Begeisterte Massen kommen zu den Spielen der Washington Capitals (Eishockey), der Washington Mystics und der Washington Wizards (beide Basketball) ins MCI Center.
Im Dreieck Baltimore – Annapolis – Washington DC spielt außerdem Lacrosse eine wichtige Rolle, ein hockeyähnliches Ballspiel, bei

Besonders beliebt: American Football, Baseball, Basketball und Eishockey

Zuschauersport (Fortsetzung)

dem 2 Parteien von je 10 Spielern versuchen, mit dreieckigen Netzschlägern den Ball ins gegnerische Tor zu treiben.

Aktivsport

Wandern und Rad fahren

Egal ob Küste, Piedmont oder Berglandschaft – Maryland und Virginia haben für Wanderer und Radfahrer Routen in jedem Schwierigkeitsgrad zu bieten. Viele der Wege, z.B. der Appalachian Trail verlaufen durch beide Staaten hindurch. Ein 500 Meilen langes Stück des Trans-America Bicycle Trail erstreckt sich vom Breaks Interstate Park am westlichen Rand Virginias bis nach Yorktown an die Küste. Zudem durchkreuzen Teile des Maine-Richmond-Küstenwegs und des Richmond-Florida-Küstenwegs den Staat. Als Wander- und Radrouten sind in Maryland – neben Trails und Pfaden am Kanal entlang – auch alte Eisenbahnrouten beliebt.
Radfahren in den größeren Städten und Vorstädten ist nicht umbedingt zu empfehlen, da die Straßen oft verstopft sind und Radwege fehlen. Aber außerhalb dieser Gebiete gibt es ein ideales Terrain in Form von flachen Küstengebieten, sanften Hügeln und Berge. Recht beliebt sind z.B. die Fahrradwege im Baltimore and Annapolis Trail Park und der Pfad entlang des C&O-Canals, der parallel zum Potomac an der Küste Marylands, von Georgetown in Washington DC bis nach Cumberland im Westen Marylands verläuft. Fahrräder kann man in den Küstenstädten mieten, in den Bergen auch Mountainbikes.

Golf

Golfer finden in der Capital Region Hunderte von anspruchsvollen Golfplätzen. Sonne und ein ganzjährig angenehmes Klima locken Freunde des Golfsports schon seit vielen Jahrzehnten zu den ca. 180 Plätzen in Virginia, z.B. zum seit 1892 bestehenden Homestead Course in Hot Springs oder zum nahe gelegenen Cascade Course, der von vielen für Amerikas beste Berganlage gehalten wird.
Auch die Gegend um Williamsburg hat einige gute Anlagen zu bieten: Legends at Stonehouse wie auch Royal New Kent haben den Preis "Best New Upscale Course in America" des Golf Digest erhalten; berühmt sind auch das Golden Horseshoe Green (entworfen von Rees Jones) und der Golden Course (entworfen von Robert Trent Jones). In der Gegend von Virginia Beach entstanden vor kurzem zwei hervorragende neue Golfplätze (Tournament Players Club und Heron Ridge). Auch Maryland hat mit fast 200 Plätzen einiges für Golffreunde zu bieten. In der Gegend von Baltimore befinden sich der Greystone (von Joe Lee entworfen), der vom Golf Digest vier Sterne verliehen bekam, und das Timbers at Troy und Turf Valley Resort and Conference Center. Landschaftlich sehr schön liegen die Brian Act South River Golf Links bei Annapolis. Rund um die Chesapeake Bay finden sich weitere beeindruckende Plätze, wie der Bulle Rock in Havre de Grace (von Golf + Travel zu einem der "100 Best Modern Golf Courses" gewählt), Hog Neck auf der Eastern Shore und in Queenstown Harbor Golf Links. Das Atlantic Ocean Resort in Ocean City hat allein 14 hervorragende Plätze.
Nördlich von Washington DC wurde erst vor kurzem der neue P.B. Dye Golf Club vom Sohn der Golflegende Pete Dye eröffnet und im bergigen Westen des Staates liegen der Rocky Gap State Park, der schön gelegene Platz des Wisp Resorts und der Oakland Golf Club.

In Virginias hügeligen und z.T. auch bergigen Regionen ist Reiten ein außerordentlich beliebter Sport. Bekannt dafür ist "Hunt Country" im Norden des Staates mit jeder Menge Reitwege aller Schwierigkeitsgrade. Auch im George Washington und dem Thomas Jefferson Forest und im Shenandoah National Park hat man jede Menge Reitmöglichkeiten. Ebenso im Südwesten Virginias mit dem New River Trail, dem Virginia Creeper Trail wie auch dem berühmten Virginia Highlands Horse Trail in der Mount Rogers National Recreation Area und dem Grayson Highlands State Park. **Reiten**

Zum Pferdesport in Hunt Country gehören aber ebenfalls Pferderennen, Dressurreiten, Polo und Military-Reiten; selbst Turnierkämpfe werden im Sommer in der Natural Chimney Recreation Area veranstaltet. In Maryland gehören Turniere gar zu den beliebtesten Veranstaltungen. Berühmt ist das Jadgrennen Maryland Hunt Cup Race in Glyndon (nördlich von Baltimore) am letzten Aprilwochenende.

Gelegenheiten zum Segeln bestehen in allen Küstenstädten der Capital Region – sei es Baltimore, Annapolis, Newport News oder Hampton. Für erfahrene Segler sind Charterboote mit und ohne Mannschaft in den meisten Küstengemeinden verfügbar (u.a. Solomons, St. Michaels, Ocean City, Norfolk, Virginia Beach). Während der Sommermonate kann man an der Chesapeake Bay alle Arten von Segelregatten beobachten. **Segeln**

Natürlich kann man in der Chesapeake Bay angeln, doch der Potomac River (bekannt für seine Barsche und Angelwettbewerbe) und seine Nebenflüsse sind bei den Anglern viel beliebter. In Virginia **Angeln**

Flautenregatta an der Chesapeake Bay

Sport, Angeln (Fortsetzung)

wird für das Angeln im Meer, an der Bay und in Flüssen bis zur Süßwasserlinie (saltwater fishing) keine Lizenz benötigt, jedoch aber für "freshwater fishing", d.h. Angeln in Flüssen, Teichen und gestauten Gewässern. In Maryland kann man Angellizenzen für 5 Tage auch in Sportfachgeschäften erhalten. Lizenzen für einen längeren Zeitraum müssen erst beantragt werden (▶ Auskunft).

Rafting, Kajak- und Kanufahren

Wildwasserfahren (Rafting), Kajak- und Kanufahren sind ausgesprochen beliebt in Maryland und Virginia. Kajakexkursionen werden in der Chesapeake Bay und ihren Nebenflüssen (Rappahannock und James River in Virginia, Patapsco and St. Mary's River in Maryland) angeboten. An Marylands Eastern Shore und Teilen des Potomac ist das Wasser ähnlich ruhig.
Am Shenandoah River (bei Harpers Ferry und südlich von Front Royal) sowie am Youghiogheny und Savage im westlichen Maryland finden Rafting- und Kajakenthusiasten wahre Herausforderungen; ebenso an einem wilden Teil der Potomac in der Nähe von Washington DC. Beliebt sind außerdem: der Maury River am Goshen Pass, im äußersten Westen der Russell Forks River im Breaks Interstate Park sowie einige Flüsse in den Blue Ridge Mountains und an der Grenze zu North Carolina.

Surfen und Tauchen

Surfen wird in der Capital Region immer beliebter. Die Strände in Virginia Beach sind empfehlenswert; hier finden die jährlich stattfindenden East Coast Championships statt. Beliebt sind auch die Belle Haven Marina bei Alexandria und die Fort Belvoir und Mason Neck State Parks am Potomac. Selbst in DC kann man Windsurfer an der Washington Sailing Marina beobachten. Eine andere große Surfszene gibt es außerdem in Ocean City und sogar die Flüsse, Buchten und Häfen der Chesapeake Bay sind beliebte Treffpunkte der Sportler.
Zudem gibt es hier und an der Eastern Shore einige Tauchgebiete, z.B. außerhalb von Arlington, Prince George, Portsmouth, Norfolk, Hopewell und Virginia Beach. Im Piney Point Tauchpark liegt sogar das Wrack eines deutschen U-Boots.

Skifahren

Vom Homestead Resort in Hot Springs (Shenandoah Valley) ging in den 1950er-Jahren die Begeisterung für den Skisport aus – und bald schon schlossen sich andere Gebiete diesem neuen Touristenboom an; Wintergreen bei Waynesboro und Massanutten bei Harrisonburg, um nur einige zu nennen.
Das Wisp-Skigebiet in West-Maryland überblickt den Deep Creek Lake. 23 Hänge gehören zu diesem Areal, ebenso Wege von ca. 20 km Länge – für alle Schwierigkeitsgrade etwas dabei. Vor allem Wochenendausflügler aus Washington DC oder Baltimore sind hier zu finden. In der Gegend befinden sich außerdem einige Langlaufloipen.

Sprache

Kleine Übersetzungshilfe

Das amerikanische Englisch unterscheidet sich vom britischen Englisch und vom deutschen Schulenglisch nicht nur in Aussprache und Betonung, sondern auch im Wortschatz. Nachfolgend eine kleine Übersetzungshilfe:

Ja. / Nein.	Yes. / Yeah. / No.	**Auf einen Blick**
Vielleicht.	Perhaps. / Maybe.	
Bitte.	Please.	
Danke. / Vielen Dank!	Thank you. / Thank you very much.	
Gern geschehen.	You're welcome.	
Entschuldigung!	Excuse me!	
Wie bitte?	Pardon?	
Ich verstehe Sie / dich nicht.	I don't understand.	
Ich spreche nur wenig ...	I only speak a little ...	
Können Sie mir bitte helfen?	Can you help me, please?	
Ich möchte ...	I'd like ...	
Das gefällt mir (nicht).	I (don't) like this.	
Haben Sie ...?	Do you have ...?	
Wieviel kostet es?	How much is this?	
Wieviel Uhr ist es?	What time is it?	
Guten Morgen!	Good morning!	**Kennenlernen**
Guten Tag!	Good afternoon!	
Guten Abend!	Good evening!	
Hallo! / Grüß dich!	Hello! / Hi!	
Mein Name ist ...	My name's ...	
Wie ist Ihr / dein Name?	What's your name?	
Wie geht es Ihnen / dir?	How are you?	
Danke. Und Ihnen / dir?	Fine thanks. And you?	
Auf Wiedersehen!	Goodbye! / Bye-bye!	
Tschüs!	See you! / Bye!	
Bis bald!	See you later!	
Bis morgen!	See you tomorrow!	
links	left	**Auskunft unterwegs**
rechts	right	
geradeaus	straight ahead	
nah	near	
weit	far	
Bitte, wo ist ...?	Excuse me, where's ..., please?	
... der Bahnhof	... the train station	
... der Omnibusbahnhof	... the bus station	
... die U-Bahn	... the subway	
... der Flughafen	... the airport	
Wie weit ist das?	How far is it?	
Ich möchte ... mieten.	I'd like to rent ...	
... ein Auto	... a car	
... ein Motorboot	... a motorboat	
... ein Fahrrad	... a bike	
Ich habe eine Panne.	My car's broken down.	**Panne**
Würden Sie mir bitte einen Abschleppwagen schicken?	Would you send a tow truck, please?	
Gibt es hier in der Nähe eine Werkstatt?	Is there a service station nearby?	
Wo ist die nächste Tankstelle?	Where's the nearest gas station?	**Tankstelle**
Ich möchte ... Liter / Gallonen ...	... liters / gallons of ...	
... Normalbenzin.	... regular.	

Sprache

Tankstelle (Fortsetzung)	... Super. ... Diesel. ... bleifrei / verbleit. Volltanken, bitte.	... premium. ... diesel ... unleaded / leaded, please. Full, please.
Unfall	Hilfe! Achtung! Vorsicht! Rufen Sie bitte ... ... einen Krankenwagen. ... die Polizei. Es war meine Schuld. Es war Ihre Schuld. Geben Sie mir bitte Ihren Namen und Ihre Anschrift	Help! Attention! Look out! Please call ... ... an ambulance. ... the police. It was my fault. It was your fault. Please give me your name and address.
Essen / Unterhaltung	Wo gibt es hier ... ... ein gutes Restaurant? ... ein typisches Restaurant? Gibt es hier eine gemütliche Kneipe? Reservieren Sie uns bitte für heute abend einen Tisch für vier Personen. Bezahlen, bitte. Nehmen Sie Reiseschecks? Haben Sie einen Veranstaltungskalender?	Is there ... here? ... a good restaurant ... a restaurant with local specialities? Is there a nice bar here? Would you reserve us a table for four for this evening, please? Could I have the check, please? Do you accept travellers checks? Do you have a calendar of events?
Einkaufen	Wo finde ich ...? ... eine Apotheke ... eine Bäckerei ... ein Fotogeschäft ... ein Kaufhaus ... ein Lebensmittelgeschäft ... einen Markt	Where can I find ...? ... a pharmacy ... a bakery ... a photo / camera store ... a department store ... a supermarket / grocery store ... a market
Übernachtung	Können Sie mir bitte empfehlen? ... ein Hotel / Motel ... eine Pension Ich habe bei Ihnen ein Zimmer reserviert. Haben Sie noch ...? ... ein Einzelzimmer ... ein Doppelzimmer ... mit Dusche / Bad ... für eine Nacht ... für eine Woche Was kostet das Zimmer ... mit Frühstück?	Could you recommend, please? ... a hotel / motel ... a B & B (bed & breakfast) I've reserved a room. Do you have ...? ... a room for one ... a room for two ... with a shower / bath ... for one night ... for a week How much is the room ... with breakfast?
Arzt	Können Sie mir einen guten Arzt empfehlen?	Can you recommend a good doctor?

Ich brauche einen Zahnarzt.	I need a dentist.	**Arzt (Fortsetzung)**
Ich habe hier Schmerzen.	I feel some pain here.	
Rezept	prescription	
Spritze	injection / shot	

Wo ist hier bitte ...	Where's the nearest ...	**Bank**
... eine Bank?	... bank?	
... eine Wechselstube?	... exchange-office?	
... ein Bankautomat	... teller machine?	
Ich möchte ... Deutsche Mark (Schilling, Schweizer Franken) in Dollars wechseln.	I'd like to change ... German Marks (Austrian Shillings, Swiss Francs) into dollars.	

Was kostet ...	How much is ...	**Post**
... ein Brief ...	... a letter ...	
... eine Postkarte ...	... a postcard ...	
nach Deutschland?	to Germany?	

Zahlen

0	zero	10	ten	20	twenty
1	one	11	eleven	21	twenty-one
2	two	12	twelve	30	thirty
3	three	13	thirteen	40	forty
4	four	14	fourteen	50	fifty
5	five	15	fifteen	60	sixty
6	six	16	sixteen	70	seventy
7	seven	17	seventeen	80	eighty
8	eight	18	eighteen	90	ninety
9	nine	19	nineteen	100	a (one) hundred

1000	a (one) thousand	1/2	a half
10000	ten thousand	1/4	a (one) quarter

Essen und Trinken

Menu (Speisekarte)

breakfast	Frühstück
coffee (with cream / milk)	Kaffee (mit Sahne / Milch)
decaffeinated coffee	koffeinfreier Kaffee
hot chocolate	heiße Schokolade
tea (with milk / lemon)	Tee (mit Milch / Zitrone)
scrambled eggs	Rühreier
poached eggs	pochierte Eier
bacon and eggs	Eier mit Speck
eggs sunny side up	Spiegeleier
hard-boiled / soft-boiled eggs	harte / weiche Eier
(cheese / mushroom) omelette	(Käse- / Champignon-) Omelett
bread	Brot
rolls	Brötchen
toast	Toast
butter	Butter
honey	Honig
jam	Marmelade
muffin	süßes Küchlein
fruit	Obst

Hors d'Œuvres and Soups (Vorspeisen und Suppen)	clam chowder	Muschelsuppe
	broth / consommé	Fleischbrühe
	cream of chicken soup	Hühnercremesuppe
	ham	gekochter Schinken
	mixed / green salad	gemischter / grüner Salat
	onion rings	fritierte Zwiebelringe
	seafood salat	Meeresfrüchtesalat
	shrimp cocktail	Krabbencocktail
	smoked salmon / lox	Räucherlachs
	tomato soup	Tomatensuppe
	vegetable soup	Gemüsesuppe
Fish and Seafood (Fisch und Meeresfrüchte)	clams	Venusmuscheln
	cod	Kabeljau
	crab	Krebs
	crab cakes	kleine Küchlein aus Krebsfleisch
	eel	Aal
	halibut	Heilbutt
	herring	Hering
	lobster	Hummer
	mussels	Muscheln
	oysters	Austern
	perch	Barsch
	salmon	Lachs
	scallops	Jakobsmuscheln
	sole	Seezunge
	squid	Tintenfisch
	trout	Forelle
	tuna	Thunfisch
Meat and Poultry (Fleisch und Geflügel)	bacon	Speck
	barbequed spare ribs	gegrillte Rippchen
	beef	Rindfleisch
	chicken	Hähnchen
	chop / cutlet	Kotelett
	filet mignon	Filetsteak
	duck(ling)	(junge) Ente
	gravy	Fleischsoße
	ground beef	Hackfleisch vom Rind
	ham	gekochter Schinken
	hamburger	Hamburger
	lamb	Lamm
	liver (and onions)	Leber (mit Zwiebeln)
	meatloaf	Hackbraten
	New York Steak	Steak mit Fettrand
	pork	Schweinefleisch
	rabbit	Kaninchen
	roast	Braten
	rump steak	Rumpsteak
	sausages	Würstchen
	sirloin steak	Lendenstück vom Rind, Steak
	T-bone steak	Rindersteak mit Knochen
	turkey	Truthahn
	veal	Kalbfleisch
	venison	Wild

Vegetables and Salad (Gemüse und Salat)

baked beans	gebackene Bohnen mit Tomatensoße
baked potatoes	gebackene Kartoffeln
cabbage	Kohl
carrots	Karotten
cauliflower	Blumenkohl
caesar salad	Romano-Salat mit Parmesan, Frühstücksspeck, Croutons und einem speziellen Dressing
chef's salad	Salat mit Schinken, Tomaten, Käse, Oliven
eggplant	Aubergine
french fries	Pommes frites
corn-on-the-cob	Maiskolben
cucumber	Gurke
garlic	Knoblauch
hash browns	Bratkartoffeln
herbs	Kräuter
leek	Lauch
lentils	Linsen
lettuce	Kopfsalat
mashed potatoes	Kartoffelbrei
mushrooms	Pilze
onions	Zwiebeln
peas	Erbsen
peppers	Paprika
pickles	Essiggurken
pumpkin	Kürbis
produce	frisches Gemüse
spinach	Spinat
squash	kleiner Kürbis
tomatoes	Tomaten

Dessert and Cheese (Nachspeisen und Käse)

apple pie	gedeckter Apfelkuchen
brownie	Schokoladenplätzchen
cinnamon roll	Zimtgebäck
cheddar	kräftiger Käse
cookies	Kekse
cottage cheese	Hüttenkäse
cream	Sahne
custard	Vanille-Eiercreme
donut	Schmalzkringel
fruit salad	Obstsalat
goat's cheese	Ziegenkäse
ice-cream	Eis
pancakes	Pfannkuchen
pastries	Gebäck
rice pudding	Reisbrei

Fruit (Obst)

apples	Äpfel
apricots	Aprikosen
blackberries	Brombeeren
blueberries	Heidelbeeren
cantaloup	Zuckermelone
cherries	Kirschen

Sprache (Fortsetzung)	cranberries	Preiselbeeren
	figs	Feigen
	grapefruits	Pampelmusen
	grapes	Weintrauben
	Key lime	Limone von den Keys
	lemon	Zitrone
	melon	Melone
	oranges	Orangen
	peaches	Pfirsiche
	pears	Birnen
	pineapple	Ananas
	plums	Pflaumen
	raspberries	Himbeeren
	rhubarb	Rhabarber
	strawberries	Erdbeeren
Beverages (Getränke)	alcoholic drinks	alkoholische Getränke
	beer	Bier
	on tap	vom Fass
	brandy	Cognac
	cider	Apfelwein
	red / white wine	Rot- / Weißwein
	dry / sweet	trocken / lieblich
	sherry	Sherry
	sparkling wine	Sekt
	table wine	Tafelwein
	soft drinks	alkoholfreie Getränke
	alcohol-free beer	alkoholfreies Bier
	light beer	alkoholarmes Bier
	fruit juice	Fruchtsaft
	lemonade	gesüßter Zitronensaft
	milk	Milch
	mineral water	Mineralwasser
	root beer	süße, dunkle Limonade
	soda water	Selterswasser
	tomato juice	Tomatensaft
	tonic water	Tonicwasser

Straßenverkehr

Verkehrsvorschriften

Hinweise

Jeder US-Bundesstaat hat neben bundesweiten auch seine eigenen Verkehrsgesetze. Gegenüber den Bestimmungen in Europa bestehen keine großen Unterschiede. Nachstehend einige unbedingt zu beherzigende Regeln:

Vorfahrt

Trotz Rechtsverkehr hat an ungeregelten Kreuzungen derjenige Vorfahrt, der zuerst da war. Nötigenfalls müssen sich die Verkehrsteilnehmer verständigen.

4-Way Stop

An vielen Kreuzungen sind alle Einmündungen mit Stoppschildern versehen. Jeder Verkehrsteilnehmer hat hier erst einmal anzuhalten. Wer zuerst an der Kreuzung war, darf dann auch als Erster weiterfahren.

4-Way Stop (Fortsetzung)

In allen Staaten besteht Gurtanlegepflicht. Kinder unter vier Jahren dürfen nur in einem speziellen Kindersitz mitfahren.

Gurte

In verkehrsberuhigten Innenstädten und Wohngebieten liegen die zulässigen Höchstgeschwindigkeiten zwischen 20 mph / 32 km/h und 35 mph / 56 km/h; befinden sich Schulen, Altenheime oder Krankenhäuser in Straßennähe, so kann die Höchstgeschwindigkeit nur 15 mph / 24 km/h betragen! Auf Ausfallstraßen und Überlandstraßen mit Gegenverkehr darf man in der Regel bis zu 45 mph / 72 km/h schnell sein. Führt die Straße durch Gebiete mit Wildwechsel, so sind bei Nacht nur noch 35 mph / 56 km/h erlaubt. Auf mehrspurigen Straßen und Autobahnen (Highways) darf man bis zu 55 mph / 88 km/h schnell sein. Auf verkehrsarmen Autobahnabschnitten sind auch Geschwindigkeiten bis 65 mph / 105 km/h erlaubt.

Geschwindigkeitsbegrenzungen

Auf einer Straße mit Gegenverkehr muss jeglicher Verkehr anhalten, wenn ein signalgelber Schulbus ein- und aussteigen lässt. Hält ein Schulbus auf einer durch einen breiten Grünstreifen bzw. durch eine nicht überwindbare Barriere vom Gegenverkehr getrennten Fahrbahn, so gilt diese Regelung nur für den in selber Richtung fließenden Verkehr.

Schulbusse

Verkehrsampeln hängen hinter (!) der Kreuzung. Rechtsabbiegen trotz roten Ampelsignals ist nach vollständigem Anhalten und bei Beachtung der Vorfahrt erlaubt. Verboten ist das Rechtsabbiegen bei Rot durch das Verkehrsschild “No turn on red”.

Ampeln und Rechtsabbiegen

Bei tief stehender Sonne, bei Sichtweiten unter 300 m, bei Regen sowie auf langen schnurgeraden Straßen mit Gegenverkehr muss mit eingeschaltetem Abblendlicht gefahren werden.

Abblendlicht

An Fernverkehrsstraßen außerhalb von geschlossenen Siedlungen sowie an vielen Straßen innerhalb geschlossener Siedlungen darf nicht geparkt werden. Sollte ein Anhalten erforderlich sein, muss auf den Randstreifen gefahren werden.

Parkverbot

Das Wenden ist auf vielen Straßen verboten und durch das Verkehrszeichen mit der Aufschrift “No U Turns” markiert.

Wenden

Auf Straßen mit vier und mehr Spuren, also vor allem auf Interstates und Highways, ist das Überholen auf der rechten Spur gestattet. Bei Spurwechsel nach rechts muss man also genauso vorsichtig sein wie beim Wechseln nach links.

Rechts überholen

Durchgezogene Doppellinien dürfen nicht überfahren werden, ebenso einfache durchgezogene Linien auf der Fahrerseite. Auf vielen Straßen sind Abbiegekorridore markiert, in die nur eingefahren werden darf, wenn die Begrenzungslinien durchbrochen sind.

Durchgezogene Linien

Auf mehrspurigen Straßen in Ballungsräumen (beispielsweise in Washington DC und Baltimore) sind in staugefährdeten Bereichen

Rush-Hour-Spuren

Rush-Hour-Spuren (Fts.) Fahrspuren markiert, die beim morgendlichen und abendlichen Stoßverkehrs nur von Fahrzeugen mit zwei und mehr Insassen benutzt werden dürfen. Verstöße werden von der Polizei geahndet.

Xing (Crossing)

Das englische Wort "Crossing" (dt. = überqueren) wird in den USA sehr oft mit "Xing" abgekürzt. Ein Verkehrsschild mit der merkwürdigen Aufschrift "Ped Xing" (Abkürzung für "Pedestrian Crossing") kündigt einen Fußgängerüberweg an. Nach dem Schild "Duck Xing" ist mit Enten (und anderen Wasservögeln) zu rechnen, die die Fahrbahn überqueren.

Abschleppen (Tow away)

Wer im Parkverbot oder vor einer Ausfahrt parkt, muss damit rechnen, dass sein Fahrzeug abgeschleppt wird. Man findet dann eine Information des Abschleppunternehmens vor, bei dem der Wagen nur gegen ein sehr hohes Entgelt ausgelöst werden kann.

Autostop In den Vereinigten Staaten ist Autostopp zwar erlaubt, aber auf Interstates und deren Zufahrten ist das Stoppen von Fahrzeugen per Handzeichen streng untersagt. Im Übrigen sei darauf hingewiesen, dass Autostopp auch von den Amerikanern als nicht ganz ungefährliche Art des Reisens – für Fahrer und Anhalter – angesehen wird.

Highways und Interstates

Interstates Die mehrspurigen Interstates entsprechen den deutschen Autobahnen und unterscheiden sich durch blau-weiß-rote Beschilderung von den normalen Highways. Interstates mit geraden zweistelligen Nummern verlaufen in Ost-West-Richtung, solche mit ungeraden zweistelligen Nummern in Nord-Süd-Richtung. Dreistellige Nummern bezeichnen Schnellstraßen-Ringe und Umgehungsstraßen.

Highways Die Highways sind das Pendant zu den deutschen Bundesstraßen, im Gegensatz zu diesen jedoch in den meisten Fällen mehrspurig ausgebaut. Weiße Schilder kennzeichnen sie als Bundes- (z. B. US 1) oder Staatsstraßen (State Roads; z. B. SR 84 bzw. MI 84). Auch bei ihnen definiert die Nummer die grobe Himmelsrichtung. Mit "ALT" ("alternative") oder "BUS" ("business") werden Umgehungsstraßen bezeichnet.

Der wichtigste Unterschied zwischen Highways und Interstates besteht darin, dass erstere – als mehrspurige Straßen – in den meisten Fällen nicht kreuzungsfrei sind. Bei Einmündungen und beim Linksabbiegen ist daher besondere Vorsicht geboten.

Toll Roads Die Bezeichnung "Toll" steht für eine Straßengebühr, die auf verschiedenen Interstates und Highways sowie für die Benutzung einiger Brücken, Dammstraßen und Tunnels bzw. Unterführungen erhoben wird. Es wird empfohlen, Kleingeld bereitzuhalten, um längere Wartezeiten an den entsprechenden Kontrollstellen zu vermeiden. Man kann dann direkt durch die Tore mit den Aufschriften "Exact Fare" fahren und die abgezählte Summe in die dafür vorgesehenen Körbe werfen.

Auf Straßen mit baulich voneinander getrennten Fahrstreifen liegen die Ausfahrten normalerweise auf der rechten Seite. Bei beengten Verhältnissen kann sich eine Ausfahrt aber durchaus auch auf der linken Seite befinden.

Ausfahrten

In dichter besiedelten Gebieten, an den Zu- und Ausfahrten von Highways und an den Kreuzungen von Überlandstraßen gibt es Tankstellen. Hingegen muss man in schwach besiedelten Räumen nach Tankstellen suchen. Angeboten wird bleifreies Benzin ("unleaded") in den Sorten "Regular" (Normal) und "Premium" (Super). Um die Zapfsäule betriebsbereit zu machen, muss ein Hebel umgelegt oder eine Halterung nach oben gezogen werden. An vielen Tankstellen wird vor allem abends und nachts Vorauskasse verlangt. Häufig gibt es verschiedene Zapfsäulen mit Bedienung und Selbstbedienung.

Tankstellen

Kleiner Verkehrswortschatz

Beware of ...	Vorsicht vor ...
Business	Ortsumgehung mit gleicher Nummer
Byp (Bypass)	Umgehungsstraße
Causeway	Brücke, Pontonbrücke
Caution	Achtung! Vorsicht!
Construction	Bauarbeiten
Crossing (Xing)	Kreuzung, Überweg
Dead End	Sackgasse
Detour	Umleitung
Divided Highway	Straße mit Mittelstreifen
Do not enter	Einfahrt verboten
Exit	Ausfahrt
Hill	Steigung / Gefälle / unübersichtliche Kurve (Überholverbot)
Handicapped Parking	Behindertenparkplatz
Junction (Jct)	Kreuzung, Abzweigung, Einmündung
Keep off ...	Abstand halten ...
Loading Zone	Ladezone
Merge (Merging Traffic)	Einmündender Verkehr
Narrow Bridge	Schmale Brücke
No Parking	Parken verboten
No Passing	Überholen verboten
No Turn on Red	Rechtsabbiegen bei Rot verboten
No U Turn	Wenden verboten
One Way	Einbahnstraße
Passenger Loading Zone	Halten nur zum Ein- und Aussteigen erlaubt
Ped Xing	Fußgängerüberweg
Rest Stop	Raststätte
Restricted Parking Zone	Zeitlich begrenztes Parken erlaubt
Right of Way	Vorfahrt
Road Construction	Straßenbauarbeiten
Slippery when wet	Schleudergefahr bei Nässe

Straßenverkehr (Fortsetzung)	Slow	Langsam fahren
	Soft Shoulders	unbefestigter Randstreifen
	Speed Limit	Geschwindigkeitsbegrenzung
	Toll	Benutzungsgebühr
	Tow away Zone	Absolutes Parkverbot (Abschleppzone)
	U-Turn	Wenden erlaubt
	Xing (Crossing)	Kreuzung, Überweg
	Yield	Vorfahrt beachten

Taxi

Cab

Taxis (Cabs) können überall per Handzeichen an der Straße angehalten werden. Der Grundpreis für die erste Meile (= 1,61 km) beträgt 2 – 3 $, für jede weitere Meile 1,50 – 2 $, für jede Minute Wartezeit 25 Cents.

Telefon

Private Telefongesellschaften

Die Telefonnetze werden in den USA von privaten Gesellschaften betrieben. Dies macht sich kaum bemerkbar mit Ausnahme von internationalen Gesprächen von manchen Telefonzellen aus, bei denen man den “Operator” einschalten muss.

Öffentliche Telefonzellen

Die öffentlichen Telefone funktionieren mit Münzen (25 Cents, Quarter; 10 Cents, Dime; 5 Cents, Nickel) bzw. mit Telefonkarten.

Gebührenfreie Nummern

Gespräche mit 800- oder 888-Nummern können nur innerhalb der USA geführt werden und sind gebührenfrei. Sie sind nicht mit 900-Nummern zu verwechseln, hinter denen sich oft recht teure kommerzielle Dienste verbergen.

Buchstaben

Die Telefon-Wähltasten sind auch mit Buchstaben belegt, so dass viele Nummern als leicht zu merkendes Kennwort angegeben sind (z.B. landesweite Pannenhilfe: ☎ 800-AAA-HELP).

Gespräche innerhalb der USA

Bei Gesprächen innerhalb eines Telefonbezirkes ist eine “1” und nur die Teilnehmernummer zu wählen. Wer innerhalb der USA telefonieren möchte, wähle zunächst die “1”, dann die Vorwahl (Area Code) und schließlich die Teilnehmernummer.

Internationale Gespräche

Von Privatanschlüssen wähle man “011”, dann die Länder- und Ortsnetzkennzahl unter Weglassung der “0” und schließlich die Teilnehmernummer. Von öffentlichen Telefonen aus wählt man die “0”. Es meldet sich der Operator, der alle weiteren Instruktionen erteilt.

Gebührenfreie Telefonauskunft

Im ausgelegten Telefonbuch der jeweils in Frage kommenden Gesellschaft findet man die Hinweise zur Telefonauskunft.

Telefongebühren

Ein Ortsgespräch kostet am Münztelefon 35 Cents. Ein Drei-Minuten-Ferngespräch nach Mitteleuropa kostet je nach Tageszeit bis zu 10 $. Überseegespräche können sinnvollerweise nur von solchen Automaten aus geführt werden, die größere Münzen (mindestens

25 Cents) annehmen. Leicht ermäßigte Telefontarife gelten in der Zeit zwischen 17^{00} und 23^{00} Uhr, stark ermäßigte Tarife zwischen 23^{00} und 8^{00} morgens sowie an Wochenenden.

Telefongebühren (Fortsetzung)

Zahlreiche Telefongesellschaften bieten Telefonkarten (Calling Cards) an, die bargeldloses Telefonieren von öffentlichen Fernsprechern aus ermöglichen. Diese Karten mit einer im Voraus bezahlten Anzahl von Einheiten können in vielen Geschäften, an Automaten, Tankstellen usw. erworben werden. An touristischen Brennpunkten gibt es Kartentelefone, die sehr einfach mit gängigen Kreditkarten (AMEX, Visa, Mastercard) bedient werden können.

Kartentelefone

Die in Europa verwendeten Geräte sind nicht kompatibel mit den amerikanischen Mobilfunkstandards. Es gibt vereinzelte Ausnahmen (triband), die in den meisten Fällen auch nicht benutzt werden können, da keine entsprechenden Abkommen zwischen den amerikanischen und den deutschen Netzbetreibern bestehen. Oft ist es allerdings möglich, bei den Mietwagengesellschaften für die Dauer des Aufenthalts ein Mobilfunkgerät zu mieten.

Mobiltelefone

Telefonvorwahlen

Von Deutschland, Österreich und der Schweiz in die USA
☎ 001

Von den USA
nach Deutschland ☎ 0 11 49
nach Österreich ☎ 0 11 43
in die Schweiz ☎ 0 11 41

Trinkgeld

Im Gegensatz zu europäischen Ländern ist in den USA das Trinkgeld nur ganz selten im Endpreis enthalten und muss gesondert gegeben werden. Angestellte in Restaurants und Hotels haben oft nur geringe Löhne und sind meist auf Trinkgelder angewiesen.

Tipping

Üblich ist, für Gepäckstücke, die aufs Zimmer gebracht oder von dort wieder geholt werden, 50 Cents bis 1 $ pro Stück zu geben. Für das Zimmermädchen lässt man in der Regel 2 $ pro Tag zurück. Angestellte an der Rezeption erwarten bei normalem Service kein spezielles Trinkgeld. Badewärtern am Pool gibt man 1 $ pro Person und Tag.
Für das Besorgen eines Taxis durch den Portier ist 1 $ Trinkgeld die Regel. Bietet ein Hotel oder Restaurant "Valet Parking", d.h. Angestellte übernehmen das Parken des Wagens, so erhalten diese für ihren Dienst 1 $ (jeweils beim Wegbringen des Wagens und beim Vorfahren).

Hotels

Das übliche Trinkgeld beträgt 15 – 20% des Rechnungsbetrages vor Hinzurechnung der Sales Tax (Verkaufssteuer). Das Trinkgeld wird meist auf dem Tisch zurückgelassen. In besseren Lokalen erwarten auch der Oberkellner und der Weinkellner ein Trinkgeld.

Restaurants

Der Fahrer erhält 20% des Betrages, den der Taxameter anzeigt, bei kurzen Strecken gelegentlich auch etwas mehr.

Taxi

Neben den ▶ Feiertagen werden in den USA eine Anzahl weiterer Veranstaltungen jedes Jahr feierlich begangen. An diesen Tagen haben die Geschäfte wie an "normalen" Tagen geöffnet:

Januar

Dr Martin Luther King Jr's Birthday
In Washington DC gibt es am dritten Montag des Monats zu Ehren des schwarzen Bürgerrechtlers eine besondere Feier vor dem Lincoln Memorial, wo Martin Luther King seine berühmte Rede ("I have a dream") gehalten hat.

Lee-Jackson Day
In Lexington und in ganz Virginia feiert man am dritten Januar-Montag Robert E. Lee (geb. 19. Januar) und Thomas "Stonewall" Jackson (geb. 21. Januar).

Chinese New Year
Die Feierlichkeiten zum chinesischen Neujahrfest dauern 14 Tage lang von Ende Januar bis Anfang Februar. Der erste Tag wird mit Paraden, Feuerwerk und Festessen willkommen geheißen.

Februar

Black History Month
Jeden Februar erinnert die Smithsonian Institution in Washington DC mit Veranstaltungen und Ausstellungen an die Geschichte der schwarzen Bevölkerung. Besondere Feiern gibt es an den Geburtstagen Abraham Lincolns (12. Februar) und Frederick Douglass' (14. Februar), die für die Abschaffung der Sklaverei eintraten.

Valentine's Day
Der 14. Februar steht in den USA ganz im Zeichen der Liebe. Anders als in Deutschland wird der Tag groß gefeiert: mit vielen Rosen, kitschigen Grußpostkarten, meist roter und/oder mit Herzchen verzierter Kleidung, Süßigkeiten u.v.m.

Washington's Birthday
Ende Februar wird in Alexandria eine Parade veranstaltet, bei der Themen aus dem Bürgerkrieg nachgestellt werden. Ähnliche Veranstaltungen finden auch in Fredericksburg und Mount Vernon statt.

März

St Patrick's Day
Gedenken an den Nationalheiligen Irlands am 17. März, das meist feucht-fröhlich begangen wird. Die meisten Leute tragen grüne Kleidung (in Anlehnung an die "Grüne Insel"). Zudem werden auch grünes Brot oder grünes Bier an diesem Tag verkauft. In vielen Städten wird eine Parade abgehalten.

Smithsonian Kite Festival
Am letzten Märzwochenende wird in Washington DC der schönste Drachen prämiert. Auf der Mall versammeln sich Hunderte, um bei diesem Wettbewerb mitzumachen – und auch eine Menge Zuschauer.

Passover
Dieser jüdische Feiertag wird im März oder im April begangen (abhängig vom jüdischen Kalender).

Easter
Das christliche Osterfest fällt auf den ersten Sonntag im Frühjahr nach einem Vollmond (d.h. entweder im März oder im April). Es gibt Ostermessen, Feiertagsmahle, gefärbte und Schokoladeneier. Der Karfreitag ist in den USA kein Feiertag!
Brauch ist es, dass der Präsident und die First Lady am Osterwochenende ein Fest für kleine Kinder, White House Easter Egg Roll genannt, veranstalten.

April

Cherry Blossom Festival
Anlässlich dieses Festivals an den ersten beiden Aprilwochenenden, wenn die Kirschbäume entlang der Mall blühen, gibt es viele Veranstaltungen in Washington DC: u.a. einen Schönheitswettbewerb, ein Straßenrennen, eine Kunsthandwerksmesse, eine Parade und viel Sport!

Maryland Hunt Cup Race
Dieses Hindernisrennen in Glyndon ist ein gesellschaftliches Ereignis, das viele Politiker anzieht.

World Championship Wildfowl Carving Competition
Die Weltmeisterschaft im Schnitzen von Lockvögeln zur Entenjagd findet Ende April in Ocean City statt.

Historic Garden Week
In ganz Virginia werden Ende April besonders schöne Gärten und Parks der Öffentlichkeit zugänglich gemacht.

Mai

Cinco de Mayo
Die meisten Amerikaner verbinden mit dem 5. Mai eine Menge mexikanischer Gerichte und viele, viele Margaritas. Dabei wird eigentlich der Tag gefeiert, an dem die Mexikaner 1862 die französische Armee in die Flucht schlugen.

Tour Du Pont
Anfang Mai findet dieses bekannte Radrennen statt; dabei wird Fredericksburg, Richmond, Emporia, Roanoke, Salem, Blacksburg und Bristol passiert.

Shenandoah Apple Blossom Festival
Dieses Anfang Mai stattfindende, vier Tage dauernde Fest mit Paraden, Livemusik, Kunsthandwerk, Rennen und vieles mehr zieht 250 000 Menschen an.

Mothers Day
Der zweite Sonntag im Mai ist den Müttern gewidmet.

William Paca House & Garden Tour
Einen besonderen Einblick hinter die Kulissen eines historischen Gebäudes und seiner Parkanlagen bekommt man Ende Mai in Annapolis.

Memorial Day Weekend Concerts
Das nationale Symphonieorchester veranstaltet ein freies Konzert am letzten Maiwochenende auf dem West Lawn des Kapitols (Washington DC).

Juni

Folklore Week
Handwerk und Kunst der Appalachen kann man Anfang Juni im Smith Mountain Lake State Park bei Roanoke bewundern.

Virginia Indian Heritage Festival
Musik- und Tanzfestival india-

nischer Ureinwohner in Jamestown; findet Mitte Juni statt.

Fathers Day
Der Vatertag wird am 3. Sonntag im Juni begangen.

Juli

Smithsonian Folklife Festival
An den zehn Tagen vor dem Unabhängigkeitstag (4. Juli) veranstaltet die Smithsonian Institution eine Art Bürgerfest auf der Mall in Washington DC.

Independence Day

Einen besseren Ort, den Unabhängigkeitstag zu feiern, als Washington DC gibt es nicht. Hier gehören die Große Parade entlang der Constitution Avenue, ein umfangreiches Unterhaltungsprogramm und ein riesiges Feuerwerk am Washington Monument zu dem Festtag.
Ebenfalls nicht zu verachten ist das Feuerwerk am Inner Harbour in Baltimore.

Virginia Highlands Festival
Typisches für die Appalachen (Musik, Tanz, Kunsthandwerk etc.) bekommt man Ende Juli in Abingdon zu sehen.

Annapolis Rotary Club Crab Feast
Krebse und Krabben en masse – sowie eine Menge Bier ziehen Ende Juli viele Besucher in dieses Football-Stadion in Annapolis.

August

Rocky Gap Music Festival
Als "Woodstock der Bluegrass-Musik" wird dieses Festival in Cumberland, das Anfang August stattfindet, bezeichnet.

Manassas (Bull Run) Reenactments
Ende August werden in Manassas die beiden bedeutenden Bürgerkriegsschlachten nachgestellt.

Maryland State Fair
Große Ausstellung und Messe in Timoniumin Ende August

September

Virginia State Fair
Landwirtschaftsausstellung in Strawberry Hill (Richmond) Ende September/Anfang Oktober.

Oktober

National Hard Crab Derby
Eine Mischung aus Karneval, Rodeo und Volksfest bietet das Crab Derby in Crisfield, das jedes Jahr am ersten Septemberwochenende Tausende Besucher anzieht.

United States Sailboat and Powerboat Shows
Dieses große Ereignis in Annapolis, bei dem Hunderte von Booten zu bewundern sind, ist in den ersten beiden Oktoberwochen das Ziel aller Bootliebhaber.

Marine Corps Marathon
Das beliebte Straßenrennen durch die Innenstadt von Washington DC findet am 24. Oktober statt.

Virginia Festival of American Film
Ende Oktober findet in Charlottesville dieses Filmfestival mit oft (noch) unbekannten Stars statt.

Halloween
Kinder und Erwachsene verkleiden sich gleichermaßen am 31. Oktober. Kinder gehen von Tür zu Tür und fragen nach Süßigkeiten – und die Erwachsenen veranstalten regelrechte (Grusel-)Parties.

November

Day of the Dead
Vor allem in mexikanisch geprägten Gebieten wird der Toten mit Familienfeiern und ausgiebigen Friedhofsbesuchen begangen. Brote und Süßigkeiten werden zu diesem Anlass in Form von Totenköpfen, Skeletten oder Särgen verkauft.

Waterfowl Festival
Anfang November kommen aus dem ganzen Land Besucher nach Easton zum Waterfowl Festival. Es steht ganz im Zeichen der Wildvögel – hier kann man zusehen, wie Lockvögel für die Entenjagd gefertigt werden und diese auch käuflich erwerben. Zum Rahmen passend wird auch ein Apportierwettbewerb für Hunde veranstaltet.

Election Day
Patriotischer Feiertag der Amerikaner am 2. Dienstag des Monats (nur in Wahljahren)

Waterfowl Week
Ende November öffnet das Naturschutzgebiet Chincoteague National Wildlife Refuge seine Pforten, so dass jeder den Zug der Schneegänse gen Süden beobachten kann.

Dezember

Thanksgiving at Berkeley Plantation
Am 4. Dezember wird in Charles City das Erntedankfest des Jahres 1619 nachgespielt.

Old Town Christmas Candlelight Tour
Am 1. Dezemberwochenende gibt es die Möglichkeit, bei Weihnachtsstimmung die historischen Häuser in Annapolis zu besichtigen.

Chanukah
Das acht Tage währende Fest erinnert an die Wiedereinweihung des Jerusalemer Tempels durch Judas Makkabäus (165 v.Chr.), bei dem jeden Abend am achtflammigen Chanukka-Leuchter ein Licht mehr entzündet wird.

National Christmas Tree Lighting Pageant of Peace
Der riesige Weihnachtsbaum an der White House Elipse wird jedes Jahr Anfang Dezember vom Präsidenten oder der First Lady illuminiert. Dazu gehören Feiern mit weihnachtlicher Musik.

Kwanzaa
Afroamerikanische Feierlichkeit (26. Dez. – 1. Jan.), entspricht dem Erntedankfest.

New Year's Eve
Feierlichkeiten am Silvesterabend, um das neue Jahr zu begrüßen. Im ganzen Land werden Feuerwerke veranstaltet, doch besonders schön ist es in Baltimore (Baltimore's New Year's Eve Extravaganza).

First Night Annapolis
In der ganzen Stadt gibt es am Silvesterabend Ausstellungen, Musikkonzerte und andere kulturelle Veranstaltungen.

Zeit

Eastern Time Washington DC und die Capital Region gehören zur Eastern-Time-Zone. Dies bedeutet, dass das Gebiet gegenüber der mitteleuropäischen Zeit um sechs Stunden zurückliegt. Die Sommerzeit (Daylight Saving Time), während der die Uhren um eine Stunde vorgerückt sind, gilt vom ersten Aprilsonntag bis zum letzten Oktobersonntag.

a.m./p.m. Die Stunden von Mitternacht bis 12^{00} Uhr mittags werden mit a.m. (ante meridiem) bezeichnet, die übrigen zwölf Stunden mit p.m. (post meridiem).

Zeitungen und Zeitschriften

Amerikanische Publikationen In den einschlägigen Verkaufsstellen liegt eine sehr breite Palette von Tageszeitungen und sonstigen Periodika für jeden Geschmack aus. Die führende Tageszeitung ist die “Washington Post”. Regional bedeutsam sind auch die in Annapolis erscheinenden Magazine “Chesapeake Bay” und “Chesapeake Life”.

Deutschsprachige Blätter Deutschsprachige Tageszeitungen und Illustrierte sind in einigen gut sortierten Kiosken auf den internationalen Flughäfen und in den wichtigsten Touristenzentren erhältlich. Sie kommen jedoch meist mit erheblicher Verspätung auf den Markt.

Zollbestimmungen

Hinweis Die für die Einreise in die USA und für die Wiedereinreise nach Deutschland, Österreich und in die Schweiz verfügten Zollbestimmungen werden laufend überarbeitet. Es ist daher ratsam, möglichst kurz vor Reiseantritt die aktuellen Bestimmungen beim zuständigen Zollamt bzw. beim nächsten US-Konsulat zu erfragen.

Einreise in die USA Bei der Einreise sind eine Immigration Card (Einreise-Erlaubnis) sowie eine Customs Declaration (Zollerklärung) auszufüllen. Zollfrei eingeführt werden dürfen Gegenstände des persönlichen Bedarfs (u.a. Kleidungsstücke, Toilettenartikel), Schmuck, Foto- und Filmapparate, Filme, Fernglas, Reiseschreibmaschine, ein tragbares Radio-, Tonband- und Fernsehgerät, Sportausrüstung, Kfz (bis 1 Jahr); für über 21-jährige Erwachsene 1 Quart (ca. 1 l) alkoholische Getränke, 200 Zigaretten oder 50 Zigarren oder 3 US-Pfund (lbs.; ca. 1350 g) Tabak. Zusätzlich können pro Person Geschenke bis zum Gegenwert von 100 US-Dollar (Alkohol und Zigaretten sind davon ausgenommen) eingeführt werden. Strengstens verboten ist die Einfuhr von Lebensmitteln, Pflanzen, Süßigkeiten und Obst.

Kraftfahrzeuge von Personen mit ständigem Wohnsitz außerhalb der USA können ein Jahr lang mit ihrem heimischen Kennzeichen in den Vereinigten Staaten gefahren werden. Bei der Ankunft stellt die Zollbehörde ein “Touring Permit” aus, das jedoch nur für touristische Aufenthalte gilt. Zollkaution wird erhoben für Fahrzeuge mit Zollkennzeichen oder wenn der Verdacht vorliegt, dass das Fahrzeug verkauft werden soll.

Zollfrei sind alle bereits in die Vereinigten Staaten mitgenommenen persönlichen Gebrauchsgegenstände (vgl. oben), ferner Reiseandenken bis zu einem Gesamtwert von 175 €. Darüber hinaus sind zollfrei: für Personen über 15 Jahre 500 g Kaffee oder 200 g Pulverkaffee und 100 g Tee oder 40 g Teeauszüge, 50 g Parfüm und 0,25 l Toilettenwasser sowie für Personen über 17 Jahre 1 l Spirituosen mit mehr als 22 Vol.-% Alkohol oder 2 l Spirituosen mit weniger als 22 Vol.-% Alkohol oder 2 l Schaumwein und 2 l Wein sowie 200 Zigaretten oder 100 Zigarillos oder 50 Zigarren oder 250 g Rauchtabak. Reist man von einem EU-Land wieder nach Deutschland oder Österreich ein, so sind die Mengen dort erworbener und zollfrei einführbarer Waren (bes. Genussmittel) größer.

Wiedereinreise in EU-Staaten

Für die Schweiz gelten folgende Freimengengrenzen: 250 g Kaffee, 100 g Tee, 200 Zigaretten oder 50 Zigarren oder 250 g Rauchtabak, 2 l alkoholische Getränke bis 15 Vol.-% und 1 l alkoholische Getränke über 15 Vol.-%. Souvenirs dürfen bis zu einem Wert von 100 CHF (sfr) zollfrei eingeführt werden.

Wiedereinreise in die Schweiz

Register

Abby Aldrich Rockefeller Folk Art Center 208
Abingdon 167
ADAC 264
Aktivsport 302
Alexandria 76
Alkohol 262
Ambulanz 263
AmeriPass 266
Amtrak 264-265
Anacostia 78
Annapolis 121
Anreise 262
Antietam National Battlefield 125
Apartments 273
Apotheken 263
Appalachian Trail 149, 252
Appomatox Court House National Historic Park 225
Architektur 44
Arlington 79
Arlington National Cemetery 80
Ärzte 263
Ash Lawn-Highland 180
Assateague Island National Seashore 127
Auskunft 263
Autohilfe 264

Babe Ruth 134
Bahnreisen 264
Ball's Bluff Battlefield and National Cemetery 218
Baltimore 128
Banken 275
Barboursville Vineyards 180
Battle Creek Cypress Swamp Sanctuary 158
Behindertenhilfe 265
Bentonville 255
Berkeley Plantation 215
Berlin 153
Bevölkerung 17
Big Stone Gap 169
Blacksburg 170
Blackwater National Wildlife Refuge 137
Blue Crabs 270-271
Blue Ridge Parkway 13, 172, 248
Bluegrass 248
Booker T. Washington Nat. Monument 248
Booth, John Wilkes 38
Breaks Interstate Park 173
Briefmarken 292
Brown, John 32, 119
Bürgerkrieg 32
Bush Gardens 211
Busreisen 266

Cab 314
Cambridge 136
Camping 266
Cape Charles 184
Carter Family Fold 168
Charlottesville 45, 174
Chesapeake & Ohio Canal 94-95, 118
Chesapeake Bay 14, 119
Chesapeake Bay Bridge-Tunnel 180
Chesapeake Beach 137
Chestertown 138
Chincoteague Island 186
Chincoteague National Wildlife Refuge 187
Chrysler Museum of Art 198
Civil War Trail 164
Cline, Patsy 253
Coffee Shops 276
Colonial Style 44
Colonial Williamsburg 209
Condominiums 273
Countrymusic 169
Covered Bridges 221
Credit Cards 275
Crisfield 139
Cumberland 141
Cumberland Gap National Historic Park 181

Deep Creek Lake 143
DeWitt Wallace Decorative Arts Gallery 208
Diplomatische Vertretungen 267
Douglass, Frederick 40, 78
Drugstore 263

Eastern Neck National Wildlife Refuge 139
Eastern Shore, MD 144
Eastern Shore, VI 182
Eastern Shore of Virginia National Wildlife Refuge 184
Easton 145
Eastville 184
EC-/Maestro-Geldautomaten 275
Eisenbahn 265
Elektrizität 268
Ellington, Duke 48, 69, 240
Essen und Trinken 268
Evelynton Plantation 216

Fabrikverkauf 301
Factory Outlets 301
Feiertage 272
Ferienwohnungen 273
Feuerwehr 291
Film 47, 51
First Ladies 112
Fitzgerald, Ella 69
Floyd 248
Fluggesellschaften 262
Flugverkehr 273
Frederick 146
Fredericksburg 188
Fredericksburg and Spotsylvania National Military Park 192
Fritchie, Barbara 59, 149
Front Royal 255

Geld 274
George Washington Birthplace National Monument 192
Georgian Style 44
Geschwindigkeit 311
Grant, Ulysses S. 225, 230
Great Dismal Swamp National Wildlife Refuge 193

Hagerstown 149
Hampton 195
Hampton Roads Area 193
Harpers Ferry 32, 126
Harrisonburg 257
Henricus Park 233
Henry, Patrick 30, 163, 244
Highways 312
Hiking 144, 249, 302
Historic Triangle 204
Holiday, Billie 50, 119
Homestead 220, 252, 280
Hotels 275

Impfzeugnis 293
Indianer 25
Interstates 312

Jackson Ward 239
Jackson, Thomas "Stonewall" 149, 219, 253-254
James River Plantations 215
Jamestown 29, 212
Jamestown Settlement 212
Jefferson, Thomas 31, 45, 77, 107, 163, 174, 176-177, 179, 224, 238
Jugendunterkünfte 284

Kenmore 191
Kennedy, John F. 80, 115
Key, Francis Scott 118
King, Charles Bird 51
King, Martin Luther 70, 105
Klima 15
Kreditkarten 275
Kunst 47

L'Enfant, Pierre 81
Lee, Robert E. 33, 80, 225, 230
Leesburg 216
Leutze, Emanuel Gottlieb 51
Lewis Ginter Botanical Garden 241
Lexington 218
Lincoln, Abraham 32, 69, 115
Literaturempfehlungen 221
Luray 221
Luray Caverns 221
Lynchburg 223

Maße 286
Maces Spring 168
Madison, James 31
Mahlzeiten 269
Manassas National Battlefield Park 226
Mariner's Museum 194
Maryland 117
Maryland State House 123
Medikamente 263
Middleburg 227
Middletown 256
Mietwagen 287
Monocacy National Battlefield 149
Monroe, James 31, 180, 188, 191
Monticello 179
Morven Park 217
Motels 276
Mount Rogers National Recreation Area 168
Mount Vernon 228
Mountain Lake Resort 171
Mountainbiking 144
Museum of American Frontier Culture 259

National Geographic 19
Natural Bridge 259
Natural Chimney Regional Park 258
Natural Tunnel State Park 170
Nauticus 197
New Market 256
New Market Battlefield Historical Park 256
Newport 194
Newseum 82
Nixon, Richard 92
Norfolk 197
Notarzt 291
Notruf 263, 291

Ocean City 150
Öffnungszeiten 291
Old Cape Henry Lighthouse 203
Onancock 184
Oxford 153
Oxford-Bellevue-Ferry 154

Pamplin Historical Park and the National Museum of the Civil War 232
Pannenhilfe 264
Paramount's King Dominion 245
Pass 292
Paw Paw Tunnel 142
Peaks of Otter 173
Peaks of Otter Lodge 173, 259
Peterburg National Battlefield Park 233
Petersburg 229
Pflanzen 15
Pocahontas 28, 41, 213, 233
Poe, Edgar Allan 134, 244
Point Lookout State Park 155
Politisches System 20
Polizei 291
Portsmouth 199
Post 292
Powhatan 162-163
Praktische Informationen 262

Rafting 144, 174, 245, 304
Rauchen 292
Re-enactments 256
Red Fox Inn 227
Reisedokumente 292
Reiseschecks 275
Reisezeit 293
Reiten 303
Rent-A-Car 287
Restaurants 293
Richmond 234
Roanoke 245
Rock Hall 138
Rocky Gap State Park 143
Rocky Knob Recreation Area 248
Roosevelt, Theodore 107

Salisbury 62
Schlacht von Cedar Creek 256

Schuyler 180
Segeln 303
Shenandoah National Park 13, 249
Shenandoah Valley 252
Sherwood Forest 216
Shirley Plantation 215
Shopping 300
Skilaufen 304
Sklaverei 164
Skyline Drive 249, 252
Smith Island 140
Smith, John 28, 118, 162, 212-213, 233-234
Smithfield Plantation 171
Smithson, James 69
Solomons 158
Sotterley Plantation 155
Sport 301
Sprache 304
St. Mary's City 154
St. Michaels 156
Staunton 258
Straßenverkehr 310
Strasburg 256
Süßspeisen 269

Tangier Island 185
Tankstellen 313
Taxi 314
TCS 264
Telefon 314
Temperaturen 286
The Homestead 220, 252, 280

Thomas Jefferson's Poplar Forest 224
Thrasher Carriage Museum 142
Tiere 16
Tilghman Island 157
Tipping 315
Toll Roads 312
Torpedo Factory 76
Tourmobiles 64, 74
Traveller Checks 275
Trinken 268
Trinkgeld 315
Trolleys 64
Tubman, Harriet 32, 119

Unabhängigkeitserklärung 31
Unterkunft 276
US Naval Academy 122

Valentine Museum 239
Verkehrsvorschriften 310
Versicherung 263
Verwaltung 17
Virginia 161
Virginia Air and Space Center 196
Virginia Beach 200
Virginia Marine Science Museum 202
Virginia State Capitol 238
Virginia's Explore Park 247
Visit USA Committee 263
Visum 292

Währung 274
Walton's Mountain Museum 180
Ward Museum of Wildfowl Art 62
Washington DC 46, 67,
- Adams-Morgan 75
- Anacostia Museum 79
- Arthur M. Sackler Gallery 102
- Arts and Industry Building 102
- Black Fashion Museum 100
- B'nai B'rith Klutznick National Jewish Museum 90
- Capitol 82
- Capitol Hill 82
- Chesapeake & Ohio Canal 94-95
- Corcoran Gallery of Art 97
- Decatur House 96
- Department of the Treasury 97
- Downtown 85
- Dumbarton Oaks 93
- Dupont Circle 89
- Evans-Tibbs Gallery 100
- Foggy Bottom 91
- Folger Shakespeare Library & Theatre 84
- Ford's Theatre & Lincoln Museum 88
- Franklin Delano Roosevelt Memorial 107
- Frederick Douglass National Historic Site 78
- Freer Gallery of Art 102
- Georgetown 92
- Georgetown University 93
- Hay-Adams Hotel 97
- Hillwood Museum & Gardens 109
- Hirshhorn Museum & Sculpture Gardens 102
- Hotel Washington 87
- Howard University 100
- J. Edgar Hoover FBI Building 87
- John F. Kennedy Center for the Performing Arts 92
- Korean War Veterans Memorial 105
- Kreeger Museum 110
- Lafayette Square 95
- Library of Congress 19, 84
- Lincoln Memorial 105
- Lincoln Theatre 100
- Mary McLeod Bethune House 100
- Mayflower Hotel 115
- MCI Center 89
- National Air and Space Museum 103
- National Aquarium 87
- National Archives 87
- National Building Museum 89
- National Bureau of Engraving and Printing 107
- National Gallery of Art 98
- National Geographic Explorers' Hall 91
- National Mall 98
- National Museum of African Art 102
- National Museum of American Art & National Portrait Gallery 88

National Museum of American History 104
National Museum of Health & Medicine 109
National Museum of Natural History 103
National Museum of Women in the Arts 88
National Postal Museum 85
National Zoological Park 108
Old Executive Office Building 97
Old Post Office Pavilion 86
Old Stone House 94
Phillips Collection 90
Rock Creek Park 109
Ronald Reagan Building and International Trade Center 86
Shaw 99
Smithsonian Castle 101
Smithsonian Museums 101
Southwest 106
St. John's Church 97
Supreme Court 84
Thomas Jefferson Memorial 107
Tudor Place 93
Upper Northwest 108
US Holocaust Memorial Museum 106
Vietnam Veterans Memorial 105
Washington Monument 104
Washington National Cathedral 108
Watergate Complex 92
White House 110
Washington, George 30, 68, 76-77, 118, 164, 188, 193, 228, 238, 254
Washington, Mary 191
Water Country USA 211
Wechselkurse 274
West Potomac Park 104
Westover Plantation 216
White House and Museum of the Confederacy 238
Wildpferde 127, 188
Williamsburg 205
Williamsburg Winery 212
Wilson, Woodrow 258
Winchester 253
Wirtschaft 22
Wissenschaft 19

YMCA 284
Yorktown 213
Youth Hostels 284

Zeit 320
Zeitungen 320
Zollbestimmungen 320
Zuschauersport 301

Verzeichnis der Karten und graphischen Darstellungen

Touristische Höhepunkte 3
Lage in den USA 12
Klimadiagramm Washington DC 15
Routenvorschläge 56
Washington DC: Lage 67
Washington DC: Cityplan 72/73
Alexandria: Cityplan 77
Arlington: Cityplan 81
Georgetown: Cityplan 94
Maryland: Lage 117
Annapolis: Cityplan 122
Baltimore: Cityplan 130/131
Frederick: Cityplan 148
Virginia: Lage 161
Fredericksburg: Cityplan 189
Colonial Williamsburg: Cityplan 208/209
Petersburg: Cityplan 230
Richmond: Cityplan 236/237
Ausschnitt aus dem Cityplan Washington DC: U4

Bildnachweis

AKG: 27, 30, 88, 113, 114, 163, 199, 242
AP: 5 unt., 29, 34, 40, 50, 119, 177
Artothek: 8 unt.li., 90, 98
Baedeker-Archiv: 41, 67, 117, 161
Bildagentur Huber: 66, 226
Braunger: 4 ob., 6 unt., 8 ob., 8/9, 9 unt. re., 23, 95, 107, 108, 136, 139, 145, 155, 159, 183, 196, 203, 210, 213, 250/251, 260/261, 271
dpa: 42, 49, 52, 71
HB-Verlag: 1, 6 ob., 7 ob., 18, 86, 103, 120, 172, 181, 197, 201, 222, 239, 240, 280
IFA: 4 unt., 83, 143, 259
Janicke: 14, 47, 87, 111, 116, 133, 175, 190, 192, 254
Mauritius: 5 ob., 16, 54/55, 96, 129, 137, 160, 178, 207, 235
Schapowalow / China Photo: 79
Schapowalow/v.d. Hecken: 303
Schapowalow / Ponzio: 228
Schapowalow/Messerschmidt: 2, 106
Schapowalow / Novak: 10/11, 123
Szerelmy: 3, 8re, 9 ob, 37, 44, 57, 59, 61, 62, 64, 65, 75, 76, 78, 93, 101, 104, 105, 124, 125, 126, 127, 146, 150, 151, 152, 153, 154, 156, 157, 165, 166, 171, 173, 180, 185, 186, 187, 194, 215, 217, 220, 221, 225, 227, 231, 232, 233, 241, 244, 247, 248, 269, 274, 277, 278, 279, 281, 282, 289, 290, 295, 296 (2x), 299, 300, 312, 318

Titelbild: Bildagentur Huber – Washington DC, Kapitol Westseite
hintere Umschlagseite: Szerelmy – Alexandria, Christ Church

Impressum

Ausstattung:

164 Abbildungen
19 Karten und grafische Darstellungen, 1 große Reisekarte

Text: Ole Helmhausen, Beate Szerelmy, Dr. Hedwig Nosbers

Bearbeitung: Baedeker-Redaktion (Beate Szerelmy)

Kartografie: Christoph Gallus, Hohberg-Niederschopfheim,
Mairs Geografischer Verlag (Reisekarte)

Chefredaktion: Rainer Eisenschmid, Baedeker Ostfildern

1. Auflage 2002

Urheberschaft: Karl Baedeker GmbH, Ostfildern
Nutzungsrecht: Mairs Geographischer Verlag GmbH & Co., Ostfildern

Sprachführer: In Zusammenarbeit mit der Ernst Klett Verlag GmbH,
Redaktion PONS Wörterbücher

Printed in Germany
ISBN 3-8297-1010-0

Gedruckt auf 100% chlorfreiem Papier

Baedeker Programm

Reiseziele in aller Welt

Baedeker Allianz Reiseführer

- Ägypten
- Algarve
- Amsterdam
- Andalusien
- Athen
- Australien
- Bali
- Baltikum
- Bangkok
- Barcelona
- Belgien
- Berlin
- Berlin (engl.)
- Bodensee · Oberschwaben
- Brasilien
- Bretagne
- Brüssel
- Budapest
- Burgund
- Chicago · Große Seen
- China
- Costa Blanca
- Costa Brava
- Dänemark
- Deutschland
- Djerba · Südtunesien
- Dominikanische Republik
- Dresden
- Elba
- Elsass · Vogesen
- Finnland
- Florenz
- Florida
- Franken
- Frankfurt am Main
- Frankreich
- Französische Atlantikküste
- Fuerteventura
- Gardasee
- Germany (engl.)
- Gomera
- Gran Canaria
- Griechenland
- Griechische Inseln
- Großbritannien
- Hamburg
- Harz
- Hawaii
- Hongkong · Macao
- Ibiza · Formentera
- Indien
- Irland
- Ischia · Capri · Procida
- Israel
- Istanbul
- Istrien · Dalmatinische Küste
- Italien
- Italien · Norden
- Italienische Adria
- Italienische Riviera · Ligurien
- Japan
- Jordanien
- Kalifornien
- Kanada
- Kanada · Osten
- Kanada · Westen
- Kanalinseln
- Karibik
- Kenia
- Köln
- Kopenhagen
- Korfu · Ionische Inseln
- Korsika
- Kos
- Kreta
- Kuba
- Kykladen
- La Palma

- Lanzarote
- Lissabon
- Loire
- Lombardei · Mailand· Oberital. Seen
- London
- Madeira